“十三五”职业教育
国家规划教材

高等院校**电子商务类**
“十三五”新形态规划教材

人邮电商教育
E-Commerce

商务
数据可视化

全彩
微课版

廖莎 胡辉 孙学成／主编
李文涛 邹凌空 赵婷 赵娟娟／副主编

人民邮电出版社
北京

图书在版编目（CIP）数据

商务数据可视化 ：全彩微课版 / 廖莎，胡辉，孙学成主编. -- 北京 ：人民邮电出版社，2019.3（2021.6 重印）
高等院校电子商务类“十三五”新形态规划教材. 商务数据分析与应用系列
ISBN 978-7-115-50810-2

Ⅰ. ①商… Ⅱ. ①廖… ②胡… ③孙… Ⅲ. ①表处理软件－应用－商业统计－统计数据－统计分析－高等学校－教材 Ⅳ. ①TP391.13②F712.3-39

中国版本图书馆CIP数据核字(2019)第028026号

内 容 提 要

数据是反映产品和用户状态的一种最真实的方式。我们利用图像、曲线、二维图形、三维动画等可视化方式来表现商务数据，可以对数据的内在关系和趋势等进行可视化分析，从而传递出更多的信息，同时也可以提高商务数据的视觉吸引力和说服力。

本书以 Excel 在商务数据可视化中的具体应用为主线，详细介绍了商务数据可视化的方法与技巧，主要内容包括商务数据可视化入门、商务数据表格图形化、使用折线图展示数据趋势、使用柱形图与条形图对比商务数据、使用饼图展示数据占比、使用散点图与气泡图展示数据分布、使用特殊图表实现数据可视化、使用动态图表实现可视化交互、商务数据图表的设计与美化等。

本书不仅适合电商企业管理者、数据分析师、网店店主等电商从业者学习参考，也可作为高等院校、职业院校电子商务类相关专业及电子商务技能培训班的学习教材。

◆ 主　　编　廖　莎　胡　辉　孙学成
　副 主 编　李文涛　邹凌空　赵　婷　赵娟娟
　责任编辑　古显义
　责任印制　马振武
◆ 人民邮电出版社出版发行　　北京市丰台区成寿寺路 11 号
　邮编　100164　　电子邮件　315@ptpress.com.cn
　网址　http://www.ptpress.com.cn
　天津画中画印刷有限公司印刷
◆ 开本：700×1000　1/16
　印张：11.75　　　　2019 年 3 月第 1 版
　字数：248 千字　　　2021 年 6 月天津第 4 次印刷

定价：49.80 元

读者服务热线：(010)81055256　印装质量热线：(010)81055316
反盗版热线：(010)81055315
广告经营许可证：京东市监广登字 20170147 号

前言 PREFACE

最早提出“大数据时代”到来的美国芝加哥大学商学院教授詹姆斯•麦肯锡提到：“数据，已经渗透到当今每一个行业和业务职能领域，成为重要的生产因素。人们对海量数据的挖掘和运用，预示着新一波生产率增长和消费者盈余浪潮的到来。”

数据是反映产品和用户状态的一种最真实的方式，数据化运营已经广泛应用于电子商务、互联网金融、电子消费、移动出行、企业服务、视频直播、游戏、在线教育、医疗健康等各个领域。数据指导运营决策、驱动业务增长，这正是数据运营的真正精髓。

随着大数据行业的快速发展，人们对数据可视化的要求越来越高。一张图片所传递的信息往往比文字更直观、更清楚。所谓“字不如表，表不如图”，图表的重要性可见一斑。在统计分析产品、用户画像等方面，从业者需要具备优秀的数据可视化能力。现在常见的如“一图看懂×××”等信息交流方式，就是通过图表传递信息，这是典型的数据可视化成果。

对商务数据进行数据可视化处理，可以使人们更直观、更形象地理解商家要表达的信息与内容。这不但可以提高人们的阅读效率，也符合人类的生理本性。我们利用图像、曲线、二维图形、三维动画等可视化方式来表现商务数据，可以对数据的内在关系和趋势等进行可视化分析，从而传递出更多的信息；同时也可以提高商务数据的视觉吸引力和说服力。

Excel是一款数据可视化的重要工具，它不仅可以完成商务数据的记录、整理与分析等工作，而且可以制作出直观简洁、形象美观、丰富多彩、通俗易懂的各类图表等，能更加生动、形象地呈现数据信息。

本书内容安排

本书以Excel在商务数据可视化中的具体应用为主线，结合实际商务数据进行图表设计和美化，实操性很强，便于读者理解和掌握。

全书共分九个项目，其中项目一讲解商务数据可视化入门，内容包括初识数据可视化、数据的采集、清洗与抽样；项目二讲解商务数据表格图形化，内容包括设置数据单元格规则、数据表格图形化、使用迷你图展示商务数据、使用公式创建条件格式；项目三讲解使用折线图展示数据趋势，内容包括设置坐标轴格式、设置数据系列格式、添加其他辅助图表；项目四讲解使用柱形图与条形图对比商务数据，内容包括设置数据系列格式、设置图表区元素；项目五讲解使用饼图展示数据占比，内容包括设置饼图扇区元素、结合数据设置饼图类型；项目六讲解使用散点图与气泡图展示数据分布，内容包括添加辅助线显示数据分布、设置坐标轴格式增强图表可读性、用气泡图展示买家年龄段分布；项目七讲解使用特殊图表实现数据可视化，内容包括用瀑布图和断层图展示数据差异、用子弹图和温度计图显示销量情况、用滑珠图和旋风图对比商务数据、用漏斗图和甘特图分析业务；项目八讲解使用动态图表实现可视化交互，内容包括使用灵活多变的交互式图表、使用控件制作动态图表；项目九讲解商务数据图表的设计与美化，内容包括商务数据图表的设计、商务数据图表的美化。

本书编写特色

● **专家执笔，权威讲解**：本书由具有商务数据分析可视化研究与实战经验的业界专家执笔，深入浅出，图文并茂，具有非常高的指导性与实用性。

● **案例主导、任务驱动**：本书立足于电子商务，采用项目任务的体例形式，通过大量的案例操作和分析，让读者真正掌握商务数据分析可视化的方法与技巧。

● **图解教学、重在实操**：本书采用图解教学的形式，一步一图，以图析文，让读者在学习过程中更直观、更清晰地掌握操作流程与方法，提升学习效果。

● **同步微课，资源丰富**：扫描右侧二维码或直接登录微课云课堂（www.ryweike.com）后，用手机号码注册，在用户中心输入本书激活码（61b3f4ca），将本书包含的微课资源添加到个人账户，获取永久在线观看本书微课视频资源的权限。同时，本书还提供了PPT教案、微课视频、案例教材下载等立体化的学习资源。

本书由廖莎、胡辉、孙学成任主编，由李文涛、邹凌空、赵婷、赵娟娟任副主编，农琴玉、唐秋妹参与了本书的编写。选书老师可登录人邮教育社区（www.ryjiaoyu.com）下载并获取相关教学资源。

尽管我们在编写过程中力求准确、完善，但本书中可能还有疏漏之处，恳请广大读者批评指正，在此深表谢意！

编　者

2018年10月

目录 CONTENTS

项目一

商务数据可视化入门

项目概述

随着大数据行业的快速发展，用户对数据可视化的要求越来越高。通过数据可视化处理，用户能够更直观、更形象地理解所要表达的信息与内容。本项目将引领读者认识数据可视化，了解数据可视化图表，并学习数据的采集、清洗和随机抽样方法。

项目重点

- 数据可视化图表。
- 数据可视化方法。
- 数据的采集。
- 数据的清洗。
- 数据的随机抽样。

项目目标

- 了解数据可视化图表的类型。
- 掌握数据可视化的方法。
- 掌握数据的采集方法。
- 掌握数据的清洗方法。
- 掌握数据的随机抽样方法。

任务一　初识数据可视化

任务概述

对商务数据进行可视化处理，既可以提高阅读效率，也符合人类的生理本性。电商用户可以利用图像、曲线、二维图形、三维动画等可视化方式来表现商务数据，可以对数据的模式和相互关系进行可视化分析，从而传递出更多的信息，同时也可以提高商务数据的视觉吸引力和说服力。本任务将引领读者认识数据可视化，了解数据可视化图表、数据可视化视觉效果及数据可视化的方法。

任务重点与实施

一、认识数据可视化

在生活和工作中，一张图片所传递的信息往往比文字更直观、更清楚。所谓“字不如表，表不如图”，图表的重要性可见一斑。在统计分析产品、用户画像等方面，从业者需要具备优秀的数据可视化能力。现在常见的如“一图看懂×××”等信息交流方式，就是用图表来传递信息，这是典型的数据可视化成果。

例如，若要描述某公司最近5年的收入情况，就需要说明该公司每个月的收入是多少，同比、环比增幅是多少，收入最多、最少的是哪个月，同比、环比增幅最低、最高的是哪个月等，而若用数据图表来表达的话，只需使用柱状图和折线图的组合图表就能准确地表达以上信息，如图1-1所示。

图1-1　某公司最近5年收入图表

商务数据图表的另一个优势是可以通过简单的逻辑和视觉体验让用户快速把握要点，如图1-1所示，通过图表能够一眼看出哪一年的收入最高，而不用将每个数字都放到大脑中进行比较，那样无法得到很直观的结果。用户通过大脑的视觉系统可以迅速地识别、贮存、回忆图形信息，本能地将图形中的信息转化为长期记忆。

商务数据可视化还可以改变我们解读世界的方式，相同的数据，不同的表达方式能产生不同的效果。在展现商务数据时，一张清晰而又独特的数据图表能够让别人更加直观且准确地理解我们所要表达的信息和意图，同时也可以让信息表达看上去更加具有说服力，让商务数据的价值最大化。

二、数据可视化图表

Excel是目前使用最广泛的数据可视化工具之一，它基本包含了所有常用的图表。除此之外，还有许多在线的数据可视化工具，如ECharts、Dydata、Plotly、ggplot2、

Tableau、Raw、Infogram、ChartBlocks、JpGraph，基于JavaScript的D3.js、Chart.js、FusionCharts、JavaScript InfoVis Toolkit等。

常用的数据可视化图表分为反映发展趋势、反映比例关系、反映相关性、反映差异化、反映空间关系，以及反映工作流程等可视化类型。

1. 反映发展趋势的可视化图表

反应发展趋势的可视化图表是通过图表来反映事物的发展趋势，让人们一眼就能看清趋势或走向。常见的表现随时间变化趋势的图表类型有柱形图、折线图和面积图等。

柱形图是以宽度相等的条形高度的差异来显示统计指标数值大小的一种图形，如图1-2所示。按照时间绘制柱形图，可以反映事物的变化趋势，如某个指标最近一年的变化趋势，也可以按照其他维度，如区域、机型、版本等来反映事物的分布情况。

折线图是点和线连在一起的图表，可以反映事物的发展趋势和分布情况，如图1-3所示。与柱形图相比，折线图更适合展现增幅、增长值，但不适合展现绝对值。

面积图是通过在折线图下加上阴影的面积大小来反映事物的发展趋势和分布情况，如图1-4所示。

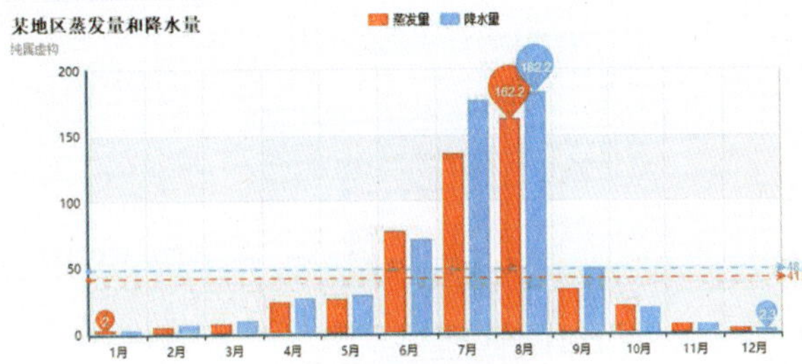

图1-2　柱形图

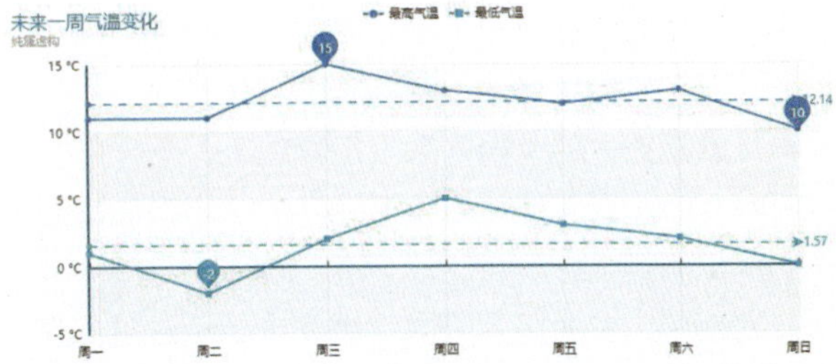

图1-3　折线图

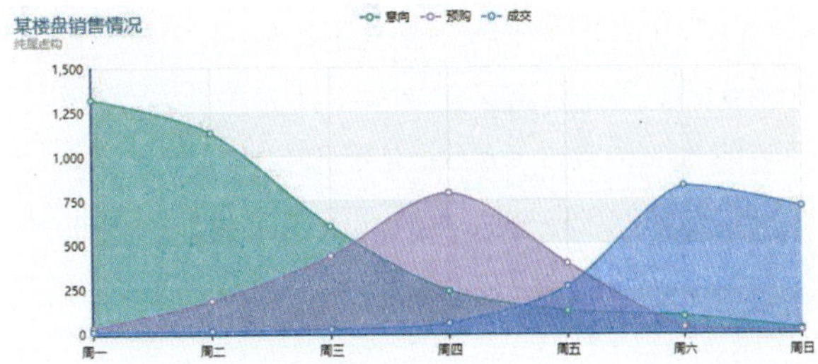

图1-4　面积图

2. 反映比例关系的可视化图表

反映比例关系的可视化图表是通过不同的面积大小、长短等反映事物的结构和组成，从而让用户知道什么是主要的，什么是次要的。常见的反映比例关系的图表类型有饼图、旭日图、瀑布图等。

饼图是将一个圆饼分为若干份，用于反映事物的构成情况，显示各个项目的大小或比例，如图1-5所示。饼图适合展现简单的占比比例，在不要求数据精细的情况下使用。

旭日图有多个圆环，可以直观地展示事物组成部分下一层次的构成情况，如图1-6所示。

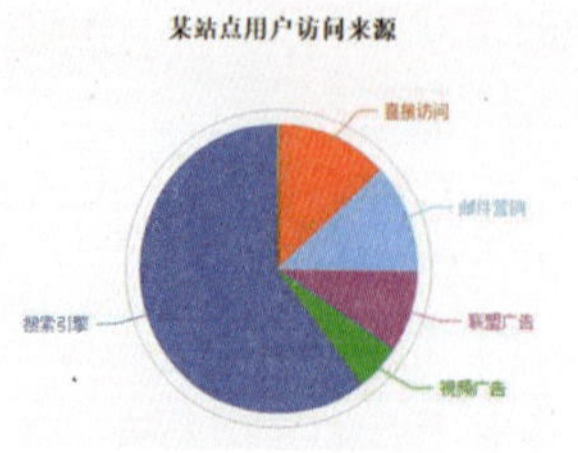

图1-5　饼图

图1-6　旭日图

瀑布图采用绝对值与相对值相结合的方式，用于表达特定数值之间的数量变化关系，最终展示一个累计值，如图1-7所示。瀑布图能够反映事物从开始到结束经历了哪些过程，用于分解问题的原因或事物的构成因素。例如，要表现本月收入是如何在上月收入的基础上变化的，就可以通过瀑布图分解每个收入组成部分所做的贡献，找出哪一组成部分提升了收入，哪一组成部分降低了收入。

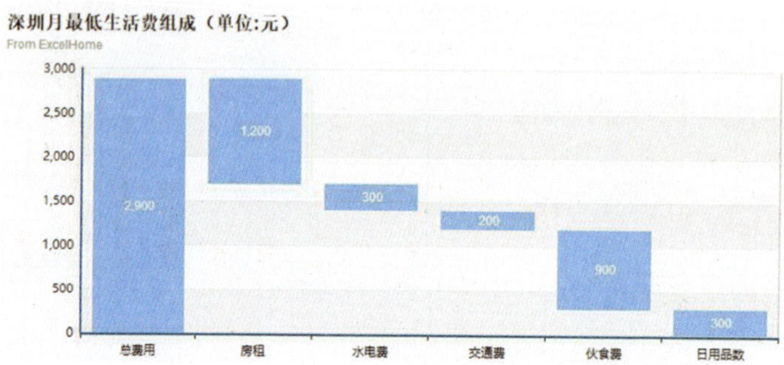

图1-7　瀑布图

3. 反映相关性的可视化图表

反映相关性的可视化图表是通过图表来反映事物的分布或占比情况，从而展示事物的分布特征、不同维度间的关系等。常见的反映相关性的图表类型有散点图、气泡图、热力图、词云图等。

散点图主要反映若干数据系列中各个数值之间的关系，类似X轴、Y轴，判断两个变量之间是否存在某种关联，如图1-8所示。此外，通过散点图还可以看出极值的分布情况。

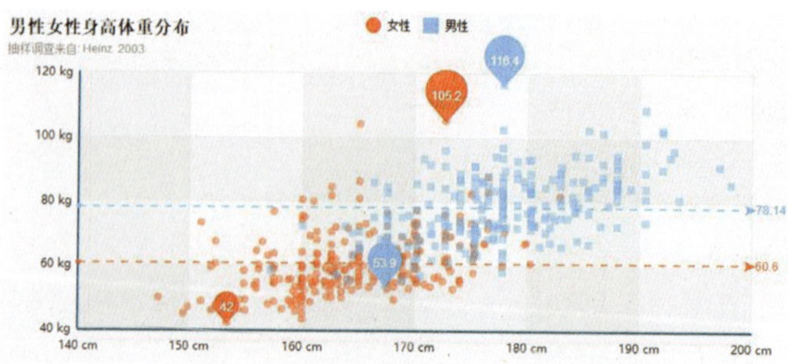

图1-8　散点图

气泡图是通过气泡面积大小来表示数值的大小，与散点图相比多了一个维度，如图1-9所示。

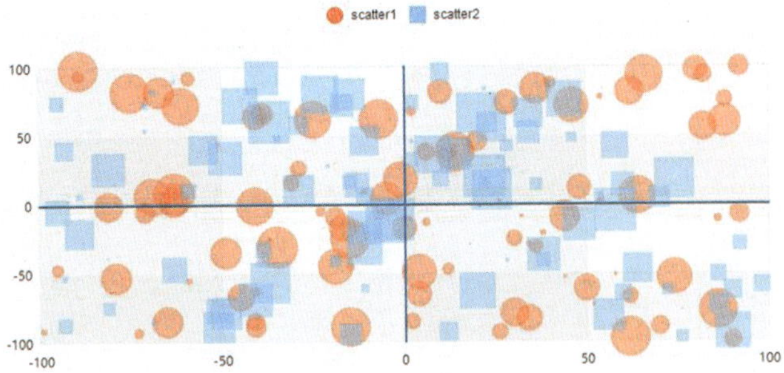

图1-9　气泡图

热力图是以特殊高亮的形式显示访客热衷的页面区域和访客所在地理区域的图示，如图1-10所示。

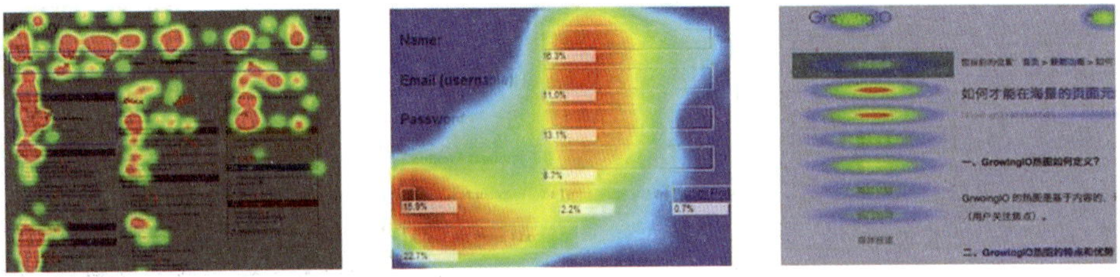

基于鼠标点击位置的热图　　基于鼠标移动轨迹的热图　　基于内容点击的热图

图1-10　热力图

词云图主要用于描述事物的主要特征，要求能够让人一眼就看出一个事物的主要特征，越明显的特征越要突出显示，如图1-11所示。同时，象形的词云图，如轮廓是一个人、一只鸟等，用于反映事物的主题，这样会更形象、更生动。此外，词云图还可以显示词汇出现的频率，可以用于制作用户画像、用户标签等。

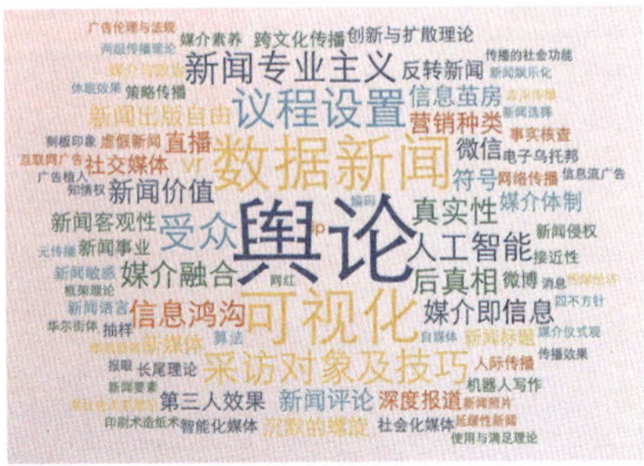

图1-11　词云图

4. 反映差异化的可视化图表

反映差异化的可视化图表是通过对比来发现不同事物之间的差异和差距，从而总结出事物的特征。常见的反映差异化的图表类型是雷达图。

雷达图主要展现事物在各个维度上的分布情况，从而看出事物在哪些方面强、哪些方面弱。例如，一个运动员各方面能力的得分可以通过雷达图清晰地表达出来，让用户一眼就能看出这个运动员哪方面能力强，哪方面能力弱，如图1-12所示。此外，一个产品在各个评价维度上的评分也可以通过雷达图来进行展现。

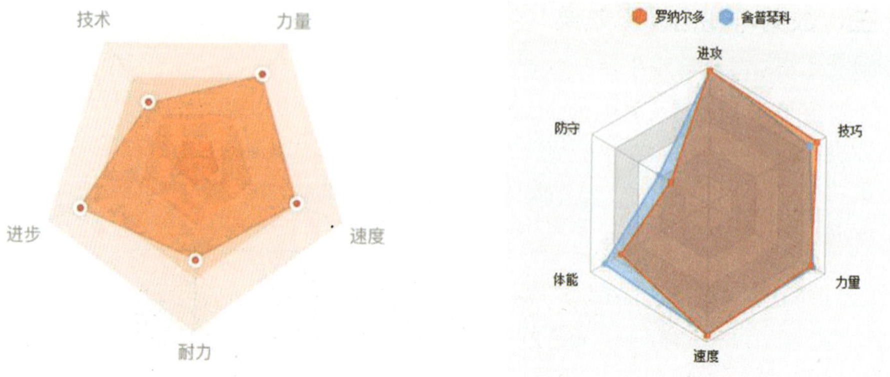

图1-12　雷达图

5. 反映空间关系的可视化图表

反映空间关系的可视化图表是通过地图来反映事物的地理分布情况或用户的出行轨迹。常见的反映空间关系的图表类型有全球地图、中国地图、省市地图、街道地图、地理热力图等。

地图可以形象地反映事物在地理上的分布情况及人群迁徙情况，主要包括地理分布图（全球、全国、各省市等）、迁徙图、热力地图等。热力地图主要反映地理、点击热力分布情况，从而看出哪里是人群最多的地方，哪里是用户点击最多的地方等，可以反映用户出行习惯、使用习惯等，如图1-13所示。

图1-13　热力图

6. 反映工作流程的可视化图表

反映工作流程的可视化图表是通过图表来反映工作流程各个环节的关系，可以帮助管理者了解实际工作活动，消除工作过程中多余的工作环节，合并同类活动，使工作过程更加经济、合理和简便，从而提高工作效率。常见的反映工作流程的图表类型是漏斗图。

漏斗图主要用于反映关键流程各个环节的转化情况，让人们一眼看清整个流程的转化情况。通过分析各个环节的转化情况，能够发现问题所在，从而找准改进的方向。

在电商数据分析过程中，漏斗图不仅能够展示用户从进入网站到实现购买的转化率，还可以展示每个销售环节的转化率，能够帮助卖家直观地发现问题，如图1-14所示。

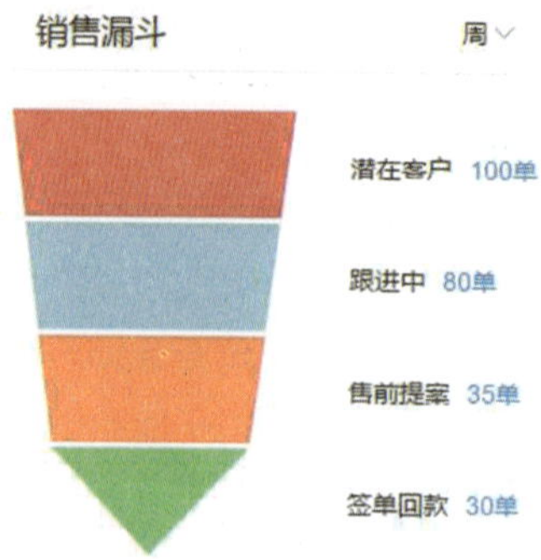

图1-14　电商销售漏斗图

三、数据可视化视觉效果

创建外观精美的可视化商务数据对于设计人员来说是一种挑战，优秀的商务数据内容表达不仅仅是简单的图文混排，还必须要在视觉上能够表达出数据的主旨，这就要求设计人员在进行视觉设计前必须要了解数据内容的框架，同时掌握一定的技巧。

用户要想呈现出良好的商务数据可视化视觉效果，可以在以下方面进行提升，如图1-15所示。

图1-15　提升可视化视觉效果的十个方面

- **色彩**：使用的图标建议不要超过五种颜色，色彩使用要收敛，仅用于突出关键信息。
- **字体**：所有文字必须字体清晰、大小合适，用于快速选择信息。
- **版式**：要提供符合逻辑的层级，引导用户进行信息阅读，尽可能让图表元素保持对齐，从而保证视觉一致。
- **标注**：谨慎使用标注，仅用于标注关键信息。
- **留白**：要保持足够的留白空间，如果信息量太大，整体会看起来很杂乱。
- **插图**：插图必须符合主题基调，能够提高内容传达效率，否则没有必要用插图。
- **图标**：简约、易懂且具有普遍性，其作用主要是为了便于内容理解。
- **数据**：一组数据对应一份图表就足够了，不要画蛇添足。
- **比例**：确保数据可视化设计中的组成元素比例得当，以便于用户快速阅读。
- **简约**：避免不必要的设计，如文本的3D效果、装饰性的插图和毫无关联的元素等。

四、数据可视化的方法

对商务数据进行可视化处理时，一般可以按照以下步骤进行。

（1）明确数据可视化的需求，寻找数据背后的故事

在开始创建一个商务数据可视化项目时，需要明确数据可视化的需求是什么。首先回答这样一个问题：这个可视化项目会给用户提供哪些帮助？这个问题可以帮助用户避免在数据可视化时把一些不相干的数据放在一起比较。

在确定了可视化项目的目标之后，经过整理、分组与理解信息，寻找其中可视化的可能性。同时，通过观察与比较来总结信息之间的关系，建立基本的数据关系结构，思考如何利用含义清晰的视觉元素将这些数据包装成更加有趣的故事。

（2）为数据选择正确的可视化类型

在确定需求之后，就可以为数据选择一个正确的可视化类型。数据可视化的效率很高，但前提是准确运用，因为不同类型的数据有其最适合的图表类型，如果使用错误的图表类型去展现，很容易造成误解。

（3）确定最关键的信息指标，给予场景联系

高效的数据可视化不仅取决于信息的可视化类型，还取决于一种平衡，既要保证总体信息的通俗易懂，又要在某些关键点上有所突出，提供深刻甚至独家的信息解读。此外，还需要提供合适的场景来进行上下文的联系，从而合理地架构数据。

（4）为内容而设计，优化展现形式

故事再好、数据再有吸引力，如果设计得很糟糕，用户也不会被其吸引。优秀的设计同样很关键，这样可以高效地对信息进行转换，利用精美的视觉效果来吸引用户进行阅读。在进行数据可视化设计时，需要为内容而设计，并优化展现形式，如图1-16所示。

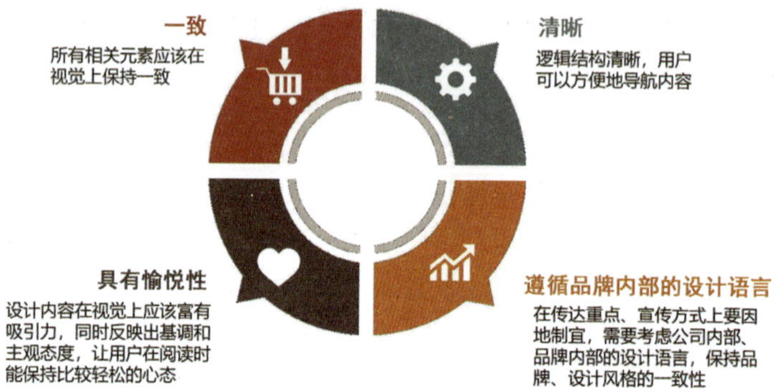

图1-16　为内容而设计，优化展现形式

任务二　数据的采集、清洗与抽样

任务概述

要进行数据分析，离不开有效数据的支持。首先通过数据采集获得原始数据，然后对原始数据进行整合与处理，再根据实际需要将数据集合，才能挖掘原始数据中潜在的重要商业信息，从而掌握真正的核心数据。因此，在进行数据分析之前，首先需要进行数据的采集、清洗和随机抽样等工作，本任务将分别对其进行详细介绍。

任务重点与实施

一、数据的采集

数据采集主要针对定性数据和定量数据。定性数据主要采用问卷调研和用户访谈的方式来获取，而定量数据分为内部数据和外部数据两部分。

其中，内部数据可以通过网站日志、业务数据库来获取；外部数据则主要采用网络爬虫抓取的方式来获得，通过编写脚本语言，按照一定的规则来获取网络上的相关信息。当然，外部数据的采集也可以借助第三方统计平台来实现，从某种意义上来说，通过第三方统计平台可以降低中小企业数据采集的门槛。图1-17所示为数据采集方法。

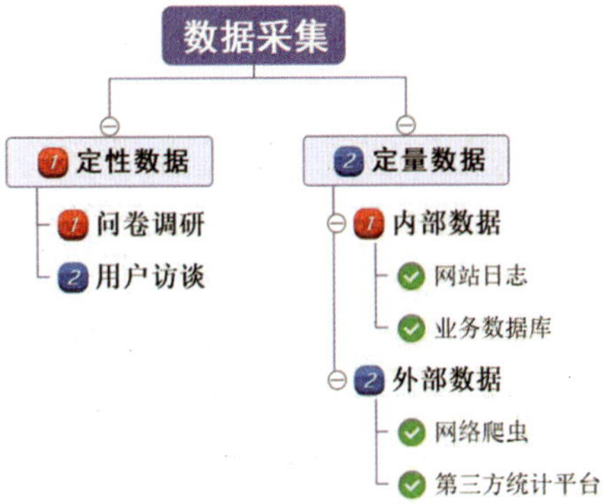

图1-17　数据采集方法

1. 问卷调研

一般在进行用户画像调研时，都会用到问卷调研工具。在进行问卷调研时，首先需要考虑样本的容量，其次是内容的设计，并按照“调研目标→设计问卷→投放问卷→问卷收集汇总→调研结果分析”的步骤展开调研。

2. 用户访谈

在访谈之前，首先要确定访谈目标，然后设计访谈提纲，选择访谈对象，并对访谈及相应情况进行记录，最后针对访谈结果进行分析。在具体分析访谈结果时，可以采用关键词提炼法，针对每个用户对每个问题的回答进行关键词的提炼，并按照关键词的频次进行排序，对共性词进行汇总。

3. 网站日志

通过网站日志对用户数据及相应行为进行分析，其优点是保证用户的使用行为可以查询，如用户访问数、页面浏览数、停留时长等点击流数据均可通过网站日志获得，同时针对用户的一些误操作还可以通过日志文件进行恢复。在实际运用中，由于从打印日志到处理日志，再到输出统计结果，整个过程很容易出错，所以经常出现业务运行和统计分析两个数据流相分离的情况。

4. 业务数据库

互联网产品后端都有业务数据库，其中存储了销售量、订单量、购买用户数等指标数据。一般通过业务数据库获得的数据都是实时的、准确的，可以直接用于衡量网站的绩效和目标。

5. 第三方统计平台

对于电商企业来说，一般可以将其用户行为分成四类。

（1）纯粹的浏览行为。

（2）收藏、下载等轻度交互行为。

（3）注册、登录等重度交互行为。

（4）添加购物车、填写地址、下单等与交易相关的行为。

对于第三方统计平台，又可分为无埋点、有埋点和“有埋点+无埋点”三种情况，如表1-1所示。

表 1-1 第三方统计平台

采集技术手段	无埋点（嵌入 SDK）	有埋点（自己写代码）	有埋点 + 无埋点
平台举例	百度统计、友盟、TalkingData 等	神策数据	数极客
采集的数据类型	前端数据	前后端数据均可	前后端数据均可
操作的复杂程度	简单且免费	操作较复杂	既有引导又有自由度
采集的数据质量	数据较粗糙	数据更细致	数据更细致

二、数据的清洗

通过数据分析获得的结果，不仅依赖于算法，同时还依赖于数据的质量。正所谓“磨刀不误砍柴工”，好数据胜过复杂的模型，所以在进行数据分析之前对采集到的数据进行清洗尤为重要。

数据清洗是指发现并纠正数据文件中可识别错误的最后一道程序，是对数据的完整性、一致性和准确性进行重新审查和校验的过程。一般不符合要求的数据主要有缺失数据、重复数据、错误数据三类，也就是所谓的“脏数据”。而数据清洗的任务就是按照一定的规则将这些“脏数据”洗掉，目的在于删除重复的数据信息，纠正数据中存在的错误，提供数据的一致性。

下面围绕数据清洗这个目的，从缺失数据、重复数据和错误数据三个方面出发，通过运用一些简单的统计学检验和Excel表格工具发现“脏数据”，并对其进行清洗。

1. 缺失数据的清洗

在数据采集过程中，缺失值常表示为空值或错误标识符（#DIV/0！）。为了保证数据的完整性，用户可以运用一些统计学方法查找缺失数据并对其进行处理。在查找缺失数据时，利用【Ctrl+G】组合键打开Excel的定位功能，选择其中的错误单元格或空值单元格，就可以进一步查找数据表中的错误值和空白值。

对缺失值的处理一般有以下四种方法。

（1）用一个样本统计量的值代替缺失值。

（2）用一个统计模型计算出来的值代替缺失值。

（3）直接将有缺失值的记录删除。

（4）将有缺失值的记录保留。

下面以采用一个样本统计量的值代替缺失值的方法为例来进行说明，具体操作方法如下。

Step 01 按【Ctrl+A】组合键全选数据表单元格区域，按【Ctrl+G】组合键，打开“定位”对话框，单击“定位条件”按钮，如图1-18所示。

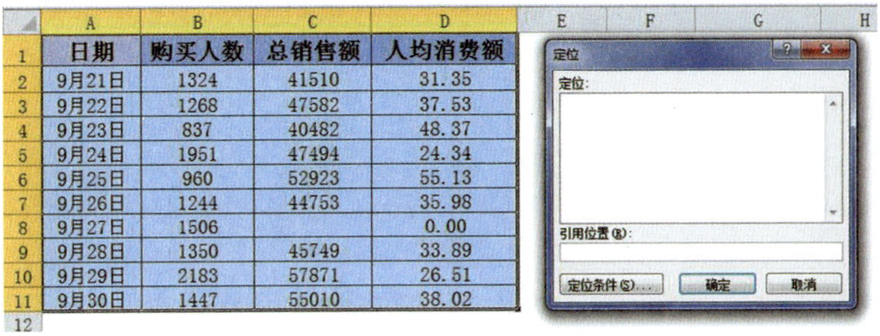

日期	购买人数	总销售额	人均消费额
9月21日	1324	41510	31.35
9月22日	1268	47582	37.53
9月23日	837	40482	48.37
9月24日	1951	47494	24.34
9月25日	960	52923	55.13
9月26日	1244	44753	35.98
9月27日	1506		0.00
9月28日	1350	45749	33.89
9月29日	2183	57871	26.51
9月30日	1447	55010	38.02

图1-18　“定位”对话框

Step 02 弹出“定位条件”对话框，选中“空值”单选按钮，然后单击“确定”按钮，如图1-19所示。

Step 03 此时即可自动选中表格中的空单元格，如图1-20所示。

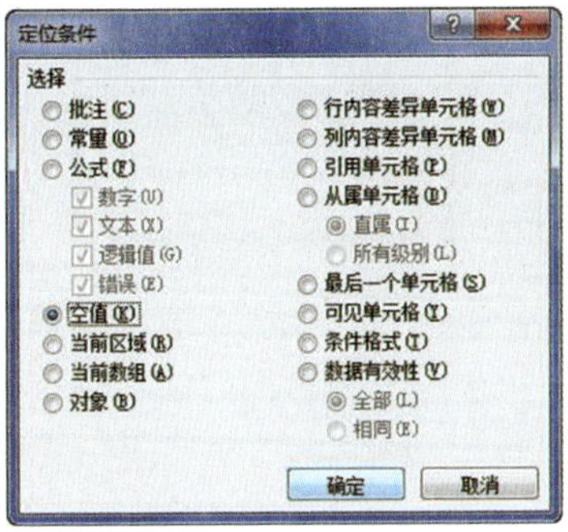

图1-19　“定位条件”对话框

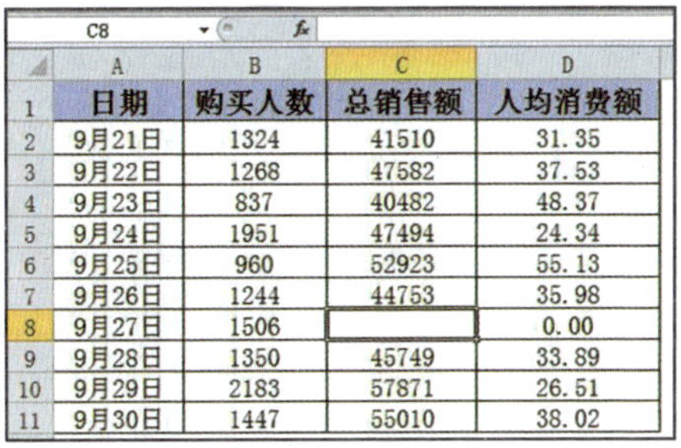

日期	购买人数	总销售额	人均消费额
9月21日	1324	41510	31.35
9月22日	1268	47582	37.53
9月23日	837	40482	48.37
9月24日	1951	47494	24.34
9月25日	960	52923	55.13
9月26日	1244	44753	35.98
9月27日	1506		0.00
9月28日	1350	45749	33.89
9月29日	2183	57871	26.51
9月30日	1447	55010	38.02

图1-20　定位空单元格

在实际操作中，如果样本较大，缺失值较多，可以定位样本中的所有空值，然后利用【Ctrl+Enter】组合键在选中的空值单元格中一次性输入样本的平均值。当缺失数据较少时，也可以通过选取数据前后若干天的数据取平均值作为缺失数据进行填充。

图1-20中显示的是9月下旬网站的销售情况，其中人均消费额为总销售额除以购买人数。由于9月27日的总销售额缺失，导致相应的人均消费额无法计算，考虑到每天的人均消费额保持相对恒定，可以使用其他日期人均消费额的平均值36.80元来进行填充，进而计算得到该日的总销售额为55421元；也可以简单地使用27日前后两天总销售额取平均值进行计算，得到27日的总销售额为45251元，进而计算出人均消费额为30.05元。

2. 重复数据的清洗

重复数据一般可以分为以下两类。

- **实体重复：**即所有字段完全重复。
- **字段重复：**某一个或多个不该重复的字段重复了，如“姓名”字段重复。

（1）查找重复数据

为了保证数据的一致性，需要对重复数据进行处理。对于重复数据的查找，一般采用以下四种方法。

① 条件格式法

利用Excel条件格式中的突出显示重复值功能，可以将重复的数据及所在单元格标为不同的颜色进行识别，具体操作方法如下。

Step 01 选中A列数据，在“开始”选项卡下“样式”组中单击“条件格式”下拉按钮，选择“突出显示单元格规则”|“重复值”选项，如图1-21所示。

Step 02 弹出“重复值”对话框，在“设置为”下拉列表框中选择一种格式，如“浅红填充色深红色文本”，然后单击“确定”按钮，即可标记所有重复的会员编号，如图1-22所示。

图1-21　选择“重复值”选项

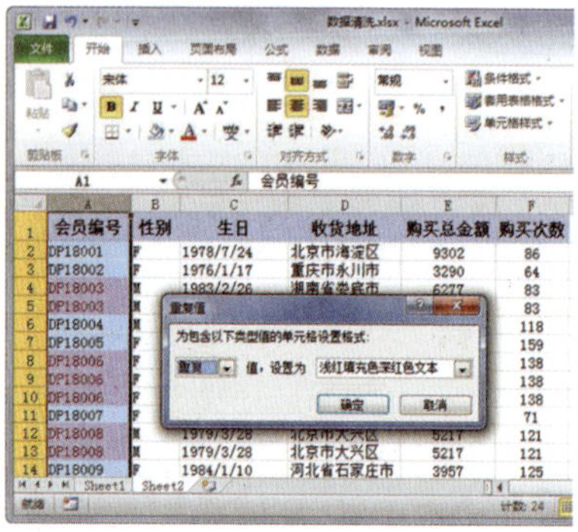

图1-22　设置突出显示重复值

② 高级筛选法

利用Excel的“高级筛选”功能可以快速筛选出不重复的记录，具体操作方法如下。

Step 01 选择任一数据单元格，在“数据”选项卡下“排序和筛选”组中单击“高级”按钮，弹出“高级筛选”对话框，程序会自动选中所有的数据区域，选中“选择不重复的记录”复选框，然后单击“确定”按钮，如图1-23所示。

Step 02 此时即可筛选出所有不重复的记录，且重复记录被自动隐藏，如图1-24所示。

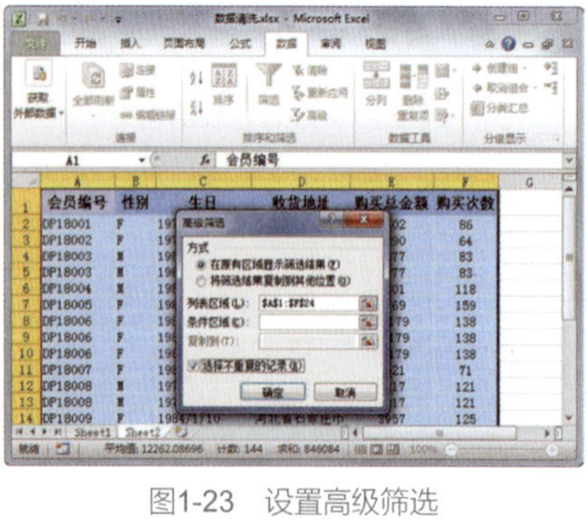

图1-23　设置高级筛选

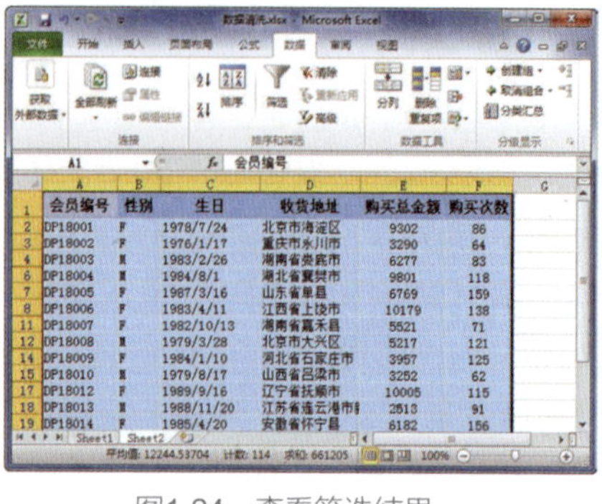

图1-24　查看筛选结果

③ 函数法

COUNTIF函数可以对指定区域中满足某个指定条件的单元格进行计数。下面利用该函数对会员编号的出现次数进行计数，以此对重复数据进行识别。具体操作方法为：在“会员编号”列右侧插入列，在B2单元格中输入公式“=COUNTIF($A$2:A2,A2)”，然后利用填充柄向下填充公式，即可得出相应的编号第几次出现，如图1-25所示。

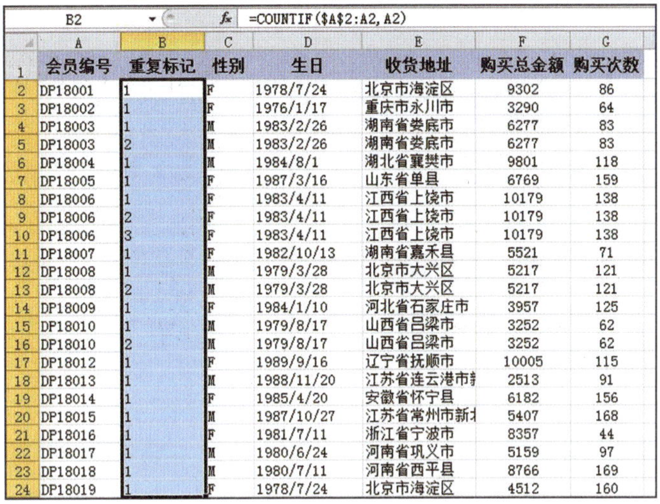

B2 =COUNTIF($A$2:A2,A2)

会员编号	重复标记	性别	生日	收货地址	购买总金额	购买次数
DP18001	1	F	1978/7/24	北京市海淀区	9302	86
DP18002	1	F	1976/1/17	重庆市永川市	3290	64
DP18003	1	M	1983/2/26	湖南省娄底市	6277	83
DP18003	2	M	1983/2/26	湖南省娄底市	6277	83
DP18004	1	M	1984/8/1	湖北省襄樊市	9801	118
DP18005	1	F	1987/3/16	山东省单县	6769	159
DP18006	1	F	1983/4/11	江西省上饶市	10179	138
DP18006	2	F	1983/4/11	江西省上饶市	10179	138
DP18006	3	F	1983/4/11	江西省上饶市	10179	138
DP18007	1	F	1982/10/13	湖南省嘉禾县	5521	71
DP18008	1	M	1979/3/28	北京市大兴区	5217	121
DP18008	2	M	1979/3/28	北京市大兴区	5217	121
DP18009	1	F	1984/1/10	河北省石家庄市	3957	125
DP18010	1	M	1979/8/17	山西省吕梁市	3252	62
DP18010	2	M	1979/8/17	山西省吕梁市	3252	62
DP18012	1	F	1989/9/16	辽宁省抚顺市	10005	115
DP18013	1	M	1988/11/20	江苏省连云港市	2513	91
DP18014	1	F	1985/4/20	安徽省怀宁县	6182	156
DP18015	1	M	1987/10/27	江苏省常州市新北	5407	168
DP18016	1	F	1981/7/11	浙江省宁波市	8357	44
DP18017	1	M	1980/6/24	河南省巩义市	5159	97
DP18018	1	M	1980/7/11	河南省西平县	8766	169
DP18019	1	F	1978/7/24	北京市海淀区	4512	160

图1-25　标记重复次数

④ 数据透视表法

拖动相应的字段，利用数据透视表也可以统计数据出现的频次，其中出现两次及两次以上的数据属于重复项，具体操作方法如下。

Step 01 选择“插入”选项卡，在“表格”组中单击“数据透视表”按钮，如图1-26所示。

Step 02 弹出“创建数据透视表”对话框，选中“新工作表”单选按钮，然后单击“确定”按钮，如图1-27所示。

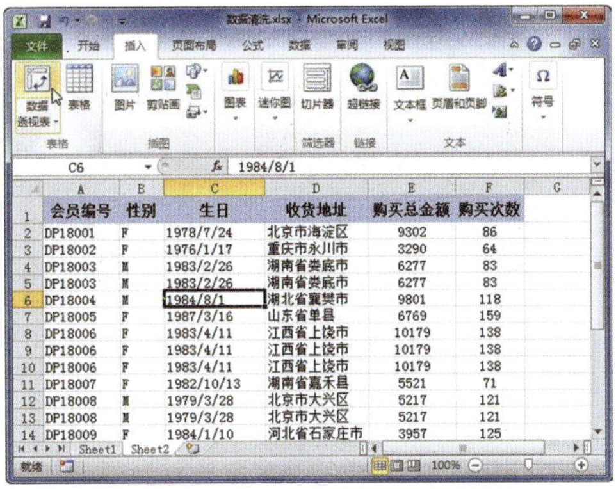

图1-26　单击“数据透视表”按钮

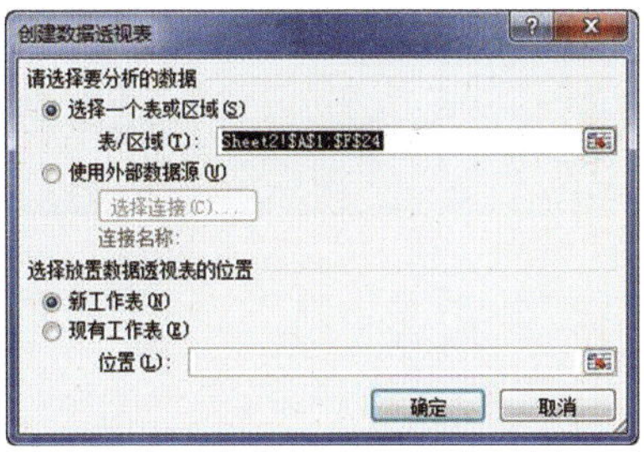

图1-27　“创建数据透视表”对话框

Step 03 此时，即可创建一个空的数据透视表。在“数据透视表字段列表”窗格中将“会员编号”字段分别拖入“行标签”和“数值”区域，即可对会员编号进行计数，大于1的即为重复数据，如图1-28所示。

Step 04 对“计数项：会员编号”列进行降序排序，查看重复的会员编号，如图1-29所示。

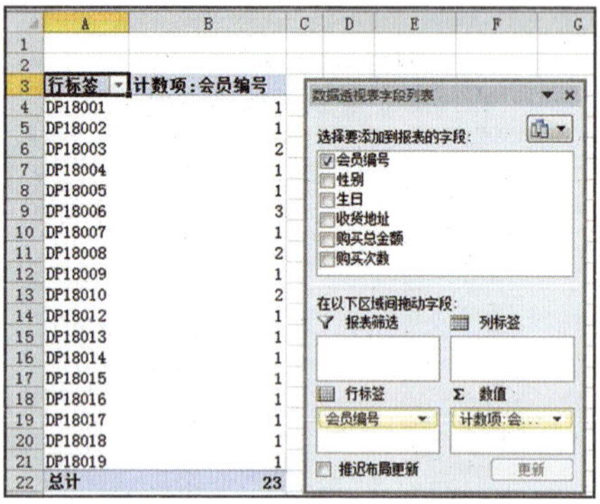

图1-28　添加报表字段

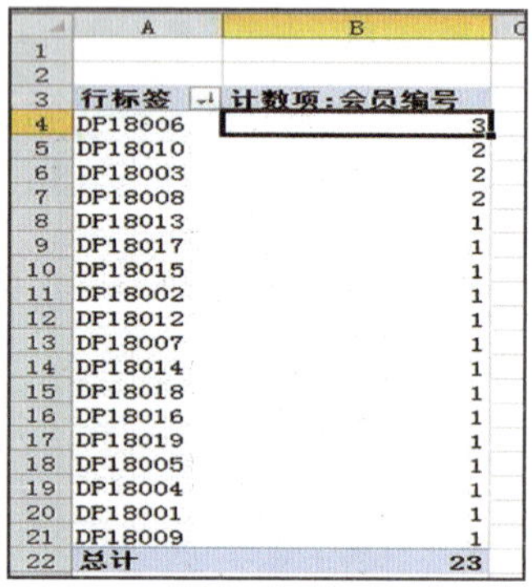

图1-29　排序计数项

（2）删除重复数据

在完成重复数据的查找后，接下来便是删除重复数据。删除重复数据主要有以下三种方法。

① 通过删除重复项功能删除重复数据

Excel提供了“删除重复项”功能，可以快速删除重复数据，具体操作方法如下。

Step 01 选择“数据”选项卡，在“数据工具”组中单击“删除重复项”按钮，在弹出的“删除重复项”对话框中选中包含重复项的列，然后单击“确定”按钮，如图1-30所示。

Step 02 弹出提示信息框，显示有多少个重复值被删除，有多少个唯一值被保留，如图1-31所示。

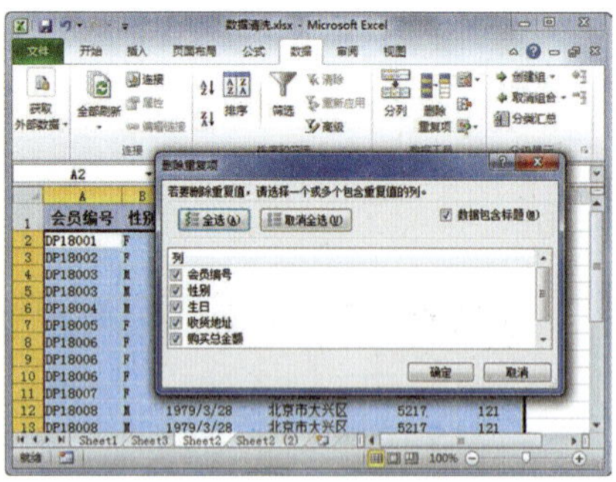

图1-30　“删除重复项”对话框

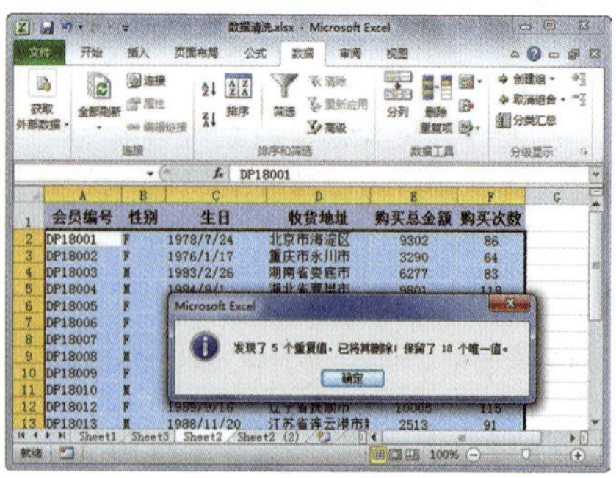

图1-31　重复项删除完成

② 通过排序删除重复数据

在利用条件格式对重复数据进行识别的基础上，可以对重复项标记列进行排序，进而删除重复项，具体操作方法如下。

Step 01 采用前面介绍的方法，利用条件格式突出显示重复项。选择“数据”选项卡，在“排序和筛选”组中单击“筛选”按钮，即可在各字段显示筛选按钮▾，如图1-32所示。

Step 02 单击“会员编号”筛选按钮▾，选择“按颜色排序”选项，在其子菜单中选择单元格填充颜色，如图1-33所示。

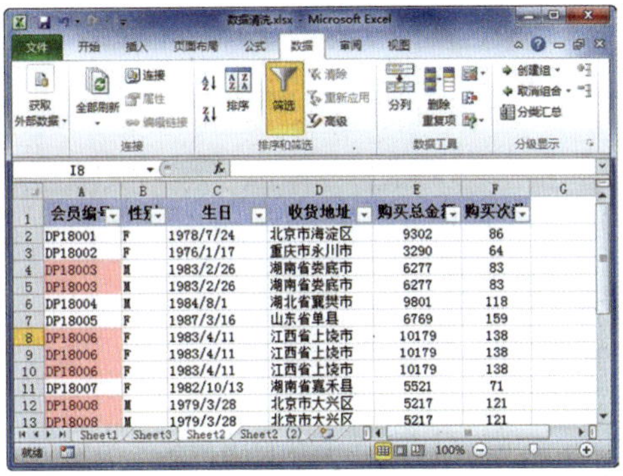

图1-32 单击“筛选”按钮

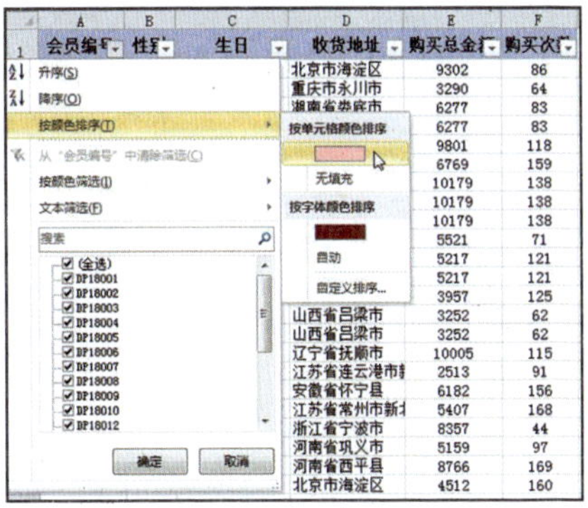

图1-33 设置按颜色排序

Step 03 此时即可将所有重复项显示在最上方，直接删除不需要的记录即可，如图1-34所示。

	A	B	C	D	E	F
1	会员编号	性别	生日	收货地址	购买总金额	购买次数
2	DP18003	M	1983/2/26	湖南省娄底市	6277	83
3	DP18003	M	1983/2/26	湖南省娄底市	6277	83
4	DP18006	F	1983/4/11	江西省上饶市	10179	138
5	DP18006	F	1983/4/11	江西省上饶市	10179	138
6	DP18006	F	1983/4/11	江西省上饶市	10179	138
7	DP18008	M	1979/3/28	北京市大兴区	5217	121
8	DP18008	M	1979/3/28	北京市大兴区	5217	121
9	DP18010	M	1979/8/17	山西省吕梁市	3252	62
10	DP18010	M	1979/8/17	山西省吕梁市	3252	62
11	DP18001	F	1978/7/24	北京市海淀区	9302	86
12	DP18002	F	1976/1/17	重庆市永川市	3290	64
13	DP18004	M	1984/8/1	湖北省襄樊市	9801	118
14	DP18005	F	1987/3/16	山东省单县	6769	159
15	DP18007	F	1982/10/13	湖南省嘉禾县	5521	71
16	DP18009	F	1984/1/10	河北省石家庄市	3957	125
17	DP18012	F	1989/9/16	辽宁省抚顺市	10005	115
18	DP18013	M	1988/11/20	江苏省连云港市	2513	91
19	DP18014	F	1985/4/20	安徽省怀宁县	6182	156
20	DP18015	M	1987/10/27	江苏省常州市新	5407	168
21	DP18016	F	1981/7/11	浙江省宁波市	8357	44
22	DP18017	M	1980/6/24	河南省巩义市	5159	97
23	DP18018	M	1980/7/11	河南省西平县	8766	169
24	DP18019	F	1978/7/24	北京市海淀区	4512	160

图1-34 查看排序结果

③ 通过筛选删除重复数据

在利用COUNTIF函数对重复数据进行识别的基础上，可以对重复项标记列进行筛选，筛选出“数值不等于1”的项并进行清除，具体操作方法如下。

Step 01 单击“数据标记”筛选按钮▾，选择“数字筛选”|“不等于”选项，也可在下方数字列表中取消选中“1”复选框，然后单击“确定”按钮，如图1-35所示。

Step 02 在弹出的“自定义自动筛选方式”对话框中将筛选条件设置为“不等于1”，然后单击“确定”按钮，如图1-36所示。

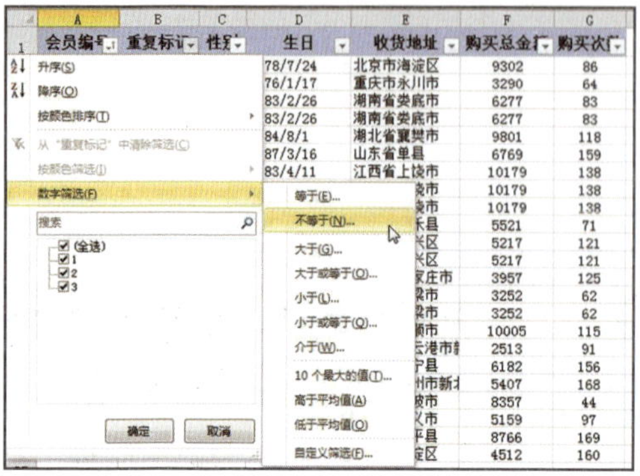

图1-35　选择“不等于”选项

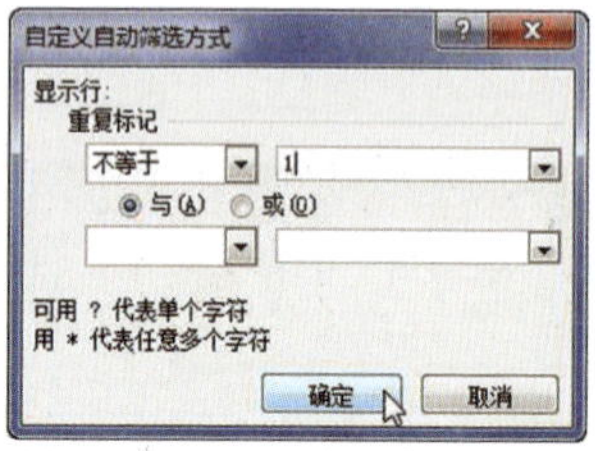

图1-36　“自定义自动筛选方式”对话框

Step 03 此时即可筛选出所有重复的数据，拖动鼠标选中数据单元格区域，如图1-37所示。

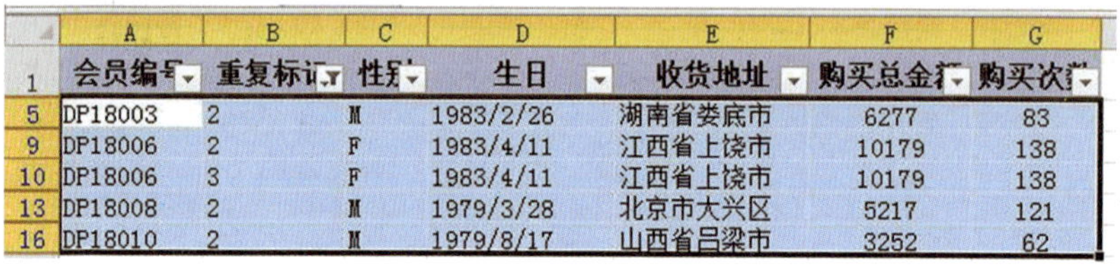

	会员编号	重复标记	性别	生日	收货地址	购买总金额	购买次数
5	DP18003	2	M	1983/2/26	湖南省娄底市	6277	83
9	DP18006	2	F	1983/4/11	江西省上饶市	10179	138
10	DP18006	3	F	1983/4/11	江西省上饶市	10179	138
13	DP18008	2	M	1979/3/28	北京市大兴区	5217	121
16	DP18010	2	M	1979/8/17	山西省吕梁市	3252	62

图1-37　查看筛选结果

Step 04 按【Alt+;】组合键，选中可见单元格。鼠标右键单击选中的单元格，在弹出的快捷菜单中选择“删除行”命令，即可删除重复数据，如图1-38所示。单击“筛选”按钮，取消筛选状态。

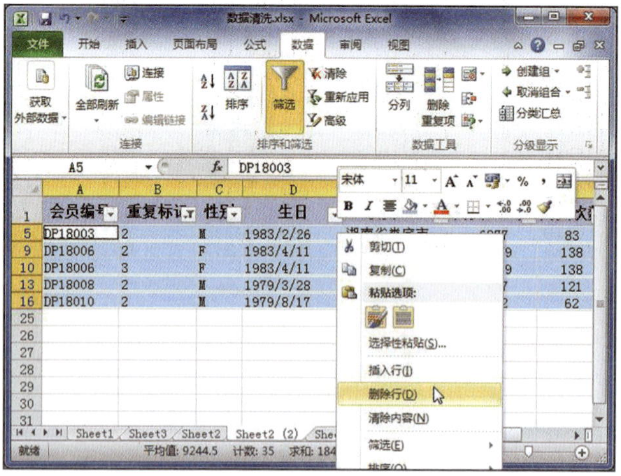

图1-38　删除重复数据

3. 错误数据的清洗

除了缺失数据和重复数据外，其他可能出现数据不规范的情况还有很多，如存在错误数据等。为了保证数据的准确性，需要对错误数据进行处理。

一般情况下，错误数据经常表现为以下两种情况。

（1）输入的信息不符合要求

例如，在进行问卷调查时，涉及多项选择题最多可选择三项，而答题者却选择了四项或四项以上。对于这种情况，可以结合COUNTIF函数，根据指定的条件利用IF函数判断其“真”（true）、“假”（false），然后根据逻辑计算的真假值返回相应的内容。

下面以客户满意度调查中的多项选择题为例，判断不符合要求的输入信息。

针对“题目1”共设置了A、B、C、D、E、F、G七个选项，围绕这七个选项共有八条记录，这八条记录分别代表了8个不同客户对“题目1”的回答，而且第二条和第五条记录中有超过三项的记录。在I2单元格中输入公式“=IF(COUNTIF(B2:H2,"<>0")>3,"错误","")”，并将公式填充到下方的单元格中，判断被调查者是否选择了三项以上。如果超过三项，则返回“错误”，如图1-39所示。

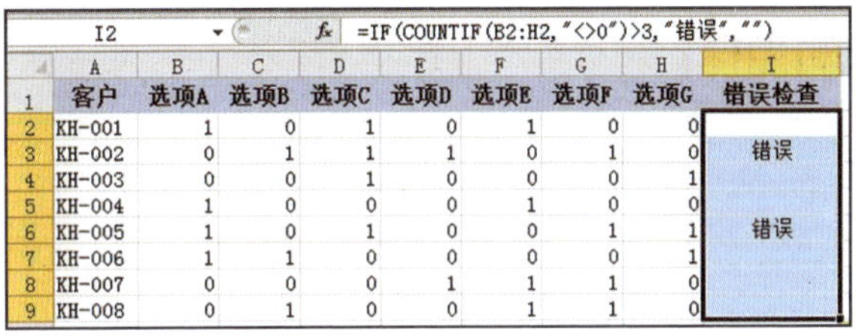

I2 =IF(COUNTIF(B2:H2,"<>0")>3,"错误","")

客户	选项A	选项B	选项C	选项D	选项E	选项F	选项G	错误检查
KH-001	1	0	1	0	1	0	0	
KH-002	0	1	1	1	0	1	0	错误
KH-003	0	0	1	0	0	0	1	
KH-004	1	0	0	0	1	0	0	
KH-005	1	0	1	0	0	1	1	错误
KH-006	1	1	0	0	0	0	1	
KH-007	0	0	0	1	1	1	0	
KH-008	0	1	0	0	1	1	0	

图1-39　检查不符合要求的记录

（2）手工输入错误

在使用0和1输入多选题信息时，若出现了0和1之外的数据，可以采用条件格式利用OR函数标记错误。若出现了10和11这样的数字，明显是错误的。下面使用条件格式标记出错误的数据，具体操作方法如下。

Step 01 选择B2:H9单元格区域，在“开始”选项卡下“样式”组中单击“条件格式”下拉按钮，选择“突出显示单元格规则”|“其他规则”选项，如图1-40所示。

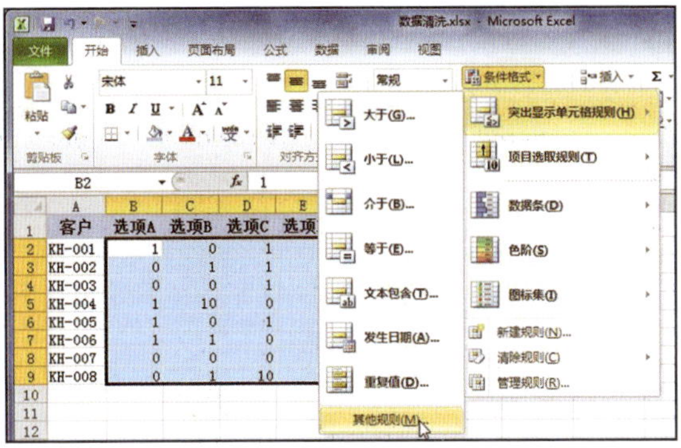

图1-40　选择“其他规则”选项

Step 02 弹出“新建格式规则”对话框，选择“使用公式确定要设置格式的单元格”

选项，在下方输入公式“=OR(B2=1,B2=0)=FALSE”，单击“格式”按钮，将单元格格式设置为红底白字，然后单击“确定”按钮，如图1-41所示。

Step 03 此时即可将输入错误的单元格标记出来，如图1-42所示。

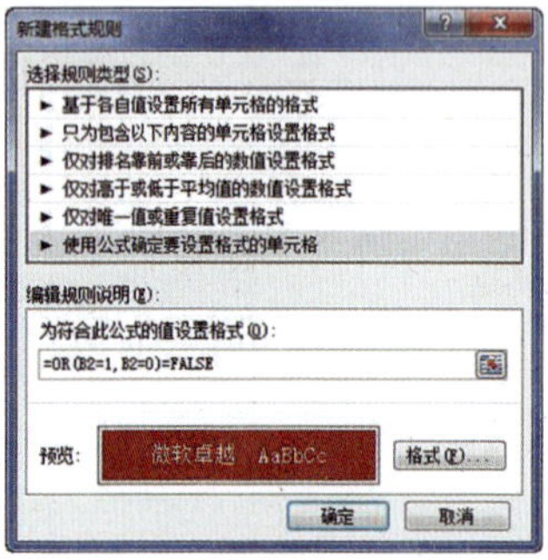

图1-41 “新建格式规则”对话框

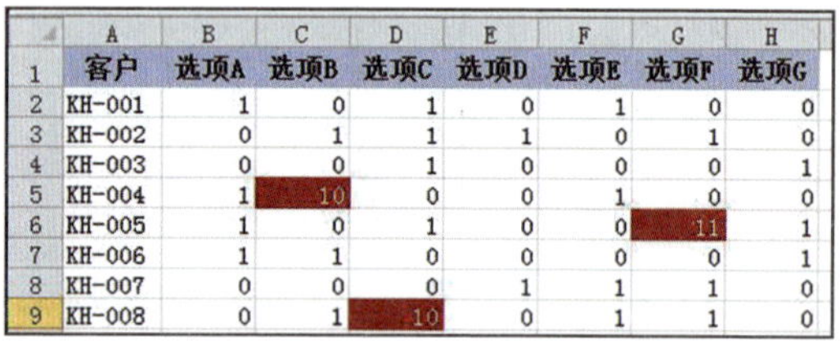

图1-42 标记输入错误的数据

三、数据的随机抽样

数据抽样是指从数据样本中按照随机原则选取一部分对象作为样本进行分析，并以此推论总体状况的一种分析方法。在数据抽样中，常用的是RAND函数和“抽样”分析工具。

1. 使用RAND函数随机抽样

RAND函数能够返回大于等于0及小于1的均匀分布随机数，每次计算工作表时都将返回一个新的随机数。若要随机抽取0~100之间的数值，只需将随机数公式更改为“=RAND()*100”即可；若要计算a~b之间的随机数，则需要将公式更改为“=RAND()*(b-a)+a”。

下面在50个店铺会员中随机抽取10人发放奖励金，具体操作方法如下。

Step 01 鼠标右键单击“会员编号”所在的A列，在弹出的快捷菜单中选择“插入”命令，如图1-43所示。

Step 02 在“会员编号”列左侧插入新列，为50个会员编号填充1～50的序号，如图1-44所示。

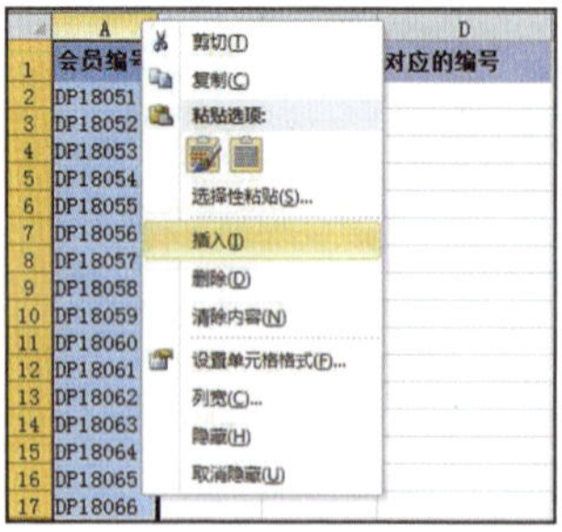

图1-43 插入新列

图1-44 填充序号

Step 03 在D2单元格中输入公式“=INT(1+RAND()*50)”，然后使用填充柄将公式复制到下方的D3:D11单元格区域，其中INT函数用于取随机数的整数部分，如图1-45所示。

Step 04 在E2单元格中输入公式“=VLOOKUP(D2,$A$1:$B$51,2)”，利用VLOOKUP函数生成随机数所对应的会员编号，此时可以看到D列中的随机数将重新计算，如图1-46所示。

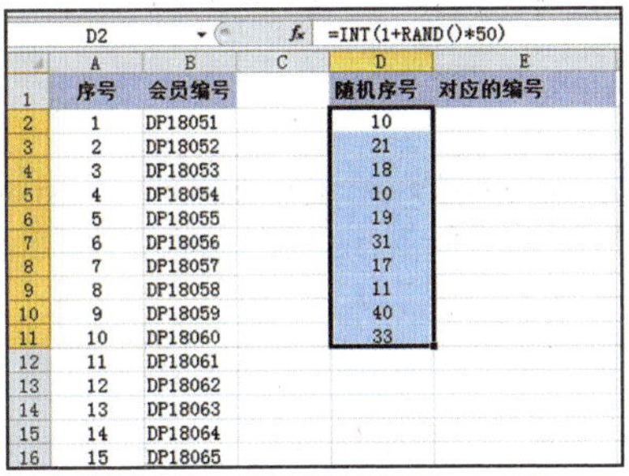

图1-45 计算随机序号

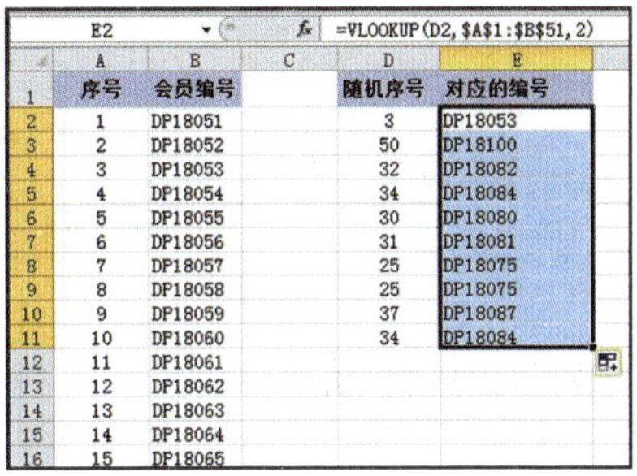

图1-46 计算对应会员编号

Step 05 通过单击行号或列标之间的分割线，也可自动重算随机数。要将随机结果进行固定，可选择D2:D11单元格区域，按【Ctrl+C】组合键进行复制，然后单击“粘贴”下拉按钮，选择“值”选项 123，如图1-47所示。

Step 06 除了利用辅助序号列计算随机数外，还可以使用INDIRECT函数与RANDBETWEEN函数实现随机抽取。不必插入“序号”列，直接在C2单元格中输入公式“=INDIRECT("A"&RANDBETWEEN(2,51))”，然后利用填充柄向下复制公式即可，如图1-48所示。

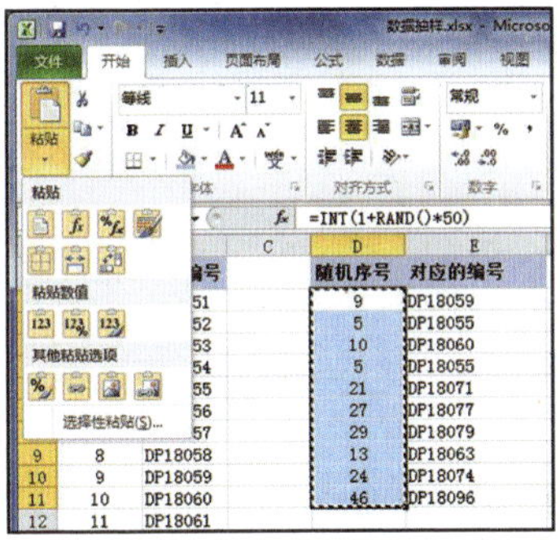

图1-47 粘贴为值

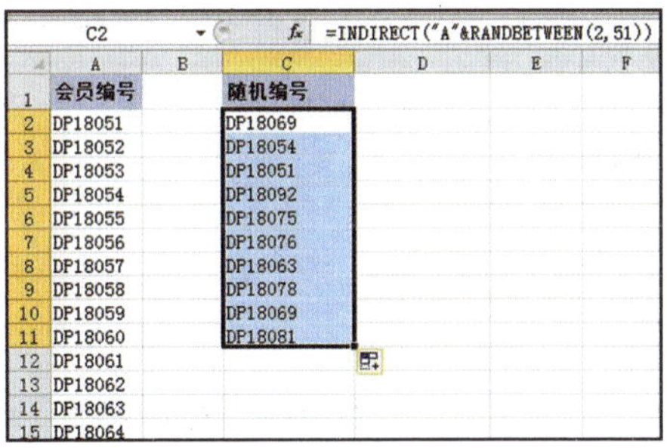

图1-48 直接抽取随机编号

2. 使用“抽样”分析工具随机抽样

除了使用RAND函数计算随机数外，还可以使用Excel加载项中的“抽样”工具随机抽样，具体操作方法如下。

Step 01 打开“Excel选项”对话框，在左侧区域中选择“自定义功能区”选项，在右侧区域中选中“开发工具”选项卡，然后单击“确定”按钮，如图1-49所示。

Step 02 选择“开发工具”选项卡，在“加载项”组中单击“加载项”按钮，如图1-50所示。

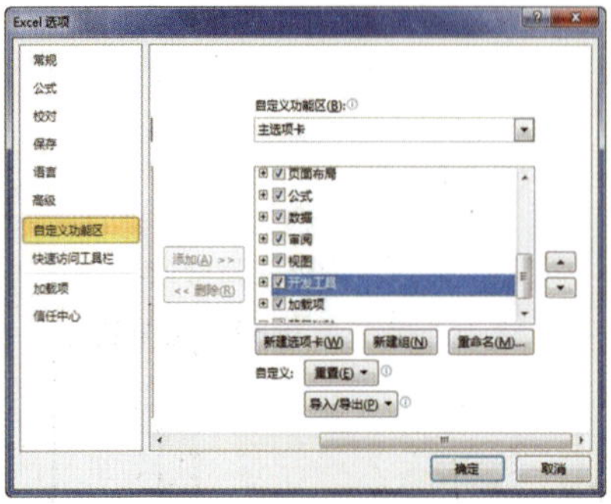

图1-49　“Excel选项”对话框

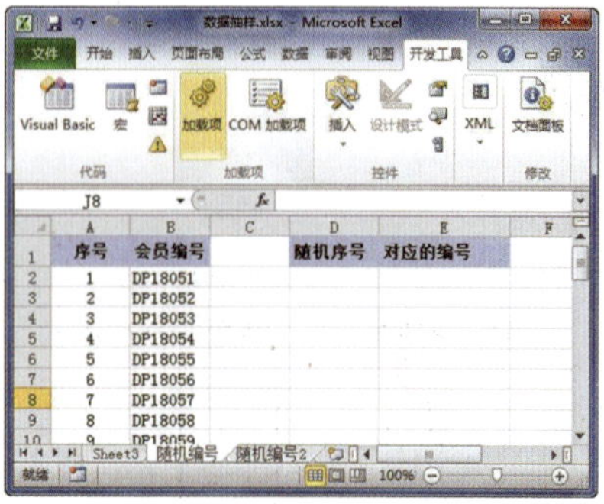

图1-50　单击“加载项”按钮

Step 03 弹出“加载宏”对话框，选中“分析工具库”复选框，然后单击“确定”按钮，如图1-51所示。

Step 04 新建工作表，在A1:J10单元格区域中输入员工编号，并选中该单元格区域，如图1-52所示。

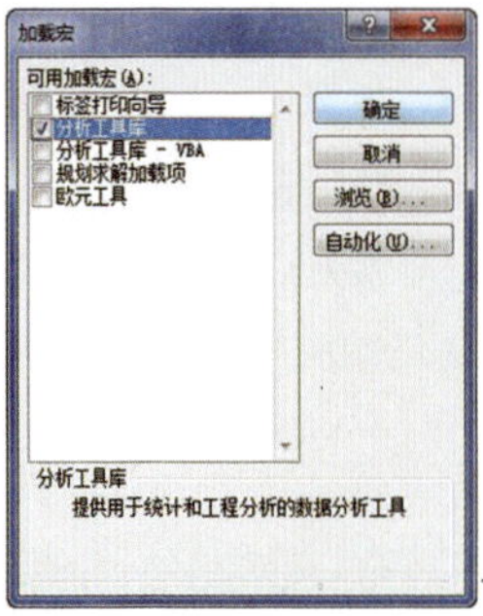

图1-51　“加载宏”对话框

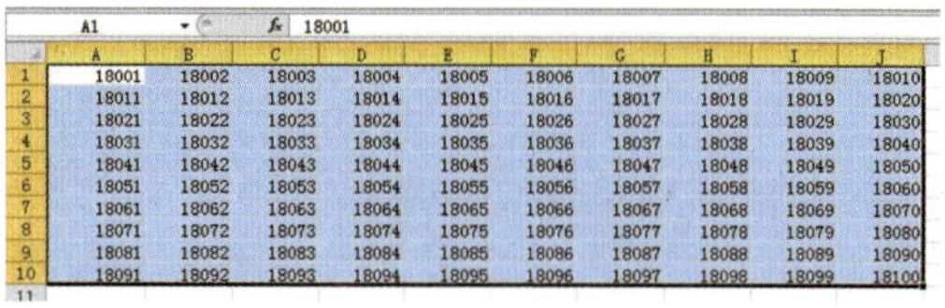

图1-52　输入员工编号

Step 05 按【Ctrl+1】组合键，打开“设置单元格格式”对话框，在“分类”列表框中选择“自定义”分类，在右侧区域中输入类型代码，然后单击“确定”按钮。由于“抽样”工具无法应用于文本数据，所以不能直接输入编号，需要对其自定义数字格式，如图1-53所示。

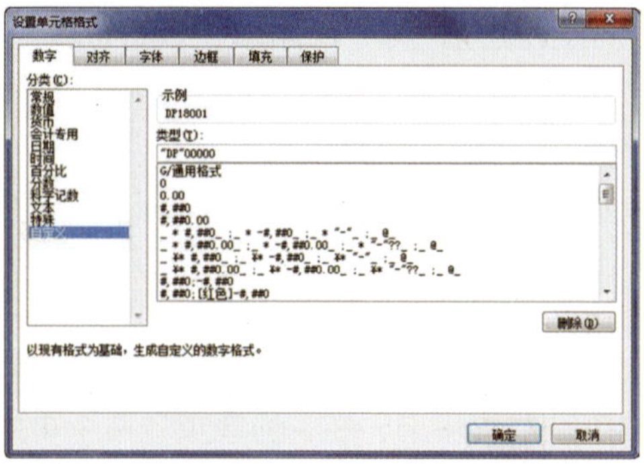

图1-53　“设置单元格格式”对话框

Step 06 此时，即可自定义会员编号的显示格式。选择“数据”选项卡，在“分析”组中单击“数据分析”按钮，在弹出的“数据分析”对话框中选择“抽样”选项，然后单击“确定”按钮，如图1-54所示。

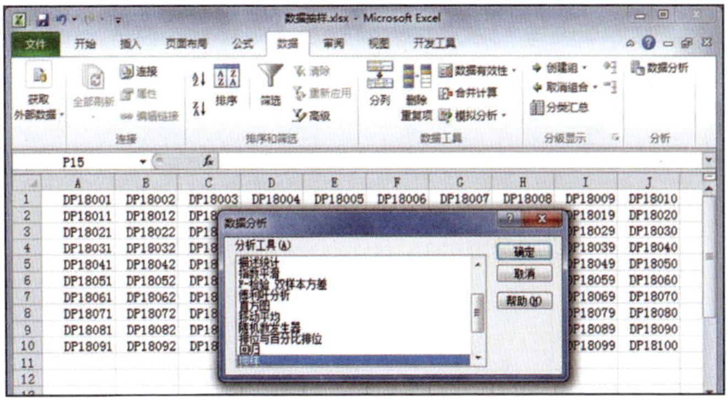

图1-54 “数据分析”对话框

Step 07 弹出“抽样”对话框，设置输入区域、样本数及输出区域，然后单击“确定”按钮，如图1-55所示。

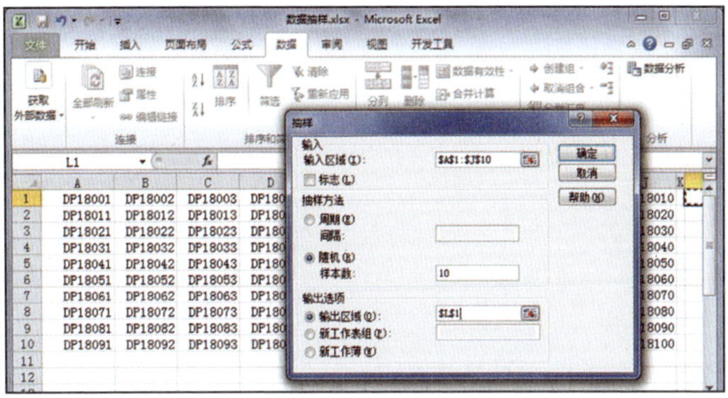

图1-55 设置“抽样”对话框

Step 08 此时即可从100个编号中随机抽取10个作为样本，如图1-56所示。

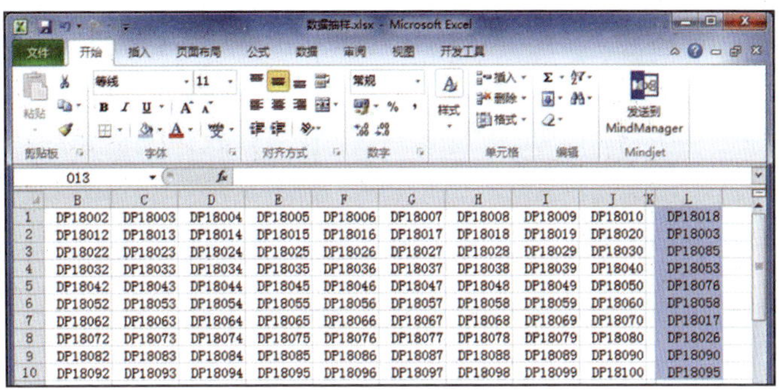

图1-56 编号随机抽样结果

项目小结

通过本项目的学习，读者应重点掌握以下知识。

（1）对数据进行可视化处理，可以传递更多的信息，使商务数据更加形象、生动，便于理解。

（2）可视化图表可按发展趋势、比例关系、相关性、差异化、空间关系及工作流程等进行分类。

（3）为了提升图表可视化效果，可以从色彩、字体、版式、标注、留白、插图、图标、数据、比例、简约等方面进行提升。

（4）商务数据可视化方法可以分为四个步骤：第一，明确数据可视化的需求，寻找数据背后的故事；第二，为数据选择正确的可视化类型；第三，确定最关键的信息指标，给予场景联系；第四，为内容而设计，优化展现形式。

（5）数据的采集分为定性数据和定量数据的采集，每种数据又分为多种采集方法，如利用问卷调研采集定性数据，利用业务数据库和第三方统计平台采集定量数据等。

（6）通过Excel的定位功能可以定位缺失数据；通过条件格式法、高级筛选法、函数法、数据透视表法等可以查找重复数据；利用Excel的“删除重复项”功能、排序、筛选等方法可以删除重复数据；利用函数可以对表格中的错误数据进行检查。

（7）使用RAND函数和“抽样”分析工具可以进行数据随机抽样。

项目习题

1．打开“素材文件\项目一\数据清洗.xlsx”，使用IF函数检查表格中性别输入异常的会员，结果如图1-57所示。

2．打开“素材文件\项目一\数据清洗.xlsx”，结合本项目介绍的公式，利用条件格式将重复的会员编号记录标识出来，结果如图1-58所示。

	A	B	C	D	E	F	G
1	会员编号	性别	生日	收货地址	购买总金额	购买次数	性别异常检查
2	DP18001	F	1978/7/24	北京市海淀区	9302	86	
3	DP18002	F	1976/1/17	重庆市永川市	3290	64	
4	DP18003	M	1983/2/26	湖南省娄底市	6277	83	
5	DP18004	M	1984/8/1	湖北省襄樊市	9801	118	
6	DP18005	F	1987/3/16	山东省单县	6769	159	
7	DP18006	F	1983/4/11	江西省上饶市	10179	138	
8	DP18007	MF	1982/10/13	湖南省嘉禾县	5521	71	异常
9	DP18008	M	1979/3/28	北京市大兴区	5217	121	
10	DP18009	F	1984/1/10	河北省石家庄市	3957	125	
11	DP18010	M	1979/8/17	山西省吕梁市	3252	62	
12	DP18011	FM	1989/9/16	辽宁省抚顺市	10005	115	异常
13	DP18012	M	1988/11/20	江苏省连云港市	2513	91	
14	DP18013	F	1985/4/20	安徽省怀宁县	6182	156	
15	DP18014	M	1987/10/27	江苏省常州市新	5407	168	
16	DP18015	F	1981/7/11	浙江省宁波市	8357	44	
17	DP18016	M	1980/6/24	河南省巩义市	5159	97	
18	DP18017	M	1980/7/11	河南省西平县	8766	169	
19	DP18018	F	1978/7/24	北京市海淀区	4512	160	

图1-57　性别异常检查

	A	B	C	D	E	F
1	会员编号	性别	生日	收货地址	购买总金额	购买次数
2	DP18001	F	1978/7/24	北京市海淀区	9302	86
3	DP18002	F	1976/1/17	重庆市永川市	3290	64
4	DP18003	M	1983/2/26	湖南省娄底市	6277	83
5	DP18003	M	1983/2/26	湖南省娄底市	6277	83
6	DP18004	M	1984/8/1	湖北省襄樊市	9801	118
7	DP18005	F	1987/3/16	山东省单县	6769	159
8	DP18006	F	1983/4/11	江西省上饶市	10179	138
9	DP18006	F	1983/4/11	江西省上饶市	10179	138
10	DP18006	F	1983/4/11	江西省上饶市	10179	138
11	DP18007	F	1982/10/13	湖南省嘉禾县	5521	71
12	DP18008	M	1979/3/28	北京市大兴区	5217	121
13	DP18008	M	1979/3/28	北京市大兴区	5217	121
14	DP18009	F	1984/1/10	河北省石家庄市	3957	125
15	DP18010	M	1979/8/17	山西省吕梁市	3252	62
16	DP18010	M	1979/8/17	山西省吕梁市	3252	62
17	DP18011	F	1989/9/16	辽宁省抚顺市	10005	115
18	DP18012	M	1988/11/20	江苏省连云港市	2513	91
19	DP18013	F	1985/4/20	安徽省怀宁县	6182	156
20	DP18014	M	1987/10/27	江苏省常州市新	5407	168
21	DP18015	F	1981/7/11	浙江省宁波市	8357	44
22	DP18016	M	1980/6/24	河南省巩义市	5159	97
23	DP18017	M	1980/7/11	河南省西平县	8766	169
24	DP18018	F	1978/7/24	北京市海淀区	4512	160

图1-58　标记重复记录

项目二

商务数据表格图形化

项目概述

将表格中的商务数据生成生动、形象的图表，不仅可以增强数据的可读性，还可以根据图表发现隐藏在数据背后的各种重要信息。本项目将学习如何将商务数据表格图形化，其中包括设置数据单元格规则，数据表格图形化，使用迷你图展示商务数据，以及使用公式创建条件格式等内容。

项目重点

- 掌握设置数据单元格规则的方法。
- 掌握数据表格图形化的方法。
- 掌握制作迷你图的方法。
- 掌握使用公式创建条件格式的方法。

项目目标

- 学会设置数据单元格规则。
- 学会将数据表格图形化。
- 学会制作迷你图。
- 学会使用公式创建条件格式。

任务一　设置数据单元格规则

任务概述

在大量的商务数据中，要想从中找出满足特殊条件的数据并非易事，但通过设置数据单元格规则可以快速查找满足条件的特定数据，还可以突出显示特殊数据，使表格数据更加直观。本任务将学习如何设置数据单元格规则。

任务重点与实施

一、突出显示特定商品数据

当表格中的数据量很大时，不容易快速找出自己所需的数据，此时可以使用设置条件格式的方法来查找满足条件的特定数据并突出显示，具体操作方法如下。

Step 01 打开“素材文件\项目二\突出显示特殊数据单元格.xlsx”，选择B4:G10单元格区域，在“开始”选项卡下“样式”组中单击“条件格式”下拉按钮，选择“突出显示单元格规则”|“大于”选项，如图2-1所示。

Step 02 弹出“大于”对话框，在“为大于以下值的单元格设置格式”文本框中输入40000，在“设置为”下拉列表框中选择“浅红填充色深红色文本”选项，然后单击“确定”按钮，如图2-2所示。

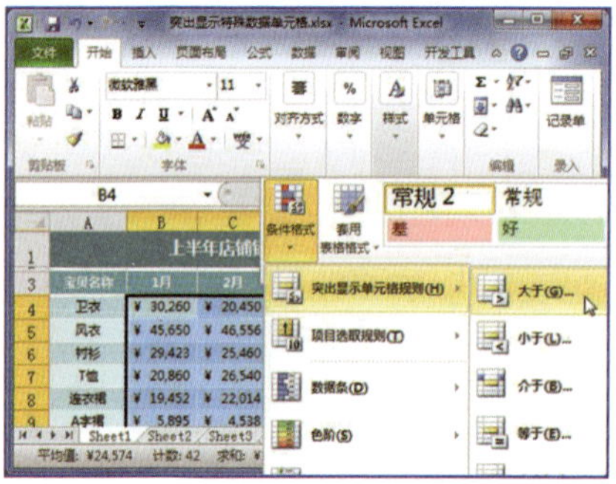

图2-1　选择“大于”选项

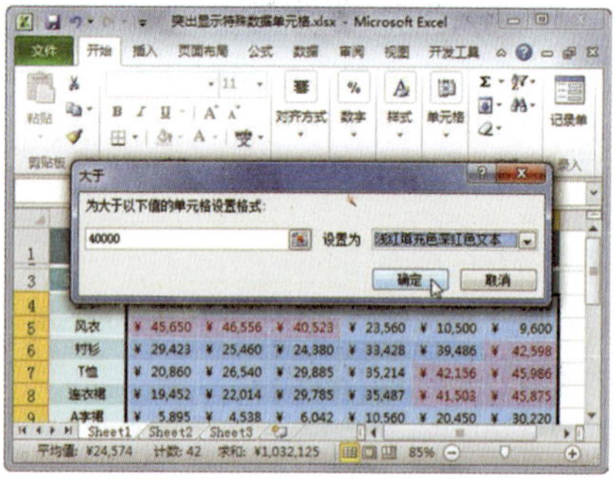

图2-2　设置条件格式参数

Step 03 此时即可突出显示销售额大于40000元的商品数据，效果如图2-3所示。

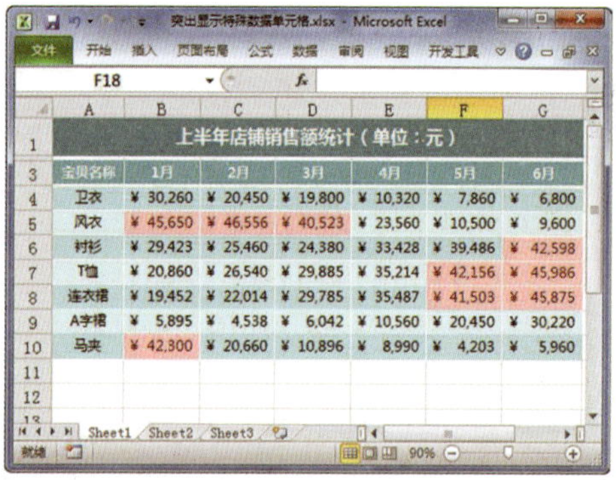

图2-3　突出显示特定商品数据

二、查找特定范围商品数据

使用项目选取规则可以找出特定范围的数据。下面以找出6月销售额最高的三种商品为例进行介绍，具体操作方法如下。

Step 01 打开“素材文件\项目二\项目选取规则.xlsx”，选择G4:G10单元格区域，在“开始”选项卡下“样式”组中单击“条件格式”下拉按钮，选择“项目选取规则”|“值最大的10项”选项，如图2-4所示。

Step 02 弹出“10个最大的项”对话框，在“为值最大的那些单元格设置格式”文本框中输入3，然后单击“设置为”下拉按钮，选择“自定义格式”选项，如图2-5所示。

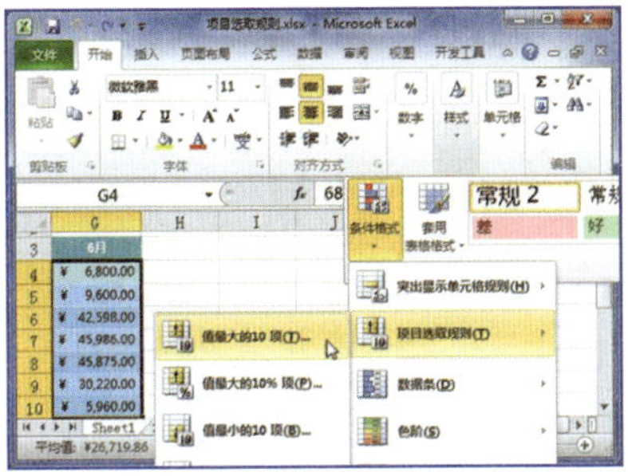

图2-4　选择“值最大的10项”选项

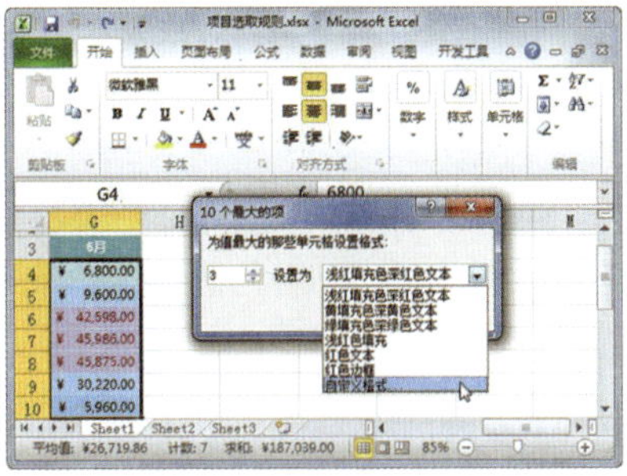

图2-5　设置规则参数

Step 03 弹出“设置单元格格式”对话框，选择“字体”选项卡，设置“字形”为“加粗”，在“颜色”下拉列表框中选择需要的颜色，如图2-6所示。

Step 04 选择“边框”选项卡，设置线条样式和颜色，单击“外边框”按钮，然后依次单击“确定”按钮，如图2-7所示。

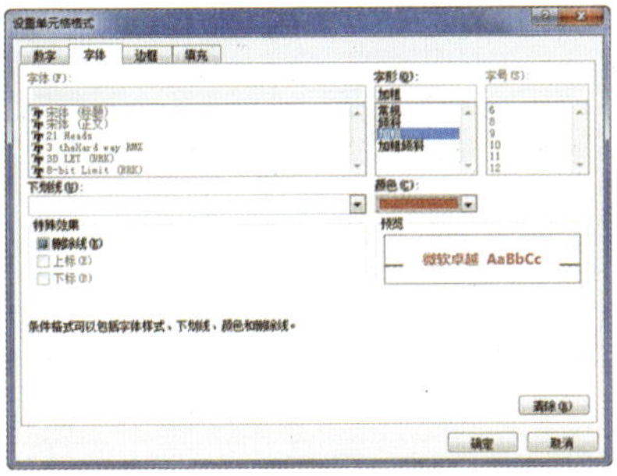

图2-6　设置字体格式

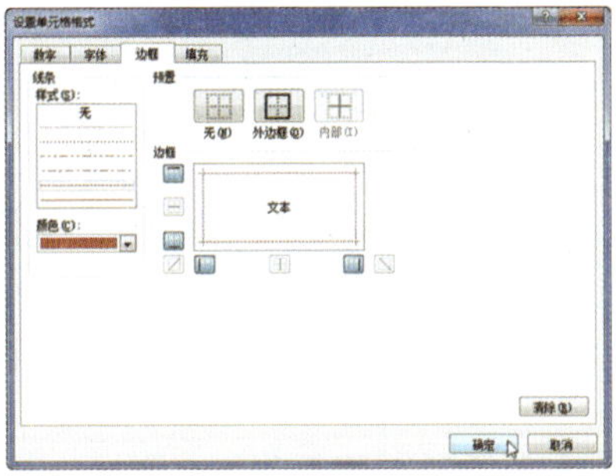

图2-7　设置边框格式

Step 05 此时，在表格中就会突出显示6月销售额位列前三的数据，效果如图2-8所示。

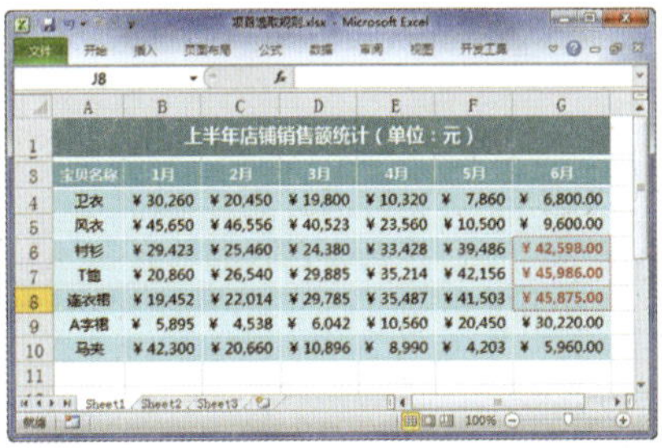

图2-8　突出显示销售额位列前三的数据

任务二　数据表格图形化

任务概述

使用数据条、色阶和图标集直观地显示表格数据，可以在很大程度上增强表格的专业性和可读性。本任务将学习如何数据表格图形化。

任务重点与实施

一、通过数据条长度表示数据大小

数据条的长度能够直观地展示数据的大小，数据条越长，表示数据越大，反之则越小。通过数据条还可以查看数据之间的对比关系，具体操作方法如下。

Step 01 打开“素材文件\项目二\用数据条表示数值.xlsx”，选择B2:B17单元格区域，选择“数据”选项卡，在“排序和筛选”组中单击“降序”按钮Z↓A，弹出“排序提醒”对话框，单击“排序”按钮，如图2-9所示。

Step 02 选择C列并用鼠标右键单击，在弹出的快捷菜单中选择“插入”命令，在C列左侧插入一列，如图2-10所示。

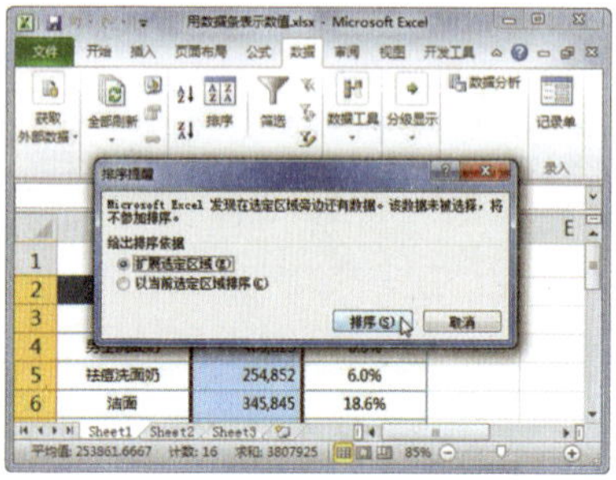

图2-9 降序排序数据

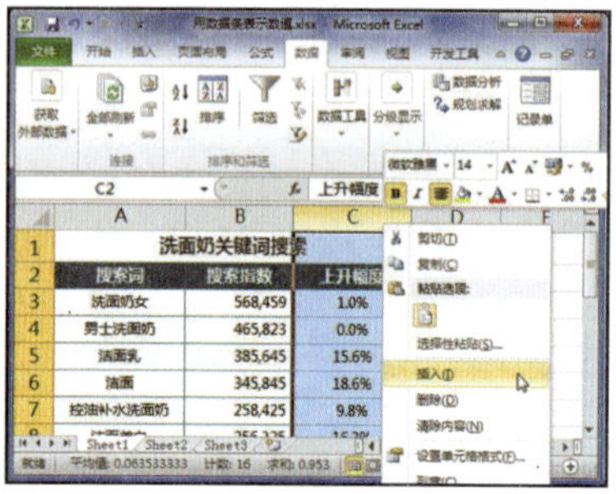

图2-10 插入列

Step 03 选择B3:B17单元格区域，按【Ctrl+C】组合键复制数据，然后选择C3单元格，按【Ctrl+V】组合键粘贴数据，如图2-11所示。

Step 04 按【Esc】键，取消复制单元格状态。选择“开始”选项卡，在“样式”组中单击“条件格式”下拉按钮，选择“数据条”|“红色数据条”选项，如图2-12所示。

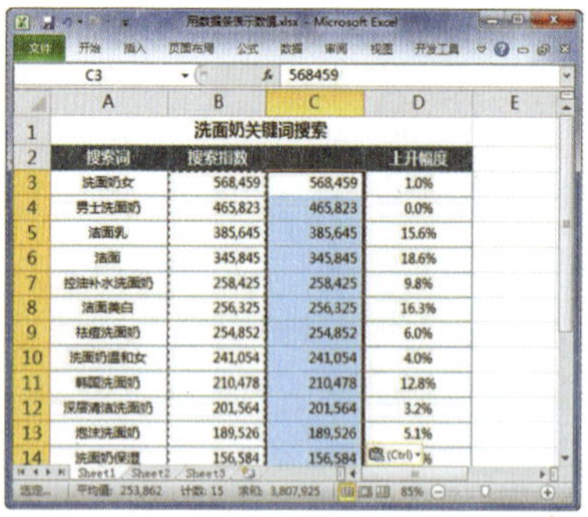

图2-11 复制数据

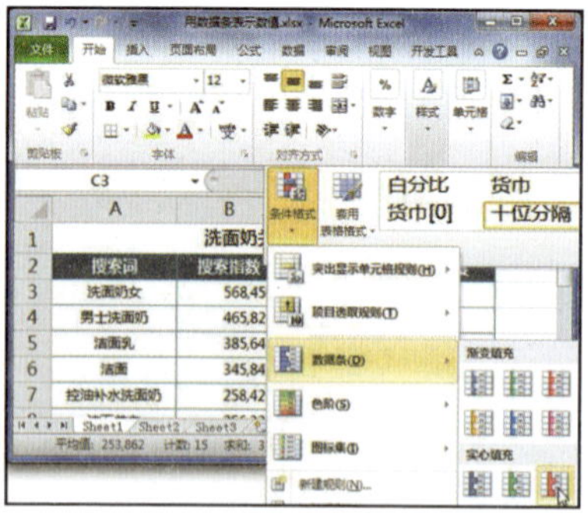

图2-12 应用数据条格式

Step 05 再次单击“条件格式”下拉按钮，选择“管理规则”选项，如图2-13所示。

Step 06 弹出“条件格式规则管理器”对话框，选择“数据条”规则，然后单击“编辑规则”按钮，如图2-14所示。

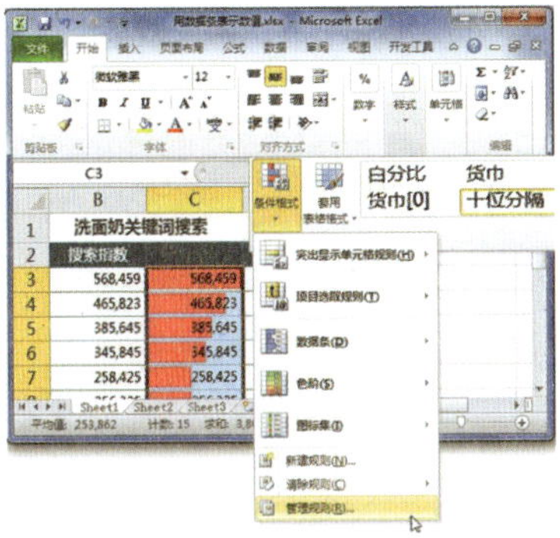

图2-13　选择“管理规则”选项

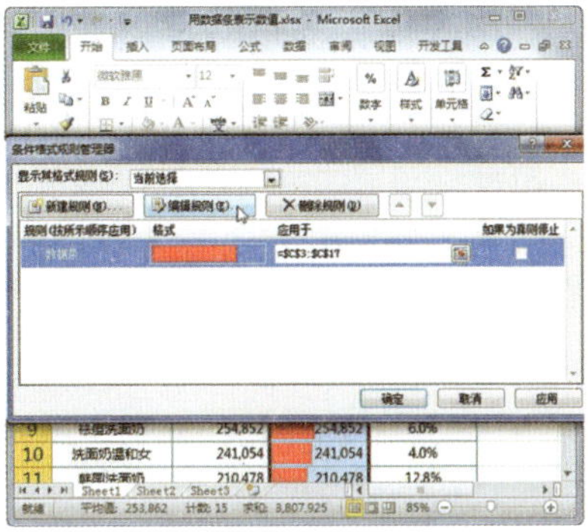

图2-14　“条件格式规则管理器”对话框

Step 07 弹出“编辑格式规则”对话框，选中“仅显示数据条”复选框，然后单击“确定”按钮，如图2-15所示。

Step 08 此时，即可在C列查看设置的数据条效果，如图2-16所示。

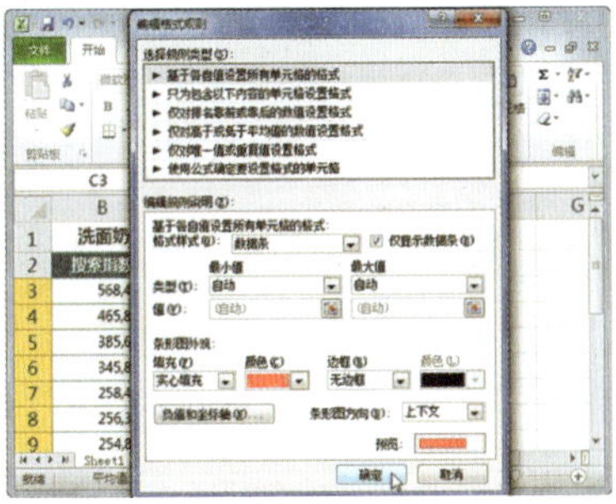

图2-15　“编辑格式规则”对话框

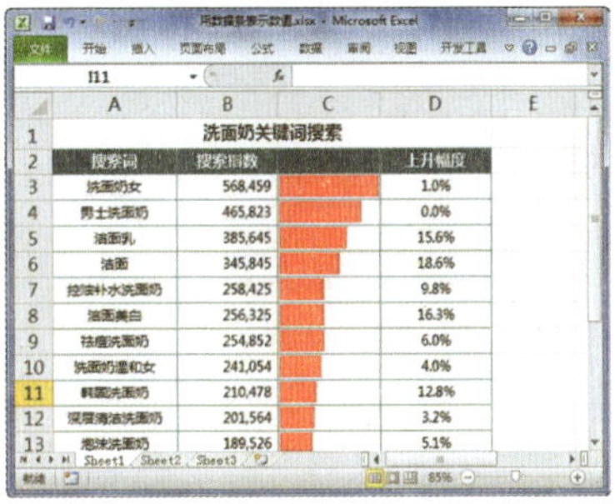

图2-16　查看数据条效果

二、使用色阶区分显示不同范围的数据

在Excel中，色阶是一种直观的条件格式，它通过颜色的深浅表示数据的大小，说明数据的分布和变化。下面将介绍如何通过色阶查看店铺浏览量，具体操作方法如下。

Step 01 打开“素材文件\项目二\色阶.xlsx”，在“开始”选项卡下“样式”组中单击“条件格式”下拉按钮，选择“色阶”|“红-白色阶”选项，如图2-17所示。

Step 02 此时，在“浏览量”列中即可查看应用色阶条件格式后的效果，如图2-18所示。

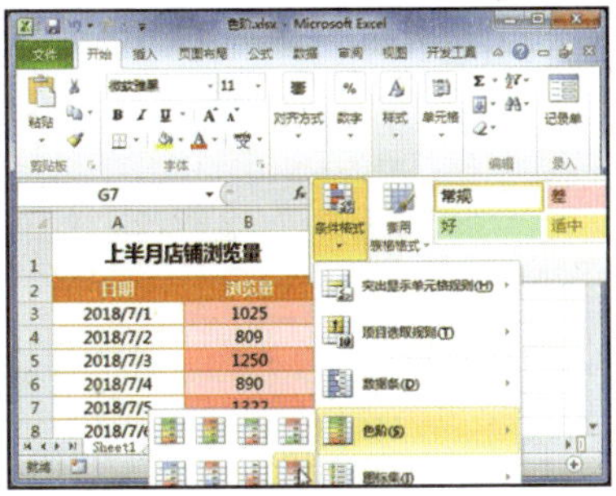

图2-17　选择色阶条件格式

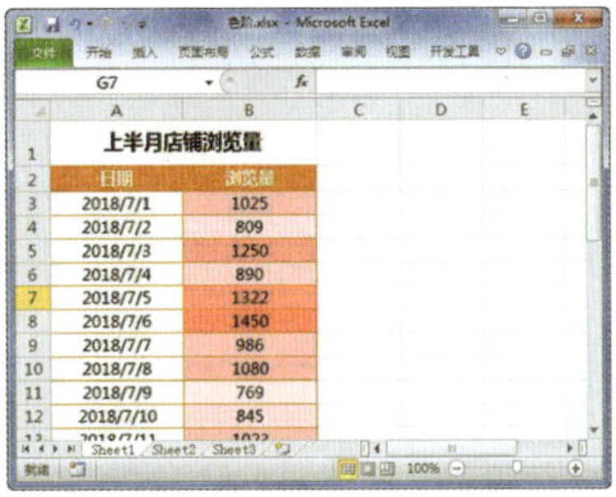

图2-18　应用色阶条件格式效果

三、使用图标集显示数据的意义

图标集是将多种样式的图标汇聚在一起，表示不同范围内的数据，用不同的样式展示出不同的数据效果，显示数据的意义。下面将介绍如何使用图标集展示上升幅度，具体操作方法如下。

Step 01 打开“素材文件\项目二\图标集.xlsx”，选择D3:D17单元格区域，在“开始”选项卡下“样式”组中单击“条件格式”下拉按钮，选择“新建规则”选项，如图2-19所示。

Step 02 弹出“新建格式规则”对话框，在“格式样式”下拉列表框中选择“图标集”选项，然后单击“图标样式”下拉按钮，选择“3个三角形”选项，如图2-20所示。

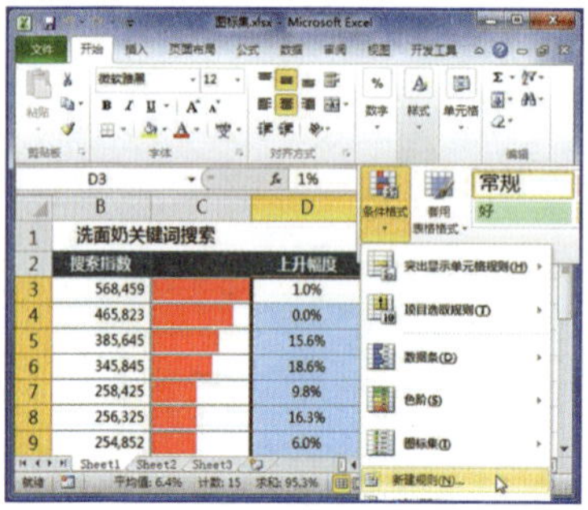

图2-19　选择“新建规则”选项

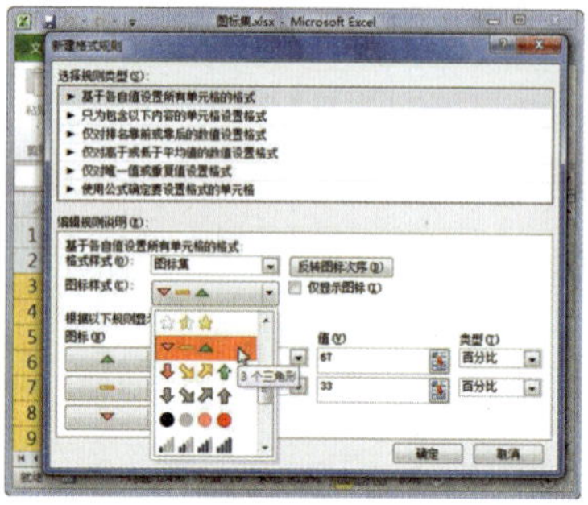

图2-20　“新建格式规则”对话框

Step 03 弹出“编辑格式规则”对话框，在“值”文本框中分别输入70和0，在第三个图标下拉列表框中选择“无单元格图标”选项，然后单击“确定”按钮，如图2-21所示。

Step 04 此时，即可将“上升幅度”为前30%的值表示出来，效果如图2-22所示。

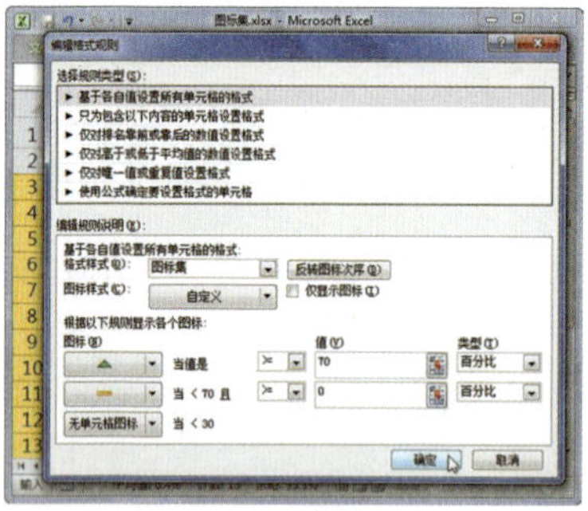

图2-21　设置图标规则

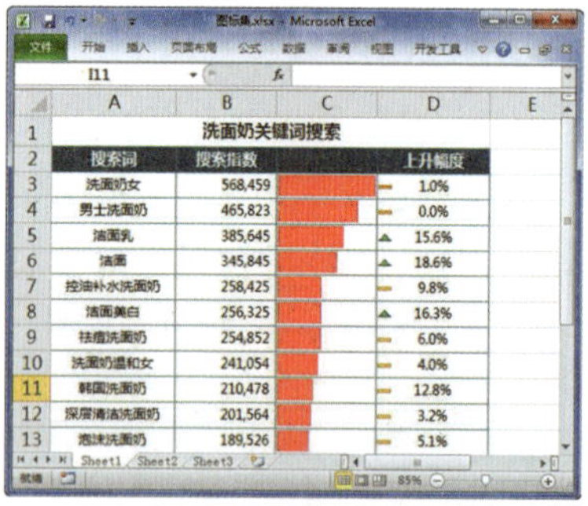

图2-22　查看图标集效果

任务三　使用迷你图展示商务数据

任务概述

迷你图是Excel工作表单元格中的微型图表，包括折线图、柱形图和盈亏图。它以单元格为绘图区域，图形简洁，占用较小的工作表空间，能够清晰地展示出数据的变化趋势，常被放置在数据一侧。当迷你图中的数据源发生改变时，图形也会随之变化。本任务将介绍如何使用迷你图展示商务数据。

任务重点与实施

一、使用折线迷你图展示销量走势

折线迷你图用于表示一行或一列单元格数值的变动趋势，如季节性的增加、减少及随时间的变动趋势等，并且可以突出显示最大值和最小值。下面以使用折线迷你图展示销量走势为例，介绍如何创建与设置折线迷你图，具体操作方法如下。

Step 01 打开“素材文件\项目二\折线迷你图.xlsx”，选择F3单元格，选择“插入”选项卡，单击“迷你图”下拉按钮，选择“折线图”选项，如图2-23所示。

Step 02 弹出“创建迷你图”对话框，设置“数据范围”为B3:E3单元格区域，“位置范围”为F3单元格，然后单击“确定”按钮，如图2-24所示。

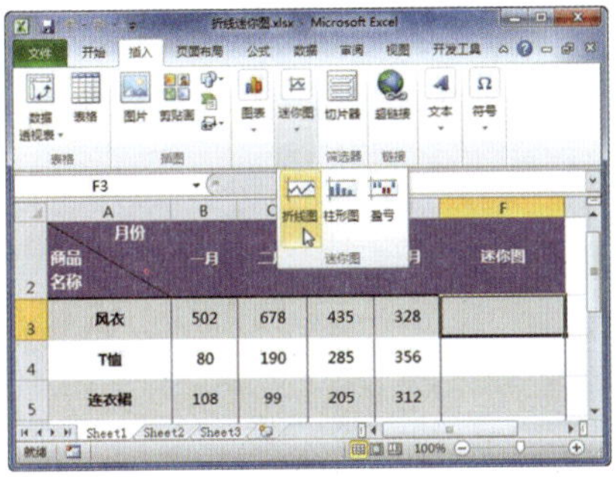

图2-23 选择折线图

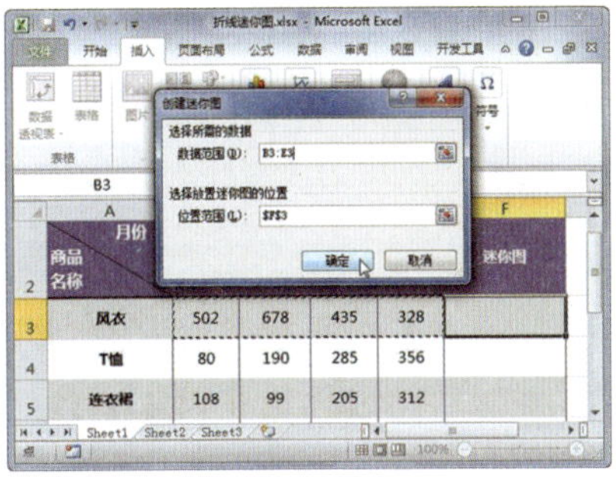

图2-24 设置数据范围与位置范围

Step 03 此时，即可在F3单元格中插入折线迷你图。向下拖动F3单元格右下角的填充柄，将迷你图填充到下方的单元格中，如图2-25所示。

Step 04 单击“自动填充选项”下拉按钮，选择“不带格式填充”选项，如图2-26所示。

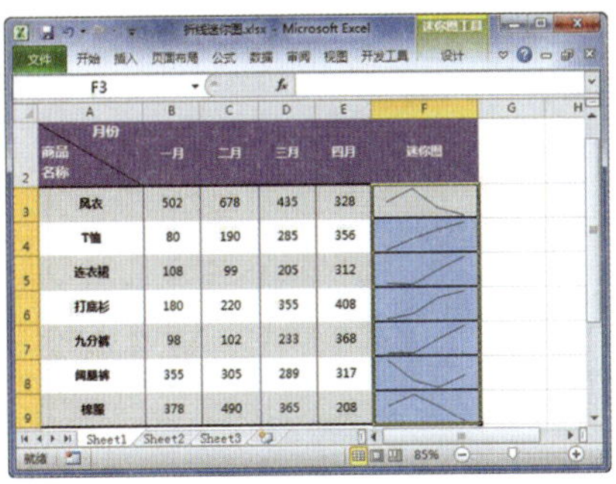

图2-25 填充迷你图

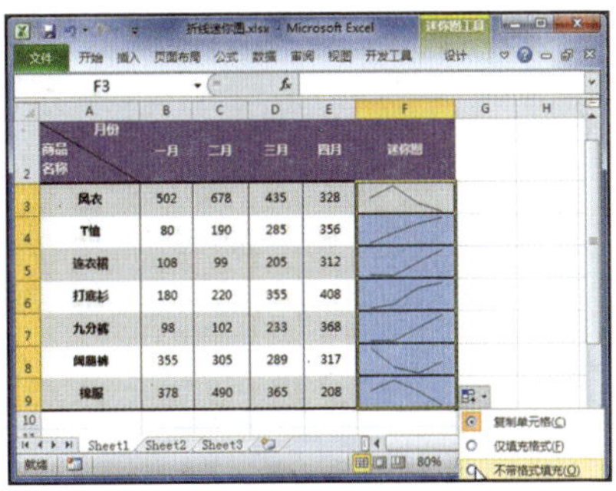

图2-26 选择自动填充选项

Step 05 选择“设计”选项卡，在“显示”组中选中“标记”复选框，如图2-27所示。

Step 06 在“样式”组中单击“迷你图颜色”下拉按钮，选择需要的颜色，如图2-28所示。

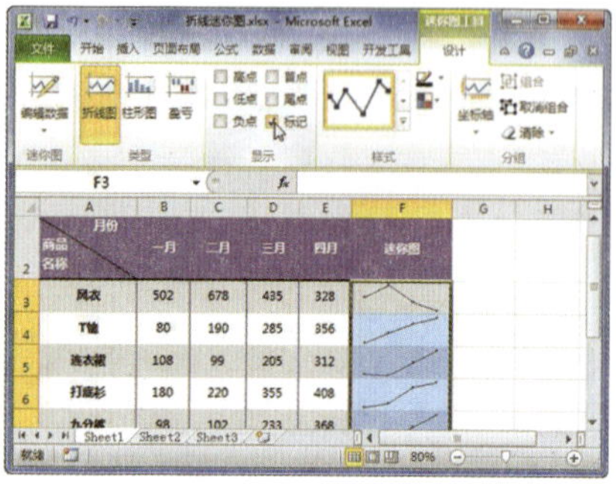

图2-27　显示迷你图标记

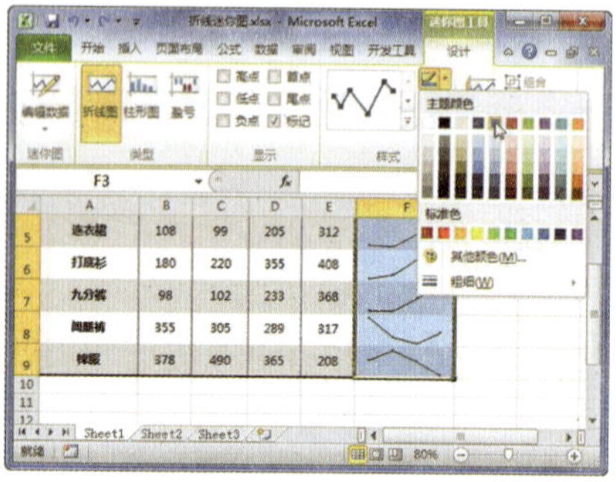

图2-28　设置迷你图颜色

Step 07 单击“迷你图颜色”下拉按钮，选择“粗细”|“2.25磅”选项，如图2-29所示。

Step 08 在“显示”组中选中“高点”复选框，单击“标记颜色”下拉按钮，选择“高点”选项，然后选择需要的主题颜色，如图2-30所示。

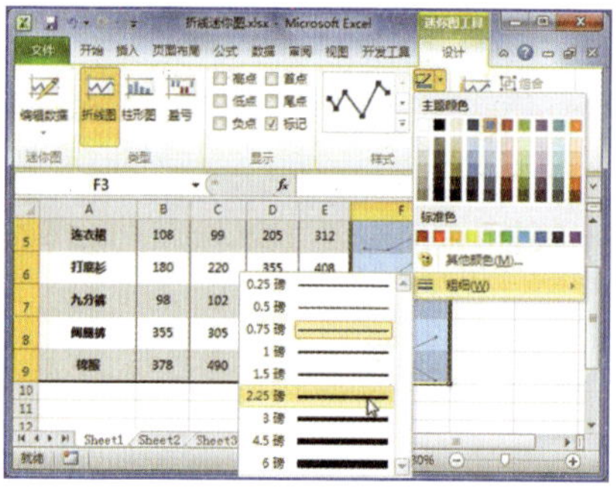

图2-29　设置迷你图粗细

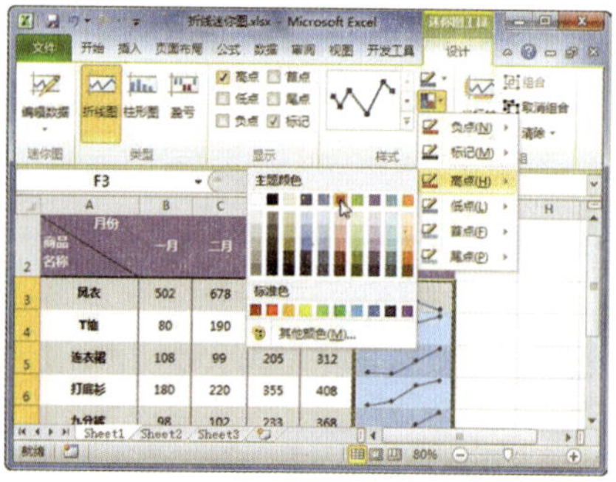

图2-30　设置高点颜色

Step 09 此时，即可在迷你图中突出显示最高的商品销量，效果如图2-31所示。

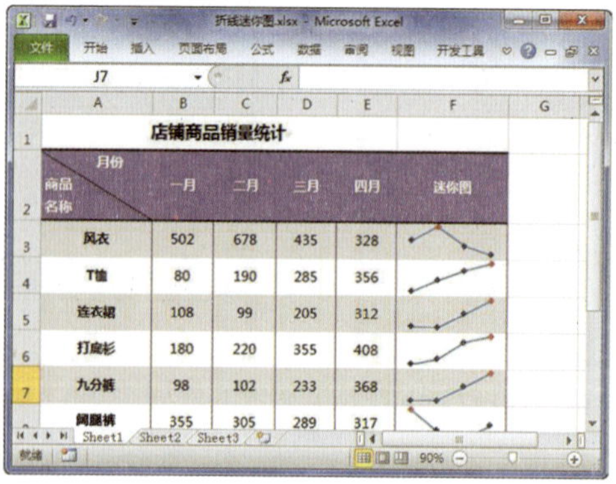

图2-31　突出显示最高的商品销量

二、使用柱形迷你图显示最高销量

柱形迷你图用于显示一段时间内的数据变化或显示各项之间的比较情况，还可以将销量最高的商品直观地显示出来。创建并设置柱形迷你图的具体操作方法如下。

Step 01 打开“素材文件\项目二\柱形迷你图.xlsx”，选择F3单元格，选择“插入”选项卡，单击“迷你图”下拉按钮，选择“柱形图”选项，如图2-32所示。

Step 02 弹出“创建迷你图”对话框，设置“数据范围”为B3:E3单元格区域，“位置范围”为F3单元格，如图2-33所示。

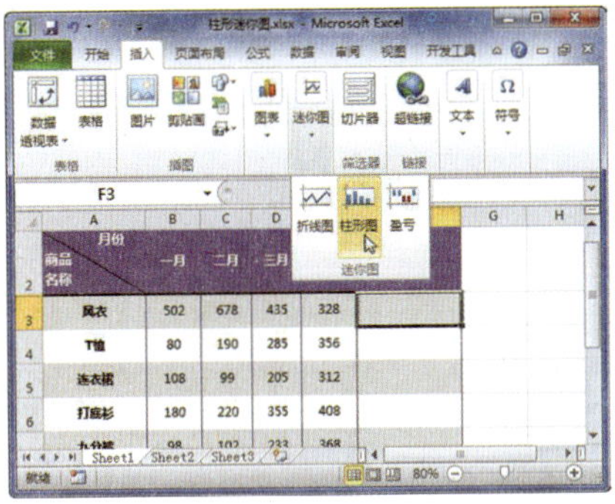

图2-32 选择柱形图

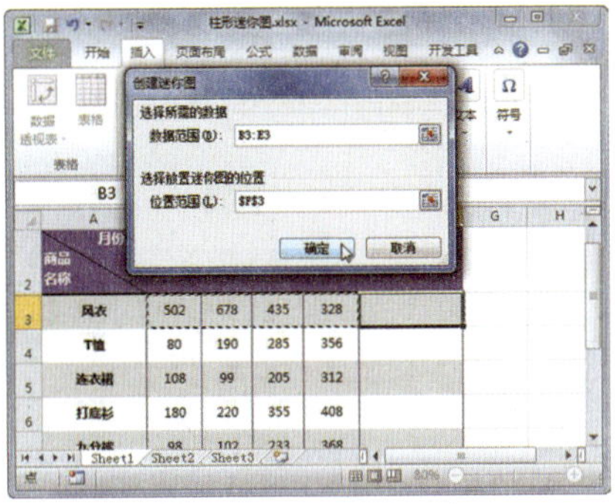

图2-33 设置数据范围与位置范围

Step 03 选择“设计”选项卡，单击“坐标轴”下拉按钮，在“纵坐标轴的最小值选项”区域中选择“自定义值”选项，如图2-34所示。

Step 04 弹出“迷你图垂直轴设置”对话框，在“输入垂直轴的最小值”文本框中输入0.0，然后单击“确定”按钮，如图2-35所示。

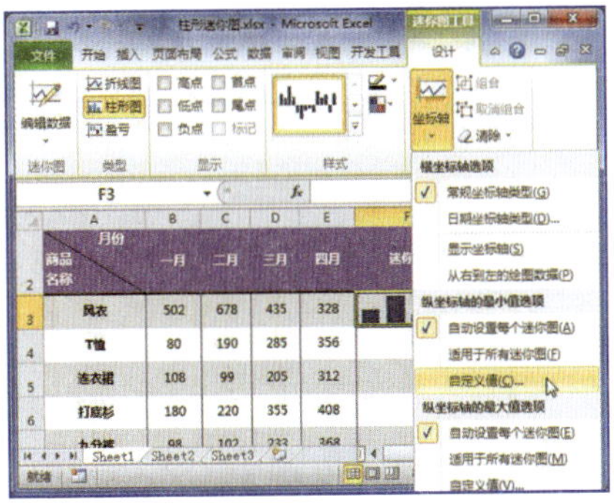

图2-34 设置纵坐标轴最小值选项

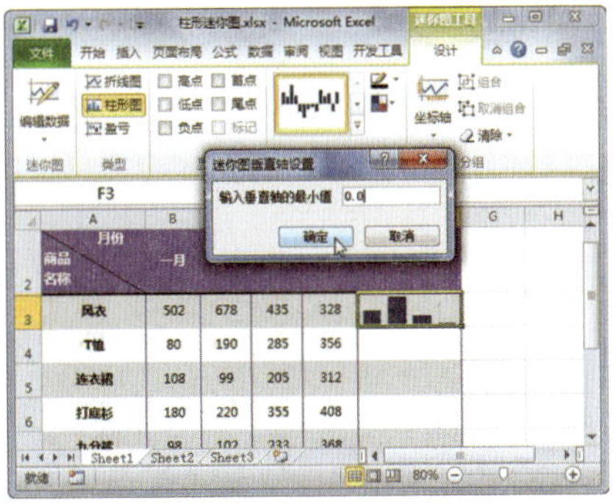

图2-35 迷你图垂直轴设置

Step 05 在“显示”组中选中“高点”复选框，在“样式”组中单击“其他”下拉按钮▾，如图2-36所示。

Step 06 在弹出的列表中选择需要的迷你图样式，如图2-37所示。

Step 07 利用填充柄将F3单元格中的迷你图填充到下方的单元格中，单击“自动填充选项”下拉按钮，选择“不带格式填充”选项，如图2-38所示。

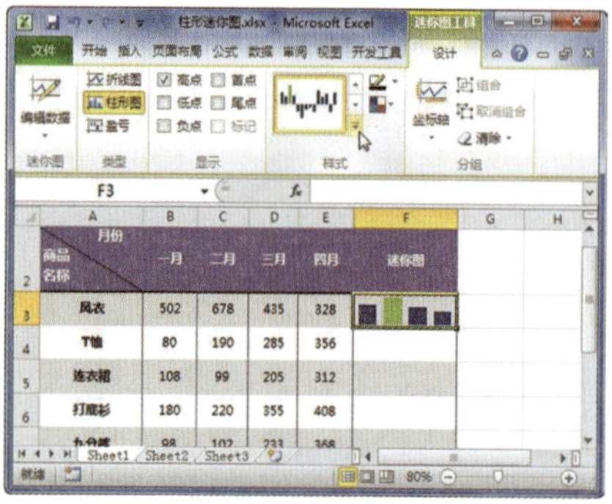

图2-36　显示最高点

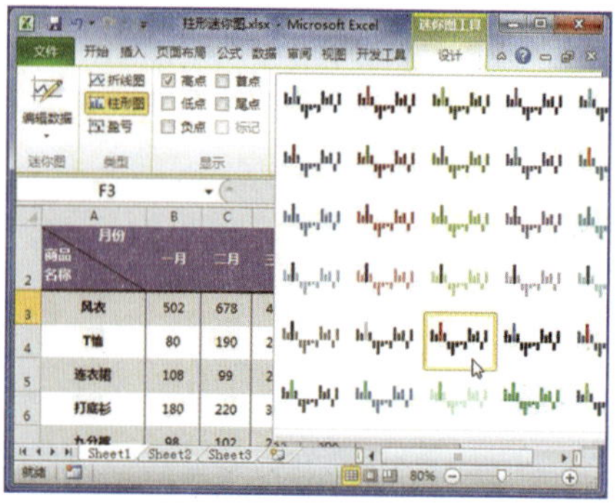

图2-37　选择迷你图样式

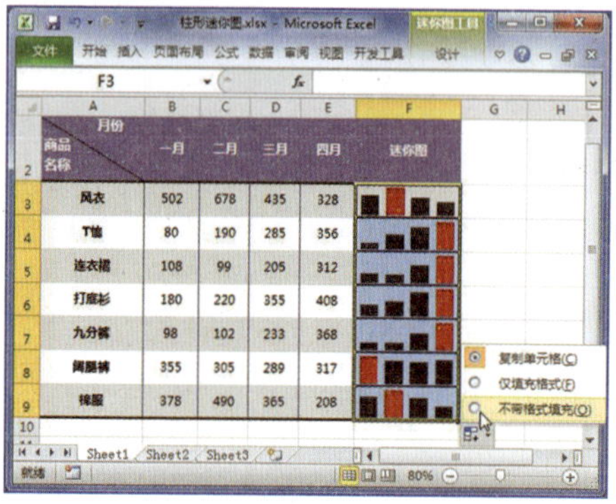

图2-38　填充迷你图

任务四　使用公式创建条件格式

任务概述

当内置的条件格式无法满足实际应用时，可以使用自定义的公式来定义条件格式，以完成所需的设置。本任务将详细介绍如何使用公式创建条件格式。

任务重点与实施

一、设置间隔指定行数填充颜色

为了提高数据的可读性，更好地区分数据，可以利用条件格式使单元格区域每隔数行应用填充颜色，具体操作方法如下。

Step 01 打开“素材文件\项目二\填充颜色.xlsx”，选择A2:F31单元格区域，在“样式”组中单击“条件格式”下拉按钮，选择“新建规则”选项，如图2-39所示。

Step 02 弹出“新建格式规则”对话框，选择“使用公式确定要设置格式的单元格”选项，在下方的文本框中输入公式“=MOD(ROW(A1),5)=1”，然后单击“格式”按钮，如图2-40所示。

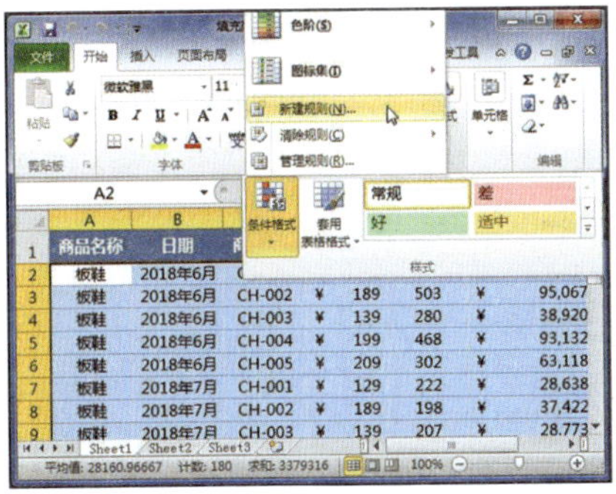

图2-39 选择“新建规则”选项

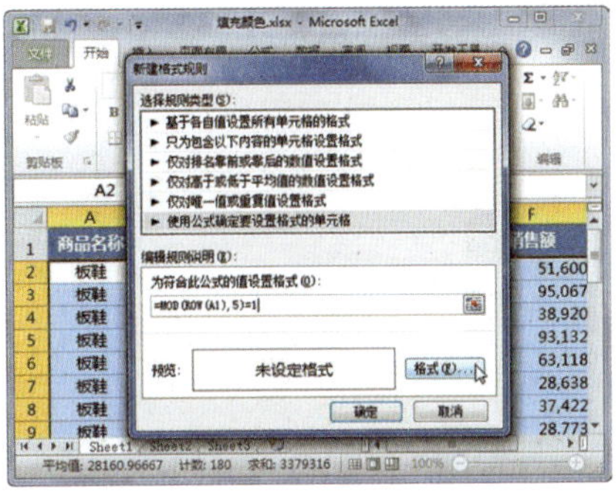

图2-40 使用公式设置条件格式

Step 03 弹出“设置单元格格式”对话框，选择“填充”选项卡，选择背景色，然后依次单击“确定”按钮，如图2-41所示。

Step 04 此时，即可在工作表中每隔5行自动为单元格填充颜色，效果如图2-42所示。

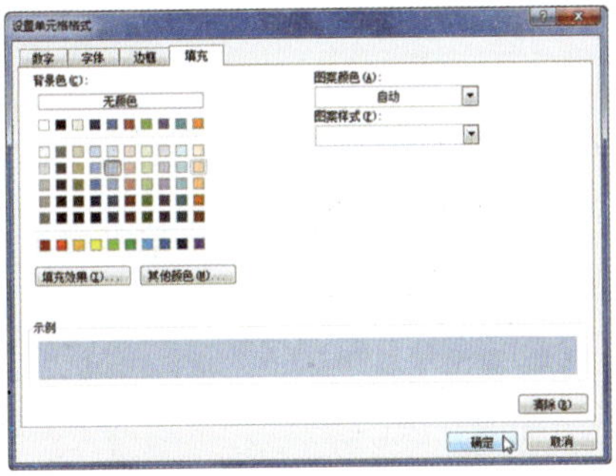

图2-41 设置填充颜色

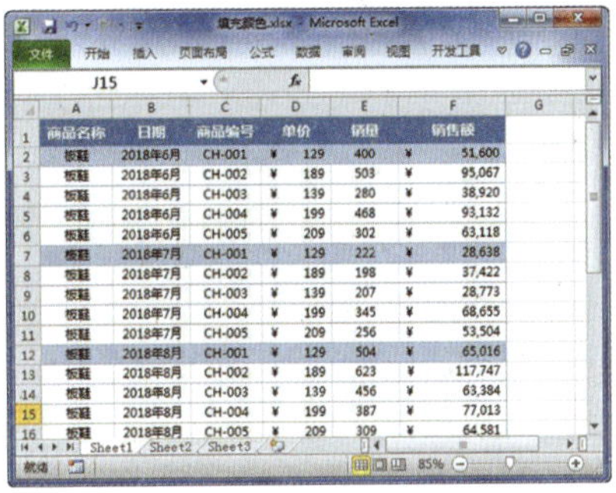

图2-42 查看填充效果

二、隐藏相同数据

当连续相邻的单元格数据相同时，可以将其合并到一个单元格中。还可以自定义条件格式，将相同的数据隐藏起来，只显示第一个单元格中的数据，具体操作方法如下。

Step 01 打开“素材文件\项目二\隐藏数据.xlsx”，选择A列，单击“条件格式”下拉按钮，选择“新建规则”选项，如图2-43所示。

Step 02 弹出“新建格式规则”对话框，选择“使用公式确定要设置格式的单元格”选项，在下方的文本框中输入公式“=A1=A1048576”（Excel最大的行数为1048576），然后单击“格式”按钮，如图2-44所示。

Step 03 弹出“设置单元格格式”对话框，选择“字体”选项卡，设置文本颜色与工作表背景相同，这里将其设置为白色，然后依次单击“确定”按钮，如图2-45所示。

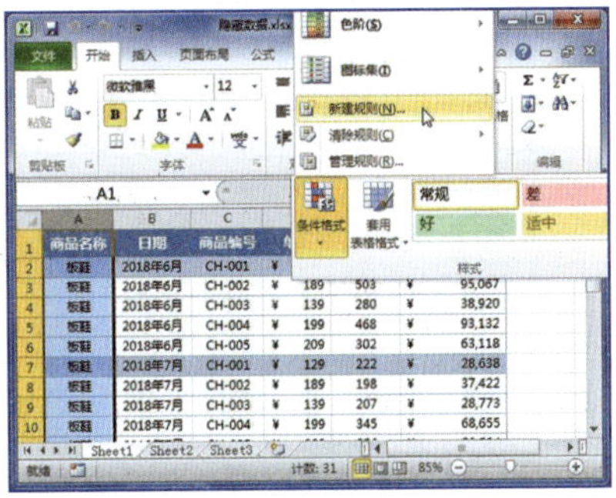

图2-43 新建规则

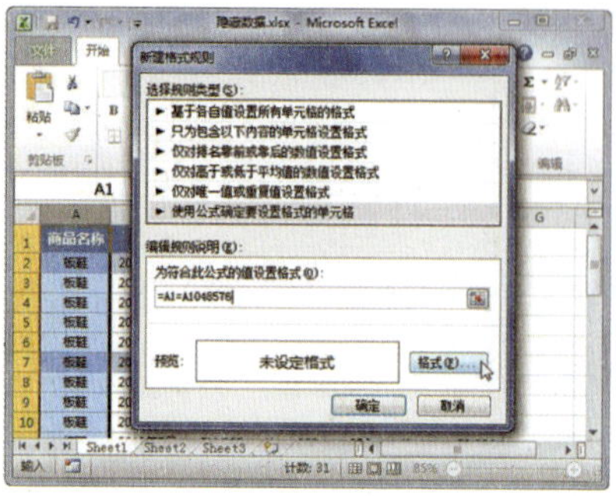

图2-44　使用公式设置条件格式

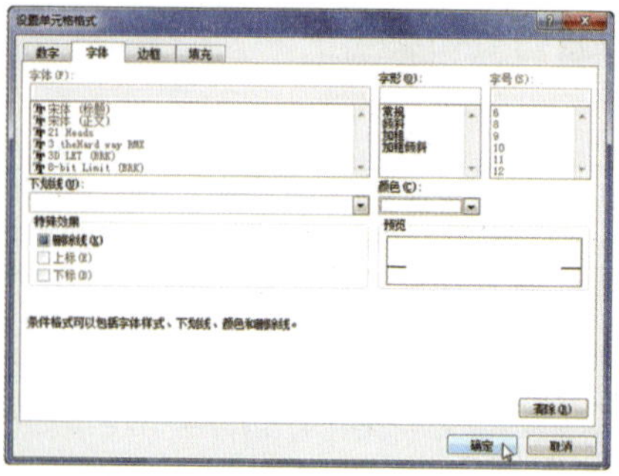

图2-45　设置字体颜色

Step 04 选择A2:A31单元格区域，单击“条件格式”下拉按钮，选择“新建规则”选项，如图2-46所示。

Step 05 弹出“新建格式规则”对话框，选择“使用公式确定要设置格式的单元格”选项，在下方的文本框中输入公式“=MOD(ROW(A1),5)=1”，然后单击“格式”按钮，如图2-47所示。

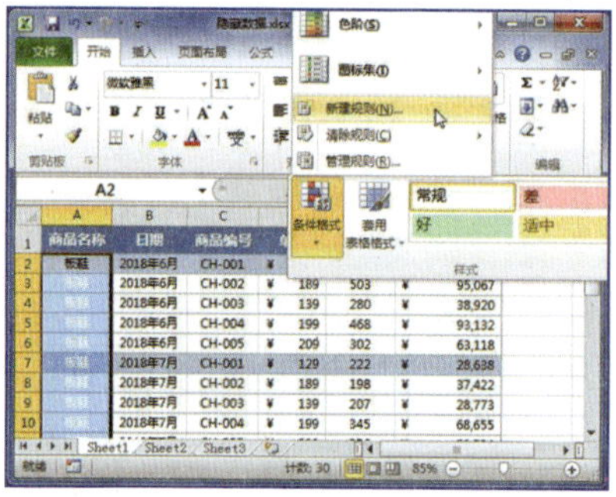

图2-46　选择“新建规则”选项

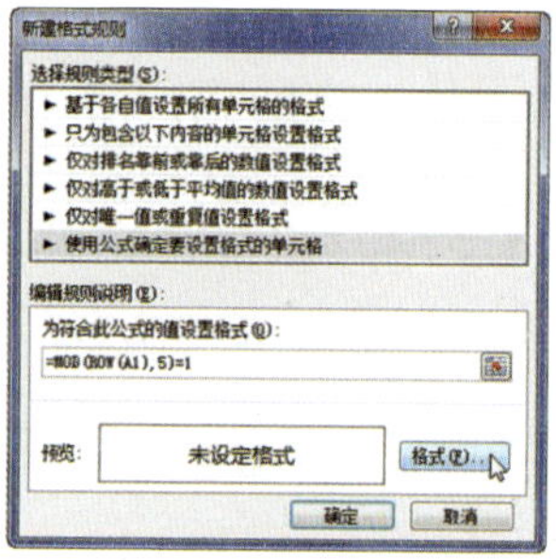

图2-47　输入公式

Step 06 弹出“设置单元格格式”对话框，选择“字体”选项卡，在“字形”列表框中选择“加粗”选项，在“颜色”下拉列表框中选择需要的颜色，然后依次单击“确定”按钮，如图2-48所示。

Step 07 采用同样的方法，为B列单元格设置条件格式，最终效果如图2-49所示。

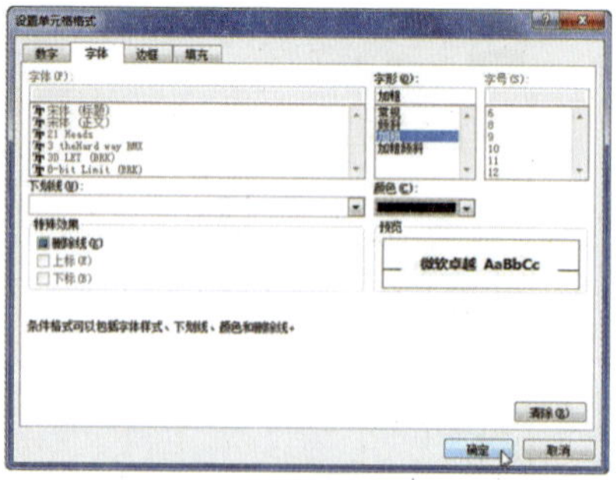

图2-48　设置字体格式

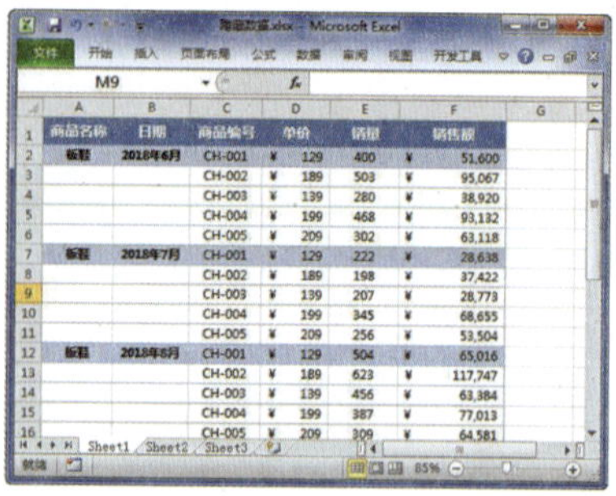

图2-49　隐藏相同数据效果

项目小结

通过本项目的学习，读者应重点掌握以下知识。

（1）通过对数据单元格规则进行设置，能够快速找出需要的数据，可以是满足条件的数据，也可以是特定范围内的数据。

（2）通过数据条、色阶和图标集可以直观地展示数据，实现数据表格图形化，其中数据条能显示数据大小，色阶图能显示不同范围的数据，图标集能显示数据的意义。

（3）使用迷你图可以在工作表单元格中清晰地展现数据的变化趋势。

（4）利用自定义的公式可以定义条件格式，满足一些特殊应用，如隔行变色和隐藏相同数据。

项目习题

打开“素材文件\项目二\条件格式.xlsx”，为“销量”在前30%的数据单元格添加✔图标，效果如图2-50所示。

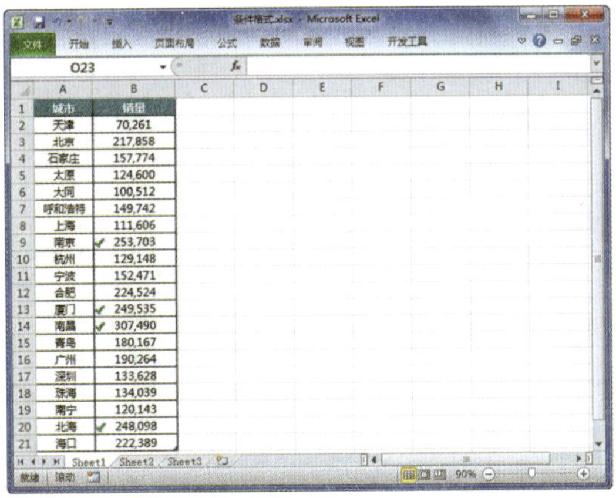

图2-50　为特定销量数据添加图标

关键提示：

（1）使用“图标集”条件格式。

（2）设置销量在后70%的数据单元格显示“无单元格图标”。

项目三

使用折线图展示数据趋势

项目概述

折线图是用直线段将各数据点连接起来而组成的图形，以折线方式显示随时间或有序类别变化的趋势。折线图可以设置是否显示数据标记，可以显示数据点以表示单个数据值，也可以不显示这些数据点。如果有多个数据点，且它们的显示顺序很重要时，折线图非常适用。

项目重点

- 掌握设置坐标轴格式的方法。
- 掌握设置数据系列格式的方法。
- 掌握添加其他辅助图表的方法。

项目目标

- 学会设置坐标轴格式。
- 学会设置数据系列格式。
- 学会添加其他辅助图表。

任务一　设置坐标轴格式

任务概述

在折线图中，可以通过设置坐标轴格式来增强图表的可读性，使趋势变化更为明显。当横坐标日期长度过长，以致影响图表美观时，可以通过更改日期格式来使图表变得简洁。本任务将学习如何设置折线图坐标轴格式。

任务重点与实施

一、设置纵坐标轴单位

当数据差距较小，折线图的趋势变化不明显时，修改纵坐标轴起点刻度值可以让图表表现的趋势变化更加明显，具体操作方法如下。

Step01 打开“素材文件\项目三\店铺销售额.xlsx”，选择“插入”选项卡，在“图表”组中单击“折线图”下拉按钮，选择“折线图”选项，如图3-1所示。

Step02 调整图表的位置和大小，删除图例，然后鼠标右键单击纵坐标轴，在弹出的快捷菜单中选择“设置坐标轴格式”命令，如图3-2所示。

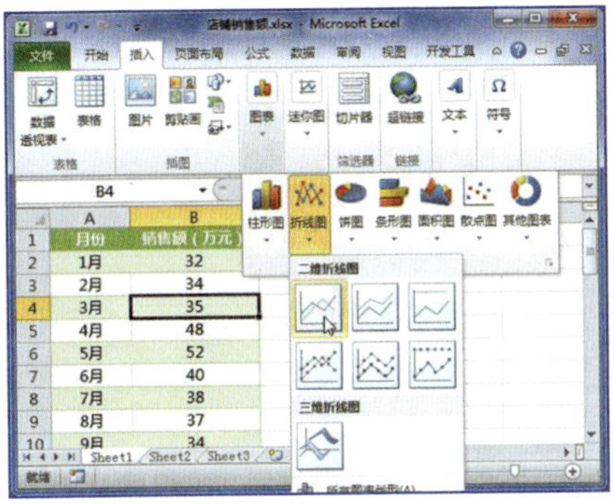

图3-1 插入折线图

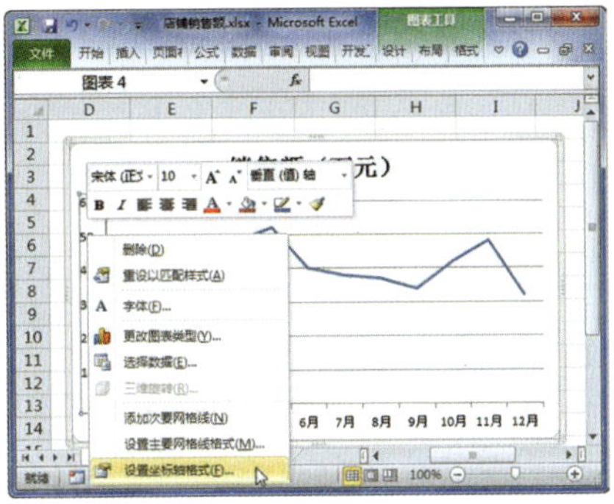

图3-2 选择“设置坐标轴格式”命令

Step03 弹出“设置坐标轴格式”对话框，在“最小值”“最大值”和“主要刻度单位”选项中均选中“固定”单选按钮，分别在其对应的文本框中输入30、55和5，如图3-3所示。

Step04 选择“线条颜色”选项，选中“无线条”单选按钮，如图3-4所示。

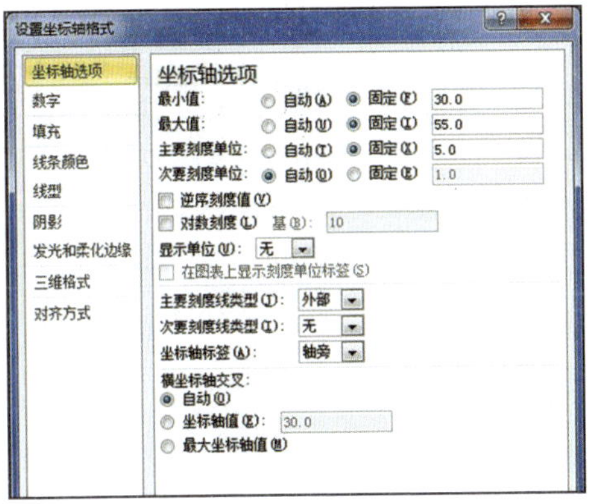

图3-3 设置坐标轴选项

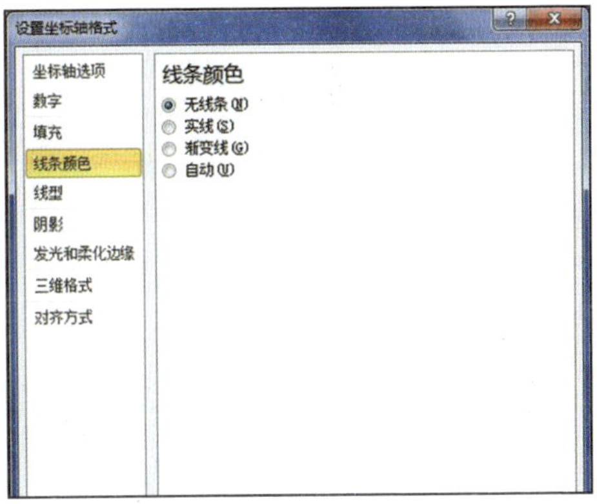

图3-4 设置无线条

Step05 在图表中选中图表区，在“设置图表区格式”对话框中选中“渐变填充”单选按钮，并设置渐变颜色，如图3-5所示。

Step06 在图表中选中绘图区，在“设置绘图区格式”对话框中选中“无填充”单选按钮，如图3-6所示。

Step07 在图表中选中网格线，在“设置主要网格线格式”对话框中选中“实线”单选按钮，单击“颜色”下拉按钮，选择需要的颜色，如图3-7所示。

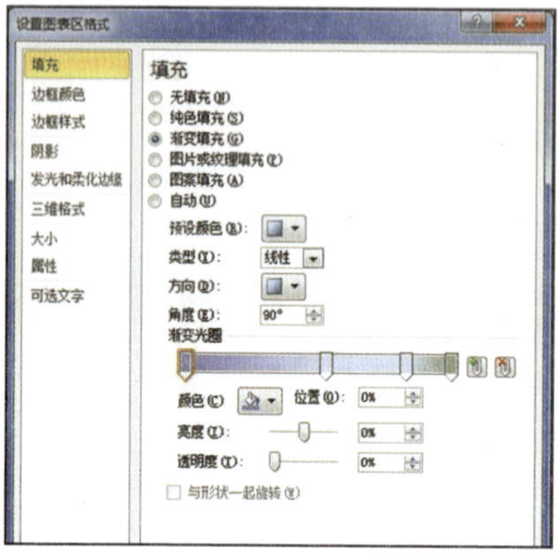

图3-5　设置图表区渐变填充

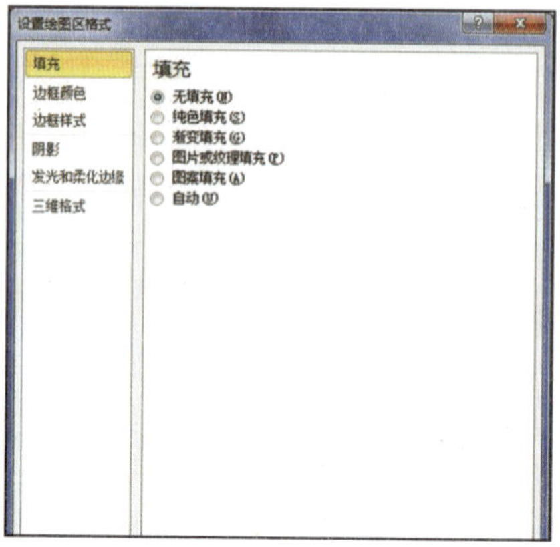

图3-6　设置绘图区无填充

Step 08 在图表中选中数据系列，在“设置数据系列格式”对话框左侧选择“线条颜色”选项，选中“实线”单选按钮，在“颜色”下拉列表框中选择需要的颜色，然后单击“关闭”按钮，如图3-8所示。

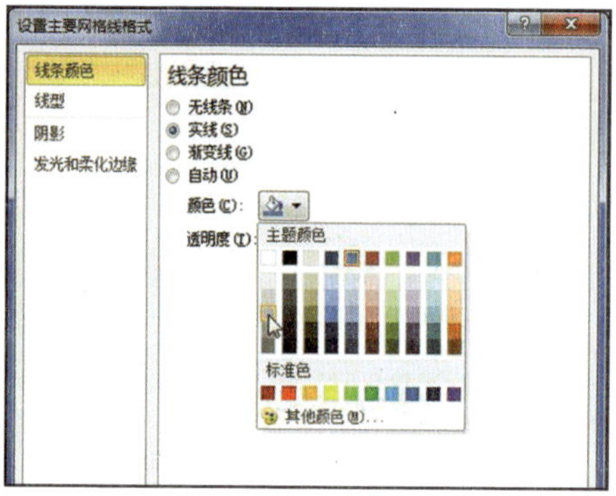

图3-7　设置网格线颜色

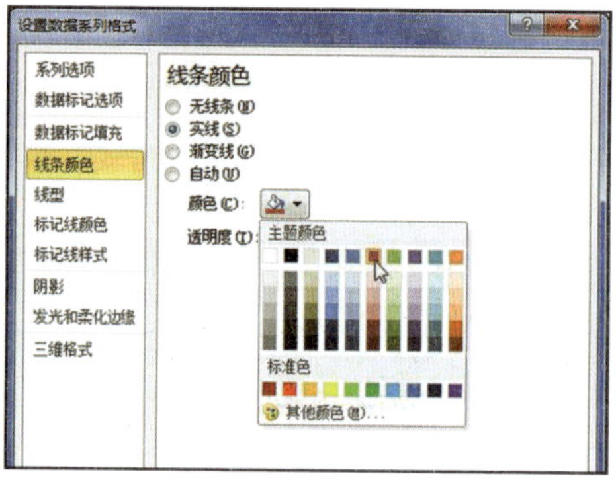

图3-8　设置数据系列线条颜色

Step 09 增大图表标题的字号，最终效果如图3-9所示。

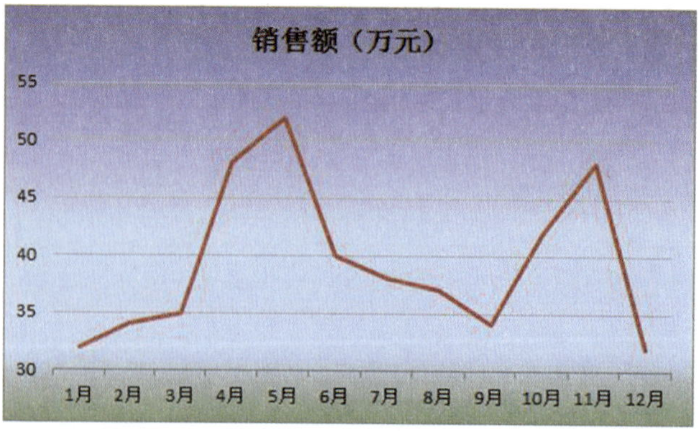

图3-9　图表最终效果

二、设置横坐标轴类型

在制作折线图的过程中，用户可以将同样的日期数据更换为更简洁的表达方式，使图表排列更加规范、整齐，具体操作方法如下。

Step 01 打开“素材文件\项目三\店铺访问量.xlsx”，选择“插入”选项卡，在“图表”组中单击“折线图”下拉按钮，选择“带数据标记的折线图”选项，如图3-10所示。

Step 02 删除纵坐标轴和图例，然后选中横坐标轴并用鼠标右键单击，在弹出的快捷菜单中选择“设置坐标轴格式”命令，如图3-11所示。

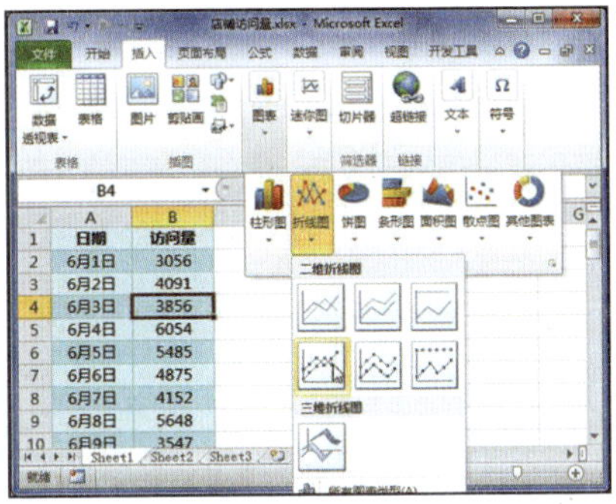

图3-10　插入折线图

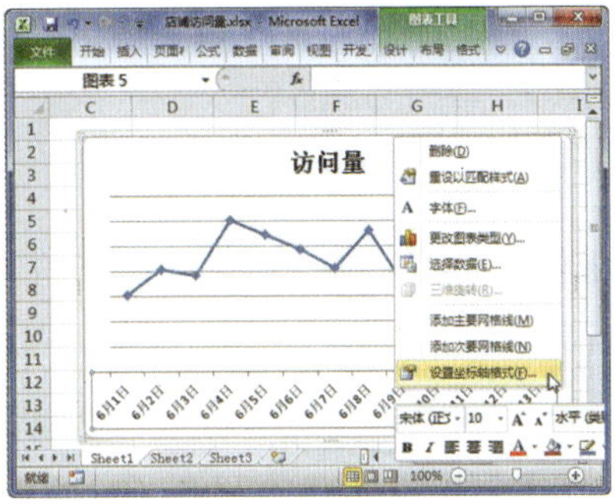

图3-11　设置横坐标格式

Step 03 弹出“设置坐标轴格式”对话框，选择“数字”选项，在“类别”列表框中选择“日期”选项，在“类型”列表框中选择“3/14”选项，然后单击“关闭”按钮，如图3-12所示。

Step 04 选择“设计”选项卡，单击“快速样式”下拉按钮，选择“样式7”选项，如图3-13所示。

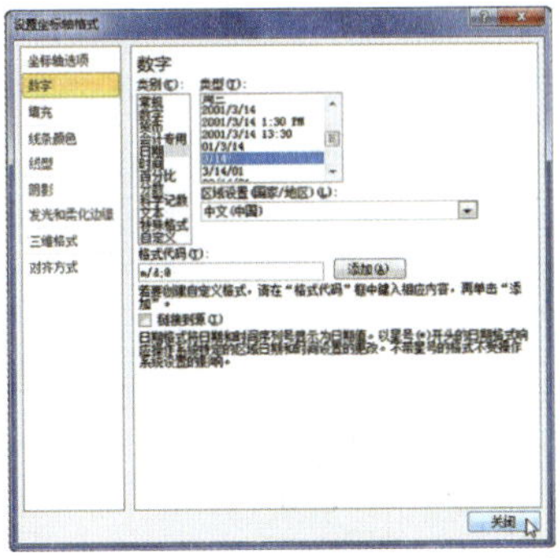

图3-12　设置日期格式

图3-13　应用图表样式

Step 05 鼠标右键单击数据系列，在弹出的快捷菜单中选择“设置数据系列格式”命令，如图3-14所示。

Step 06 弹出“设置数据系列格式”对话框，选择“数据标记选项”选项，在“数据标记类型”区域中选中“内置”单选按钮，在“类型”下拉列表框中选择需要的标记类型，并设置“大小”为18，如图3-15所示。

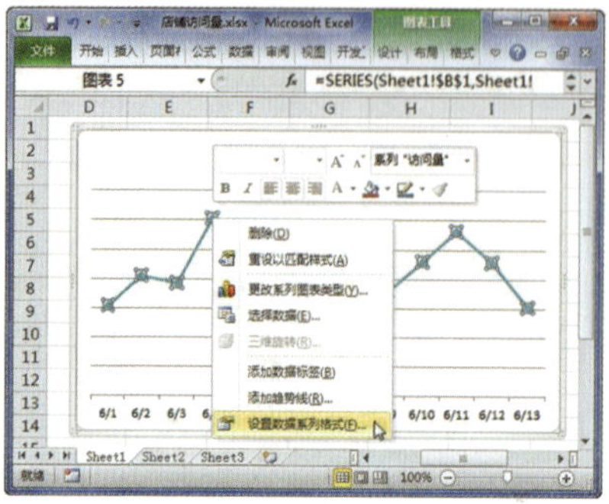

图3-14　设置数据系列格式

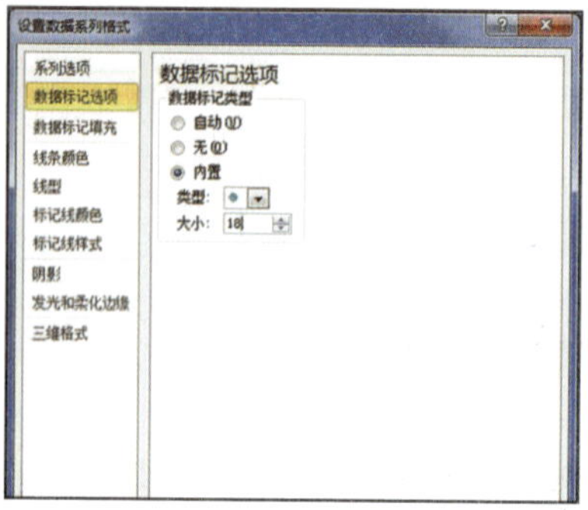

图3-15　设置数据标记选项

Step 07 设置绘图区无颜色。在图表中选中图表区，在“设置图表区格式”对话框中选中“渐变填充”单选按钮，设置渐变颜色，然后单击“关闭”按钮，如图3-16所示。

Step 08 删除网格线，选择“布局”选项卡，在“标签”组中单击“数据标签”下拉按钮，选择“居中”选项，如图3-17所示。

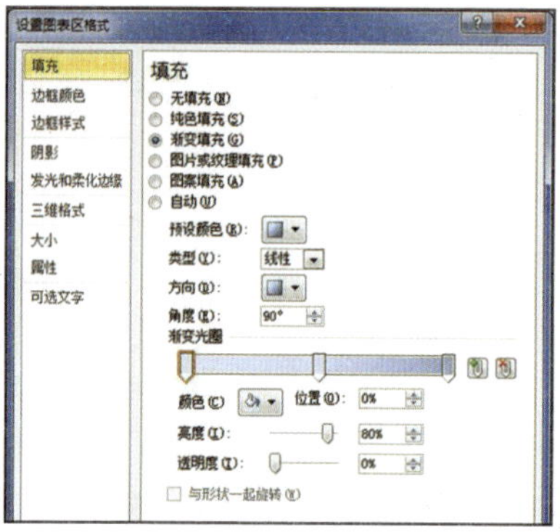

图3-16　设置渐变填充颜色

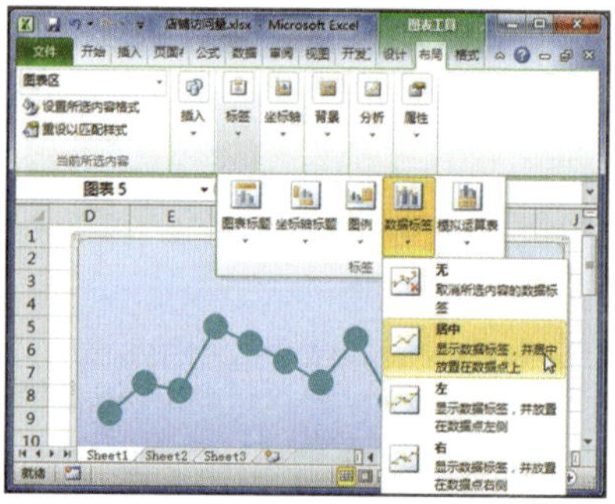

图3-17　添加数据标签

Step 09 选中数据标签，并设置字体加粗，即可完成图表制作，最终效果如图3-18所示。

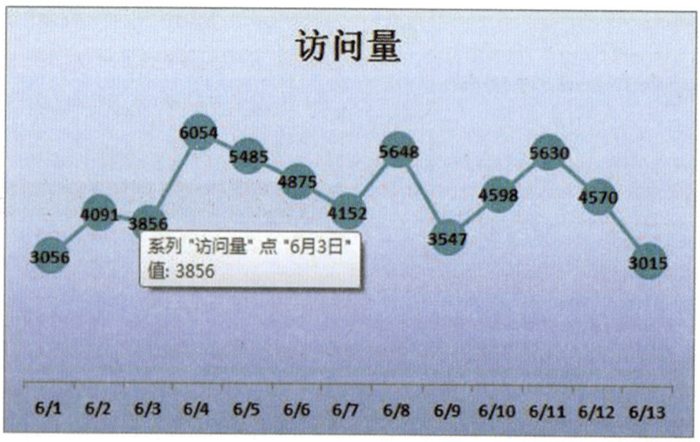

图3-18　图表最终效果

任务二　设置数据系列格式

任务概述

本任务将学习如何通过突出显示销售数据点，减少折线图线条数量，使用垂直线对应图表数据，设置横坐标轴位置等方法设置折线图数据系列格式，使图表在数据表达上更加清晰、直观。

任务重点与实施

一、突出显示销售数据点

为了突出显示销售数据变化，用户可以将表格中销量的最大值和最小值重点标注出来，具体操作方法如下。

Step 01 打开“素材文件\项目三\店铺电子产品销量.xlsx”，在工作表中插入折线图。选择“布局”选项卡，在“标签”组中单击“图例”下拉按钮，选择“在顶部显示图例”选项，如图3-19所示。

Step 02 鼠标右键单击纵坐标轴，在弹出的快捷菜单中选择“设置坐标轴格式”命令，如图3-20所示。

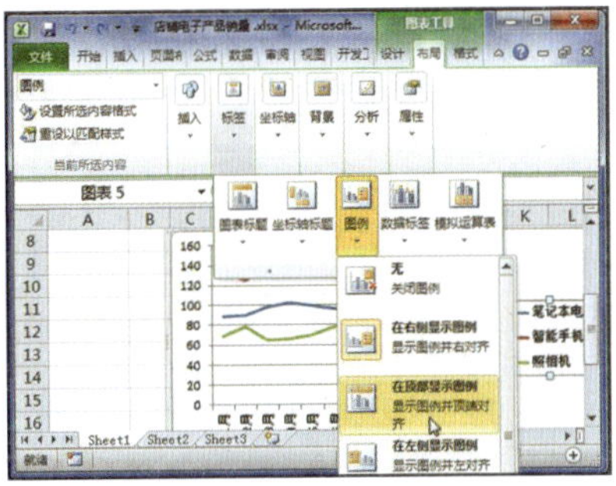

图3-19　设置图例

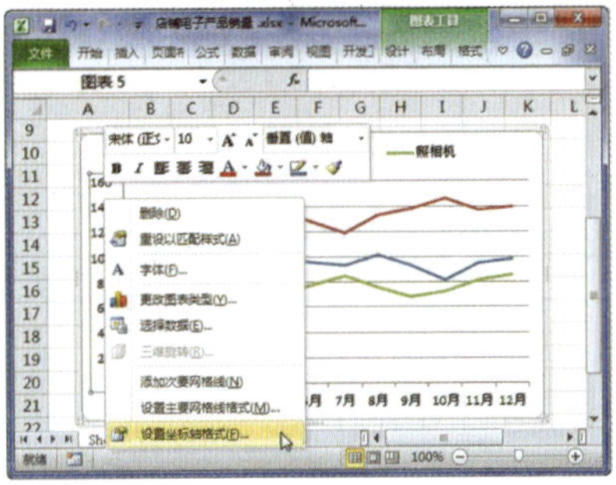

图3-20　设置纵坐标轴格式

Step 03 弹出“设置坐标轴格式”对话框，设置坐标轴“最小值”为40，然后设置线条颜色为“无线条”，如图3-21所示。

Step 04 在图表中选中“智能手机”数据系列，在“设置数据系列格式”对话框中选中“内置”单选按钮，在“类型”下拉列表框中选择需要的标记类型，设置“大小”为5，如图3-22所示。采用同样的方法，为其他数据系列添加数据标记。

Step 05 在图表中选中网格线，在“设置主要网格线格式”对话框中选中“实线”单选按钮，单击“颜色”下拉按钮，选择需要的颜色，然后单击“关闭”按钮，如图3-23所示。

Step 06 将每个数据系列最大值和最小值数据标记大小设置为7，并为其添加数据标签。设置数据标签字体格式为“加粗”，添加图表标题，即可完成图表制作，最终效果如

图3-24所示。

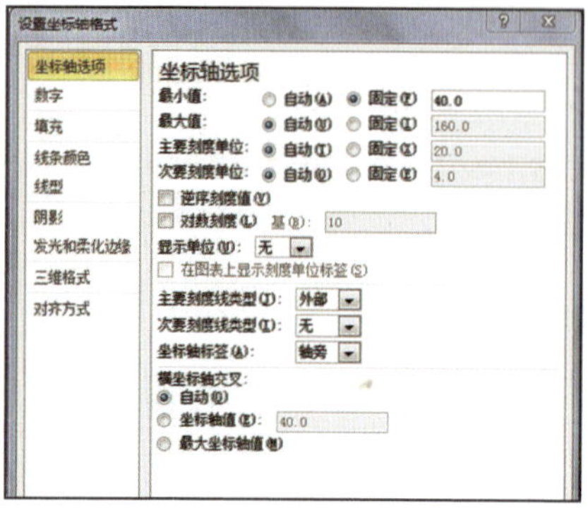

图3-21　设置坐标轴选项

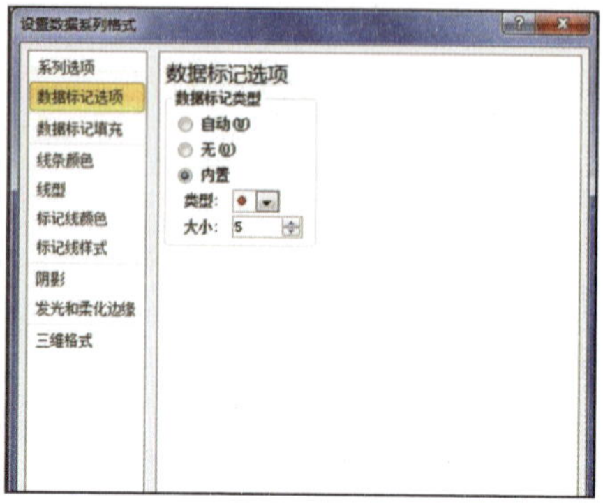

图3-22　设置数据标记选项

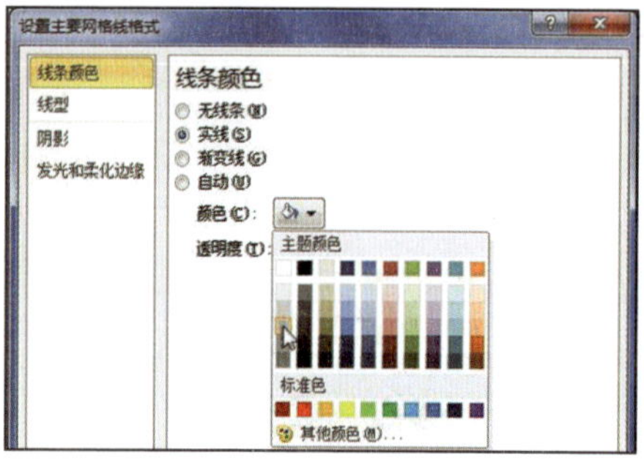

图3-23　设置网格线颜色

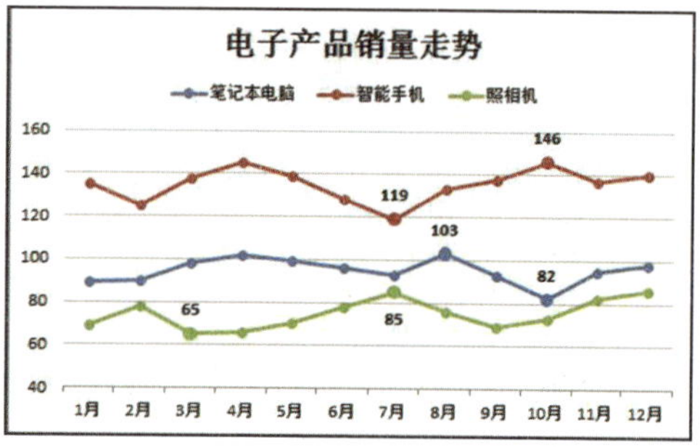

图3-24　图表最终效果

二、减少折线图线条数量

当图表中的数据系列过多时，容易混淆不同的线条，也不易对比数据趋势，此时用户可以将多线条的折线图拆分成几个适量条数的折线图，具体操作方法如下。

Step 01 打开“素材文件\项目三\上半年销量走势.xlsx”，选择A1:G4单元格区域，选择“插入”选项卡，在“图表”组中单击“折线图”下拉按钮，选择“折线图”选项，如图3-25所示。

Step 02 调整图表的位置和大小，然后选中纵坐标轴并用鼠标右键单击，在弹出的快捷菜单中选择“设置坐标轴格式”命令，如图3-26所示。

Step 03 弹出“设置坐标轴格式”对话框，在“主要刻度单位”选项中选中“固定”单选按钮，在右侧文本框中输入40，如图3-27所示。

Step 04 在图表中选中网格线，在“设置主要网格线格式”对话框中选中“实线”单选按钮，单击“颜色”下拉按钮，选择需要的颜色，然后单击“关闭”按钮，如图3-28所示。

Step 05 选择“布局”选项卡，在“标签”组中单击“图例”下拉按钮，选择“在顶部显示图例”选项，如图3-29所示。

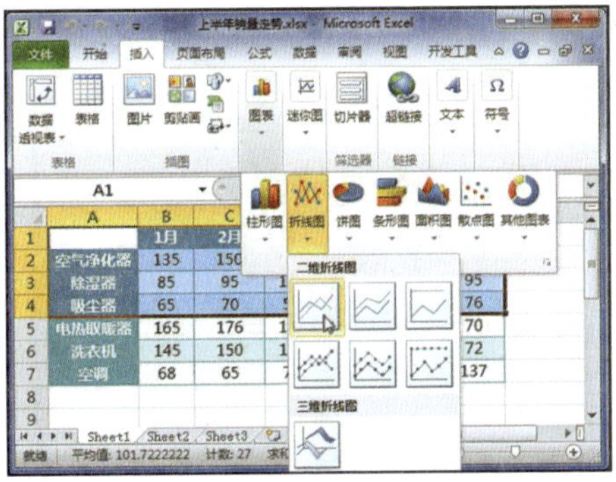

图3-25　插入折线图

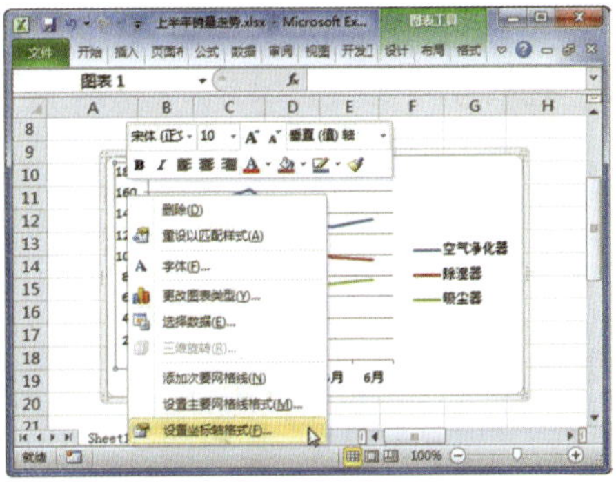

图3-26　设置纵坐标轴格式

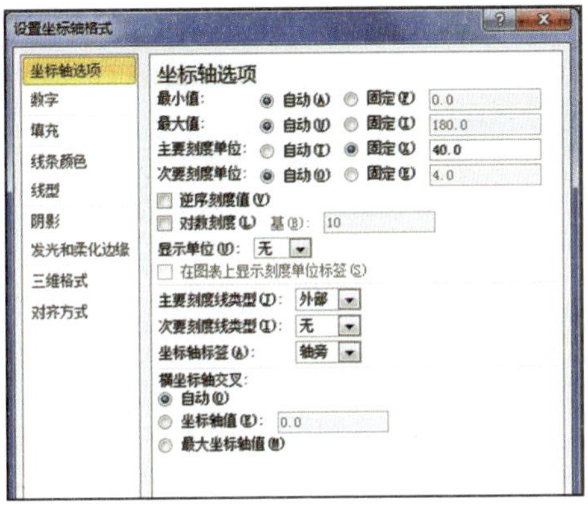

图3-27　设置主要刻度单位

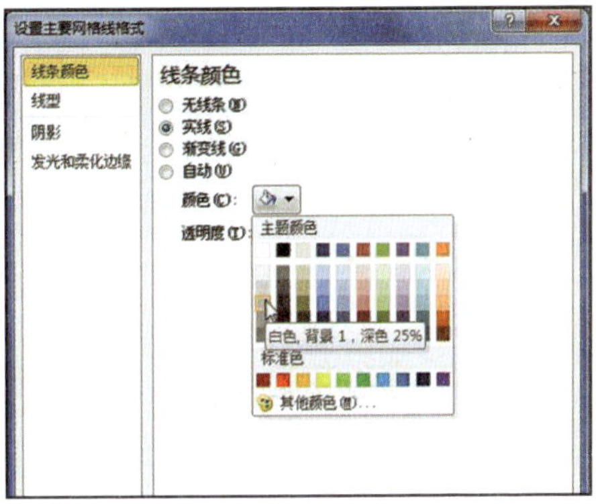

图3-28　设置网格线颜色

Step 06 按住【Ctrl】键分别选择A1:G1和A5:G7单元格区域，插入折线图，如图3-30所示。

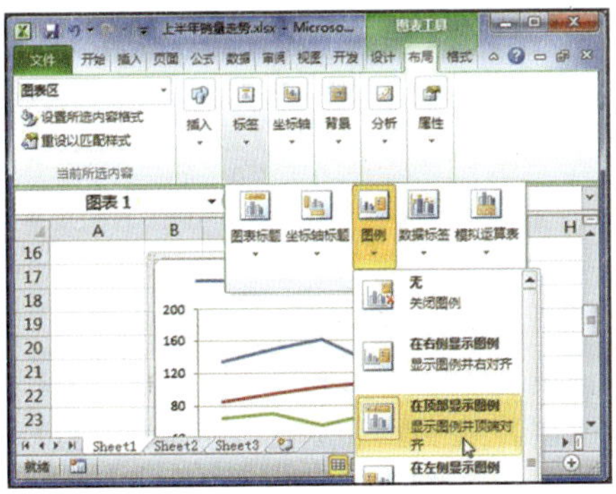

图3-29　设置图例位置

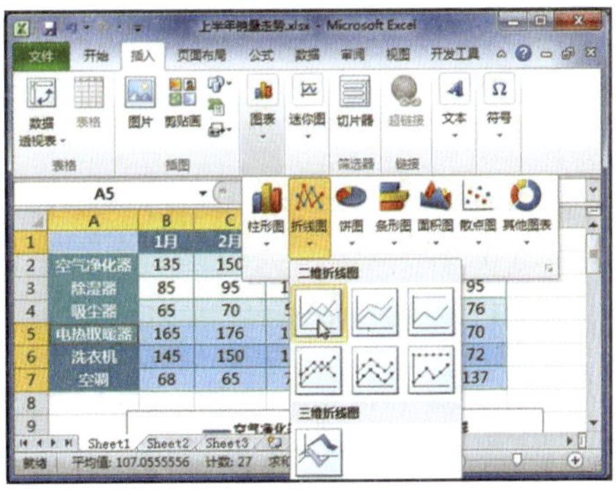

图3-30　插入折线图

Step 07 选择第一个图表，按【Ctrl+C】组合键进行复制。选择第二个图表，单击“粘贴”下拉按钮，选择“选择性粘贴”选项，如图3-31所示。

Step 08 弹出“选择性粘贴”对话框，选中“格式”单选按钮，然后单击“确定”按钮，如图3-32所示。

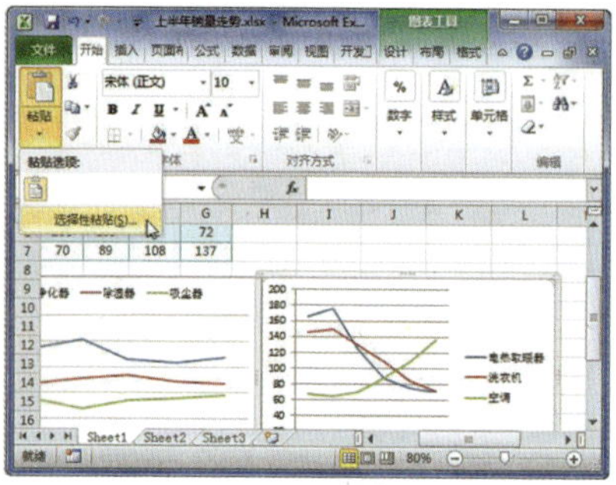

图3-31　复制图表

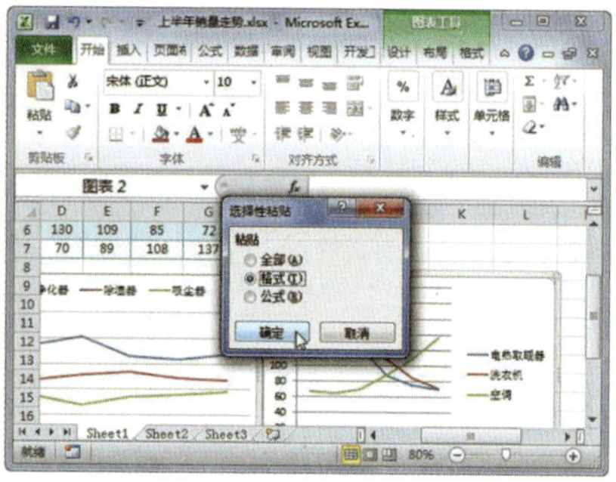

图3-32　设置选择性粘贴

Step 09 在第二个图表中删除纵坐标轴。按住【Shift】键选中两个图表，选择“格式”选项卡，单击“对齐”下拉按钮，选择“顶端对齐”选项，如图3-33所示。

Step 10 单击“组合”下拉按钮，选择“组合”选项，最终效果如图3-34所示。

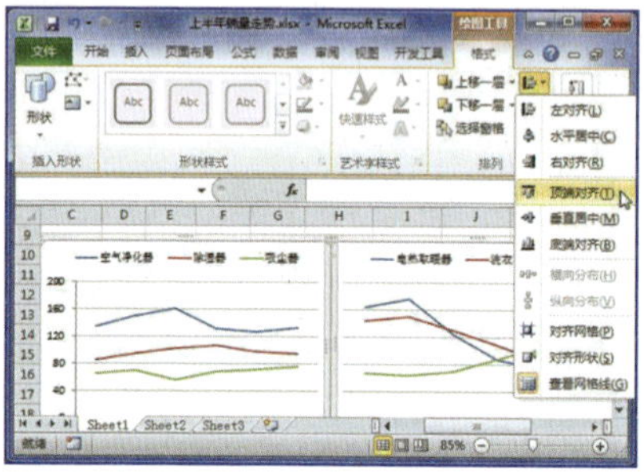

图3-33　设置对齐图表

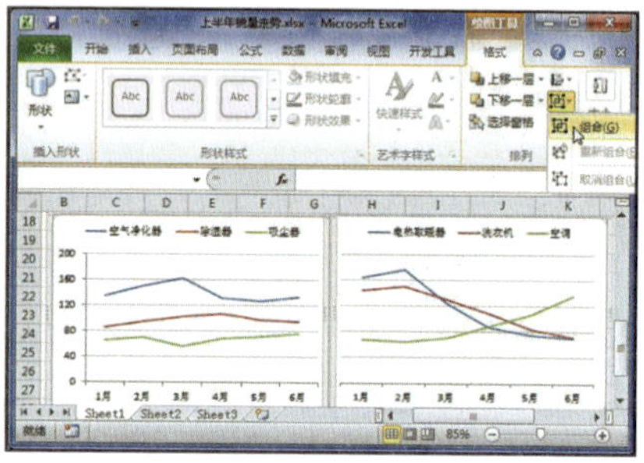

图3-34　组合图表效果

三、使用垂直线对应图表数据

为了使图表数据更加直观、明了，用户可以在折线图中添加垂直线，将数据点对应到横坐标轴，具体操作方法如下。

Step 01 打开“素材文件\项目三\垂直线对应数据点.xlsx”，在工作表中插入“带数据标记的折线图”，并删除网格线和图例，如图3-35所示。

Step 02 选择“设计”选项卡，单击“快速样式”下拉按钮，选择“样式8”选项，如图3-36所示。

图3-35　插入图表

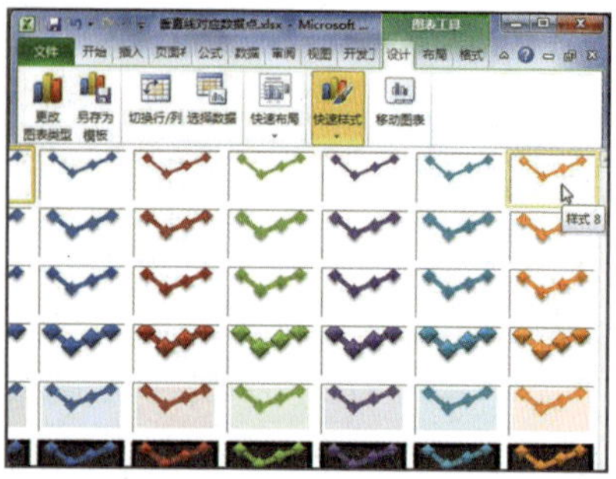

图3-36　选择图表样式

Step 03 鼠标右键单击数据系列，在弹出的快捷菜单中选择“设置数据系列格式”命令，如图3-37所示。

Step 04 弹出“设置数据系列格式”对话框，选择“数据标记选项”选项，选中“内置”单选按钮，在“类型”下拉列表框中选择需要的标记类型，设置“大小”为5，如图3-38所示。

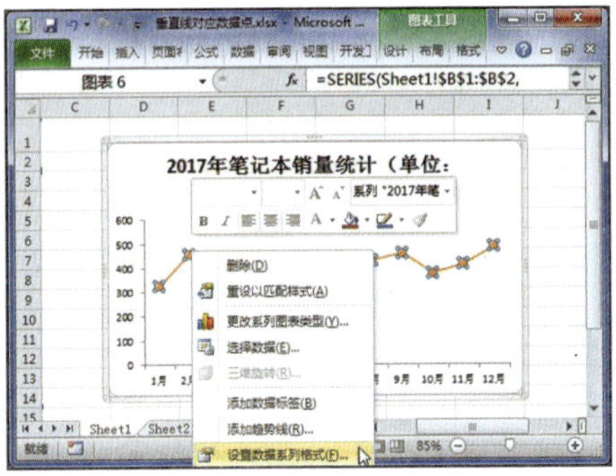

图3-37　设置数据系列格式

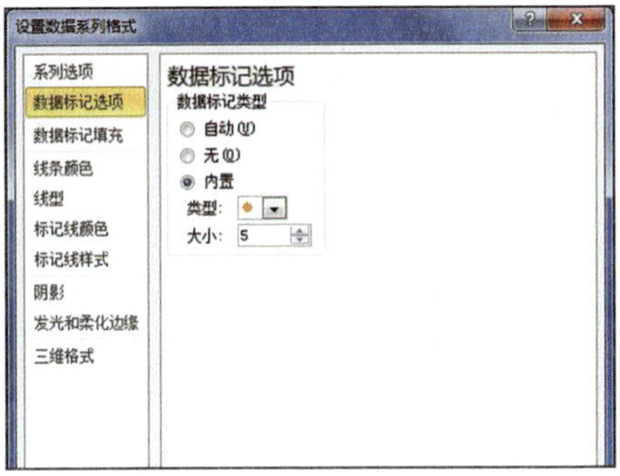

图3-38　设置数据标记选项

Step 05 在图表中选中纵坐标轴，在“设置坐标轴格式”对话框中选择“线条颜色”选项，选中“无线条”单选按钮，如图3-39所示，然后单击“关闭”按钮。

Step 06 设置图表标题字体为“微软雅黑”，字号为14，加粗；设置坐标轴标签字体为“微软雅黑”，字号为9，如图3-40所示。

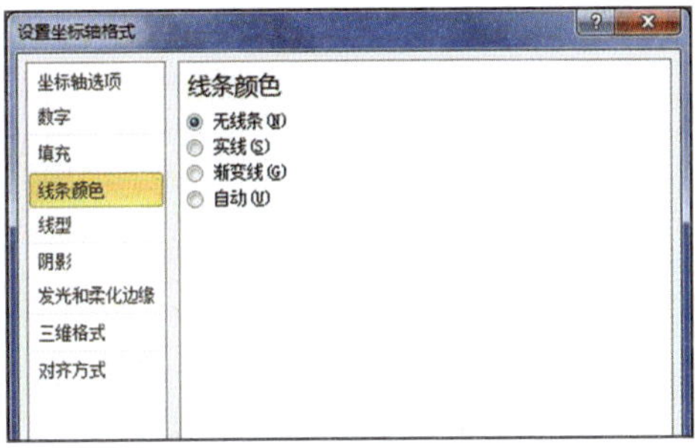

图3-39　设置坐标轴格式

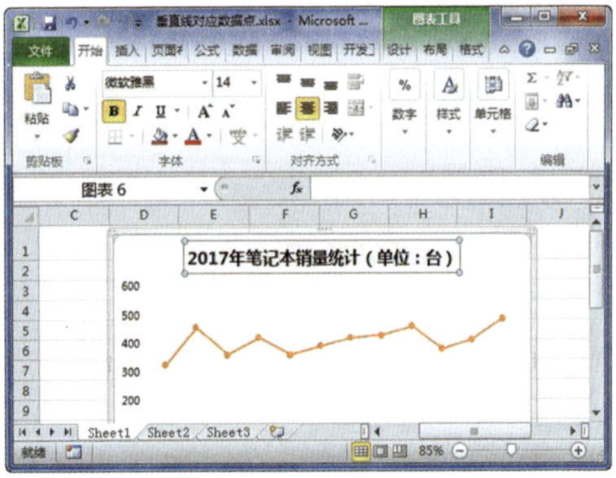

图3-40　设置字体格式

Step 07 选择“布局”选项卡，在“分析”组中单击“折线”下拉按钮，选择“垂直线”选项，如图3-41所示。

Step 08 鼠标右键单击插入的垂直线，在弹出的快捷菜单中选择“设置垂直线格式”命令，如图3-42所示。

Step 09 弹出“设置垂直线格式”对话框，选中“实线”单选按钮，单击“颜色”下拉按钮，选择需要的颜色，单击“关闭”按钮，如图3-43所示。

Step 10 至此，图表制作完成，最终效果如图3-44所示。

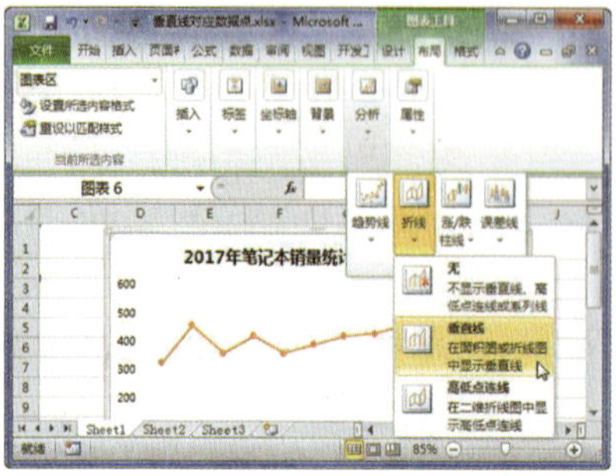

图3-41　插入垂直线

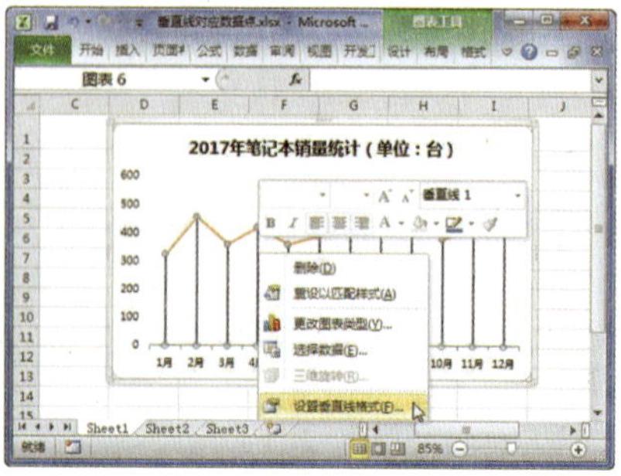

图3-42　设置垂直线格式

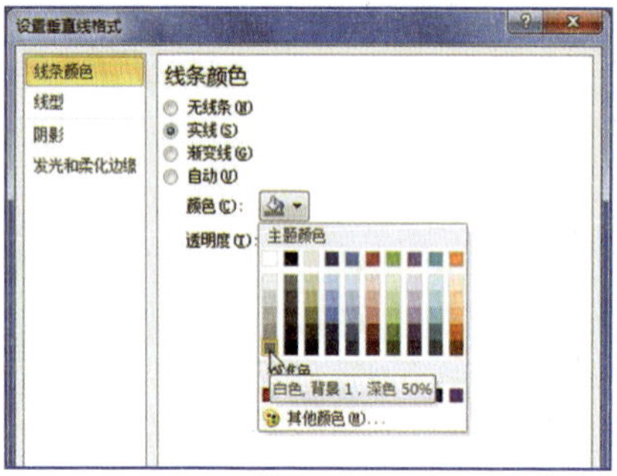

图3-43　设置垂直线颜色

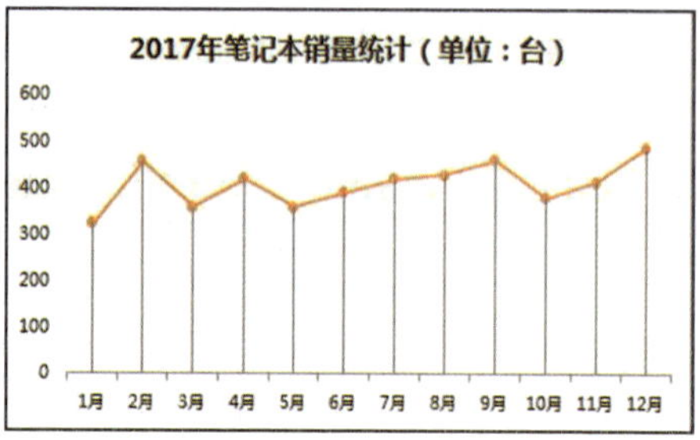

图3-44　图表最终效果

四、设置横坐标轴位置

当数据中同时包含正负数值时，数据点会默认显示在横坐标的两侧，横坐标轴也会位于图表绘图区域的内部，影响图表显示数据，此时用户可以通过设置坐标轴的交叉位置，将横坐标移至底端显示，具体操作方法如下。

Step 01 打开“素材文件\项目三\店铺利润增长率.xlsx”，在工作表中插入折线图，并删除图例，如图3-45所示。

Step 02 在图表中选中横坐标轴，在“设置坐标轴格式”对话框中的“主要刻度线类型”下拉列表框中选择“无”选项，在“坐标轴标签”下拉列表框中选择“低”选项，如图3-46所示。

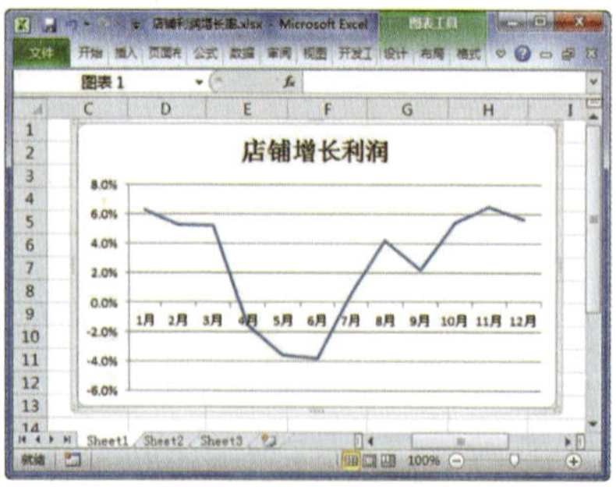

图3-45　插入折线图

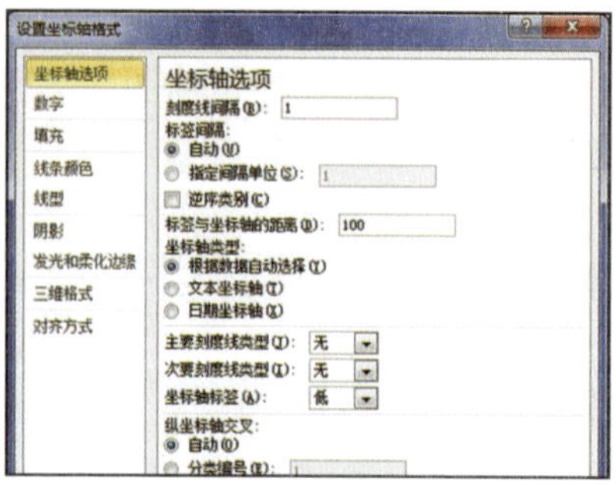

图3-46　设置坐标轴格式

Step 03 在图表中选中纵坐标轴，在“设置坐标轴格式”对话框中选中“坐标轴值”单选按钮，在右侧文本框中输入-0.06，如图3-47所示。

Step 04 选择“线条颜色”选项，选中“无线条”单选按钮，如图3-48所示。

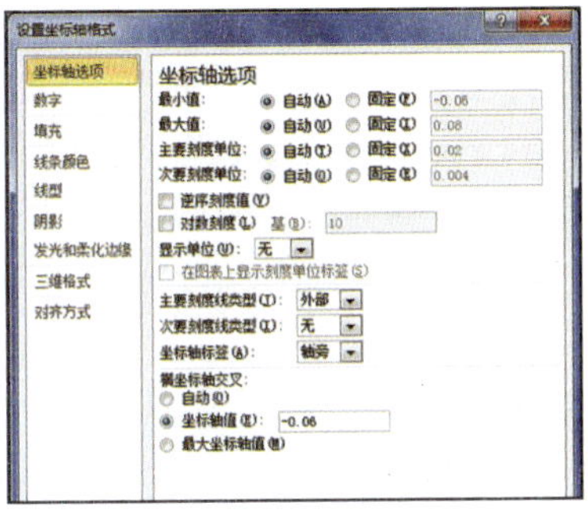

图3-47　设置坐标轴值

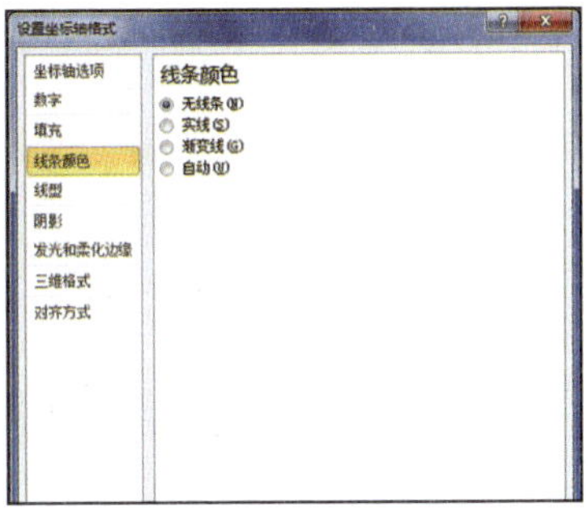

图3-48　设置坐标轴无线条

Step 05 在图表中选中数据系列，在“设置数据系列格式”对话框中选择“数据标记填充”选项，选中“依数据点着色”复选框，如图3-49所示。在对话框左侧选择“数据标记选项”选项，选中“自动”单选按钮。

Step 06 在图表中添加数据标签并将其选中，在“设置数据标签格式”对话框中选中“靠上”单选按钮，如图3-50所示，单击“关闭”按钮关闭对话框。

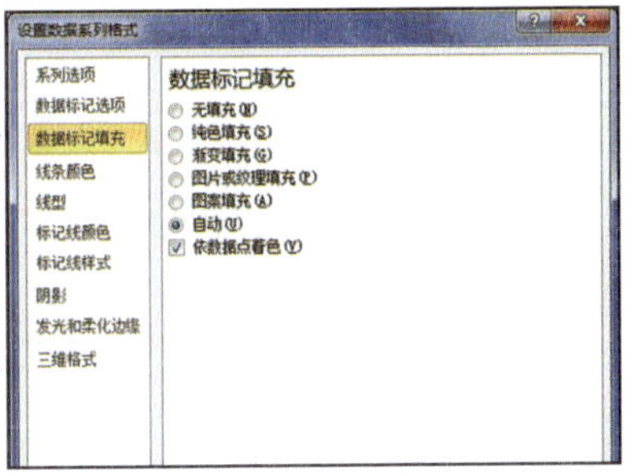

图3-49　设置数据标记填充颜色

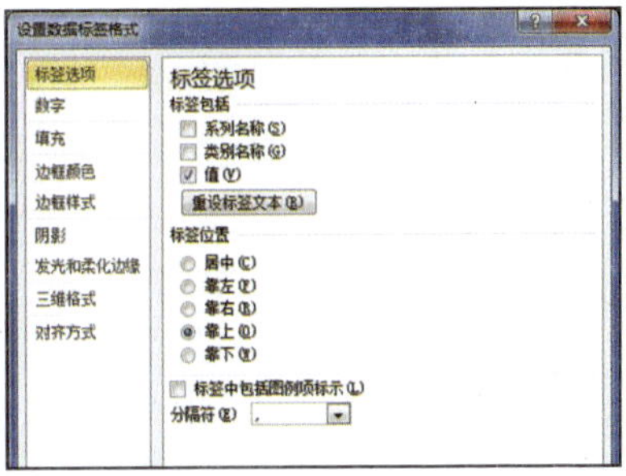

图3-50　设置标签位置

Step 07 删除网格线，设置图表字体格式为“微软雅黑”，图表最终效果如图3-51所示。

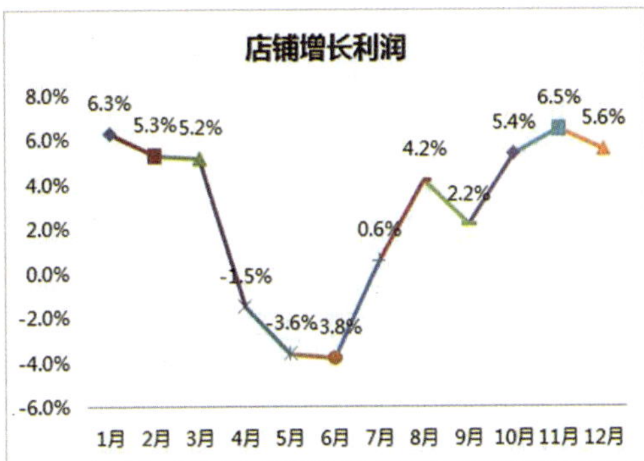

图3-51　图表最终效果

任务三　添加其他辅助图表

任务概述

在绘制图表的过程中，可以对不易理解的图表添加其他辅助图表，以便于用户理解和传达信息。例如，对于图表中被隐藏的关键点，或者图表之外的重要信息，可以通过添加辅助图表将其表现出来。本任务将学习如何为折线图添加其他辅助图表。

任务重点与实施

一、添加柱形图辅助展示销售额变化趋势

折线图可以展现销售额的变化趋势，通过在折线图中添加商品报价柱形图，可以结合商品报价更深入地了解销售额变化趋势，具体操作方法如下。

Step 01 打开“素材文件\项目三\商品价格与销售总额关系.xlsx”，按住【Ctrl】键分别选中C1:C24和E1:E24单元格区域。选择“插入”选项卡，在“图表”组中单击“折线图”下拉按钮，选择“折线图”选项，如图3-52所示。

Step 02 选择“布局”选项卡，在“标签”组中单击“图表标题”下拉按钮，选择“图表上方”选项，如图3-53所示。

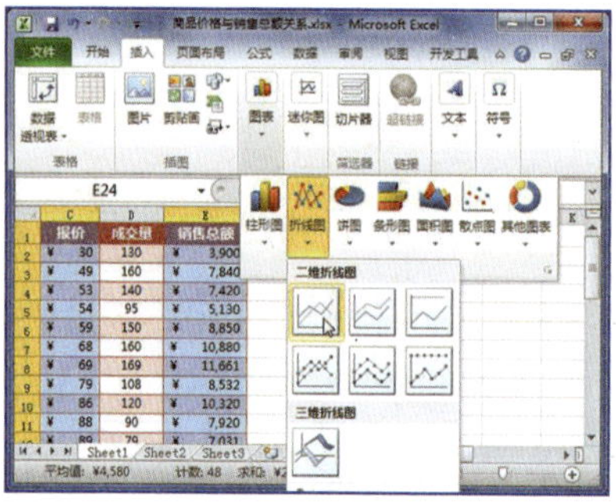

图3-52　插入折线图

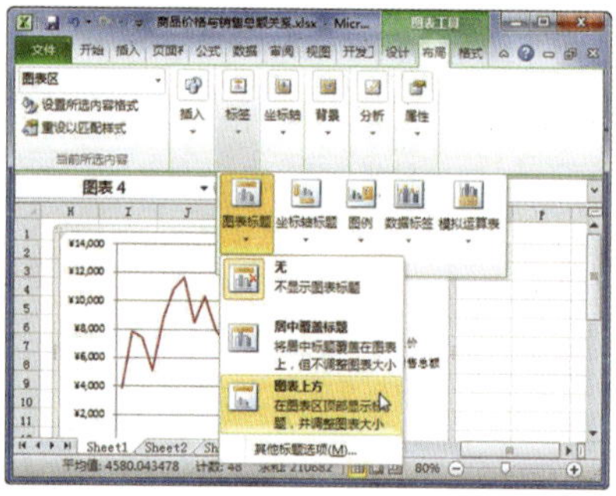

图3-53　添加图表标题

Step 03 修改图表标题文本，在“标签”组中单击“图例”下拉按钮，选择“在顶部显示图例”选项，如图3-54所示。

Step 04 选中“报价”数据系列并用鼠标右键单击，在弹出的快捷菜单中选择“设置数据系列格式”命令，如图3-55所示。

Step 05 弹出“设置数据系列格式”对话框，选中“次坐标轴”单选按钮，如图3-56所示，然后单击“关闭”按钮。

Step 06 鼠标右键单击“报价”数据系列，在弹出的快捷菜单中选择“更改系列图表类型”命令，如图3-57所示。

Step 07 弹出“更改图表类型”对话框，选择“柱形图”类型，然后单击“确定”按钮，如图3-58所示。

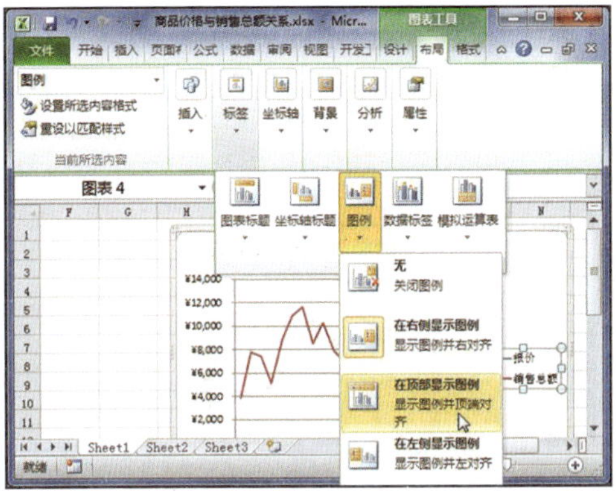

图3-54　设置图例显示位置

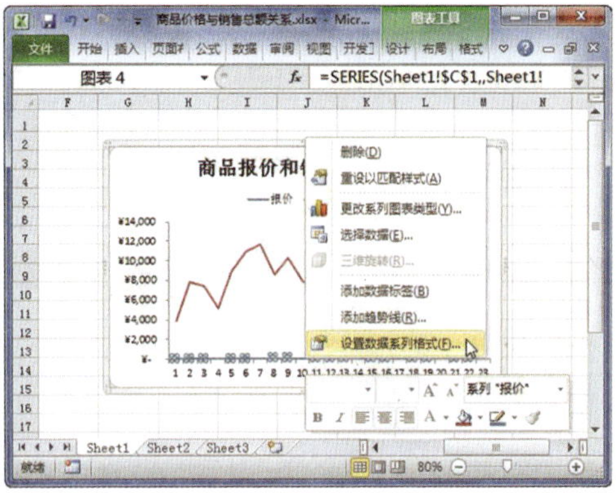

图3-55　选择“设置数据系列格式”命令

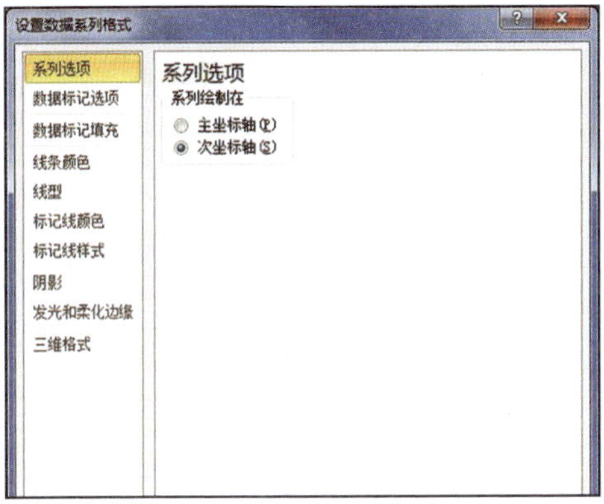

图3-56　设置“设置数据系列格式”对话框

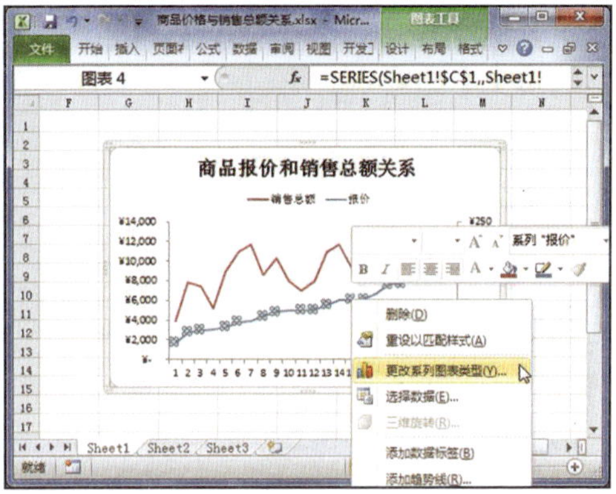

图3-57　选择“更改系列图表类型”命令

Step 08 在图表中选中“报价”数据系列，在“设置数据系列格式”对话框中选择“填充”选项，选中“纯色填充”单选按钮，并在“颜色”下拉列表框中设置填充颜色，如图3-59所示。

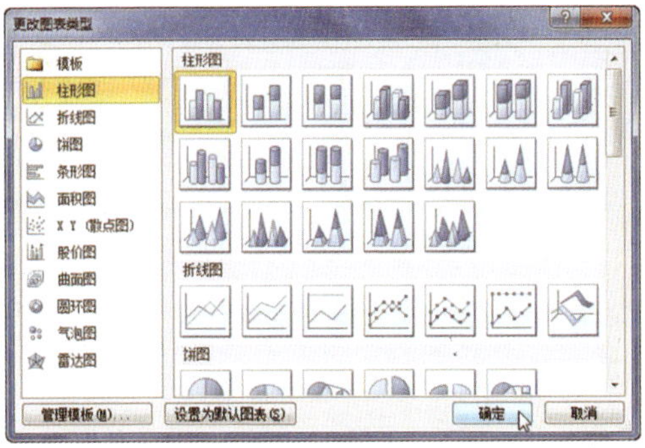

图3-58　设置“更改图表类型”对话框

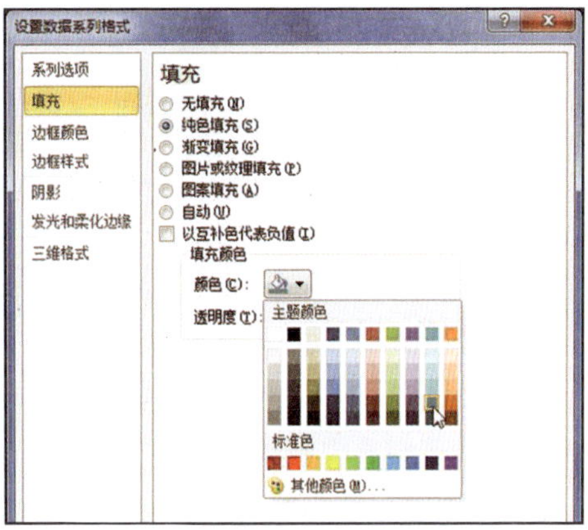

图3-59　设置填充颜色

Step 09 在图表中选中“销售总额”数据系列，在“设置数据系列格式”对话框中选择“数据标记选项”选项，选中“内置”单选按钮，在“类型”下拉列表框中选择需要的标记类型，如图3-60所示，然后单击“关闭”按钮。

Step 10 至此，图表制作完成，最终效果如图3-61所示。

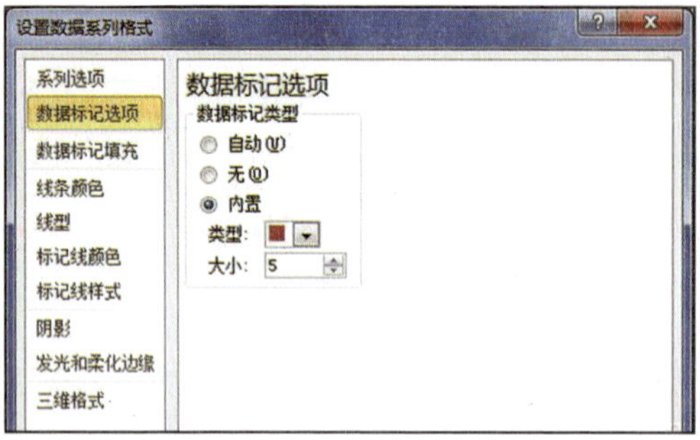

图3-60　设置数据标记选项

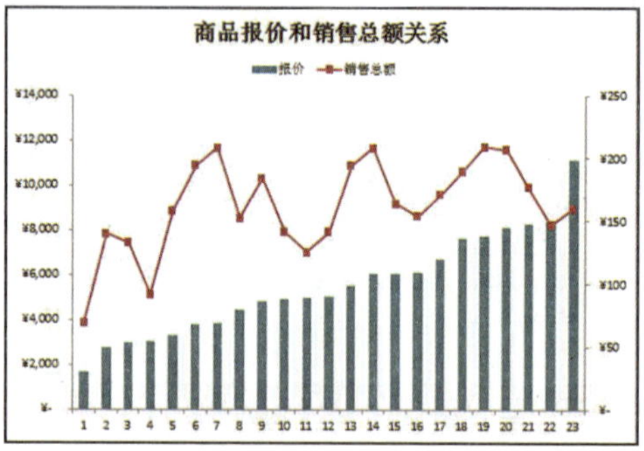

图3-61　图表最终效果

二、添加面积图显示销量数据

面积图又称区域图，在折线图中添加面积图可以查看不同地区销量的情况，具体操作方法如下。

Step 01 打开“素材文件\项目三\不同地区销量统计.xlsx”，复制B1:B11单元格区域中的数据到C1:C11单元格区域中，如图3-62所示。

Step 02 选择任一数据单元格，选择“插入”选项卡，在“图表”组中单击“折线图”下拉按钮，选择“带数据标记的折线图”选项，如图3-63所示。

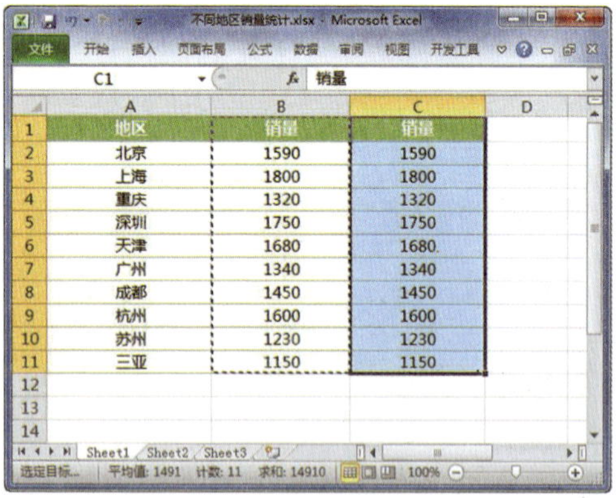

图3-62　复制并粘贴数据

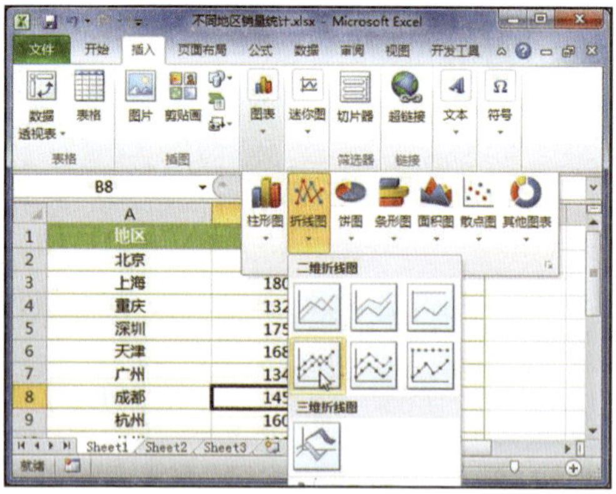

图3-63　插入折线图

Step 03 删除图例，调整图表位置和大小，然后鼠标右键单击数据系列，在弹出的快捷菜单中选择“更改系列图表类型”命令，如图3-64所示。

Step 04 弹出“更改图表类型”对话框，选择“面积图”选项，然后单击“确定”按钮，如图3-65所示。

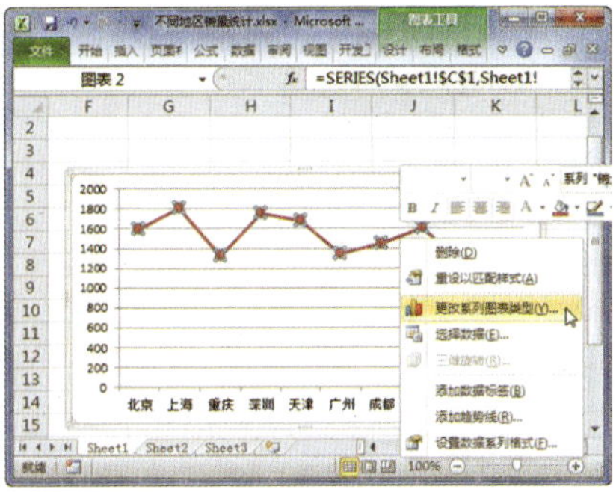

图3-64　选择“更改系列图表类型”命令

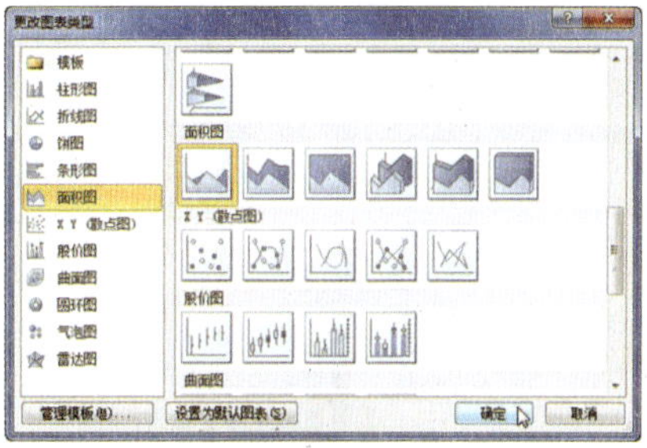

图3-65　设置“更改图表类型”对话框

Step 05 此时，即可将折线图更改为面积图。选中数据系列并用鼠标右键单击，在弹出的快捷菜单中选择“设置数据系列格式”命令，如图3-66所示。

Step 06 弹出“设置数据系列格式”对话框，选择“填充”选项，选中“纯色填充”单选按钮，在“颜色”下拉列表框中选择需要的颜色，设置“透明度”为50%，如图3-67所示。

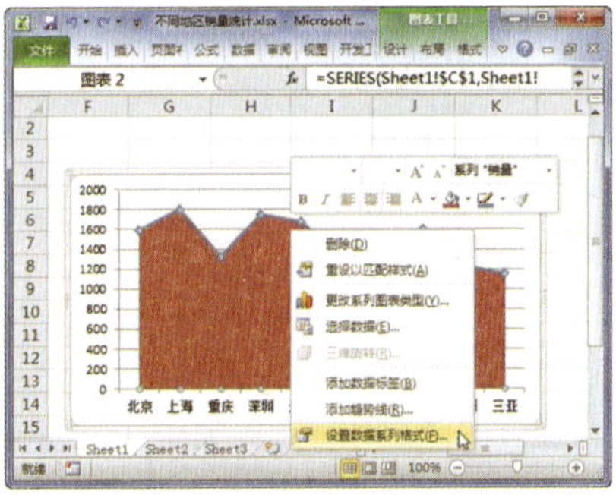

图3-66　选择“设置数据系列格式”命令

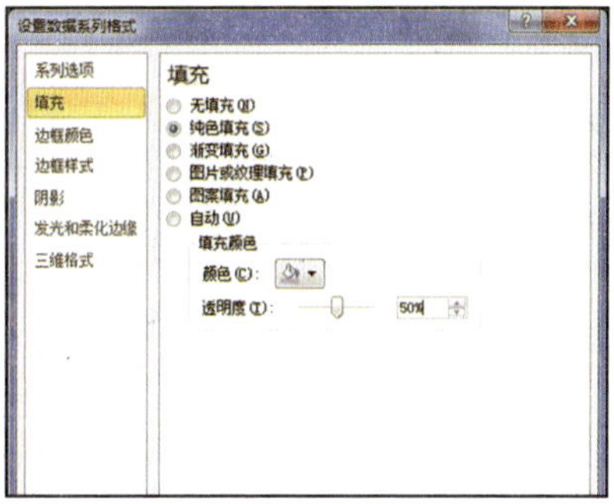

图3-67　设置填充颜色

Step 07 在图表中选中折线图数据系列，在“设置数据系列格式”对话框中选择“数据标记填充”选项，选中“纯色填充”单选按钮，单击“颜色”下拉按钮，选择需要的颜色，如图3-68所示。

Step 08 选择“数据标记选项”选项，选中“内置”单选按钮，在“类型”下拉列表框中选择需要的类型，如图3-69所示。

Step 09 选择“线条颜色”选项，选中“实线”单选按钮，单击“颜色”下拉按钮，选择需要的颜色，如图3-70所示。

Step 10 在图表中选中横坐标轴，在“设置坐标轴格式”对话框中单击“主要刻度线类型”下拉按钮，选择“无”选项，如图3-71所示。

Step 11 在图表中选中纵坐标轴，在“设置坐标轴格式”对话框的“主要刻度单位”选项中选中“固定”单选按钮，在右侧文本框中输入400，如图3-72所示。

Step 12 选择“线条颜色”选项，选中“无线条”单选按钮，然后单击“关闭”按钮，如图3-73所示。

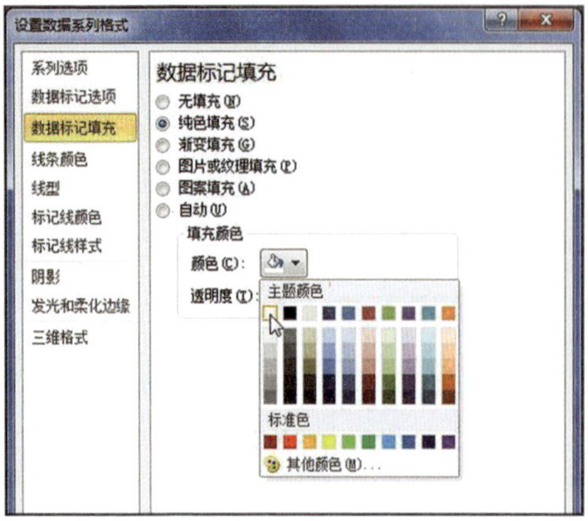

图3-68 设置数据标记填充

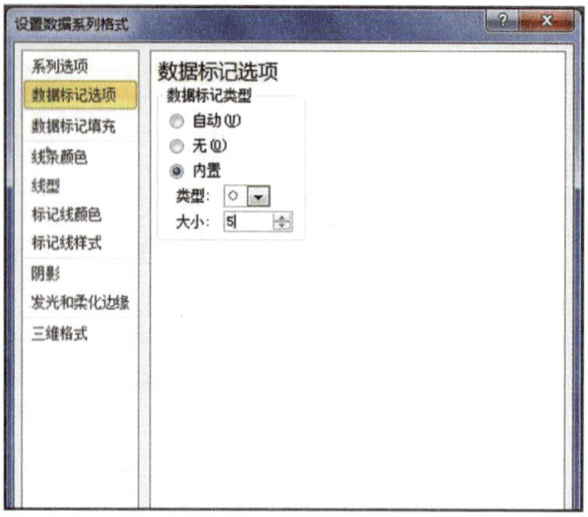

图3-69 设置数据标记选项

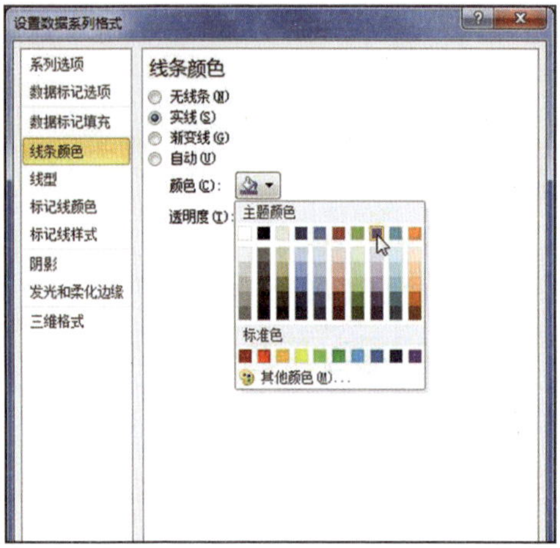

图3-70 设置数据系列线条颜色

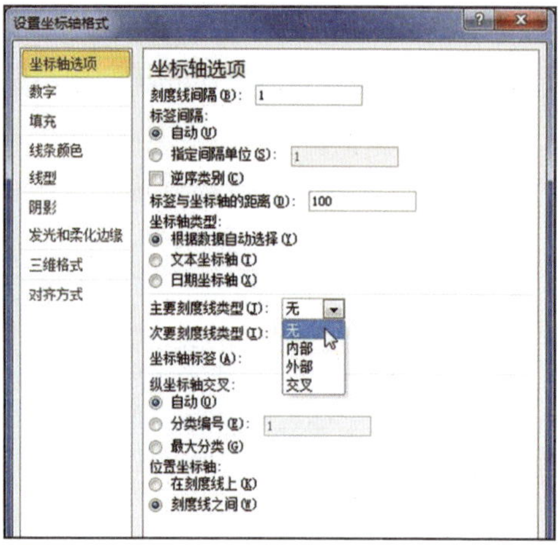

图3-71 设置主要刻度线类型

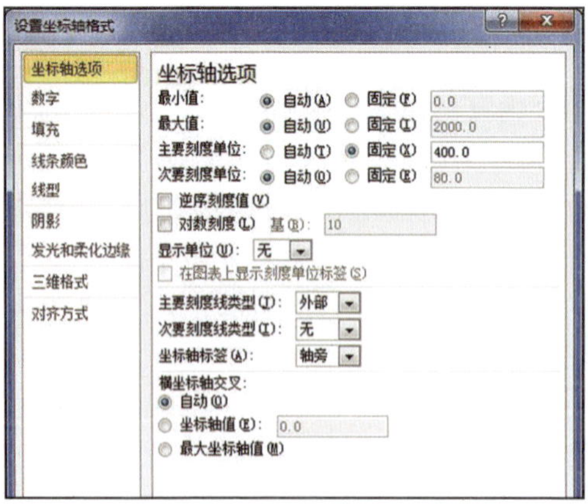

图3-72 设置主要刻度单位

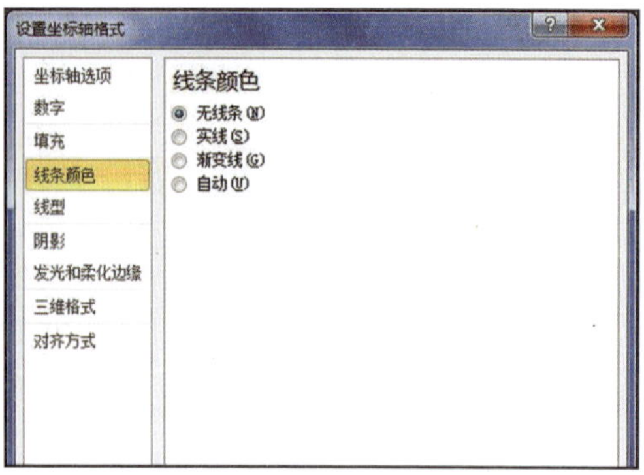

图3-73 设置无线条

Step 13 删除网格线，并添加图表标题，设置图表字体格式，最终效果如图3-74所示。

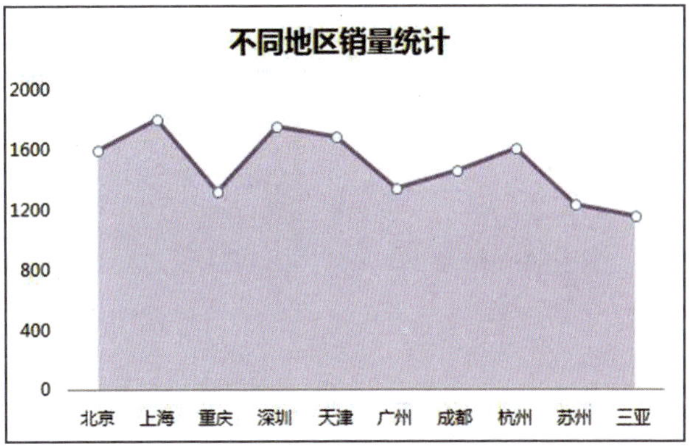

图3-74　图表最终效果

三、添加辅助列对比采购价格

商品的采购价格不是一成不变的，可能会受到众多因素的影响而上下波动。用户通过计算平均采购价格并插入辅助列，可以直观地对比采购价格与平均采购价格，具体操作方法如下。

Step 01 打开“素材文件\项目三\商品采购价格明细.xlsx”，选择E2单元格，选择“公式”选项卡，单击“自动求和”下拉按钮，选择“平均值”选项，如图3-75所示。

Step 02 在编辑栏中将AVERAGE函数的参数设置为D2:D16单元格区域，并按【F4】键将其转换为绝对引用，再按【Enter】键确认，如图3-76所示。

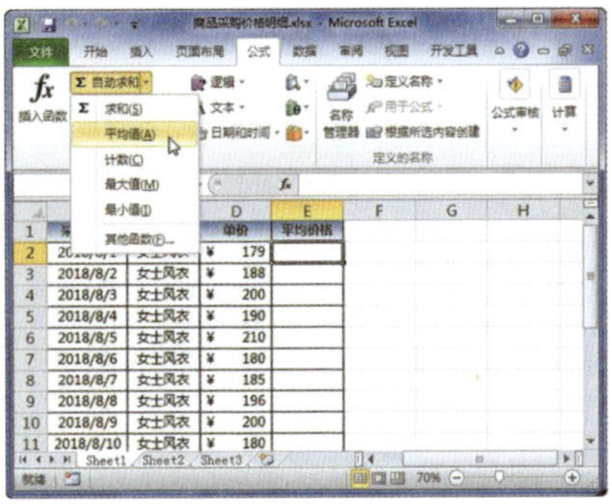

图3-75　选择“平均值”函数

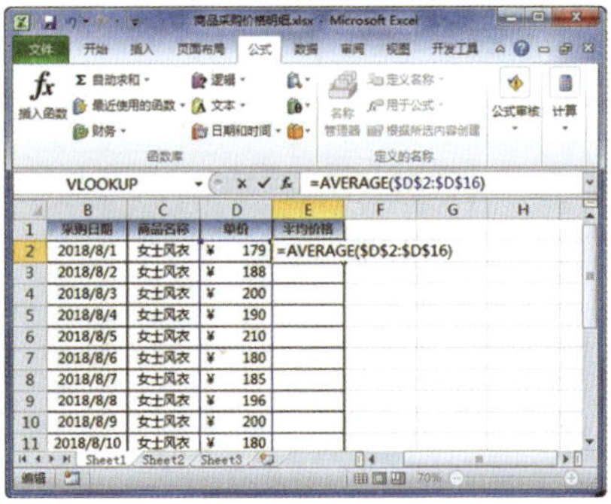

图3-76　设置函数参数

Step 03 将鼠标指针置于E2单元格右下角，双击填充柄，程序将自动填充公式到该列其他单元格中，如图3-77所示。

Step 04 在按住【Ctrl】键的同时，分别选择B1:B16和D1:E16单元格区域。选择“插入”选项卡，在“图表”组中单击“折线图”下拉按钮，选择“带数据标记的折线图”选项，如图3-78所示。

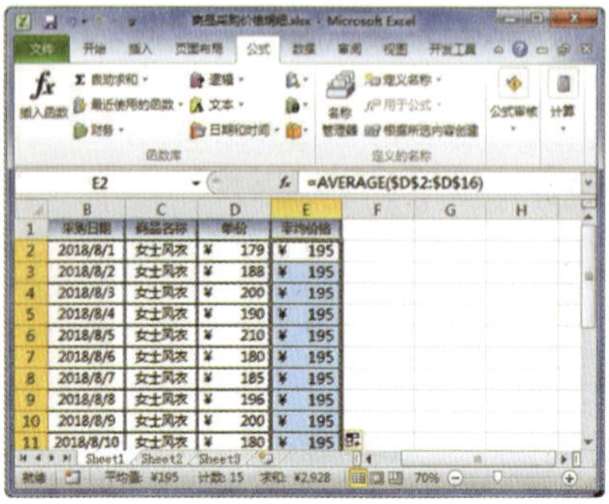

图3-77　自动填充公式

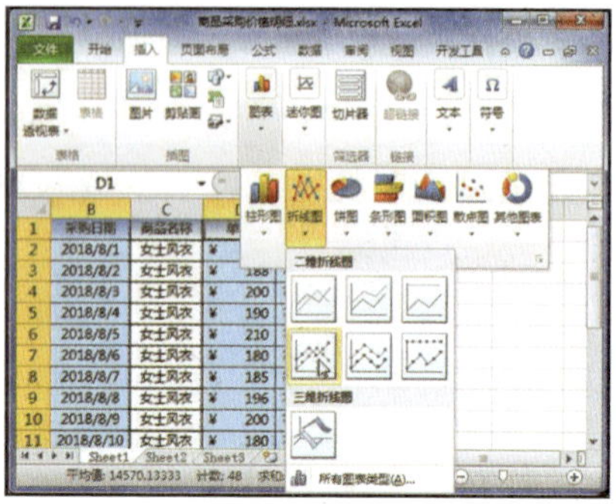

图3-78　插入折线图

Step05 此时，即可插入折线图。调整图标的大小和位置，设置在顶部显示图例，并添加图表标题，如图3-79所示。

Step06 在图表中选中纵坐标轴，在“设置坐标轴格式”对话框中设置“最小值”为150，“最大值”为250，“主要刻度单位”为20，在“主要刻度线类型”下拉列表框中选择“无”选项，如图3-80所示。采用同样的方法，设置横坐标轴主要刻度线为“无”。

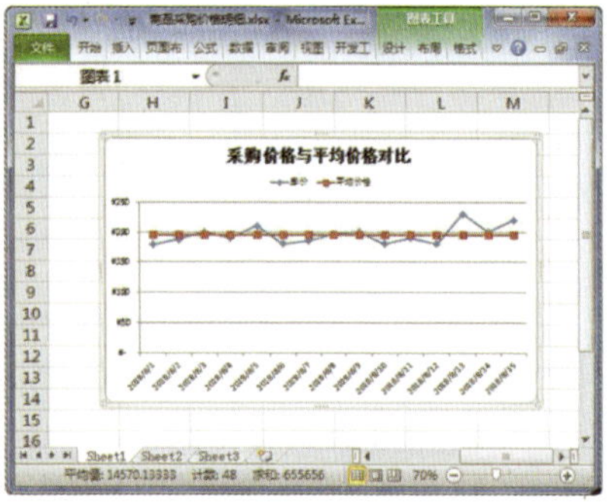

图3-79　插入折线图

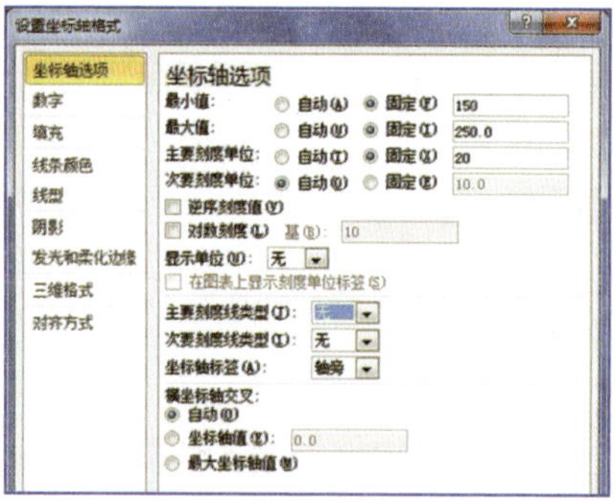

图3-80　设置纵坐标轴格式

Step07 在图表中选中横坐标轴，在“设置坐标轴格式”对话框中选择“数字”选项，在“类别”列表中选择“日期”选项，在“类型”列表框中选择“3/14”选项，如图3-81所示。

Step08 在图表中选中“平均价格”数据系列，在“设置数据系列格式”对话框中选择“数据标记选项”选项，选中“无”单选按钮，如图3-82所示。

Step09 选择“线条颜色”选项，选中“实线”单选按钮，在“颜色”下拉列表框中选择需要的颜色，如图3-83所示。

Step10 选择“线型”选项，单击“短划线类型”下拉按钮，选择需要的线条类型，如图3-84所示。

Step11 在图表中选中“单价”数据系列，在“设置数据系列格式”对话框中选择“线条颜色”选项，选中“实线”单选按钮，在“颜色”下拉列表框中选择需要的颜色，如图3-85所示。

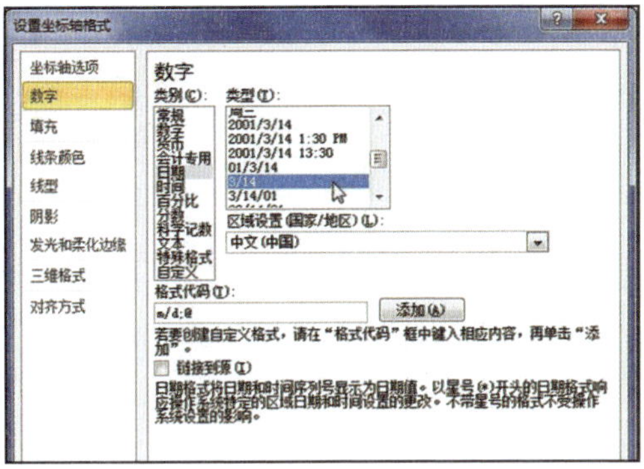

图3-81　设置坐标轴数字格式

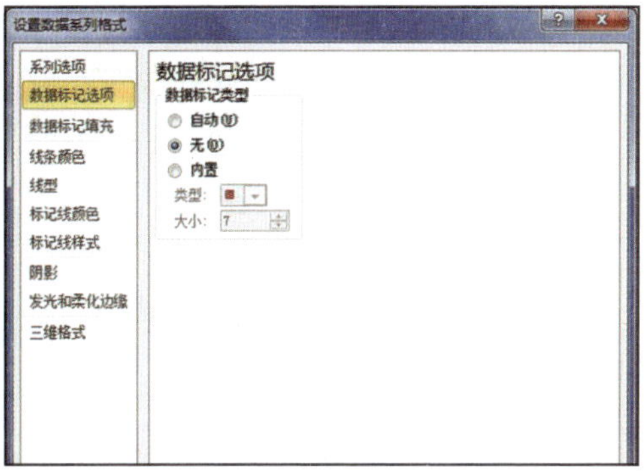

图3-82　设置无数据标记

图3-83　设置线条颜色

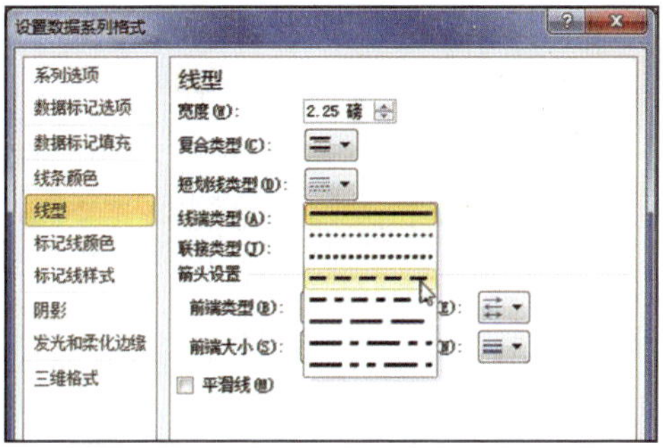

图3-84　设置短划线类型

Step 12 设置绘图区无填充颜色，在图表中选中图表区，在“设置图表区格式”对话框中选中“图片或纹理填充”单选按钮，单击“纹理”下拉按钮，选择“羊皮纸”选项，然后单击“关闭”按钮，如图3-86所示。

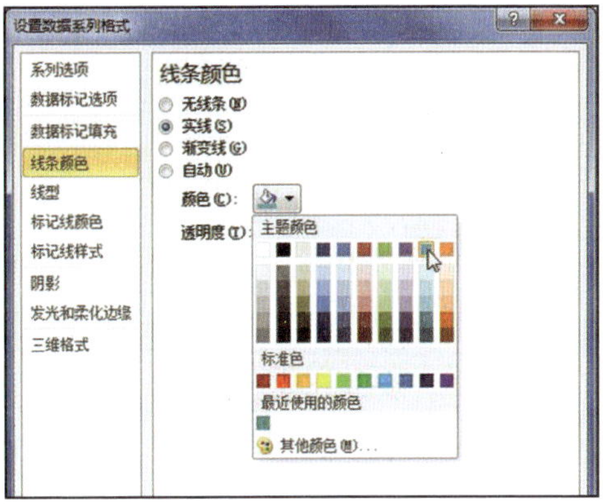

图3-85　设置数据系列颜色

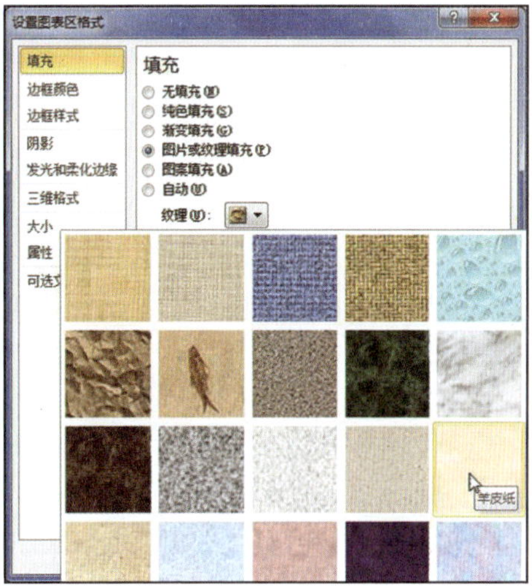

图3-86　设置纹理填充

Step 13 设置图表字体格式，即可完成图表制作，最终效果如图3-87所示。

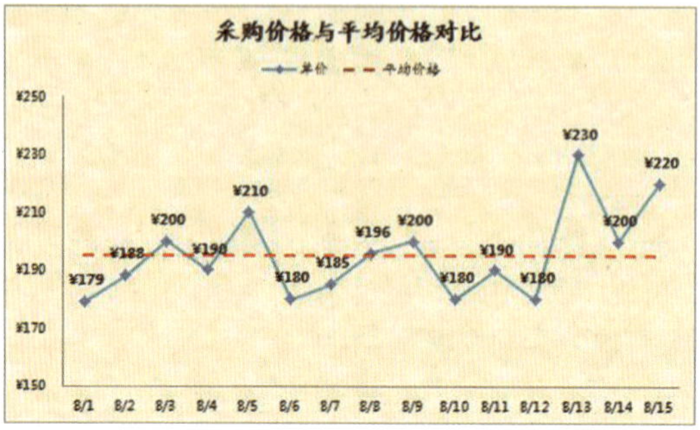

图3-87　图表最终效果

项目小结

通过本项目的学习，读者应重点掌握以下知识。

（1）更改折线图中的起点刻度值，可以使折线变化更加明显，有利于观察数据趋势变化。

（2）将数据表中同样的日期数据更换为更简洁的表达方式，可以使图表排列得更加规范、整齐。

（3）折线图中的线条数建议不要超过四条，否则会因线条过多而不便于进行数据分析，如果一个折线图的线条数过多，可以将其拆分成多个折线图，并保持横纵坐标一致。

（4）在折线图中，可以通过添加一些辅助图表表达关键信息，使数据的显示效果更直接、更明确。

项目习题

打开“素材文件\项目八\习题：上半年各月份利润统计表.xlsx”，插入折线图，设置图表格式，效果如图3-88所示。

关键提示：

（1）设置数据系列线型为“方点”。

（2）设置数据标记样式。

（3）为图表添加垂直线。

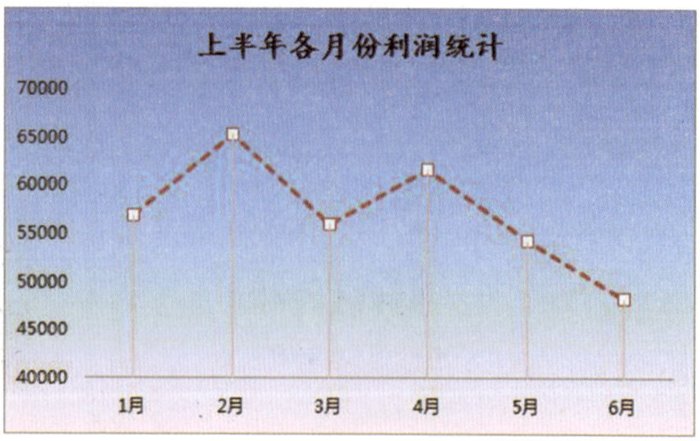

图3-88　上半年各月份利润统计表

项目四

使用柱形图与条形图对比商务数据

项目概述

柱形图是一种以长方形的长度为变量的统计图表，用来比较两个或两个以上的价值（不同时间或不同条件）。条形图用宽度相同、长度不同的条形来表示数据的多少。条形图纵置时即为柱形图。这两类图表都可以用于展示数据的对比关系。本章将学习如何使用柱形图和条形图对比商务数据。

项目重点

- 掌握设置数据系列格式的方法。
- 掌握设置图表区元素的方法。

项目目标

- 学会设置数据系列格式。
- 学会设置图表区元素。

任务一　设置数据系列格式

任务概述

设置合适的数据系列格式可以使柱形图更加美观、专业，如使用立体效果展示数据系列，使用堆积图展示流量百分比等。本任务将学习如何设置数据系列格式。

任务重点与实施

一、使用立体效果展示销售额

为柱形图设置三维效果可以体现出立体感，更加形象。例如，使用圆锥图时，圆锥的顶点指向数据，每个圆锥的顶点与水平网格线只有一个交点，指向的数据是唯一的、确定的。下面使用圆锥图来展示销售额，具体操作方法如下。

Step 01 打开“素材文件\项目四\店铺销售额统计.xlsx”，选择任一数据单元格，选择

“插入”选项卡，在“图表”组中单击“柱形图”下拉按钮，选择“簇状圆锥图”选项，如图4-1所示。

Step 02 将插入的图表调整到合适的位置，并删除图例，如图4-2所示。

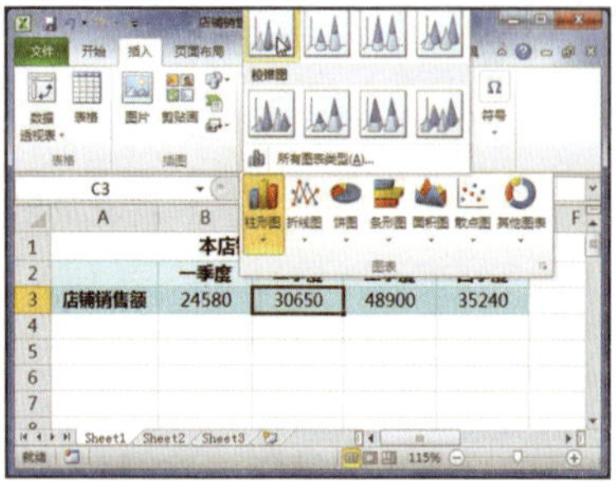

图4-1　选择图表类型

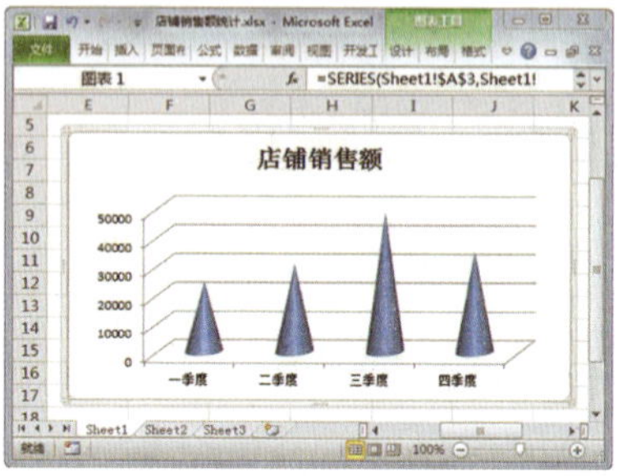

图4-2　插入圆锥图

Step 03 选择“设计”选项卡，单击“快速样式”下拉按钮，选择需要的图表样式，如图4-3所示。

Step 04 选中图表区，在“设置图表区格式”对话框中选中“渐变填充”单选按钮，单击“预设颜色”下拉按钮，选择需要的渐变颜色，如图4-4所示。

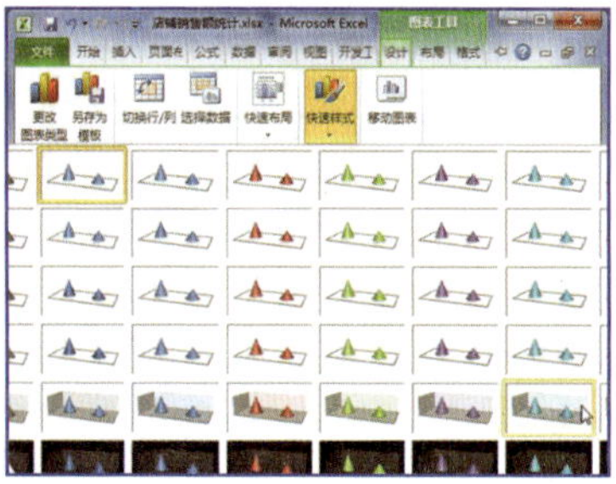

图4-3　选择图表样式

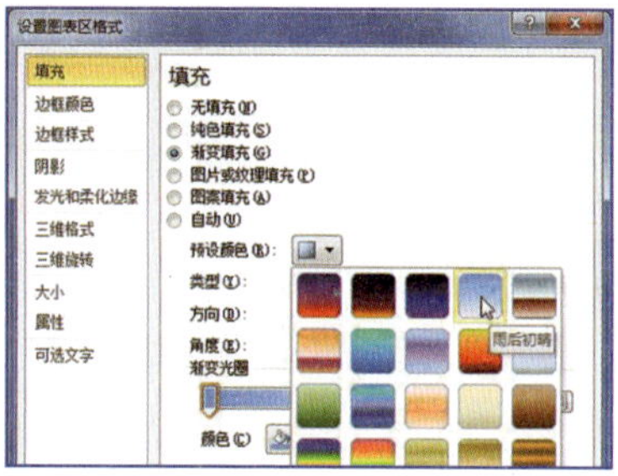

图4-4　设置“设置图表区格式”对话框

Step 05 在图表中选中背景墙，在“设置背景墙格式”对话框中选中“无填充”单选按钮，如图4-5所示。

Step 06 在图表中选中横坐标轴，在“设置坐标轴格式”对话框中单击“主要刻度线类型”下拉按钮，选择“无”选项，如图4-6所示。

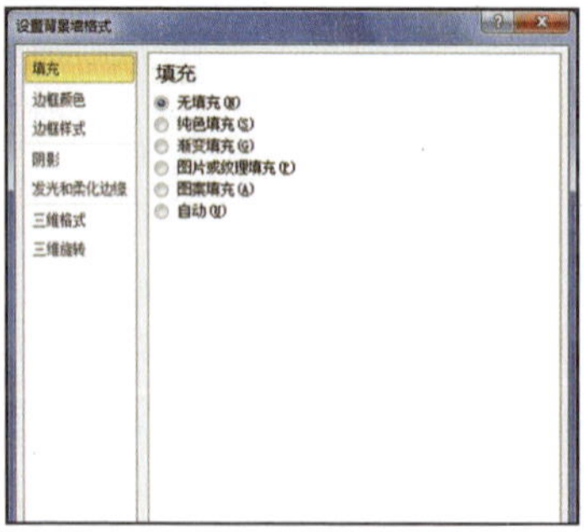

图4-5　设置“设置背景墙格式”对话框

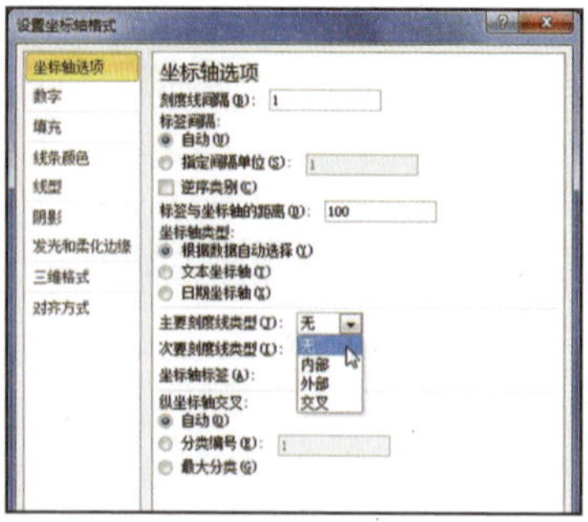

图4-6　设置横坐标轴格式

Step 07 在图表中选中纵坐标轴，在“设置坐标轴格式”对话框中选中“无线条”单选按钮，然后单击“关闭”按钮，如图4-7所示。

Step 08 返回图表，设置网格线颜色，再设置图表中文本的字体格式，即可完成图表制作，最终效果如图4-8所示。

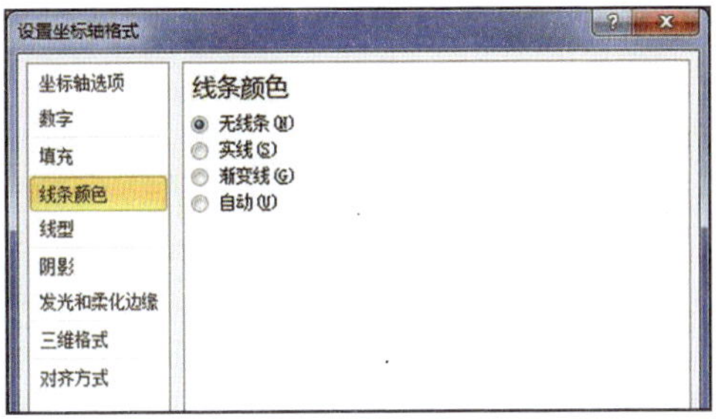

图4-7 设置纵坐标轴线条颜色

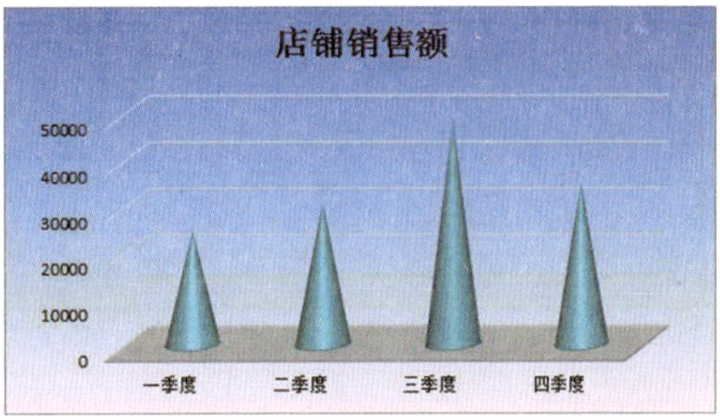

图4-8 图表最终效果

二、使用堆积图展示各种客户数量占比

按数据组织的类型划分，柱形图可以分为簇状柱形图、堆积柱形图和百分比堆积柱形图。百分比堆积柱形图用于比较各个类别的每一数值占总数值的百分比。下面使用堆积图展示各种客户数量占比，具体操作方法如下。

Step 01 打开“素材文件\项目四\上半年客户数量.xlsx”，选择任一数据单元格，选择“插入”选项卡，在“图表”组中单击“柱形图”下拉按钮，选择“堆积柱形图”选项，如图4-9所示。

Step 02 此时，即可插入堆积柱形图。鼠标右键单击“流失客户”数据系列，在弹出的快捷菜单中选择“设置数据系列格式”命令，如图4-10所示。

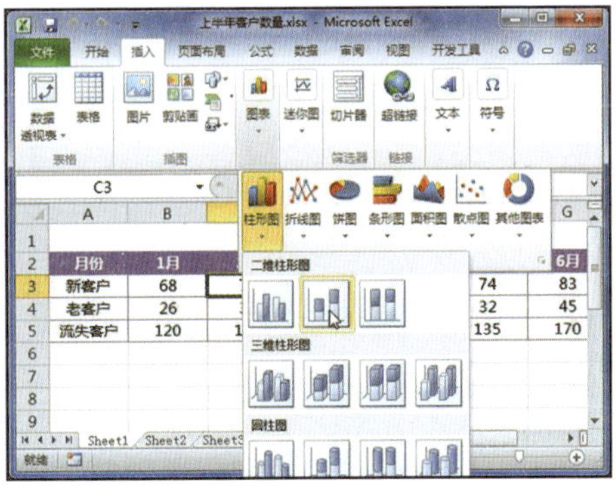

图4-9 选择图表类型

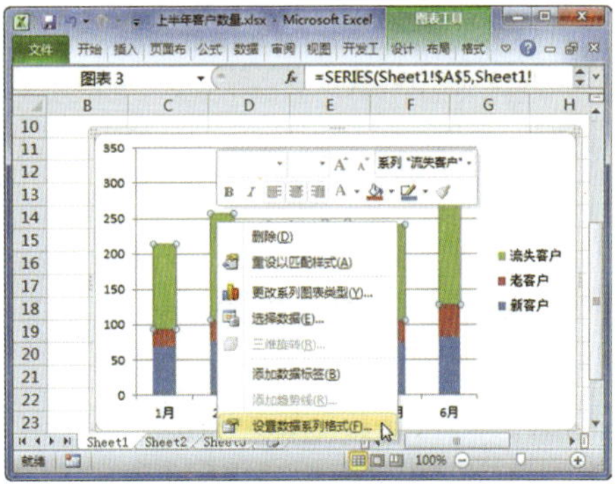

图4-10 插入堆积柱形图

Step 03 弹出“设置数据系列格式”对话框，在“系列重叠”文本框中输入0，选中“次坐标轴”单选按钮，如图4-11所示。采用同样的方法，设置“老客户”和“新客户”系列重叠均为100%。

Step 04 在图表中选中主要纵坐标轴，在“设置坐标轴格式”对话框中选择“线条颜色”选项，选中“无线条”单选按钮，如图4-12所示。采用同样的方法，设置次要纵坐标轴线条颜色为“无线条”。

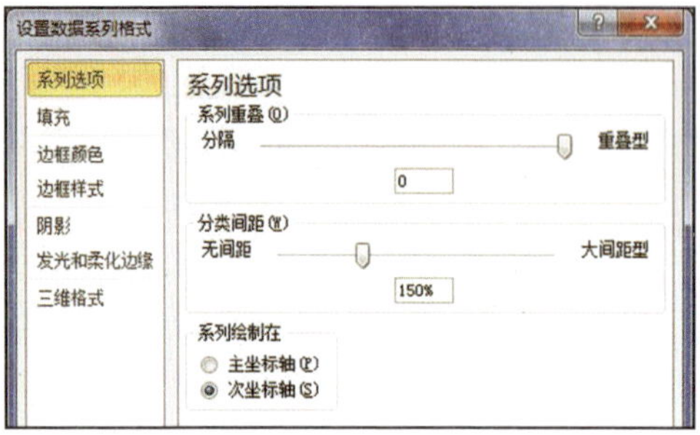

图4-11　设置系列选项

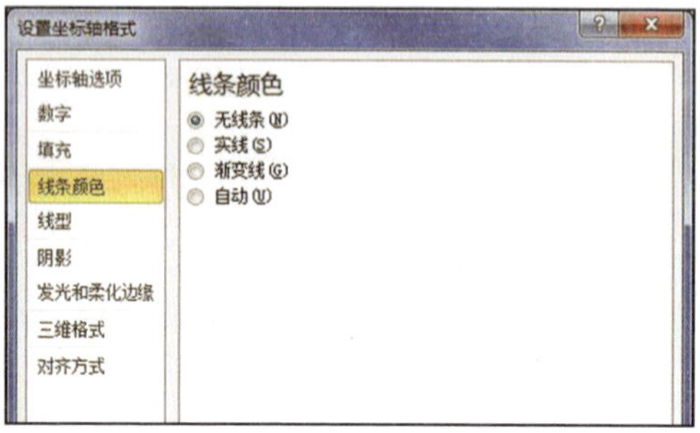

图4-12　设置纵坐标轴线条颜色为无线条

Step 05 在图表中选中横坐标轴，在“设置坐标轴格式”对话框中单击“主要刻度线类型”下拉按钮，选择“无”选项，如图4-13所示。

Step 06 在图表中选中网格线，在“设置主要网格线格式”对话框中选中“实线”单选按钮，单击“颜色”下拉按钮，选择需要的颜色，然后单击“关闭”按钮，如图4-14所示。

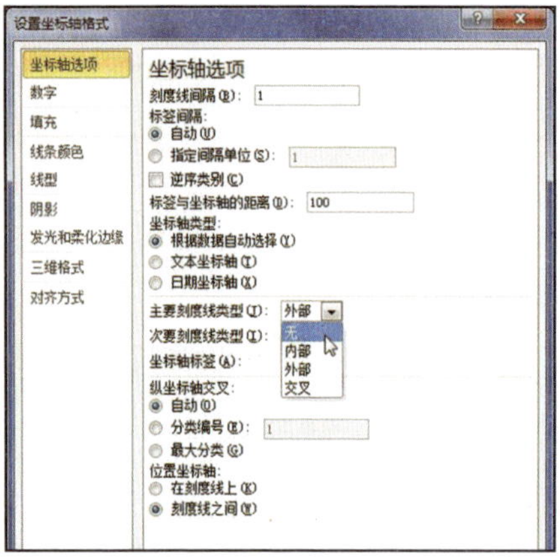

图4-13　设置主要刻度线类型

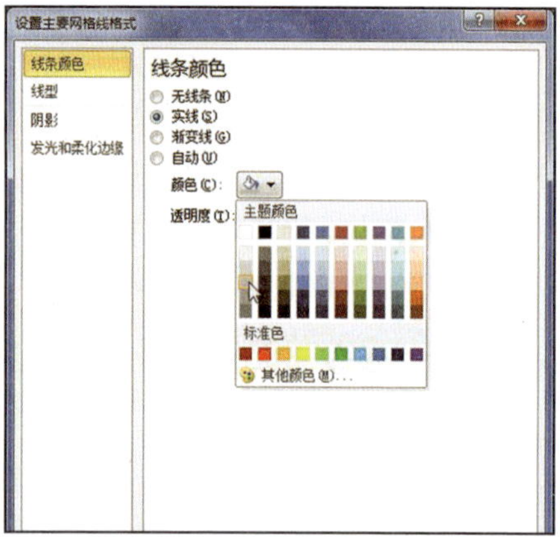

图4-14　设置网格线颜色

Step 07 鼠标右键单击图表，在弹出的快捷菜单中选择“选择数据”命令，如图4-15所示。

Step 08 弹出“选择数据源”对话框，单击“添加”按钮，如图4-16所示。

Step 09 弹出“编辑数据系列”对话框，在“系列名称”文本框中输入A，在“系列值”文本框中输入0，然后单击“确定”按钮，如图4-17所示。

Step 10 继续添加数据系列，在“系列名称”文本框中输入B，在“系列值”文本框中输入0，依次单击“确定”按钮，如图4-18所示。

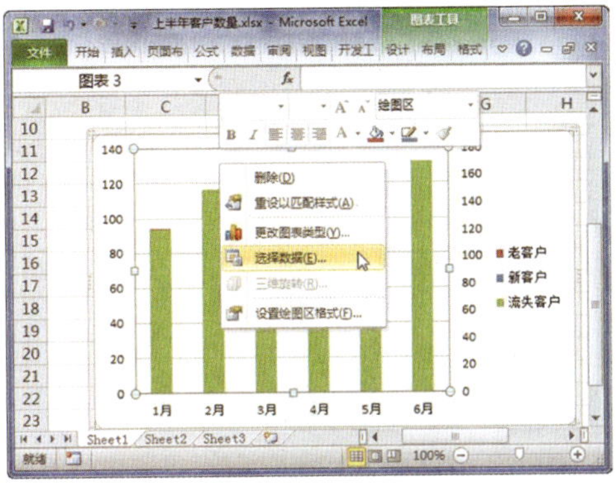

图4-15　选择“选择数据”命令

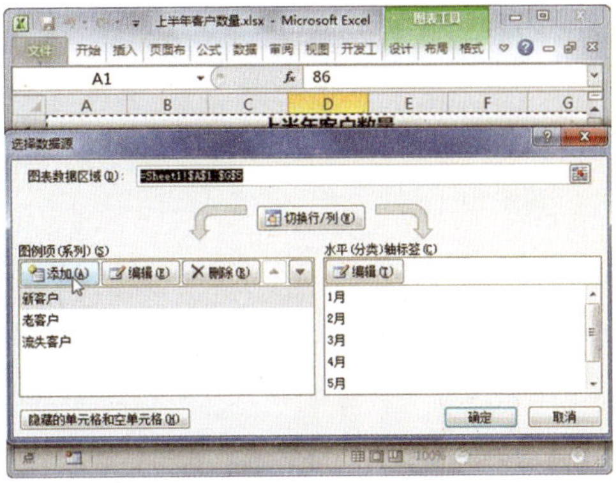

图4-16　选择数据源

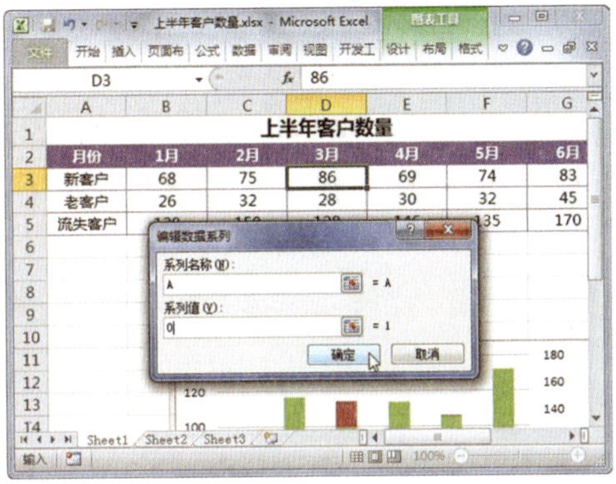

图4-17　添加A系列

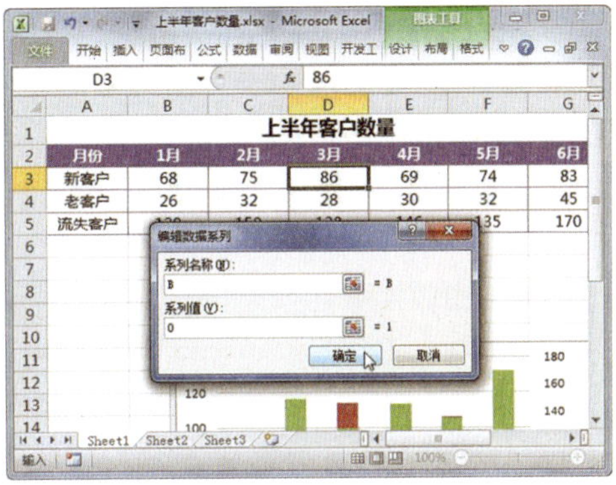

图4-18　添加B系列

Step 11 选中图表绘图区域，在“设置绘图区格式”对话框中选中“无填充”单选按钮，如图4-19所示。

Step 12 在图表中选中图表区，在“设置图表区格式”对话框中选中“纯色填充”单选按钮，单击“颜色”下拉按钮，选择需要的颜色，然后单击“关闭”按钮，如图4-20所示。

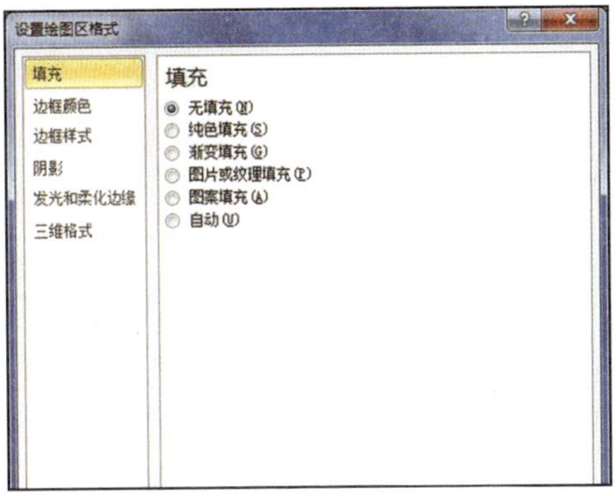

图4-19　设置绘图区填充方式

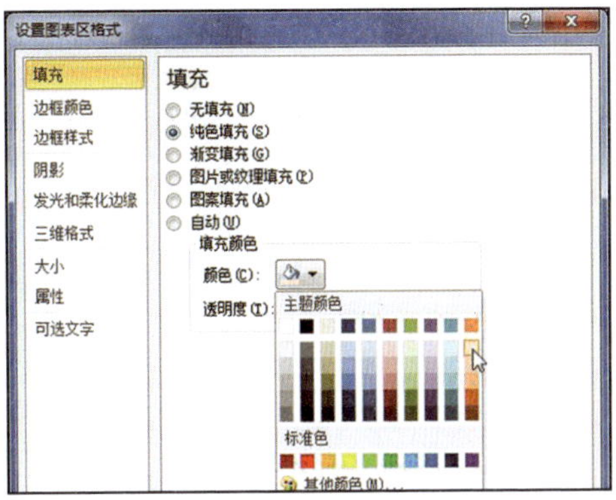

图4-20　设置图表区格式

Step 13 选择“布局”选项卡，在“标签”组中单击“图例”下拉按钮，选择“在顶部显示图例”选项，如图4-21所示。

Step 14 添加图表标题，并设置字体格式，即可完成图表制作，最终效果如图4-22所示。

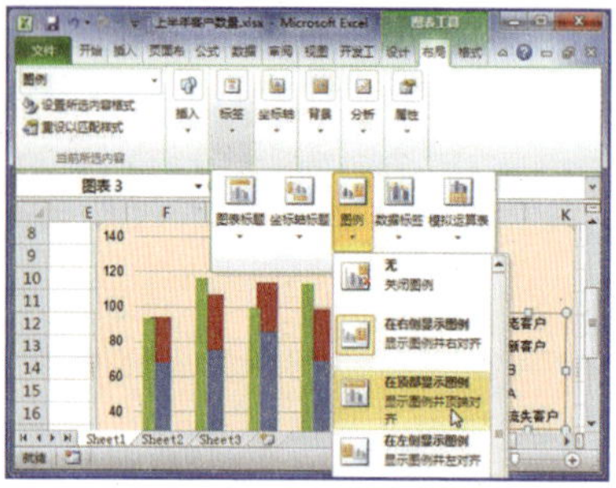

图4-21　设置图例位置

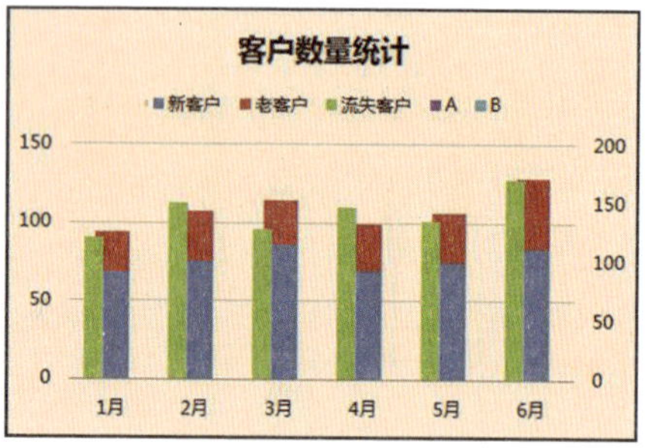

图4-22　图表最终效果

任务二　设置图表区元素

任务概述

图表区中包含所有的图表元素，设置图表区元素可以使图表对比效果更加明显。本任务将学习如何设置数据系列宽度，设置网格线背景，插入图表分界线，使用相似颜色填充数据系列等内容。

任务重点与实施

一、设置数据系列宽度

在柱形图和条形图中，数据系列的宽度和相邻数据系列的间隔对整体图表的视觉效果有着很大的影响。下面将介绍如何设置合理的数据系列宽度，具体操作方法如下。

Step 01 打开“素材文件\项目四\客户性别人数统计.xlsx”，选择A2:C5单元格区域，选择“插入”选项卡，在“图表”组中单击“柱形图”下拉按钮，选择“簇状柱形图”选项，如图4-23所示。

Step 02 删除图表网格线，将图例置于图表上方，修改标题文本，如图4-24所示。

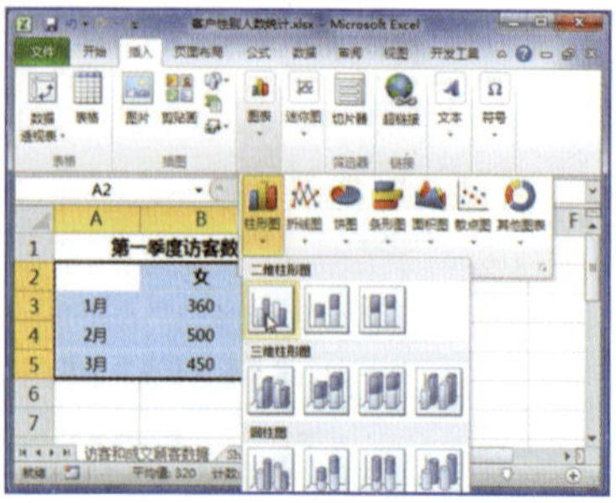

图4-23　选择图表类型

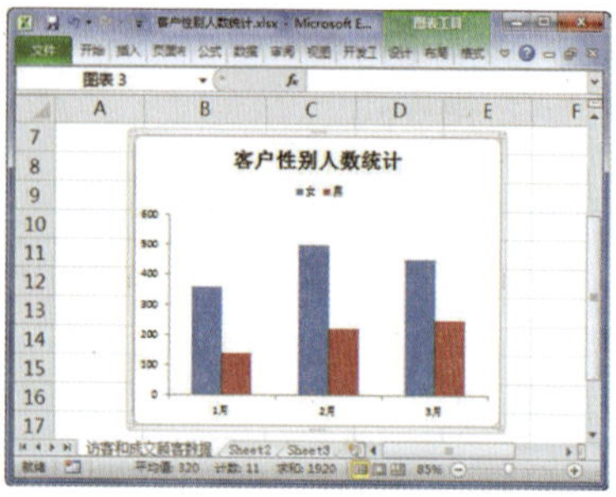

图4-24　插入簇状柱形图

Step 03 在图表中选中“女性”数据系列，在“设置数据系列格式”对话框中设置“系列重叠”为-5%，“分类间距”为100%，如图4-25所示。

Step 04 选择“填充”选项，选中“纯色填充”单选按钮，在“颜色”下拉列表框中选择需要的颜色，如图4-26所示。

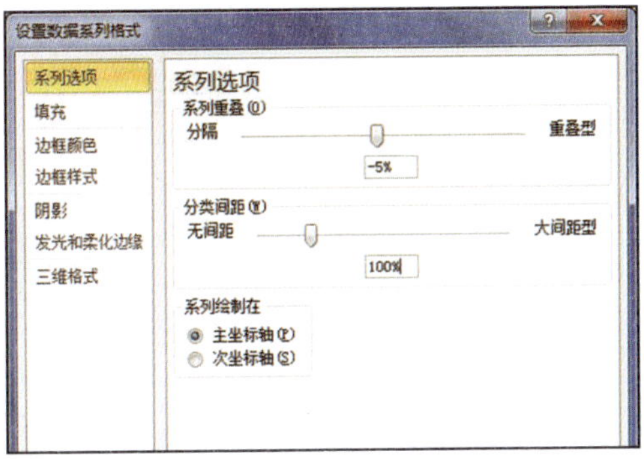

图4-25 设置数据系列选项

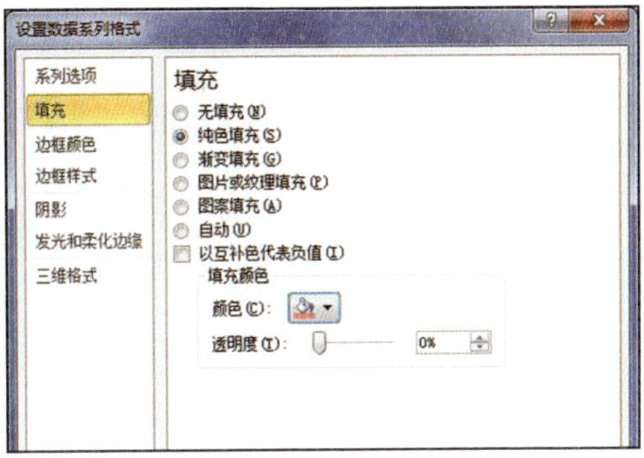

图4-26 设置女性数据系列颜色

Step 05 在图表中选中“男性”数据系列，在“设置数据系列格式”对话框中设置填充颜色为“纯色填充”，如图4-27所示。

Step 06 在图表中选中横坐标轴，在“设置坐标轴格式”对话框中选择“线条颜色”选项，选中“无线条”单选按钮，如图4-28所示。采用同样的方法，设置纵坐标轴为“无线条”格式。

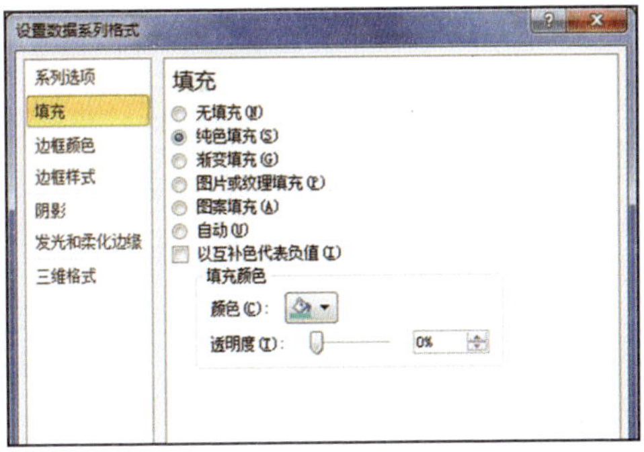

图4-27 设置男性数据系列颜色

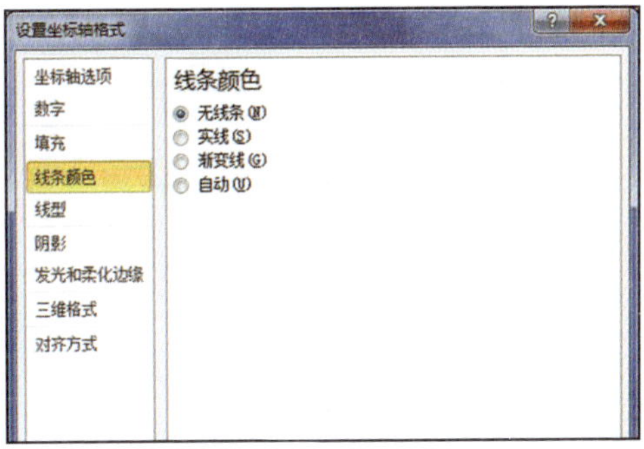

图4-28 设置横坐标轴线条颜色为无线条

Step 07 在图表中选中绘图区，在“设置绘图区格式”对话框中选中“纯色填充”单选按钮，在“颜色”下拉列表框中选择需要的颜色，如图4-29所示，单击“关闭”按钮。

Step 08 设置图表字体格式为“微软雅黑”，最终效果如图4-30所示。

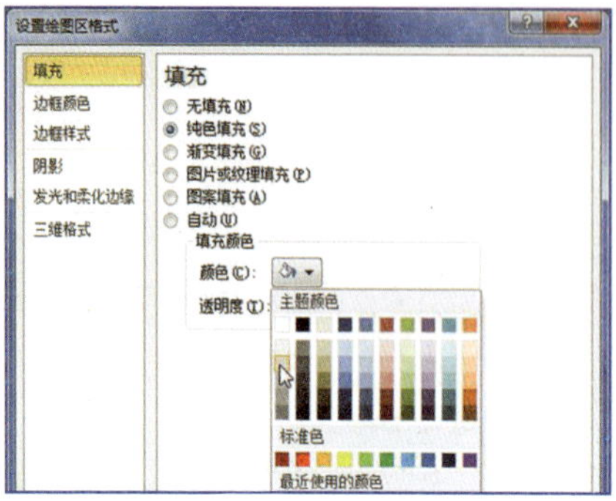

图4-29　设置绘图区格式

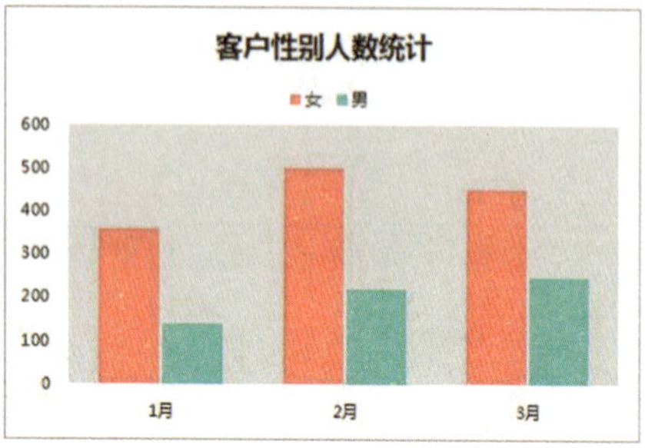

图4-30　图表最终效果

二、设置网格线背景

在柱形图中，为图表设置网格线背景可以增强图表的可读性，具体操作方法如下。

Step 01 打开“素材文件\项目四\促销方式分析.xlsx”，在工作表左侧的行号上拖动鼠标，选择13:18行单元格区域并用鼠标右键单击，在弹出的快捷菜单中选择“行高”命令，如图4-31所示。

Step 02 弹出“行高”对话框，在“行高”文本框中输入30，然后单击“确定”按钮，如图4-32所示。

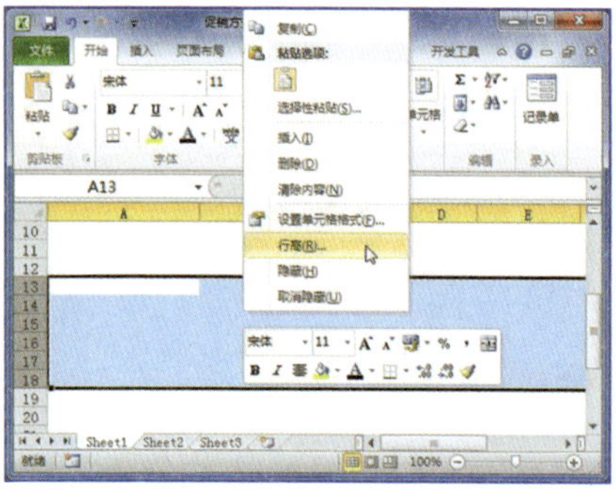

图4-31　选择“行高”命令

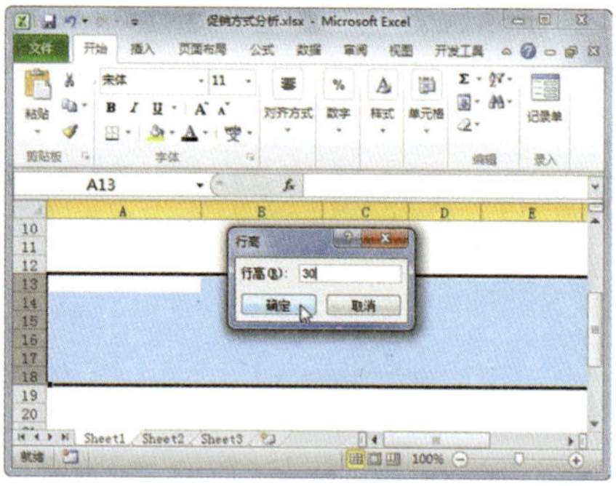

图4-32　设置行高

Step 03 选择B13:F13单元格区域，在“开始”选项卡下单击“对齐方式”下拉按钮，选择“合并后居中”选项，如图4-33所示。

Step 04 采用同样的方法，选择B13:F18单元格区域并合并单元格。按住【Ctrl】键，选择合并的B13、B15和B17单元格并用鼠标右键单击，在弹出的快捷菜单中选择“设置单元格格式”命令，如图4-34所示。

Step 05 弹出“设置单元格格式”对话框，选择“填充”选项卡，选择背景色颜色，然后单击“确定”按钮，如图4-35所示。

Step 06 采用同样的方法，设置其他单元格区域填充颜色，如图4-36所示。

Step 07 选择非空单元格，选择“插入”选项卡，在“图表”组中单击“柱形图”下拉按钮，选择“簇状柱形图”选项，如图4-37所示。

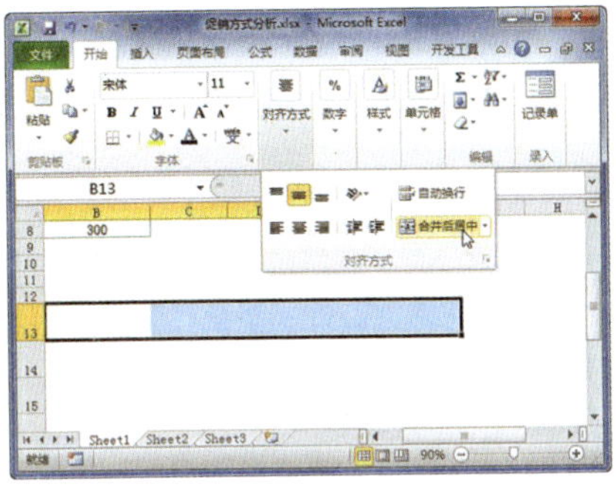

图4-33　合并单元格

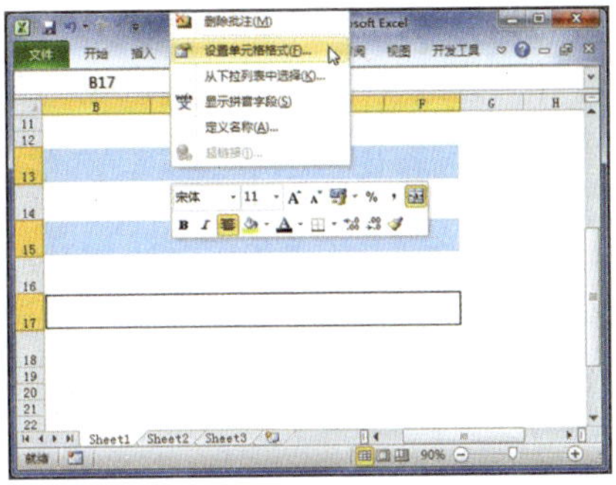

图4-34　选择“设置单元格格式”命令

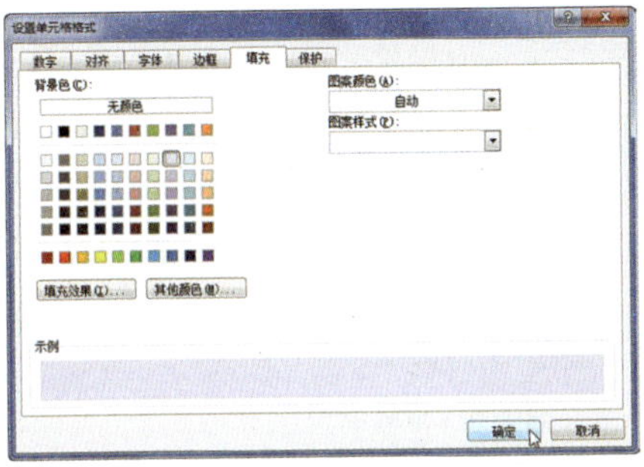

图4-35　设置“设置单元格格式”对话框

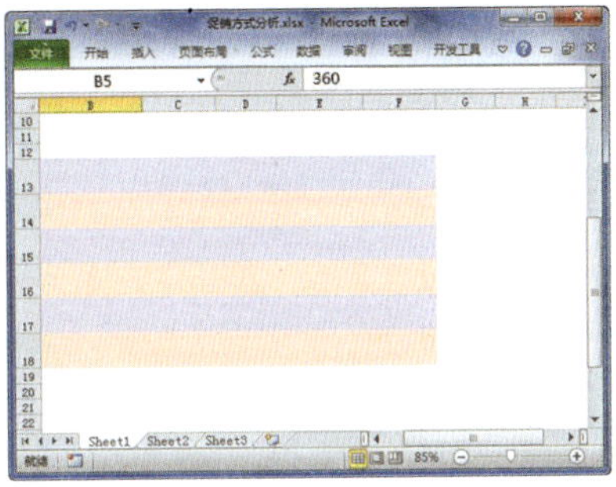

图4-36　设置其他单元格区域填充颜色

Step 08 将图表绘图区和图表区背景色均设置为无填充颜色，删除图例，设置图表标题格式，调整图表的大小和位置，使绘图区与有背景色的单元格对齐，如图4-38所示。

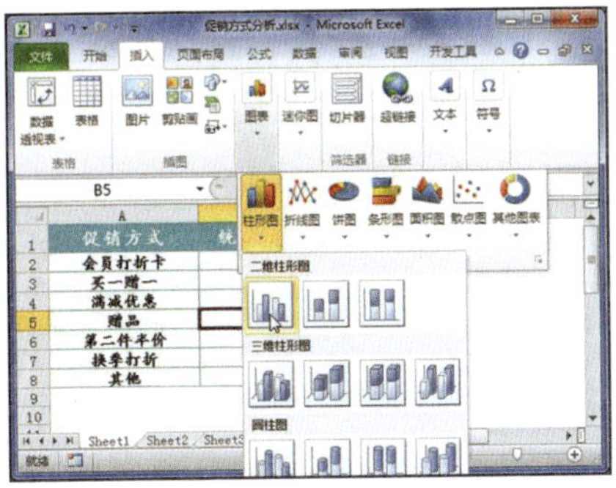

图4-37　插入簇状柱形图

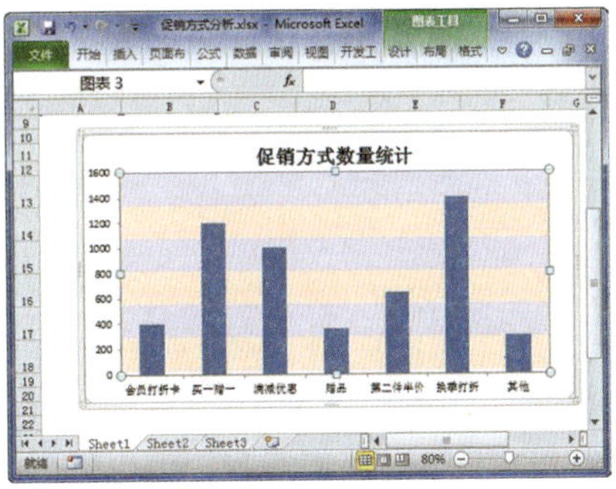

图4-38　设置图表

Step 09 在图表中选中纵坐标轴，在“设置坐标轴格式”对话框中的“最大值”选项中选中“固定”单选按钮，在右侧文本框中输入1500；在“主要刻度单位”选项中选中“固定”单选按钮，在右侧文本框中输入250，如图4-39所示。

Step 10 选择“线条颜色”选项，选中“无线条”单选按钮，如图4-40所示。采用同样的方法，设置图表横坐标轴为“无线条”格式。

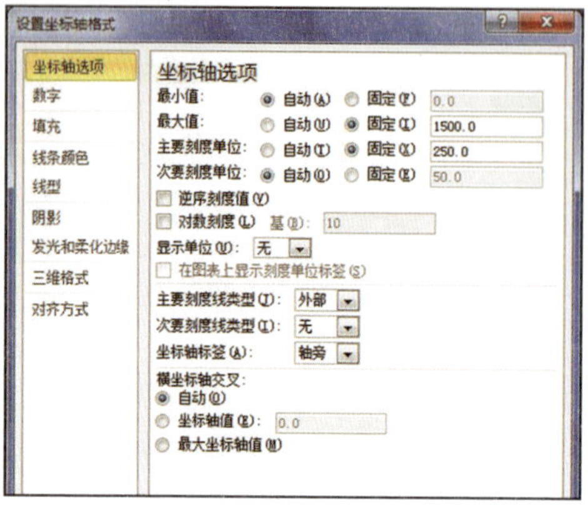

图4-39　设置坐标轴选项

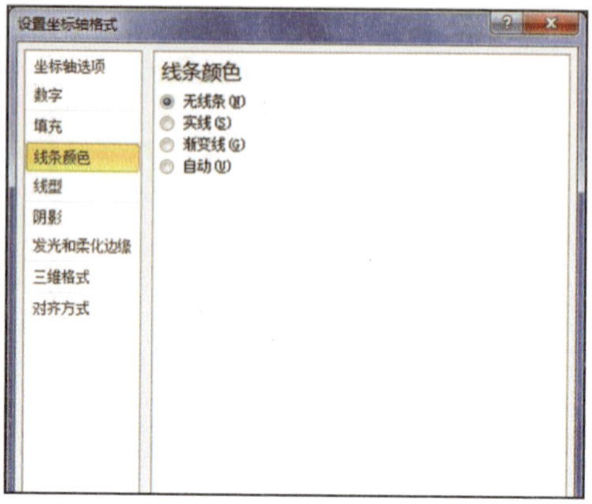

图4-40　设置纵坐标轴线色颜色为无线条

Step 11 在图表中选中数据系列，在“设置数据系列格式”对话框中设置“分类间距”为90%，如图4-41所示。

Step 12 选择“填充”选项，选中“纯色填充”单选按钮，单击“颜色”下拉按钮，选择需要的颜色，单击“关闭”按钮，如图4-42所示。

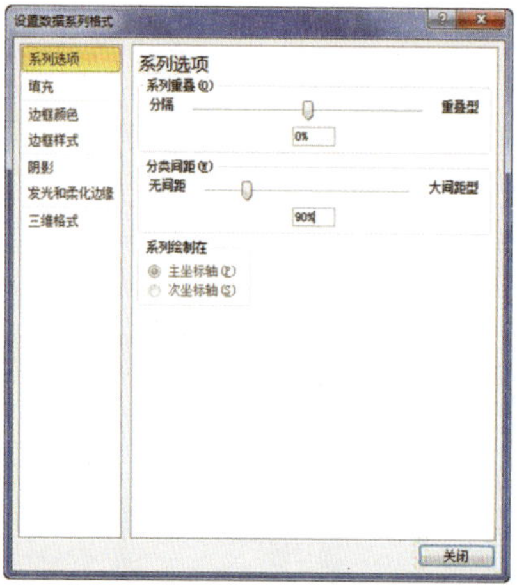

图4-41　设置分类间距

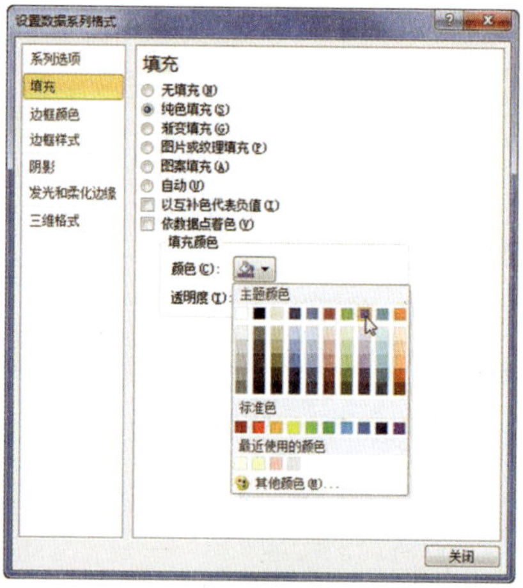

图4-42　设置数据系列颜色

Step 13 设置标题和坐标轴标签字体格式为“楷体”。选择“布局”选项卡，在“坐标轴”组中单击“网格线”下拉按钮，选择“主要横网格线”|“主要网格线”选项，如图4-43所示。

Step 14 在图表中选中网格线，在“设置主要网格线格式”对话框中选中“实线”单选按钮，单击“颜色”下拉按钮，选择需要的颜色，然后单击“关闭”按钮，如图4-44所示。

Step 15 在图表中添加数据标签，最终效果如图4-45所示。

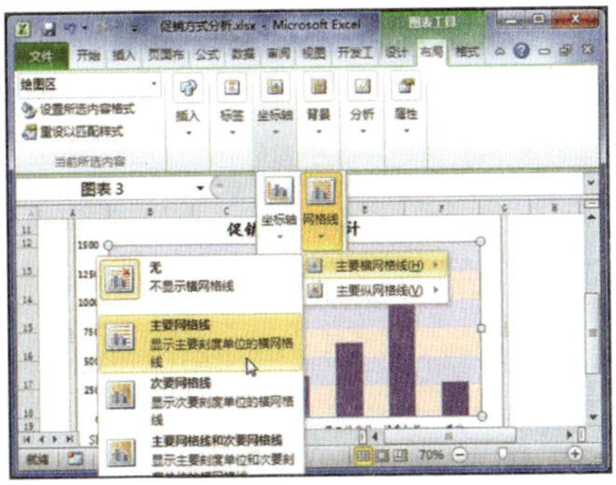

图4-43 添加主要网格线

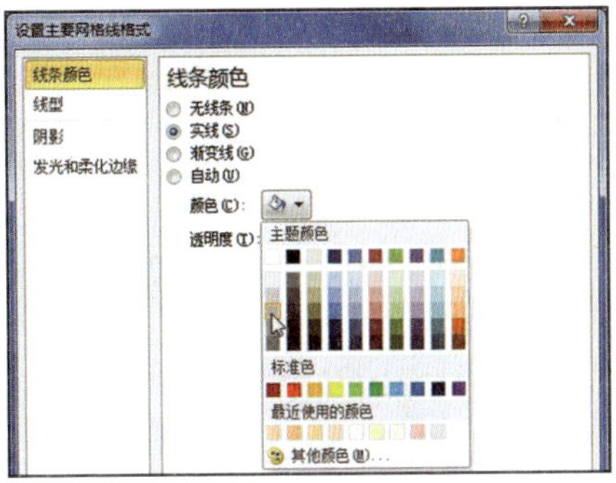

图4-44 设置网格线颜色

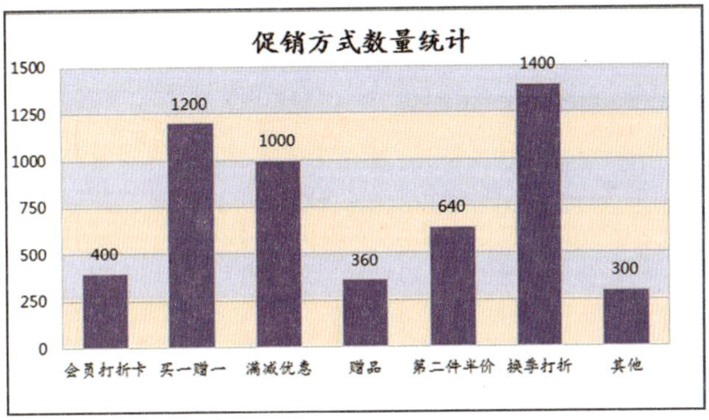

图4-45 图表最终效果

三、插入图表分界线

当条形图数据系列的列数过多时，可以通过插入图表分界线的方式将图表分为两部分，使图表表达数据更加清晰，具体操作方法如下。

Step 01 打开“素材文件\项目四\店铺销售额.xlsx”，选择B1:B7单元格区域，选择“插入”选项卡，在“图表”组中单击“条形图”下拉按钮，选择“簇状条形图”选项，如图4-46所示。

Step 02 调整图表的位置，并删除图例和网格线，如图4-47所示。

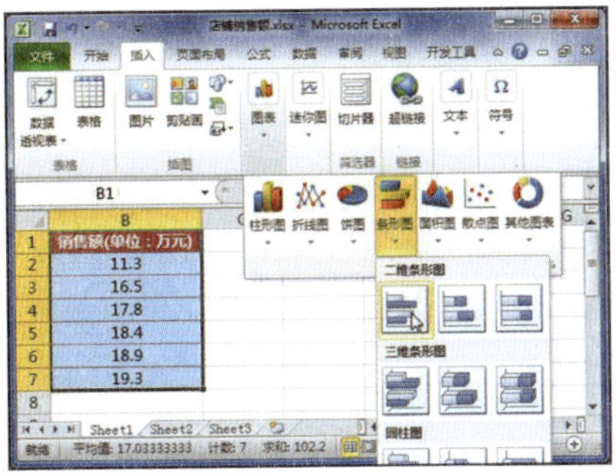

图4-46 选择图表类型

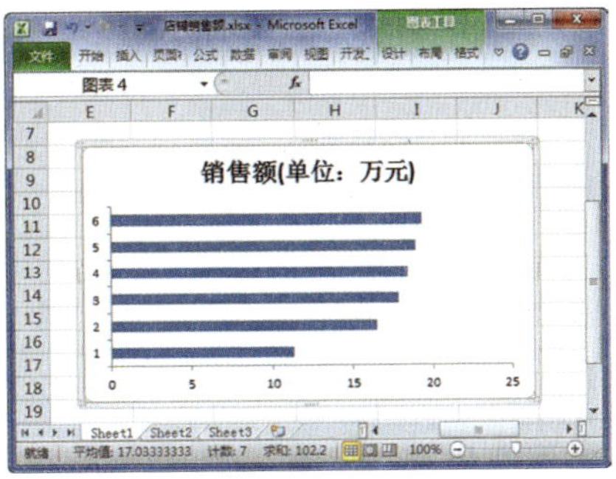

图4-47 插入簇状条形图

Step 03 选择“设计”选项卡，单击“快速样式”下拉按钮，选择需要的样式，如图4-48所示。

Step 04 鼠标右键单击图表的纵坐标轴，在弹出的快捷菜单中选择“选择数据”命令，如图4-49所示。

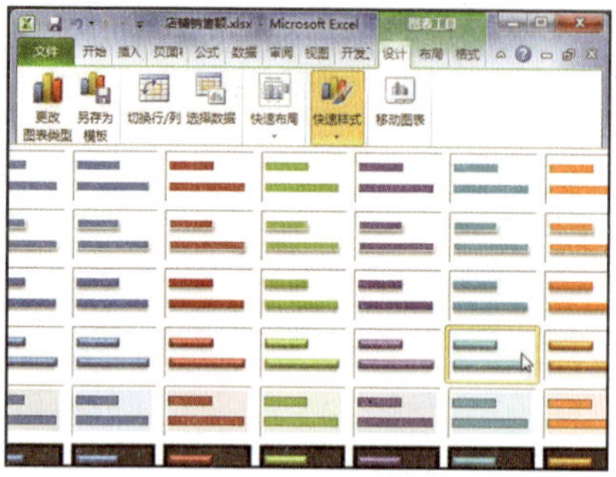

图4-48 应用图表样式

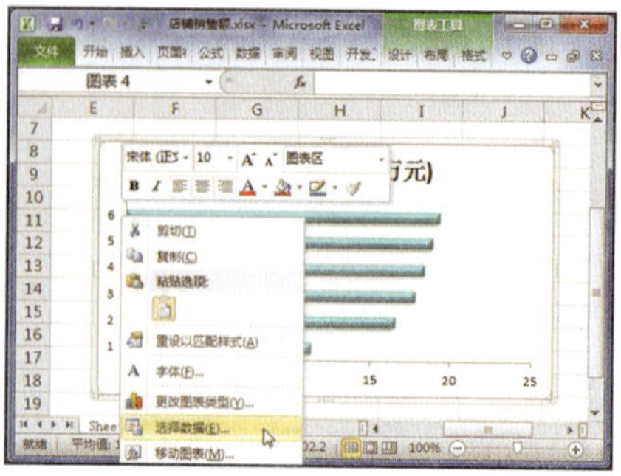

图4-49 选择“选择数据”命令

Step 05 弹出“选择数据源”对话框，在“水平（分类）轴标签”选项区中单击“编辑”按钮，如图4-50所示。

Step 06 弹出“轴标签”对话框，在“轴标签区域”文本框中删除原有数据，在表格中选择A2:A7单元格区域，然后依次单击“确定”按钮，如图4-51所示。

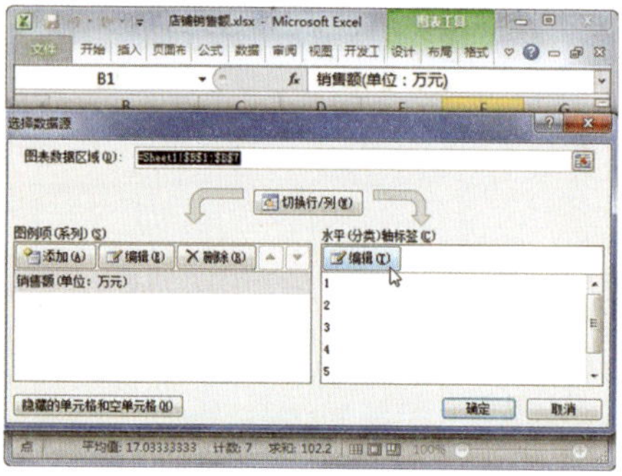

图4-50 选择数据源

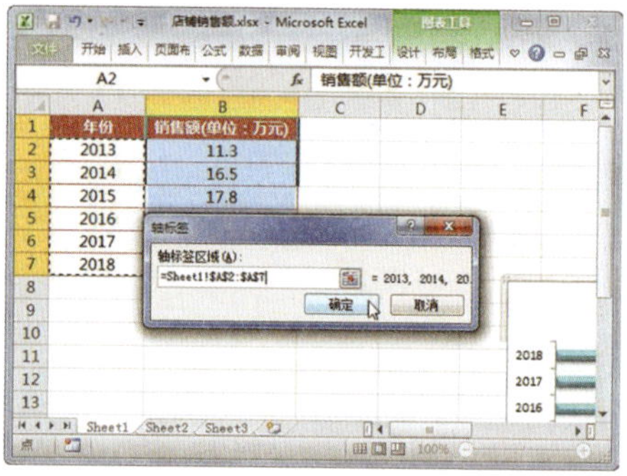

图4-51 编辑轴标签

Step 07 在图表中选中纵坐标轴，在“设置坐标轴格式”对话框中选择“线条颜色”选项，选中“无线条”单选按钮，如图4-52所示。采用同样的方法，设置横坐标轴为“无线条”格式。

Step 08 在图表中选中绘图区，在“设置绘图区格式”对话框中选中“无填充”单选按钮，如图4-53所示。

Step 09 在图表中选中图表区，在“设置图表区格式”对话框中选中“渐变填充”单选按钮，并设置渐变光圈，如图4-54所示。

Step 10 在图表中选中数据系列，在“设置数据系列格式”对话框中设置“分类间距”为100%，然后单击“关闭”按钮，如图4-55所示。

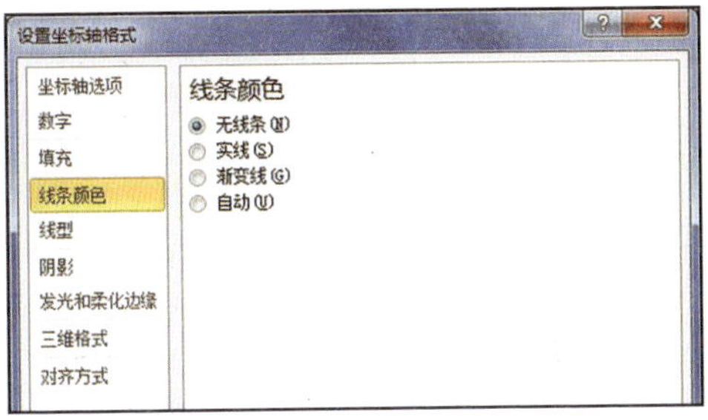

图4-52 设置纵坐标轴线条颜色为无线条

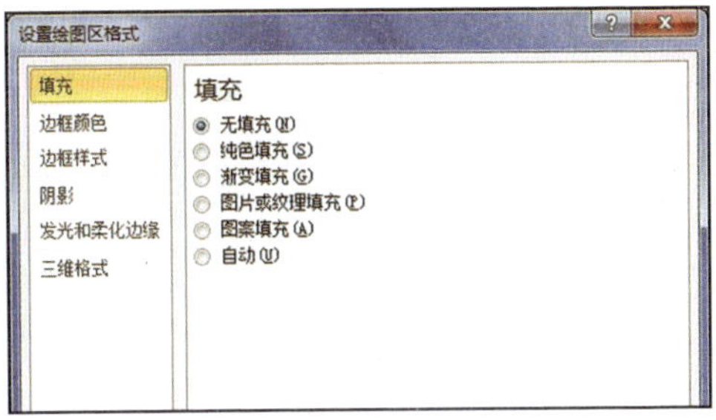

图4-53 设置绘图区为无填充

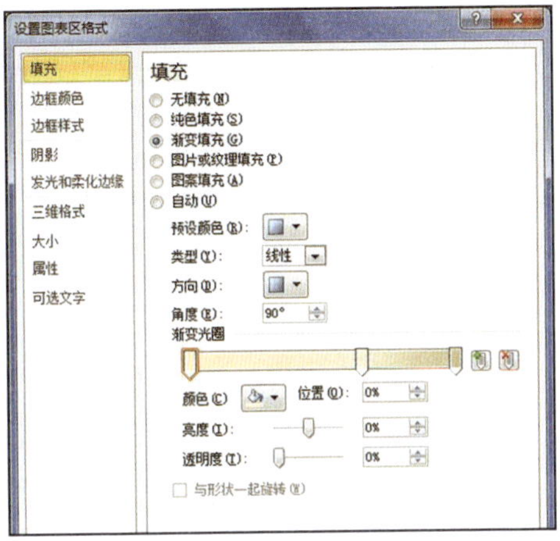

图4-54 设置图表区渐变填充

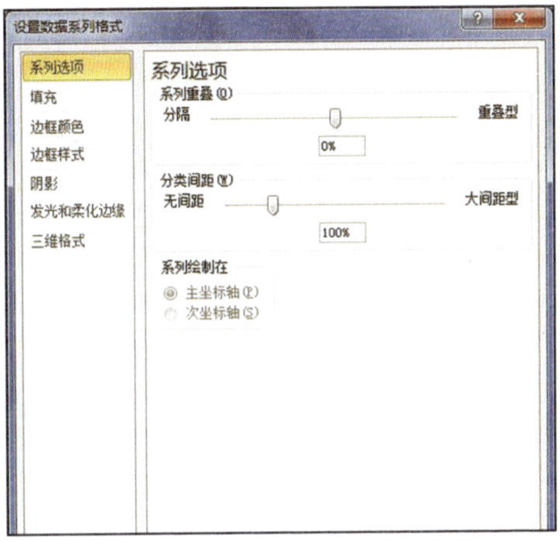

图4-55 设置分类间距

Step 11 选中图表，选择“插入”选项卡，单击“形状”下拉按钮，选择“直线”选项，如图4-56所示。

Step 12 在图表中绘制一条直线，将数据系列分为两部分。选中这条直线，选择“格式”选项卡，单击“形状轮廓”下拉按钮，选择需要的颜色，如图4-57所示。

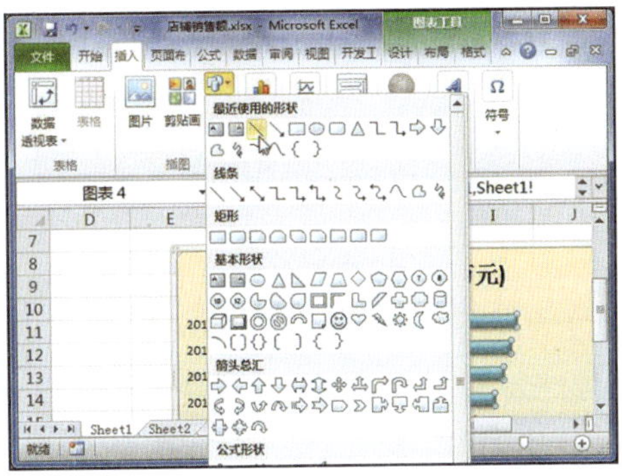

图4-56 插入直线

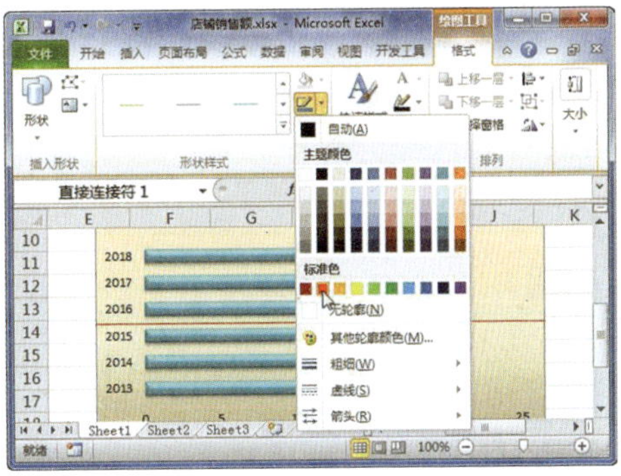

图4-57 设置直线颜色

Step 13 单击“形状轮廓”下拉按钮，选择“粗细”|“1.5磅”选项，如图4-58所示。

Step 14 添加数据标签，设置图表字体格式，即可完成图表制作，最终效果如图4-59所示。

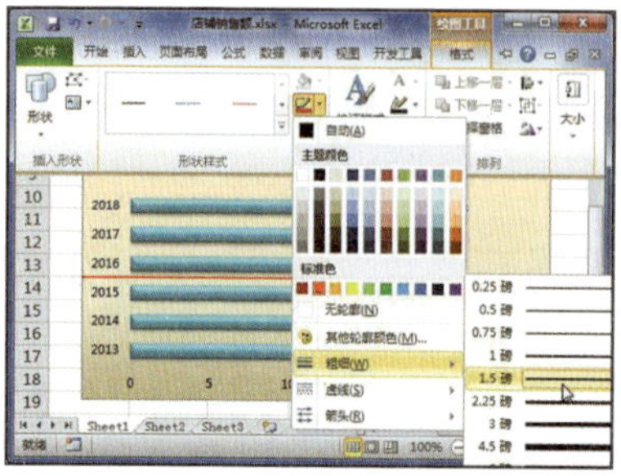

图4-58 设置直线粗细

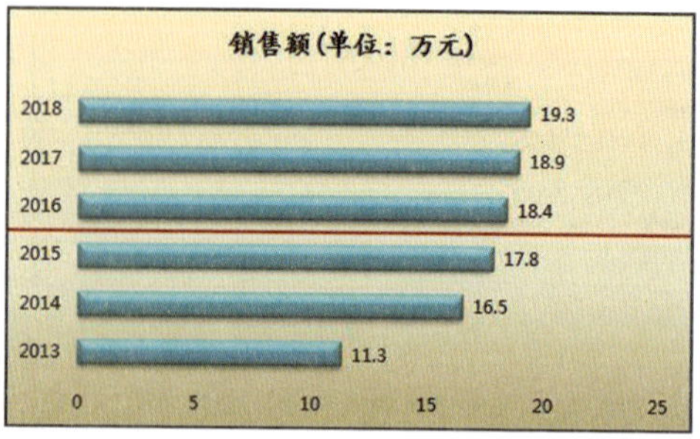

图4-59 图表最终效果

四、使用相似颜色填充数据系列

系列颜色对图表的影响其实是很大的，使用不同的颜色原本是为了区分不同分类项目下的数据系列，但若颜色过于繁多，可能会让用户感觉眼花缭乱。因此，将同一性质的图表系列设置为由明到暗的排列效果，使阅读效果更加轻松，具体操作方法如下。

Step 01 打开“素材文件\项目四\第二季度销量.xlsx”，选择任一数据单元格，选择“插入”选项卡，在“图表”组中单击“柱形图”下拉按钮，选择“簇状柱形图”选项，如图4-60所示。

Step 02 此时，即可插入簇状柱形图。设置图例在顶部显示，插入图表标题，然后鼠标右键单击图表，在弹出的快捷菜单中选择“选择数据”命令，如图4-61所示。

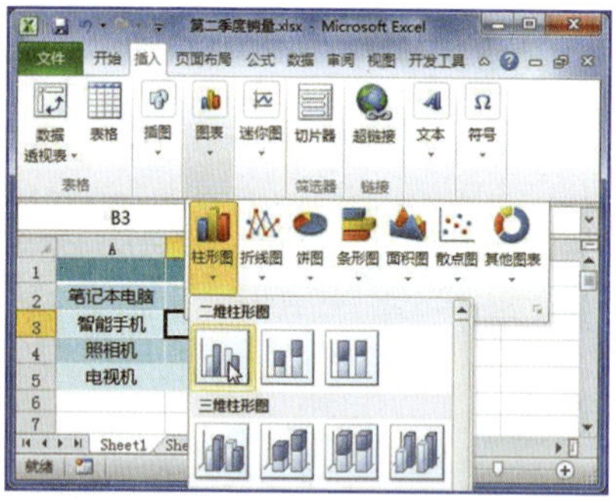

图4-60 选择图表类型

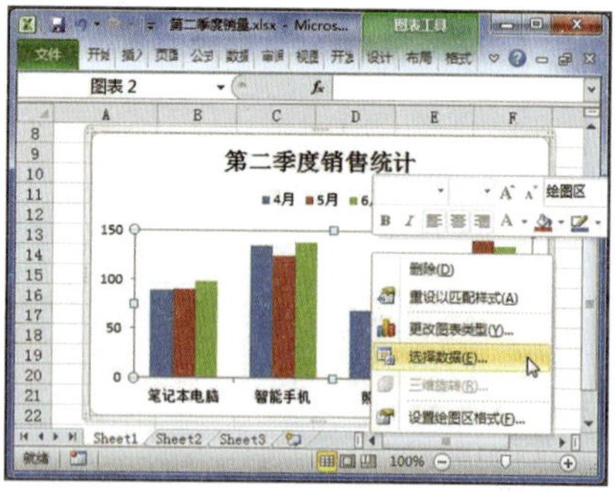

图4-61 选择“选择数据”命令

Step 03 弹出“选择数据源”对话框，单击“切换行/列”按钮，单击“确定”按钮，如图4-62所示。

Step 04 选择“设计”选项卡，单击“快速样式”下拉按钮，选择需要的样式，如图4-63所示。

Step 05 选择“笔记本电脑”数据系列，将编辑栏中公式“=SERIES(Sheet1!$A$2,Sheet1!$B$1:$D$1,Sheet1!$B$2:$D$2,1)”末尾的1改为4，并按【Enter】键确认，调整系列顺序，如图4-64所示。

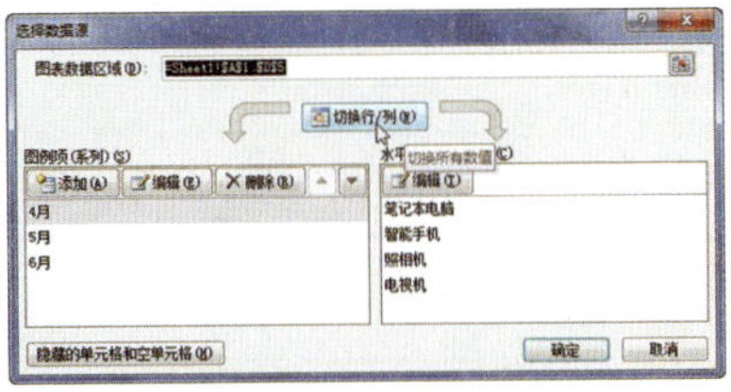

图4-62　切换行/列

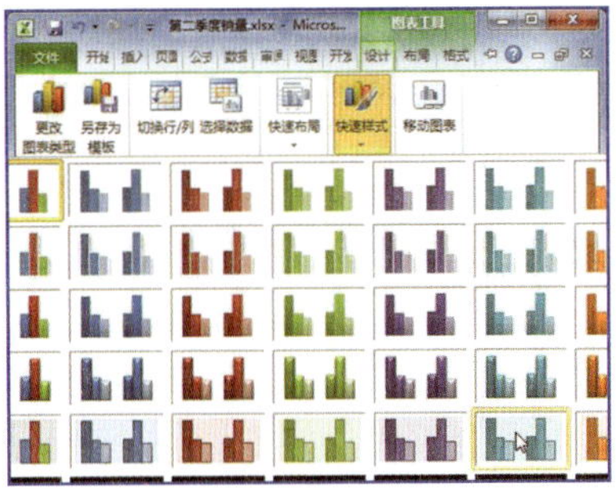

图4-63　应用快速样式

Step 06 采用同样的方法，将“智能手机”数据系列公式末尾的1改为3，将“照相机”数据系列公式末尾的1改为2，如图4-65所示。

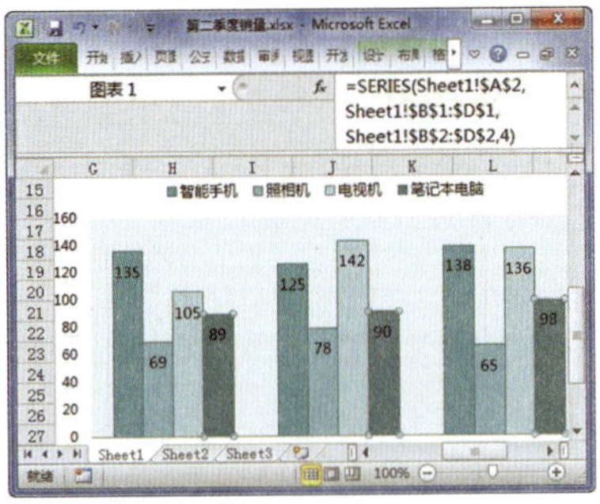

图4-64　修改“笔记本电脑”系列公式

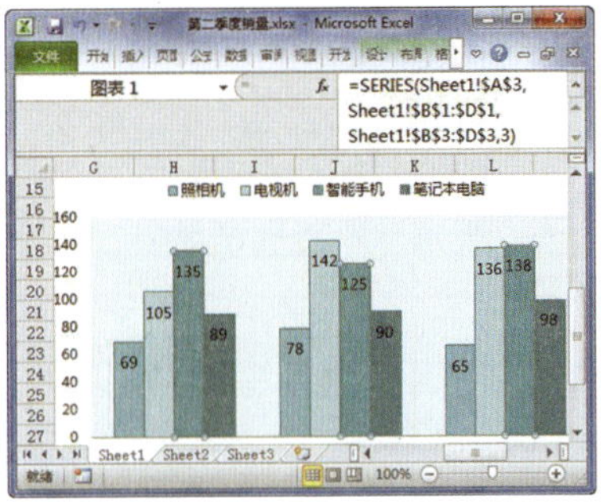

图4-65　修改其他系列公式

Step 07 在图表中选中图表区域，在“设置图表区格式”对话框中选中“纯色填充”单选按钮，单击“颜色”下拉按钮，选择需要的颜色，如图4-66所示。

Step 08 在图表中选中纵坐标轴，在“设置坐标轴格式”对话框中选择“线条颜色”选项，选中“无线条”单选按钮，如图4-67所示。

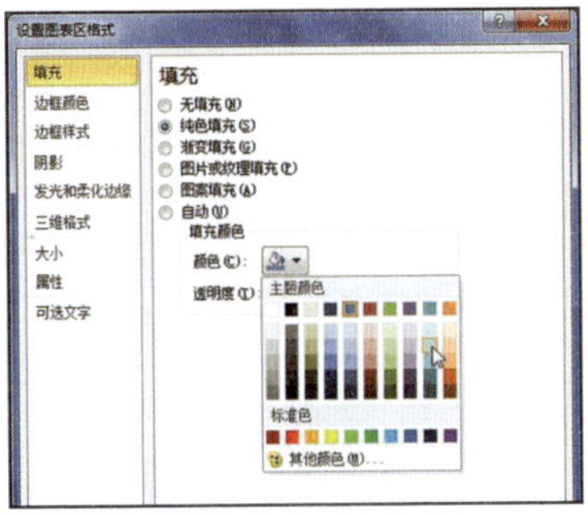

图4-66　设置图表区填充颜色

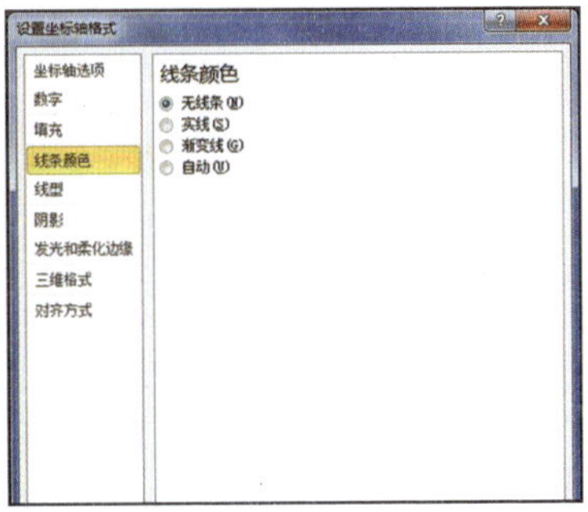

图4-67　设置纵坐标轴线条颜色为无线条

Step 09 在图表中选中横坐标轴，在“设置坐标轴格式”对话框的“主要刻度线类型”下拉列表框中选择“无”选项，单击“关闭”按钮，如图4-68所示。

Step 10 设置图表字体格式为“微软雅黑”，添加数据标签，并设置标签位置为“数据标签内”，最终效果如图4-69所示。

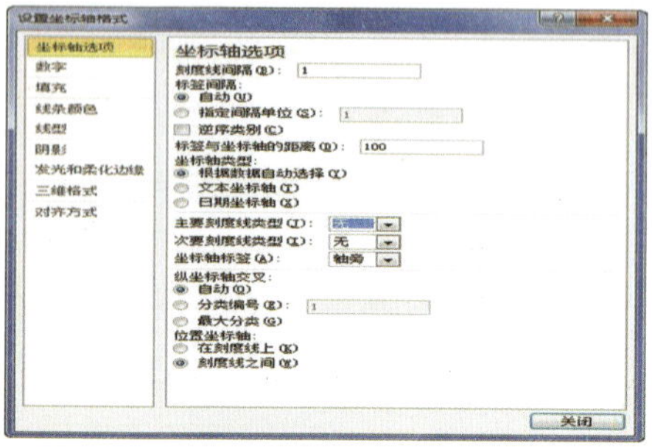

图4-68　设置横坐标轴格式

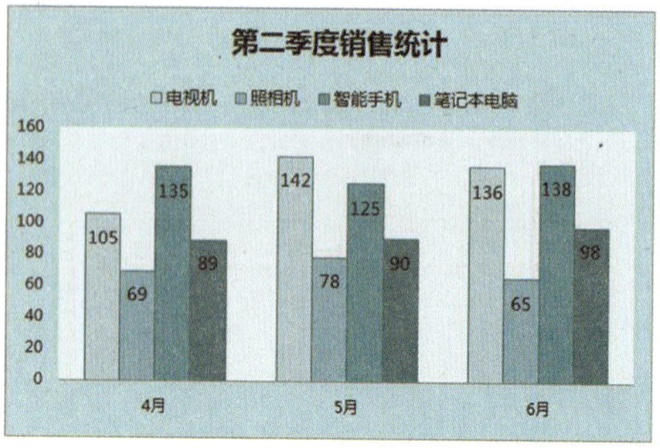

图4-69　图表最终效果

项目小结

通过本项目的学习，读者应重点掌握以下知识。

（1）合适的数据系列格式可以使图表更加美观、专业，如为柱形图设置三维效果体现出立体感，使用堆积图展示数量占比等。

（2）为表格中的不同列设置不同的颜色，每列宽度与数据刻度相同，可以增强图表的可读性。

（3）在图表中插入分界线可以将图表数据一分为二，使多数据系列的信息表达更加清晰。

项目习题

打开“素材文件\项目四\习题：统计产品销量.xlsx”，插入堆积柱形图，设置图表格式，并美化图表，效果如图4-70所示。

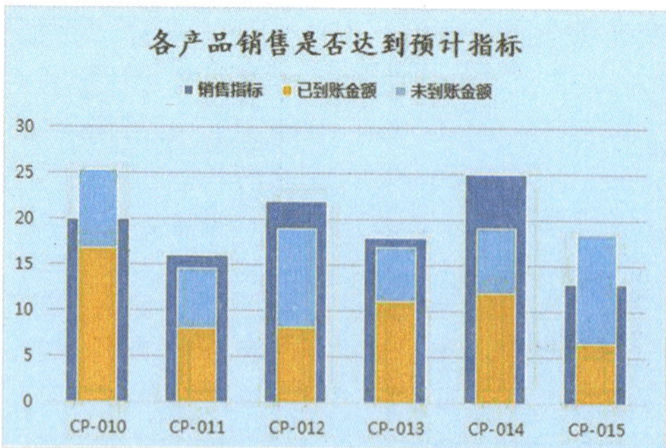

图4-70　统计产品销量

关键提示：

（1）将“已到账金额”和“未到账金额”数据系列绘制在次坐标轴。

（2）设置“销售指标”数据系列的“分类间距”为60%。

项目五

使用饼图展示数据占比

项目概述

饼图一般用于显示数据系列中各项的大小与各项总和的比例，饼图中的数据点显示为整个饼图的百分比。在使用饼图时，有以下要求：仅有一个要绘制的数据系列；要绘制的数值没有负值；要绘制的数值几乎没有零值；类别数目无限制；各类别分别代表整个饼图的一部分；各个部分需要标注百分比。本项目将学习如何使用饼图展示数据占比。

项目重点

- 掌握设置饼图扇区的方法。
- 掌握设置饼图类型的方法。

项目目标

- 学会设置饼图扇区元素。
- 学会选择合适的饼图类型。

任务一　设置饼图扇区元素

任务概述

如果系统默认插入的饼图达不到预期的效果，需要对其进行更多的设置，如更改饼图扇区的位置，设置重叠饼图，增大圆环内径宽度等。本任务将学习如何通过设置饼图扇区元素使图表数据更加清晰。

任务重点与实施

一、更改饼图扇区位置排序

系统默认的饼图数据是按降序排列的，所以拼图中切片的大小以顺时针方向逐渐减小。由于人们习惯从上往下进行阅读，如果在饼图中按照规定的顺序显示数据，就会让整个饼图在平衡方向上产生失衡的感觉。因此，用户可以通过对饼图扇区进行旋转，更改饼图扇区的位置排序，具体操作方法如下。

Step 01 打开“素材文件\项目五\顾客年龄统计.xlsx”，按住【Ctrl】键分别选择A1:A7和C1:C7单元格区域，选择“插入”选项卡，在“图表”组中单击“饼图”下拉按钮，选择“饼图”选项，如图5-1所示。

Step 02 此时即可插入饼图，将图例调整到左侧显示，修改图表标题，如图5-2所示。

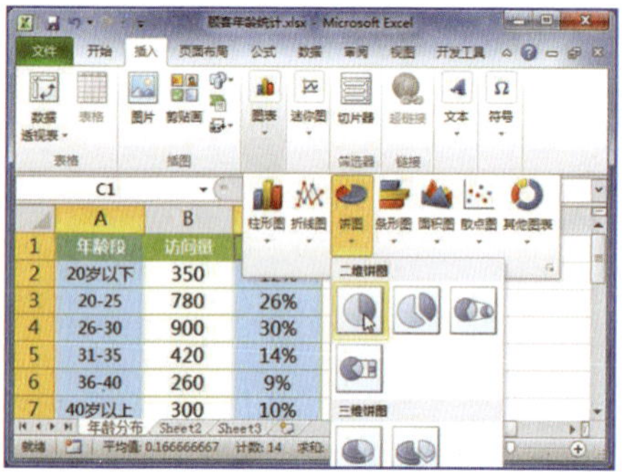

图5-1　选择图表类型

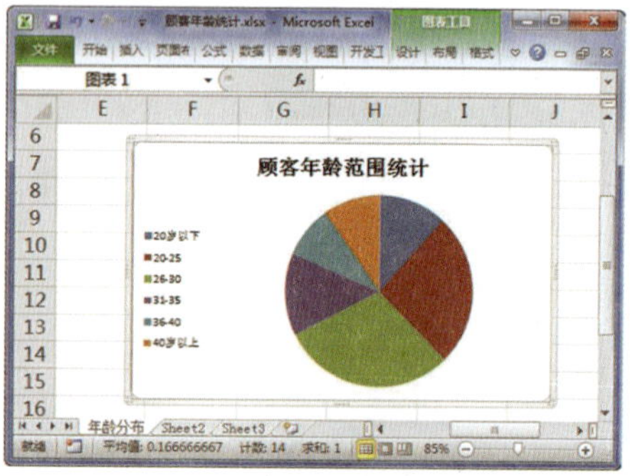

图5-2　插入饼图

Step 03 鼠标右键单击图表，在弹出的快捷菜单中选择“添加数据标签”命令，如图5-3所示。

Step 04 设置图表字体格式为“微软雅黑”，将数据标签字体颜色设置为白色，如图5-4所示。

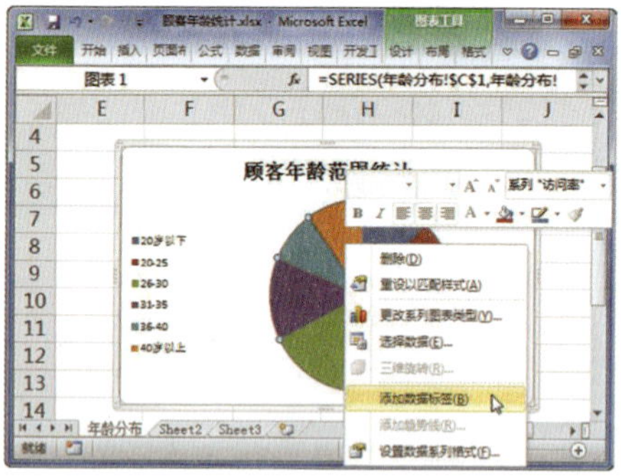

图5-3　选择“添加数据标签”命令

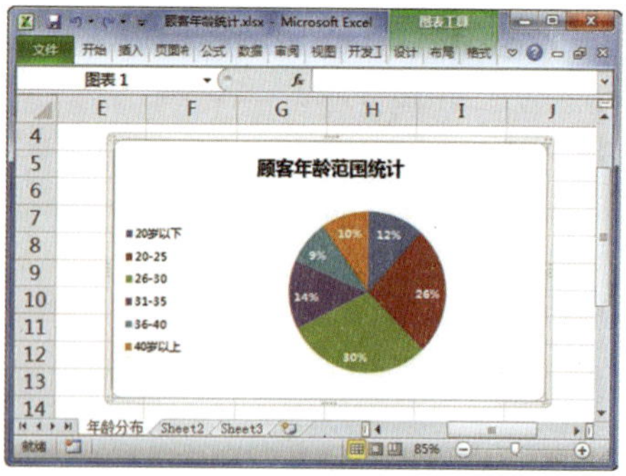

图5-4　设置图表字体格式

Step 05 在图表中选中数据系列，在“设置数据系列格式”对话框中选择“系列选项”选项，设置“第一扇区起始角度”为225，如图5-5所示。

Step 06 在图表中选中图表区，在“设置图表区格式”对话框中选中“纯色填充”单选按钮，并设置填充颜色，然后单击“关闭”按钮，如图5-6所示。

Step 07 此时，即可完成图表制作，最终效果如图5-7所示。

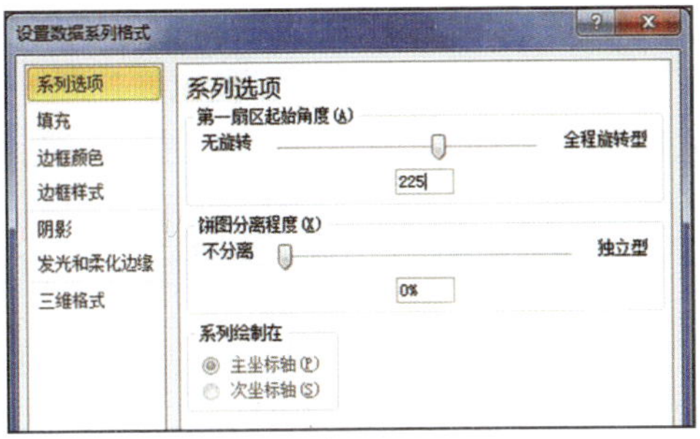

图5-5 设置数据系列选项

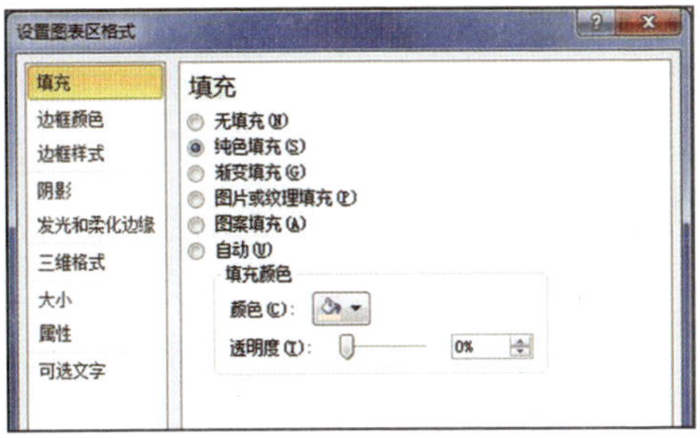

图5-6 设置图表区填充颜色

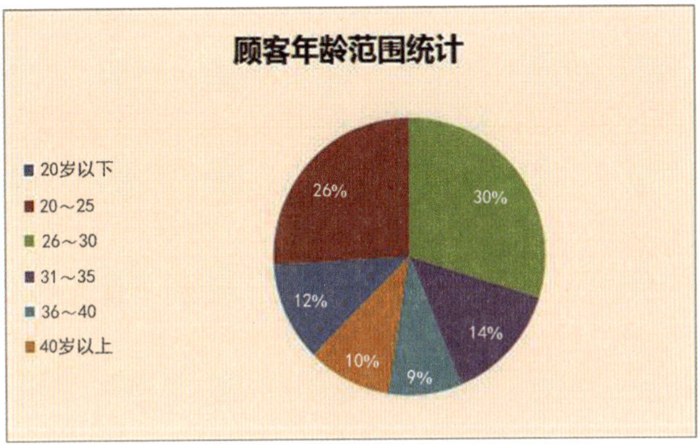

图5-7 图表最终效果

二、重叠多个饼图对象显示数据对比

在设计图表时，为了突显信息的完整性，用户可以将分散的数据信息聚集在一起，让图表在表达数据时更加直观。下面将介绍如何采用重叠多个饼图的方法显示数据对比，具体操作方法如下。

Step 01 打开“素材文件\项目五\商品库存数量.xlsx”，选择A1:E2单元格区域，选择“插入”选项卡，在“图表”组中单击“饼图”下拉按钮，选择“三维饼图”选项，如图5-8所示。

Step 02 此时，即可插入1月数据饼图。采用同样的方法，插入2月、3月数据饼图，如图5-9所示。

Step 03 在图表中选中“1月”图表区，在“设置图表区格式”对话框中选中“无填充”单选按钮，如图5-10所示。

Step 04 选择“边框颜色”选项，选中“无线条”单选按钮，如图5-11所示。

Step 05 在图表中选中数据系列，在“设置数据系列格式”对话框中选择“边框颜色”选项，选中“实线”单选按钮，在“颜色”下拉列表框中选择需要的颜色，如图5-12所示。

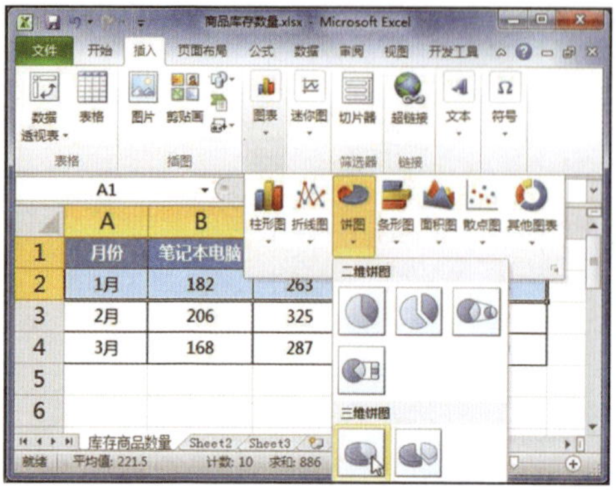

图5-8　选择图表类型

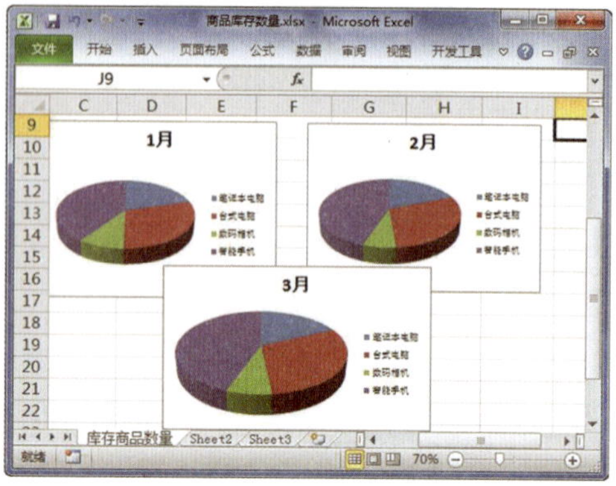

图5-9　插入三维饼图

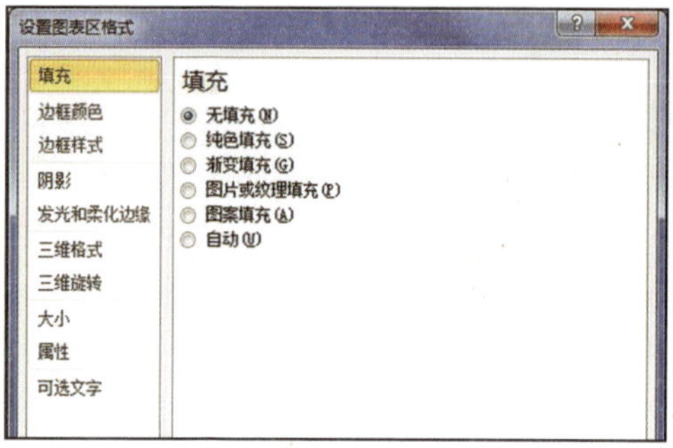

图5-10　设置图表填充为无填充

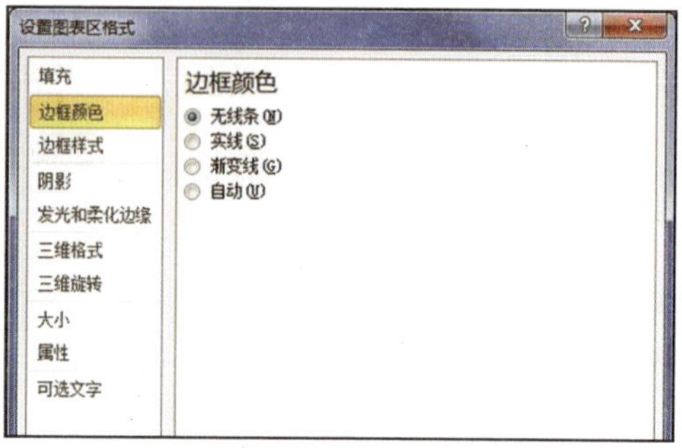

图5-11　设置图表边框

Step 06 选择“边框样式”选项，设置“宽度”为“2.5磅”，如图5-13所示。

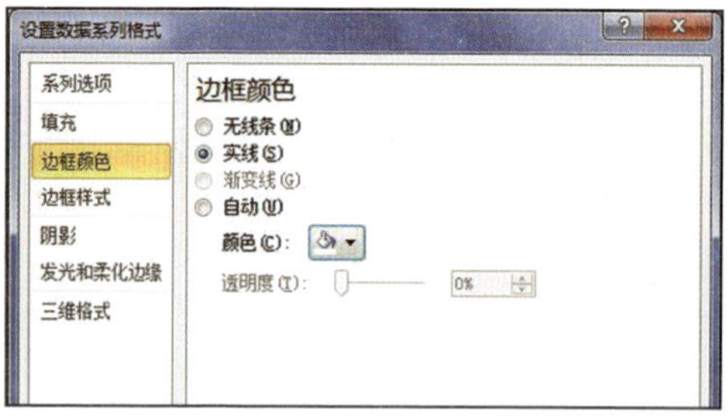

图5-12　设置数据系列边框颜色

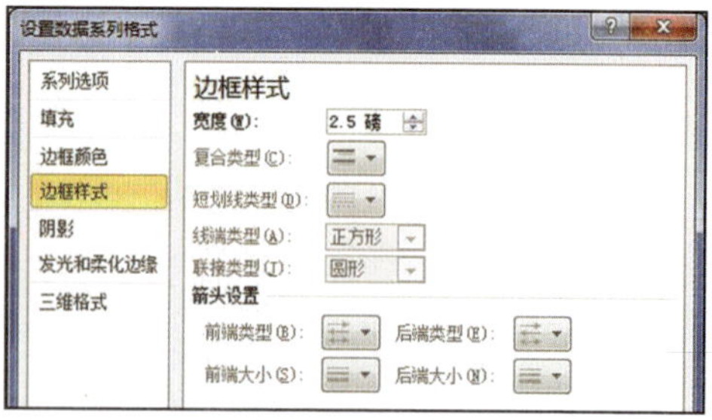

图5-13　设置数据系列边框宽度

Step 07 在图表中选中“智能手机”数据系列，在“设置数据点格式”对话框中选择“填充”选项，选中“纯色填充”单选按钮，在“颜色”下拉列表框中选择需要的颜色，如图5-14所示。采用同样的方法，设置其他数据系列颜色，然后单击“关闭”按钮。

Step 08 删除图表标题，设置在左侧显示图例，添加数据标签并设置字体格式，如图5-15所示。

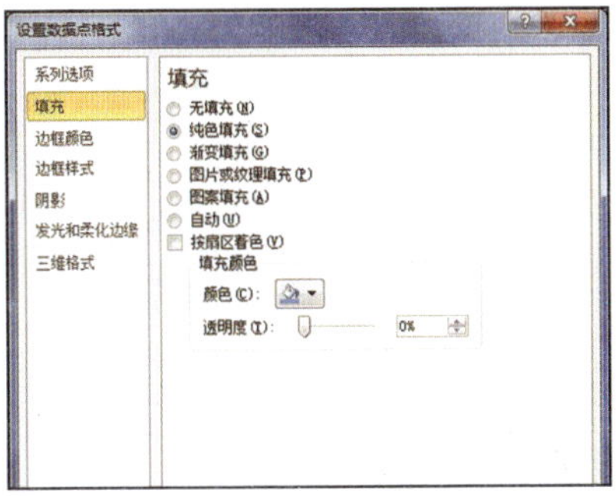

图5-14　设置数据系列格式

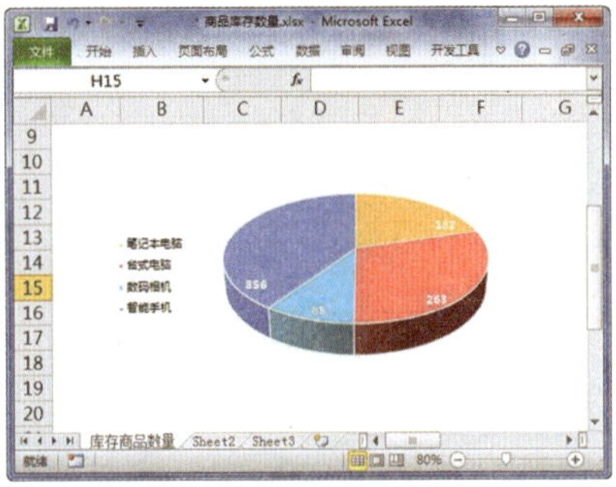

图5-15　设置图表格式

Step 09 选中“1月”图表，按【Ctrl+C】组合键进行复制。选择“2月”图表，在“开始”选项卡下单击“粘贴”下拉按钮，选择“选择性粘贴”选项，如图5-16所示。

Step 10 弹出“选择性粘贴”对话框，选中“格式”单选按钮，然后单击“确定”按钮，如图5-17所示。

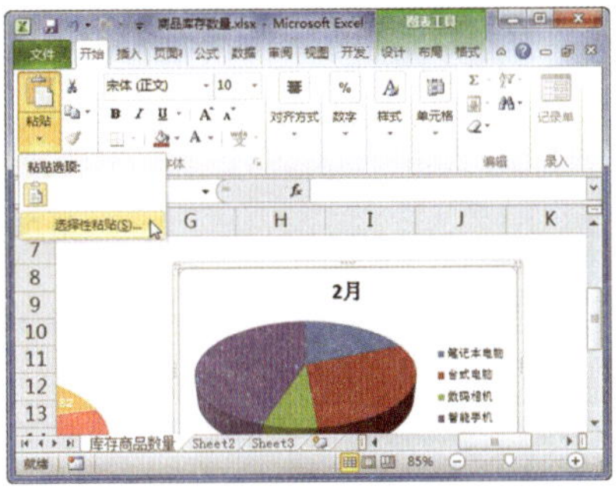

图5-16　复制图表

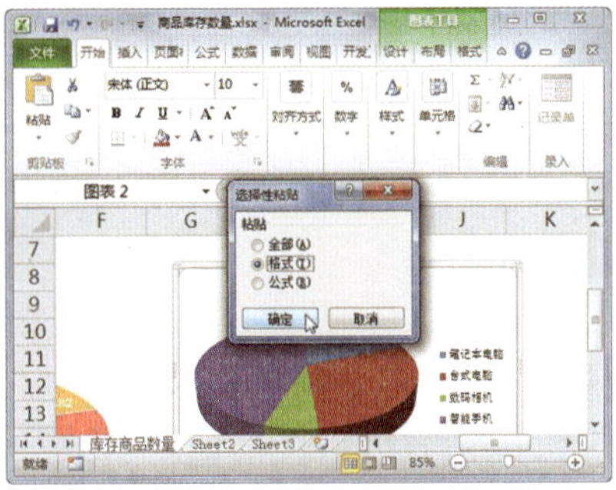

图5-17　设置选择性粘贴

Step 11 此时，即可将格式复制到“2月”图表中。删除图例，采用同样的方法设置“3月”图表，如图5-18所示。

Step 12 分别调整图表的大小，按照从低到高的顺序调整图表的位置。按住【Shift】键选择这三个图表，选择“格式”选项卡，在“排列”组中单击“组合”下拉按钮，选择“组合”选项，如图5-19所示。

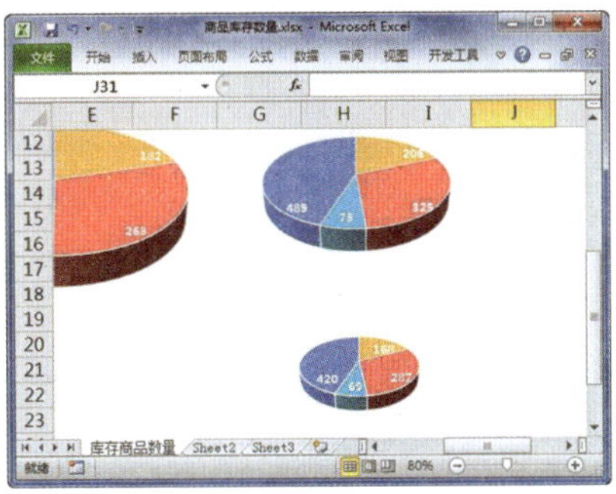

图5-18　设置其他图表格式

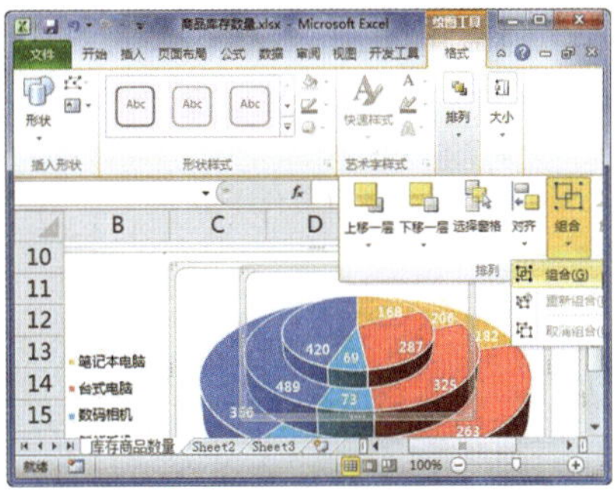

图5-19　组合图表

Step 13 插入文本框，并输入标题文本，然后将文本框和图表进行组合，最终效果如图5-20所示。

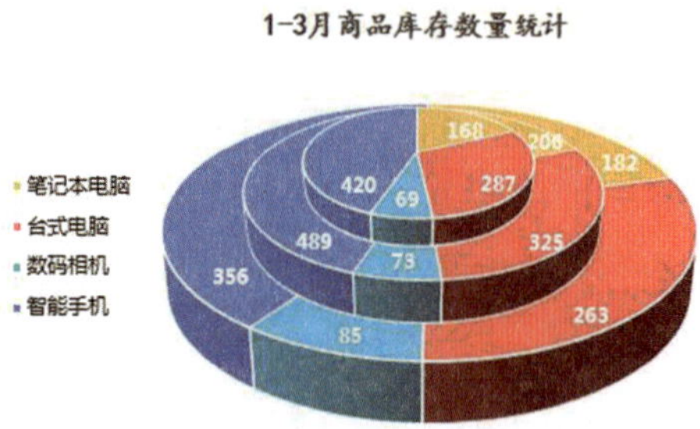

图5-20　图表最终效果

三、增大圆环内径宽度来展示数据

使用饼图叠加多个对象操作起来有时会比较麻烦，其实可以使用圆环图来表示不同对象之间的对比关系。圆环图显示各个部分与整体之间的关系，可以包含多个数据系列，所以可以将圆环图看成特殊的饼图。默认生成的圆环图的圆环宽度若不能清楚地展示数据，则可以增大圆环的内径宽度，具体操作方法如下。

Step 01 打开“素材文件\项目五\商品库存数量1.xlsx”，选择“插入”选项卡，在“图表”组中单击“其他图表”下拉按钮，选择“圆环图”选项，如图5-21所示。

Step 02 此时，即可插入圆环图。选中数据系列并用鼠标右键单击，在弹出的快捷菜单中选择“设置数据系列格式”命令，如图5-22所示。

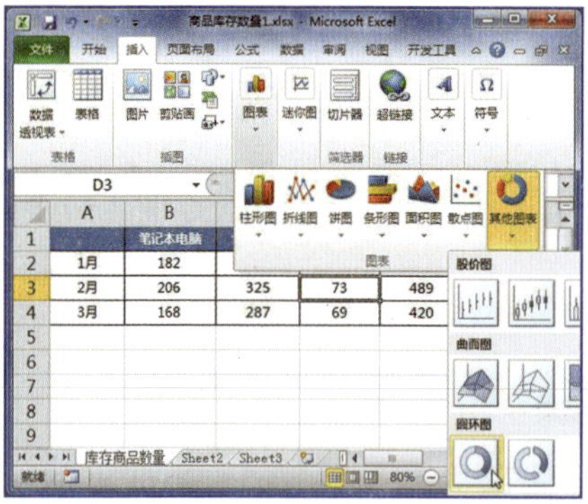

图5-21　插入圆环图

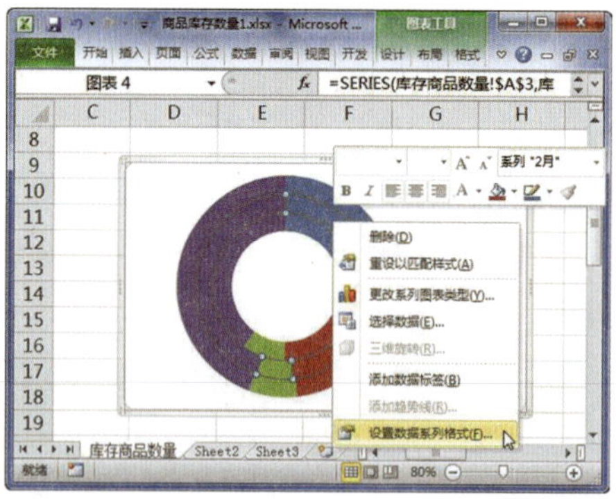

图5-22　选择“设置数据系列格式”命令

Step 03 弹出“设置数据系列格式”对话框，设置“圆环图内径大小”为20%，如图5-23所示。

Step 04 在图表中选中3月份中的“笔记本电脑”数据系列，在“设置数据点格式”对话框中选择“填充”选项，选中“纯色填充”单选按钮并设置填充颜色，如图5-24所示。采用同样的方法，设置其他数据系列的颜色，然后单击“关闭”按钮。

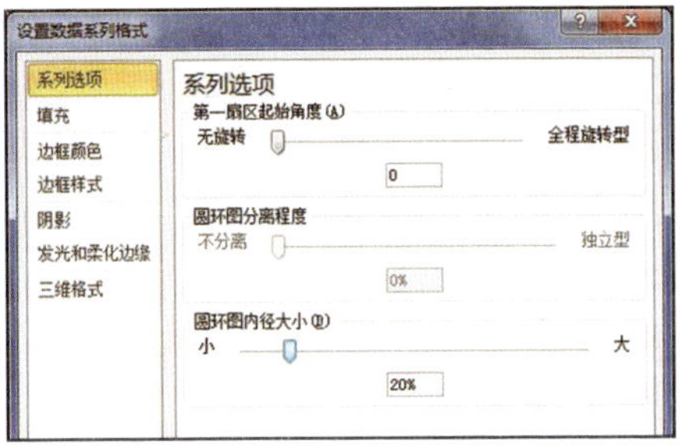

图5-23　设置圆环图内径大小

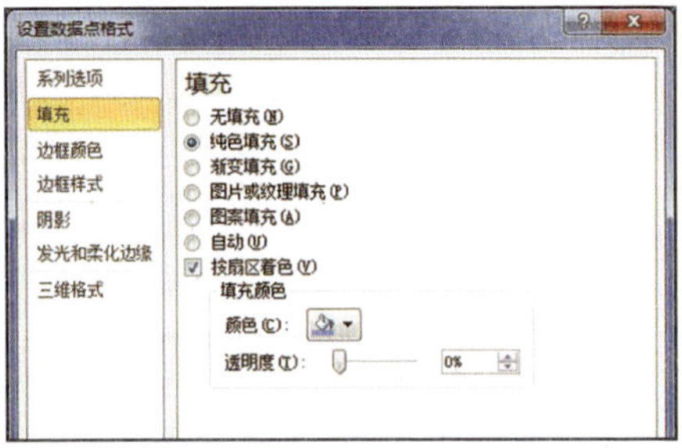

图5-24　设置数据系列颜色

Step 05 查看此时的圆环图效果，如图5-25所示。

Step 06 在图表中选中数据系列，在“设置数据系列格式”对话框中选择“边框颜色”选项，选中“实线”单选按钮，在“颜色”下拉列表框中选择需要的颜色，如图5-26所示。

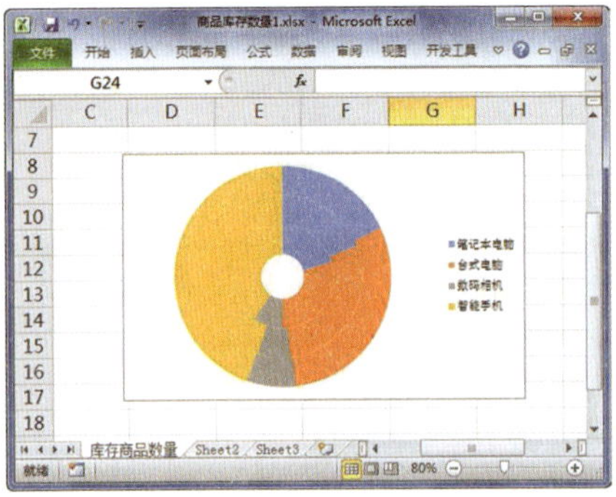

图5-25　查看圆环图效果

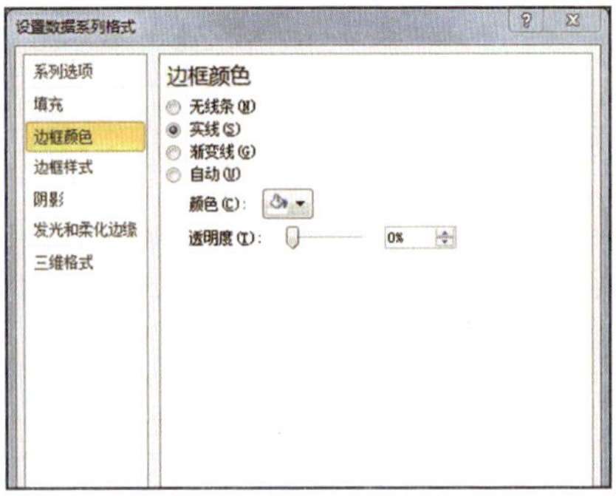

图5-26　设置系列边框颜色

Step 07 在“设置数据系列格式”对话框中选择“边框样式”选项，设置“宽度”为“2磅”，如图5-27所示，然后单击“关闭”按钮。采用同样的方法，为其他数据系列边框设置同样的颜色和样式。

Step 08 选择“插入”选项卡，在“文本”组中单击“文本框”下拉按钮，选择“横排文本框”选项，如图5-28所示。

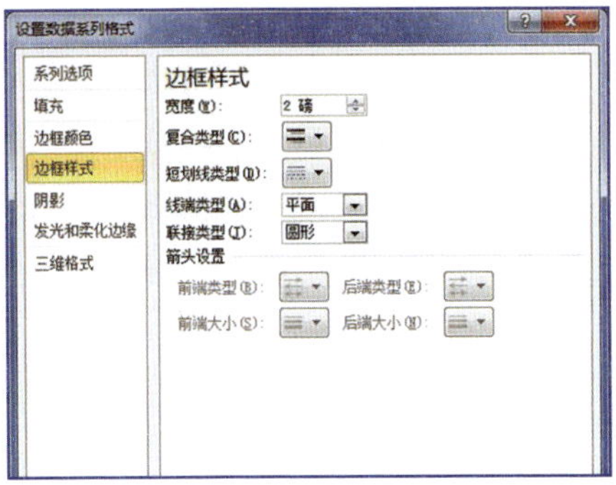

图5-27　设置数据系列边框样式

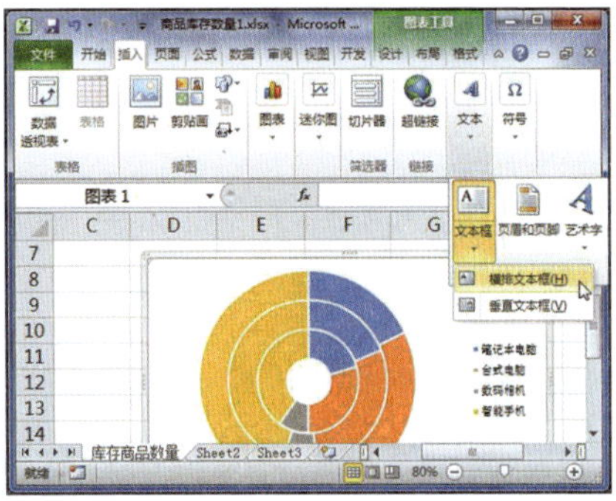

图5-28　插入文本框

Step 09 在图表中绘制文本框，并添加文本。采用同样的方法，为其他月份数据添加文本，如图5-29所示。

Step 10 在图表中选中图表区，在“设置图表区格式”对话框中选中“渐变填充”单选按钮，单击“预设颜色”下拉按钮，选择“雨后初晴”选项，如图5-30所示，然后单击“关闭”按钮。

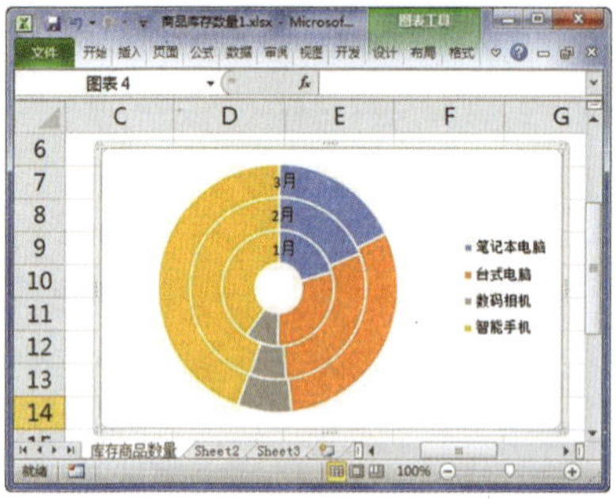

图5-29　添加文本

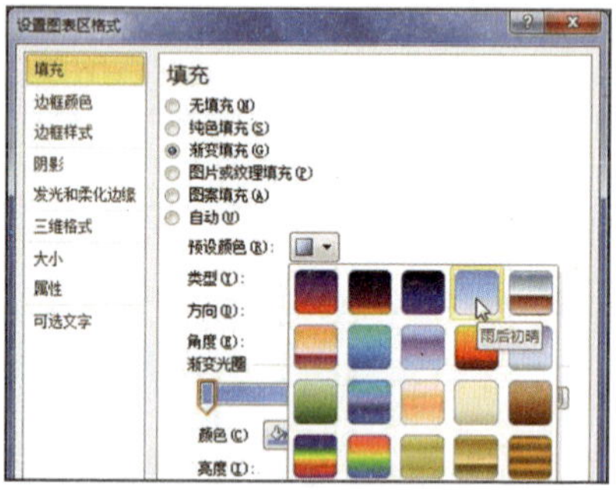

图5-30　设置图表区渐变填充

Step 11 添加图表标题，将图例置于图表左侧，并设置图表字体格式，最终效果如图5-31所示。

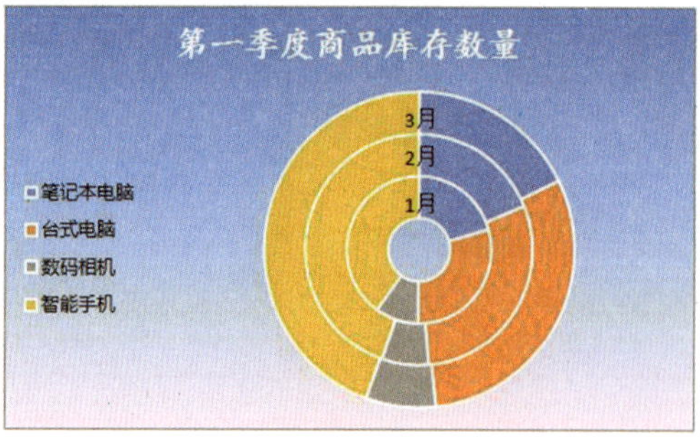

图5-31　图表最终效果

任务二　结合数据设置饼图类型

任务概述

二维饼图分为饼图、复合饼图、分离型饼图、复合条饼图等类型，根据不同的数据选择合适的饼图类型，能够更好地传达图表信息。本任务将学习如何结合数据设置饼图类型。

任务重点与实施

一、使用分离型饼图显示独立数据

在饼图中为了显示各部分的独立性，可以将每个部分独立分隔开，具体操作方法如下。

Step 01 打开“素材文件\项目五\行业卖家经营阶段数据.xlsx”，按住【Ctrl】键分别选择A2:A7和C2:C7单元格区域，单击“饼图”下拉按钮，选择“分离型三维饼图”选项，如图5-32所示。

Step 02 此时即可插入分离型三维饼图，添加图表标题。选择“设计”选项卡，单击“快速布局”下拉按钮，选择“布局2”选项，如图5-33所示。

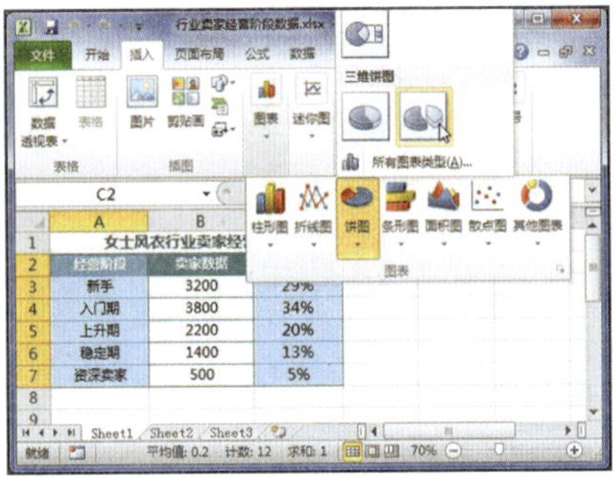

图5-32　选择图表类型

图5-33　选择布局样式

Step 03 在图表中选中图表区，在“设置图表区格式”对话框中的 “填充”选项下选中“纯色填充”单选按钮，在“颜色”下拉列表框中选择需要的颜色，然后单击“关闭”按钮，如图5-34所示。

Step 04 添加数据标签，设置图表字体格式，最终效果如图5-35所示。

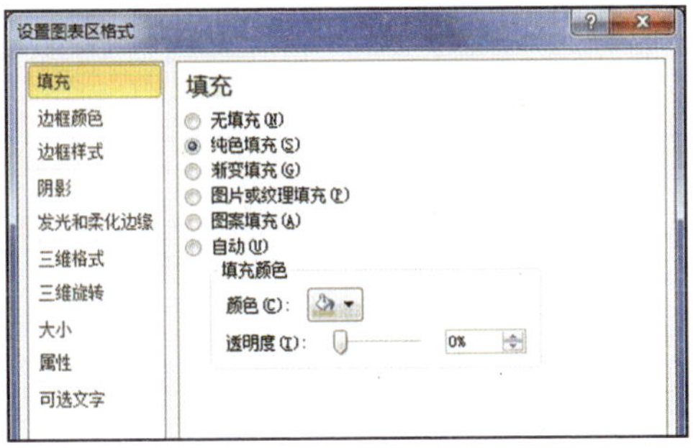

图5-34　设置图表填充颜色

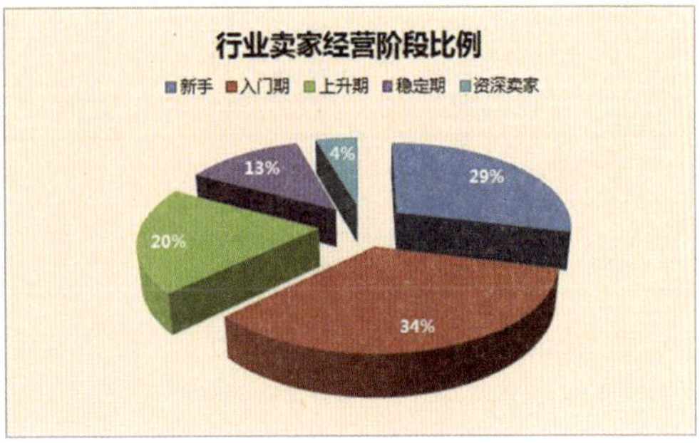

图5-35　图表最终效果

二、使用复合饼图展示更多数据

复合饼图可以从主饼图中提取部分数值，将其组合到另一个饼图中，表示“母与子”的关系，以分开展示更多的数据系列。制作复合饼图的具体操作方法如下。

Step 01 打开“素材文件\项目五\产品投放方案分析.xlsx”，选择B2:C5单元格区域，单击“饼图”下拉按钮，选择“复合饼图”选项，如图5-36所示。

Step 02 调整图表的大小和位置，选择“设计”选项卡，单击“快速布局”下拉按钮，选择“布局6”样式，如图5-37所示。

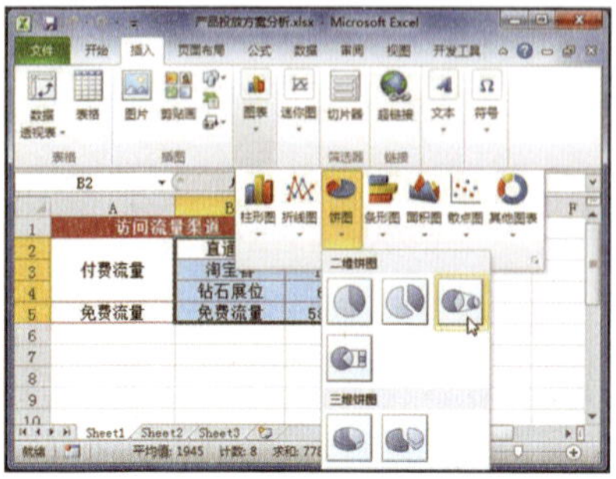

图5-36　插入复合饼图

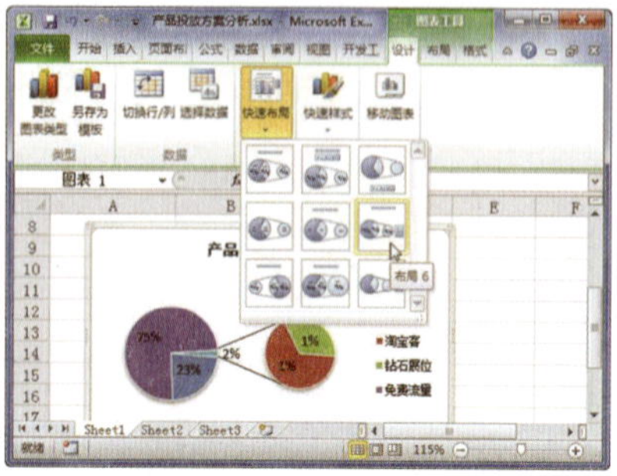

图5-37　选择布局样式

Step 03 选择饼图任意扇区并用鼠标右键单击，在弹出的快捷菜单中选择“设置数据系列格式”命令，如图5-38所示。

Step 04 弹出“设置数据系列格式”对话框，在“系列分割依据”下拉列表框中选择“百分比值”选项，设置“第二绘图区包含所有小于该值的值”为25%，如图5-39所示。

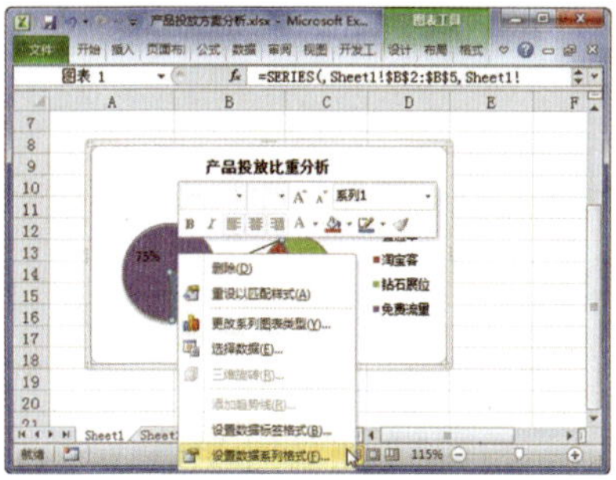

图5-38　设置数据系列格式

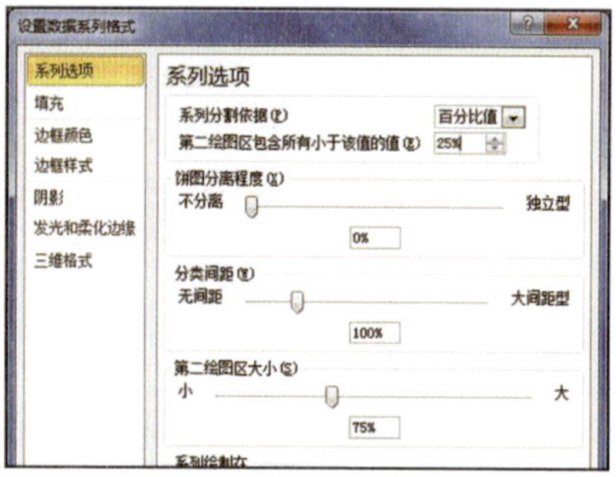

图5-39　设置系列选项

Step 05 在图表中选中数据标签，在“设置数据标签格式”对话框中的“标签包括”选项区中选中“类别名称”复选框，在“分隔符”下拉列表框中选择“（分行符）”选项，如图5-40所示。

Step 06 在图表中选中图表区，在“设置图表区格式”对话框中的“填充”选项中选中“渐变填充”单选按钮，设置渐变光圈，如图5-41所示，然后单击“关闭”按钮。

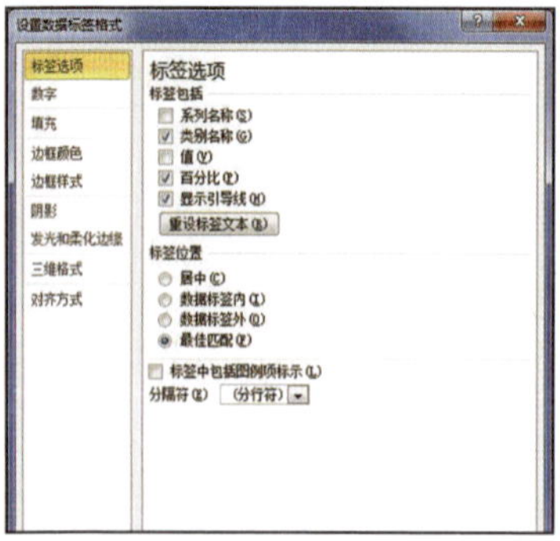

图5-40　设置标签选项

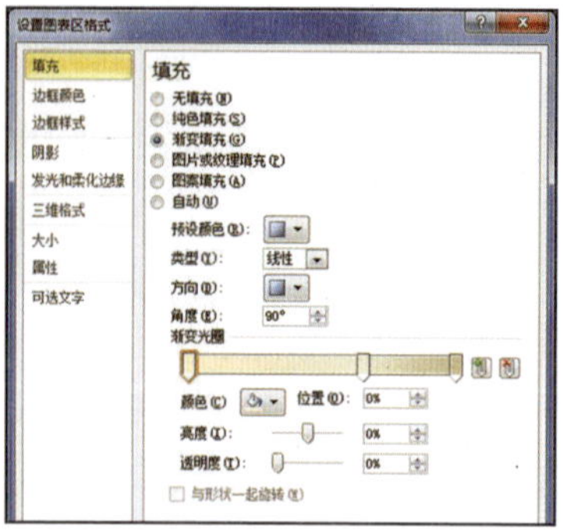

图5-41　设置渐变填充

Step 07 调整数据标签的位置，将数据标签中的“其他25%”名称修改为“付费流量25%”，设置图表字体格式，最终效果如图5-42所示。

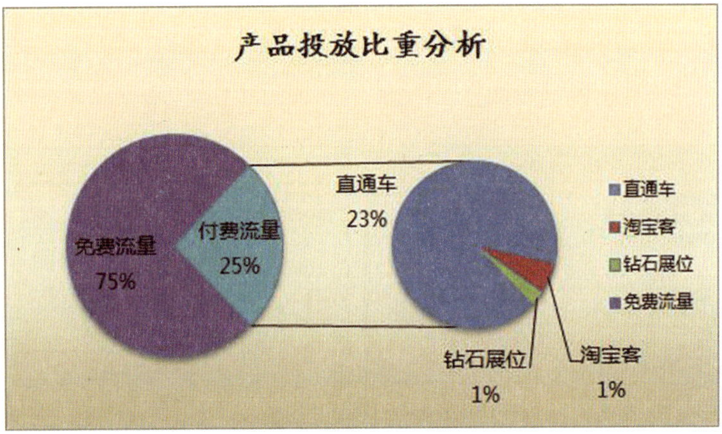

图5-42　图表最终效果

三、使用半圆式饼图只展示前半期数据

圆形无论是在空间还是时间上会带来一种完整感，缺失某个部分就会产生不完整的感觉。使用半圆式饼图只展示前半期数据，会让人们对后半期的数据产生联想，具体操作方法如下。

Step 01 打开“素材文件\项目五\店铺上半年商品销售额统计.xlsx”，选择任一数据单元格，选择“插入”选项卡，在“图表”组中单击“饼图”下拉按钮，选择“三维饼图”选项，如图5-43所示。

Step 02 此时，即可插入三维饼图。删除图例，并添加图表标题，然后鼠标右键单击数据系列，选择“设置数据系列格式”命令，如图5-44所示。

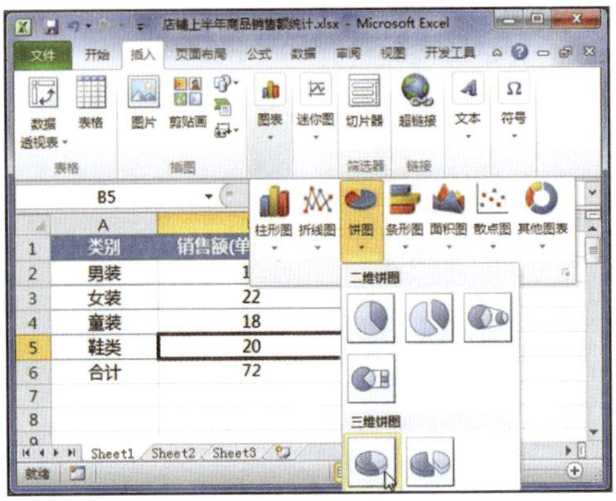

图5-43　选择图表类型

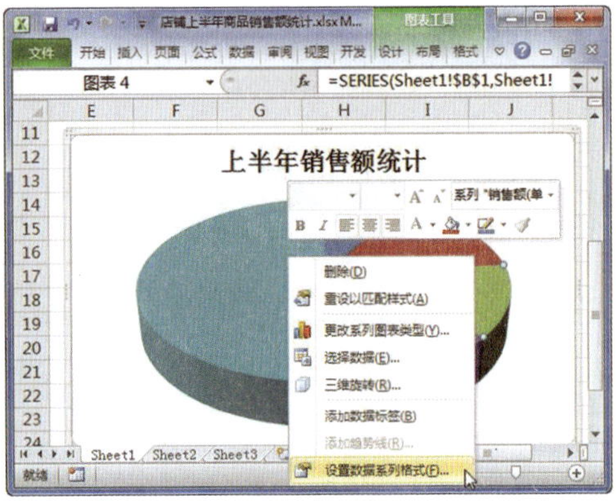

图5-44　选择“设置数据系列格式”命令

Step 03 弹出“设置数据系列格式”对话框，设置“第一扇区起始角度”为270，如

图5-45所示。

Step 04 在图表中选中“合计”数据系列，在“设置数据点格式”对话框中选择“填充”选项，选中“纯色填充”单选按钮，并设置填充颜色，如图5-46所示。设置扇区边框颜色为“白色”，边框样式“宽度”为“2磅”。采用同样的方法，设置其他扇区填充颜色。

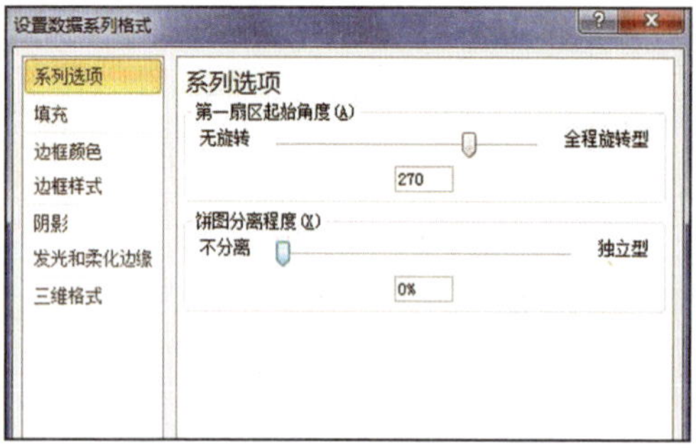

图5-45　设置第一扇区起始角度

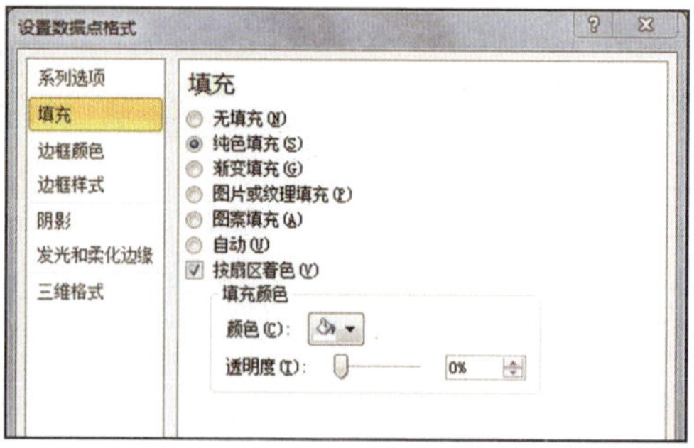

图5-46　设置扇区填充颜色

Step 05 鼠标右键单击图表，在弹出的快捷菜单中选择“添加数据标签”命令，如图5-47所示。

Step 06 弹出“设置数据标签格式”对话框，选中“类别名称”“百分比”“显示引导线”复选框，在“标签位置”选项区中选中“最佳匹配”单选按钮，在“分隔符”下拉列表框中选择“,（逗号）”选项，如图5-48所示。

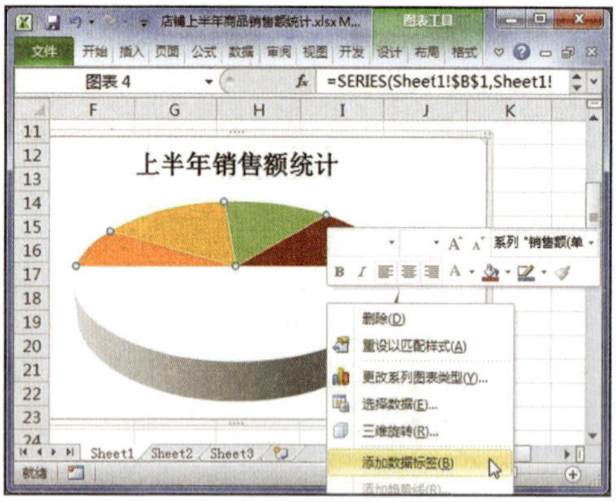

图5-47　选择“添加数据标签”命令

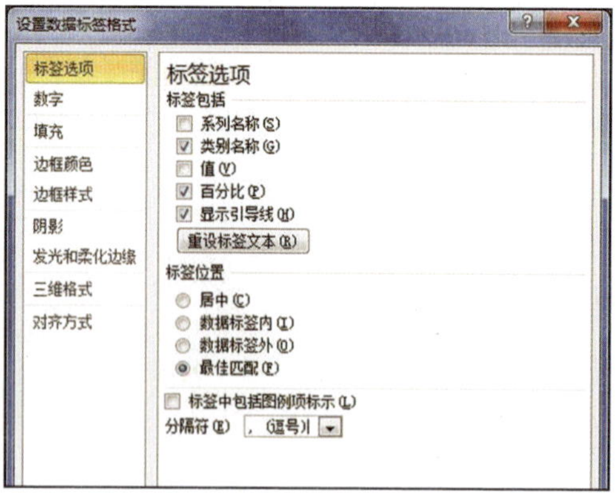

图5-48　设置数据标签格式

Step 07 在图表中选中图表区，在“设置图表区格式”对话框中选中“图案填充”单选按钮，设置前景色和背景色，然后单击“关闭”按钮，如图5-49所示。

Step 08 删除“合计”数据标签，选择“插入”选项卡，在“文本”组中单击“文本框”下拉按钮，选择“横排文本框”选项，如图5-50所示。

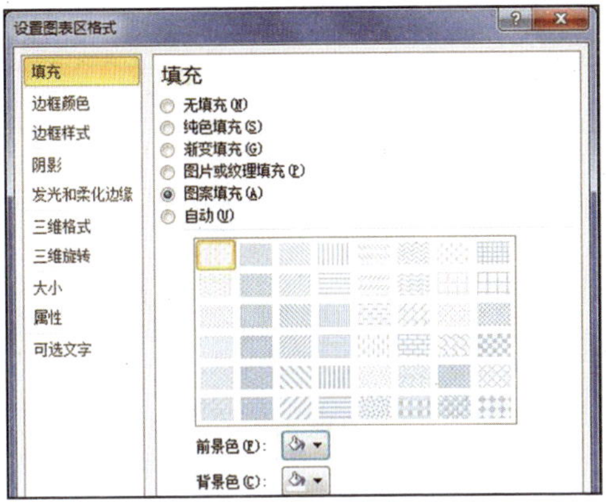

图5-49　设置图表区图案填充

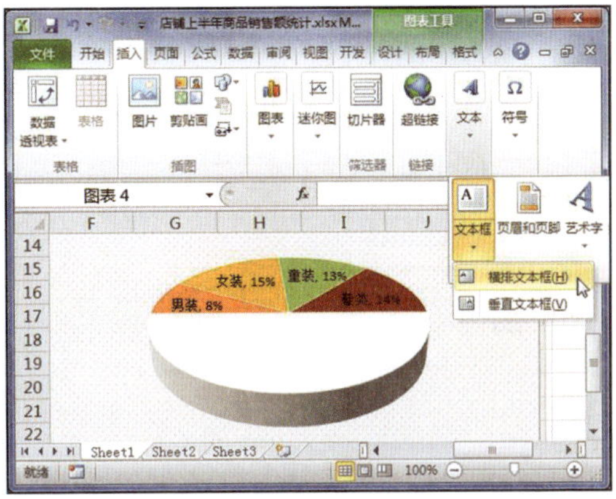

图5-50　插入文本框

Step 09 在文本框中输入“？”，设置字号为54。选择“格式”选项卡，单击“快速样式”下拉按钮，选择需要的艺术字样式，如图5-51所示。

Step 10 设置图表字体格式，即可完成图表制作，最终效果如图5-52所示。

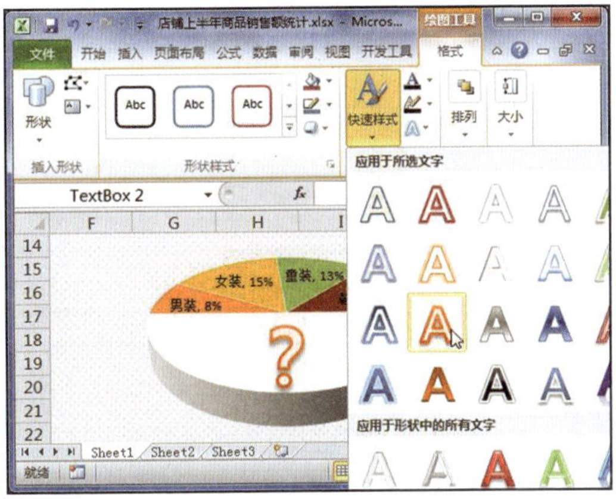

图5-51　插入文本并设置格式

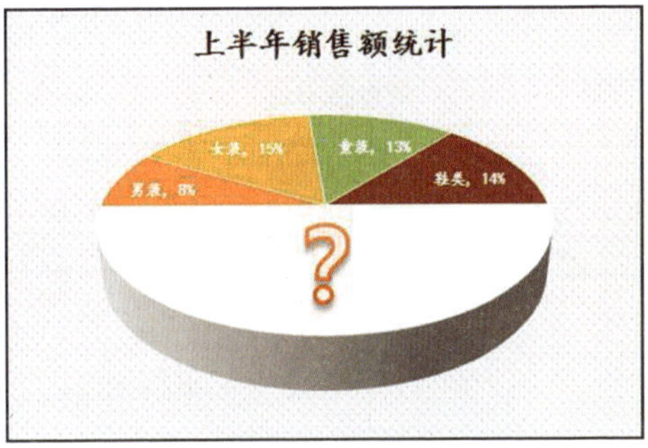

图5-52　图表最终效果

四、将图片作为背景制作切割效果

在饼图中如果对扇区填充图片，每个扇区都会被填充相同的图片，达不到想要的切割效果。下面将介绍如何为饼图填充图片并制作切割效果，具体操作方法如下。

Step 01 打开“素材文件\项目五\店铺上半年商品销售额统计2.xlsx”，选择任一数据单元格，选择“插入”选项卡，在“图表”组中单击“饼图”下拉按钮，选择“饼图”选项，如图5-53所示。

Step 02 调整图表的大小和位置，选择“销售额”列任一单元格，这里选择B2单元格，按【Ctrl+C】组合键复制数据，然后选中图表，按【Ctrl+V】组合键粘贴数据，如图5-54所示。

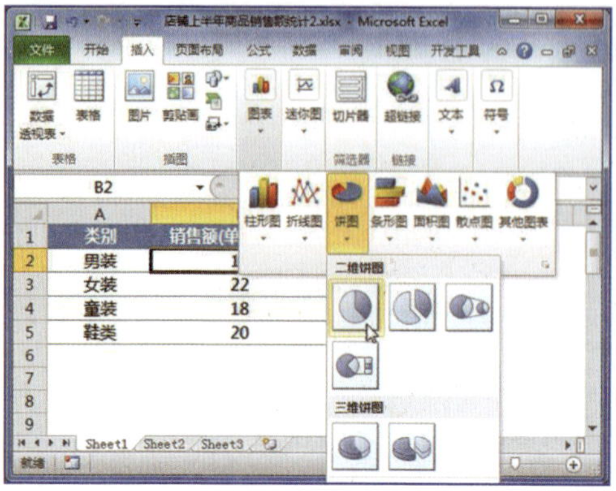

图5-53 插入饼图

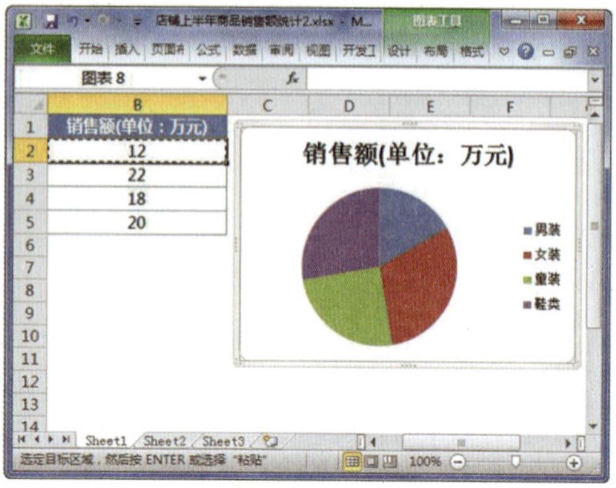

图5-54 插入数据系列

Step03 鼠标右键单击数据系列，在弹出的快捷菜单中选择“设置数据系列格式”命令，如图5-55所示。

Step04 弹出“设置数据系列格式”对话框，选中“次坐标轴”单选按钮，如图5-56所示。

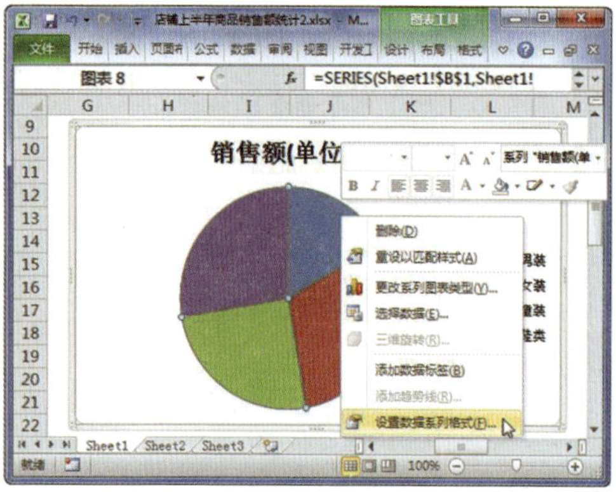

图5-55 设置数据系列格式

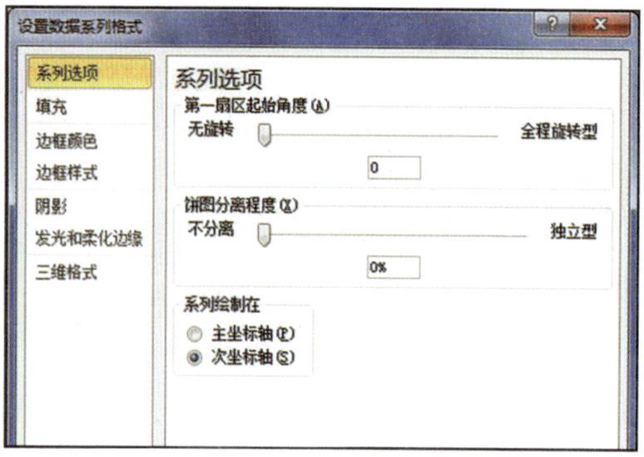

图5-56 设置次坐标轴

Step05 在“设置数据系列格式”对话框中选择“填充”选项，选中“无填充”单选按钮，如图5-57所示。

Step06 选择“布局”选项卡，在“当前所选内容”组中单击“图表元素”下拉按钮，选择“系列2”选项，如图5-58所示。

Step07 在“设置数据系列格式”对话框中选择“填充”选项，选中“图片或纹理填充”单选按钮，然后单击“文件”按钮，如图5-59所示。

Step08 弹出“插入图片”对话框，选择素材图片，然后单击“插入”按钮，如图5-60所示。

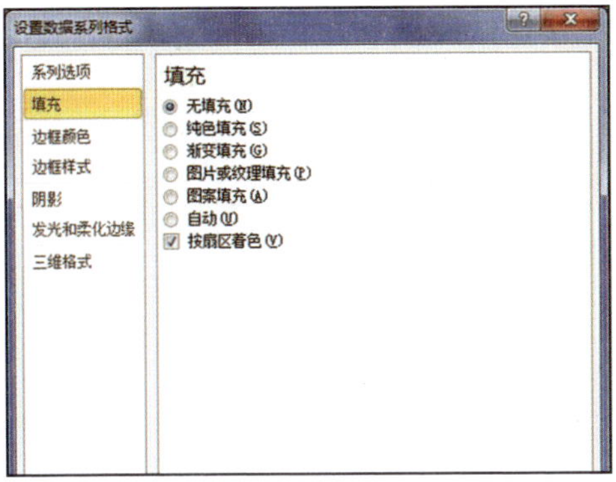

图5-57　设置系列填充为无填充

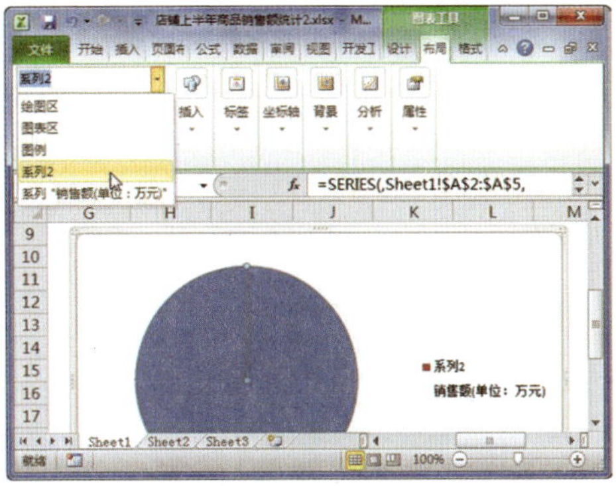

图5-58　选择“系列2”数据系列

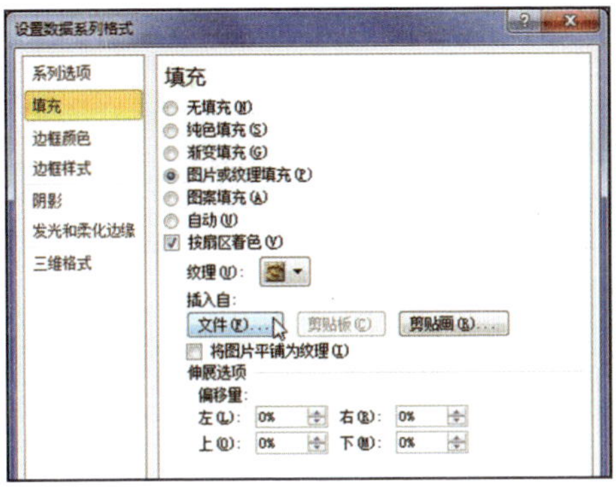

图5-59　设置图片填充

图5-60　“插入图片”对话框

Step 09 此时，即可为数据系列填充图片。单击“图表元素”下拉按钮，选择“系列‘销售额（单位：万元）’”数据选项，如图5-61所示。

Step 10 在“设置数据系列格式”对话框中选择“边框颜色”选项，选中“实线”单选按钮，单击“颜色”下拉按钮，选择需要的颜色，如图5-62所示。

Step 11 选择“格式”选项卡，单击“形状轮廓”下拉按钮，选择“粗细”|“2.25磅”选项，如图5-63所示。

Step 12 删除图例，然后用鼠标右键单击图表，在弹出的快捷菜单中选择“添加数据标签”命令，如图5-64所示。

Step 13 鼠标右键单击数据标签，在弹出的快捷菜单中选择“设置数据标签格式”命令，如图5-65所示。

Step 14 在“设置数据标签格式”对话框中选中“类别名称”“百分比”和“显示引导线”复选框，并选中“数据标签外”单选按钮，如图5-66所示，然后单击“关闭”按钮。

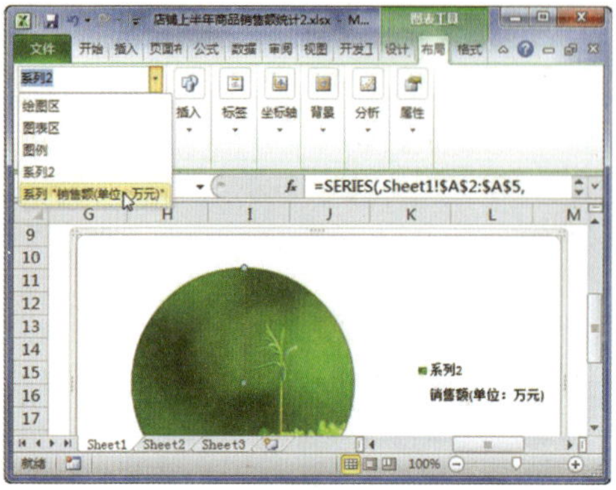

图5-61　选择系列

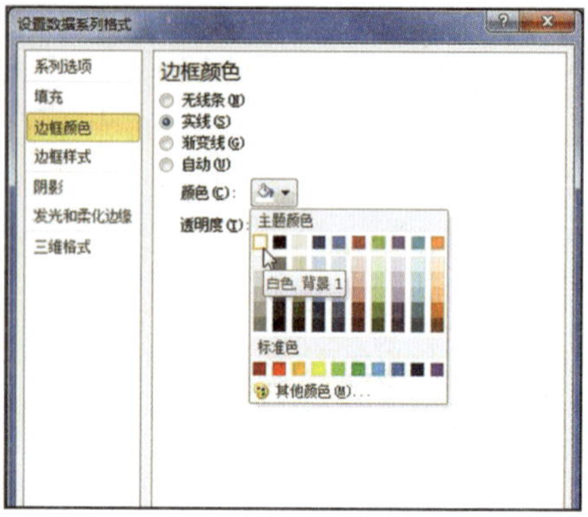

图5-62　设置边框颜色

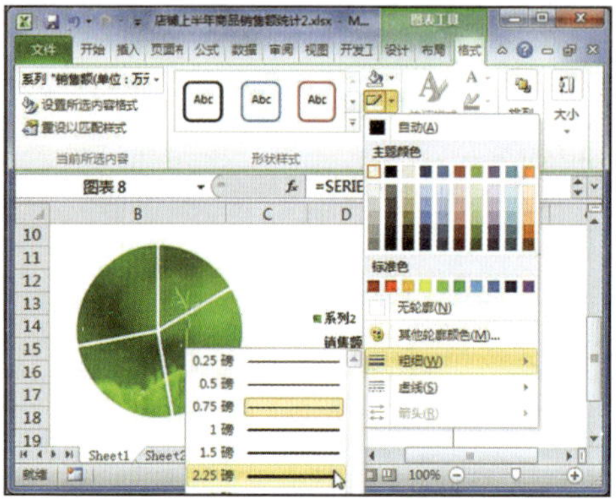

图5-63　设置线条粗细

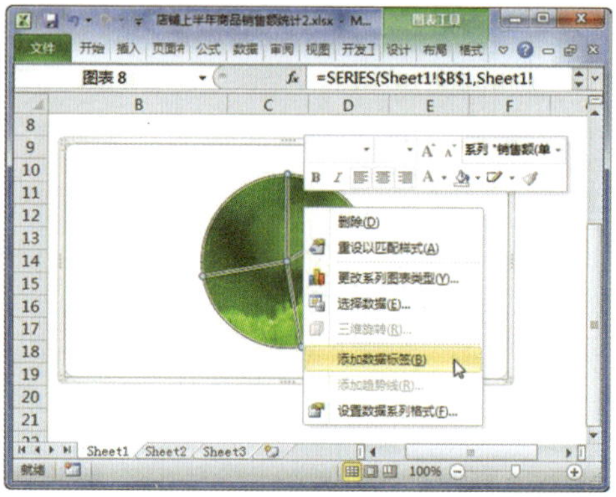

图5-64　添加数据标签

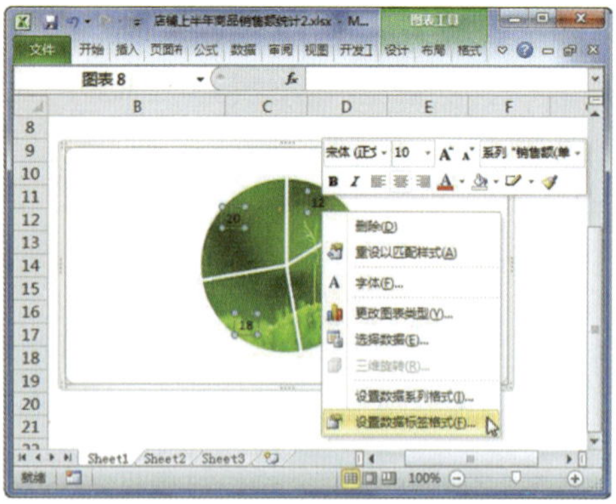

图5-65　设置数据标签格式

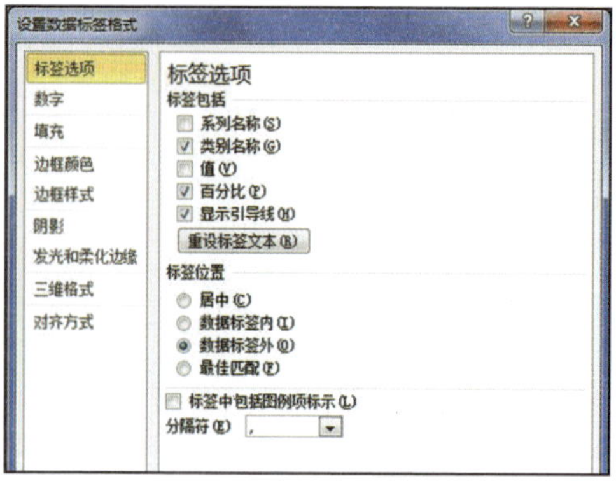

图5-66　设置标签选项

Step 15 添加图表标题，并设置标题和数据标签格式，即可完成图表制作，最终效果如图5-67所示。

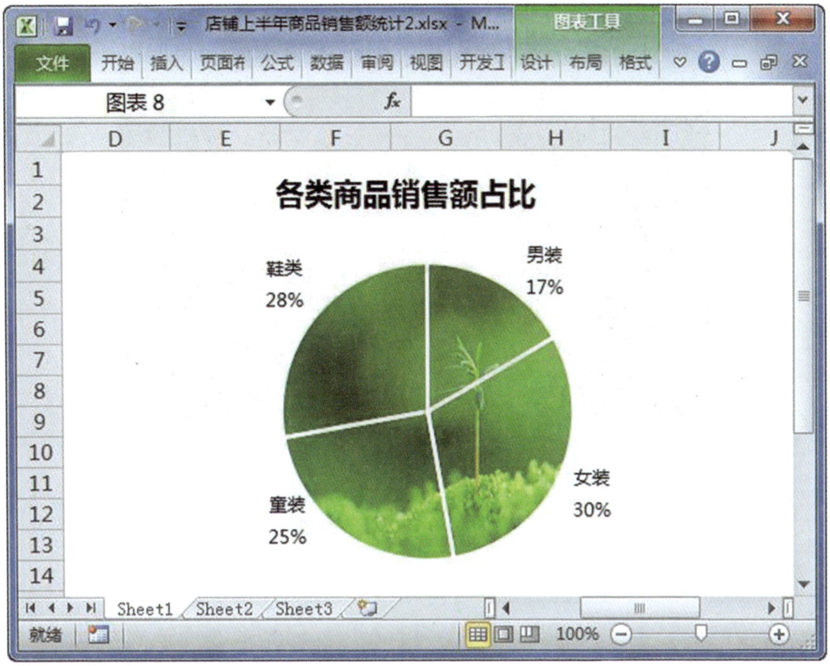

图5-67 图表最终效果

项目小结

通过本项目的学习，读者应重点掌握以下知识。

（1）饼图只能表达一个数据系列；如果有多个系列，可以使用圆环图或层叠饼图来展示数据。

（2）复合饼图既能表达占比关系，又能表达某些数据之间的包含关系。

（3）使用半圆形饼图只展示半期数据，可以更好地表达图表信息，不完整的部分会引起人们的推测与分析。

（4）要制作分隔饼图效果，不能为每个扇区填充图片，而是在图表中增加一个数据系列，为其填充图片作为背景图。

项目习题

打开“素材文件\项目五\习题：营业额统计图表.xlsx”，插入饼图，设置图表格式，最终效果如图5-68所示。

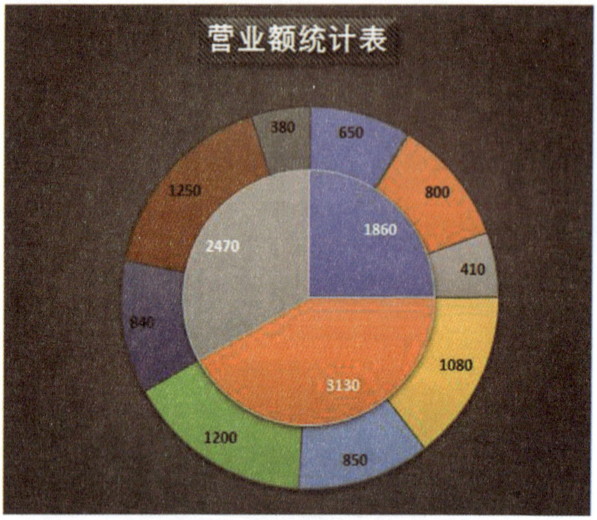

图5-68 营业额统计图表

关键提示:

（1）为“地区”数据插入图表。

（2）在图表中添加“城市”数据系列。

（3）将“地区”数据系列设置在次坐标轴显示，并设置“饼图分离程度”。

项目六

使用散点图与气泡图展示数据分布

项目概述

散点图通常用于显示和比较数值，能够表示因变量随自变量而变化的大致趋势，据此可以选择合适的函数对数据点进行拟合。在不考虑时间的情况下比较大量数据点时，可以使用散点图。散点图中包含的数据越多，比较的效果就越好。气泡图与散点图相似，可用于展示三个变量之间的关系。本项目将学习如何使用散点图和气泡图展示数据分布。

项目重点

- 掌握添加辅助线的方法。
- 掌握设置坐标轴格式的方法。
- 掌握使用气泡图的方法。

项目目标

- 学会添加辅助线显示数据分布。
- 学会通过设置坐标轴增强图表可读性。
- 学会使用气泡图展示买家年龄段分布。

任务一　添加辅助线显示数据分布

任务概述

当散点图中的数据点较密且不容易区分时，可以添加辅助线将数据点联系起来，这样既可以展示数据本身的分布情况，又可以展示数据的连续性。本任务将学习如何添加辅助线显示数据分布。

任务重点与实施

一、用平滑线增强数据显示效果

下面将介绍如何使用带平滑线和数据标记的散点图表示数据本身的分布情况和连续

性，具体操作方法如下。

Step 01 打开“素材文件\项目六\不同年龄网购金额调查.xlsx”，选择“插入”选项卡，在“图表”组中单击“散点图”下拉按钮，选择“带平滑线和数据标记的散点图”选项，如图6-1所示。

Step 02 此时即可插入散点图，调整图表的大小和位置，删除图例，设置图表标题，如图6-2所示。

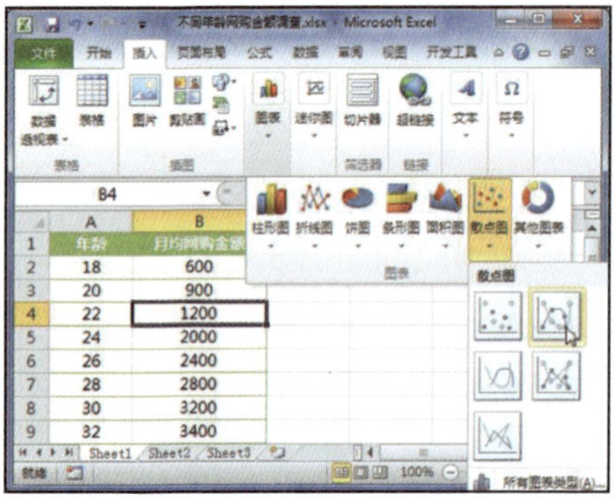

图6-1　选择图表类型

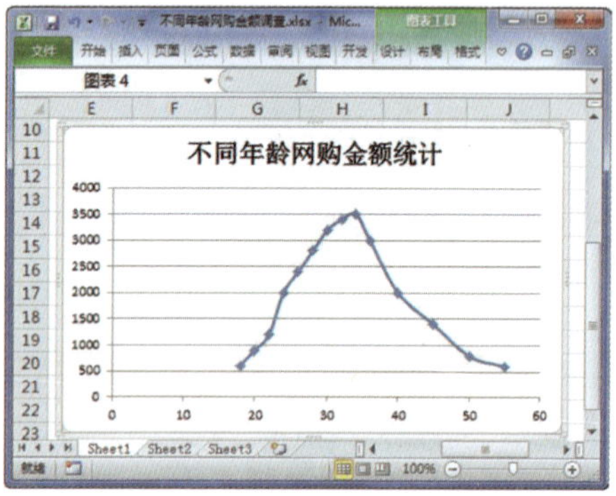

图6-2　插入散点图

Step 03 选择“设计”选项卡，单击“快速样式”下拉按钮，选择需要的样式，如图6-3所示。

Step 04 在图表中选中横坐标轴，在“设置坐标轴格式”对话框中的“主要刻度线类型”下拉列表框中选择“无”选项，如图6-4所示。采用同样的方法，设置纵坐标轴的主要刻度线类型为无。

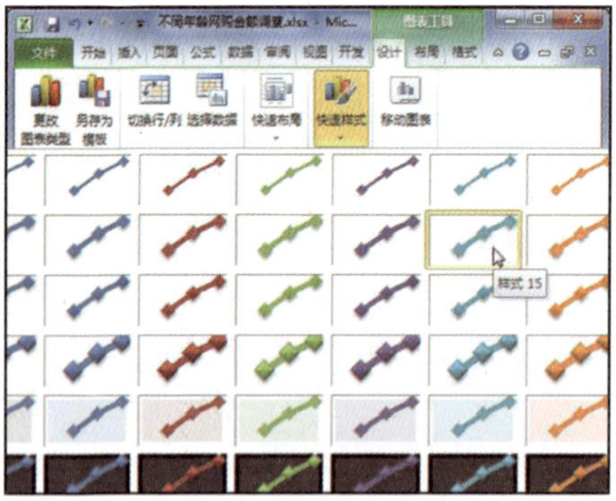

图6-3　选择图表样式

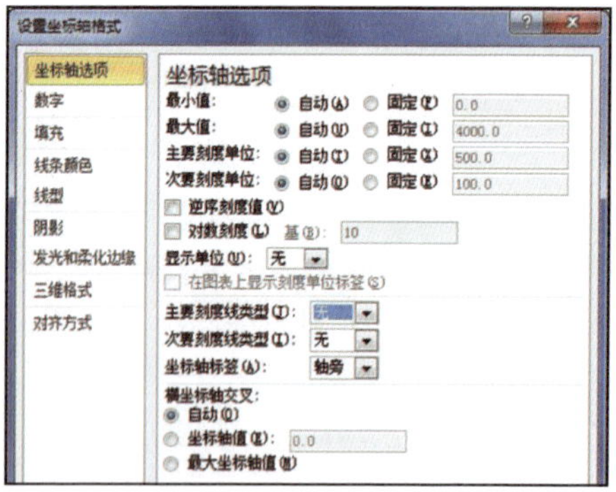

图6-4　设置坐标轴选项

Step 05 在图表中选中数据系列，在“设置数据系列格式”对话框中选择“数据标记选项”选项，选中“内置”单选按钮，在“类型”下拉列表框中选择需要的标记类型，设置“大小”为7，如图6-5所示。

Step 06 选择“线型”选项，设置“宽度”为“1.5磅”，如图6-6所示，单击“关闭”按钮。

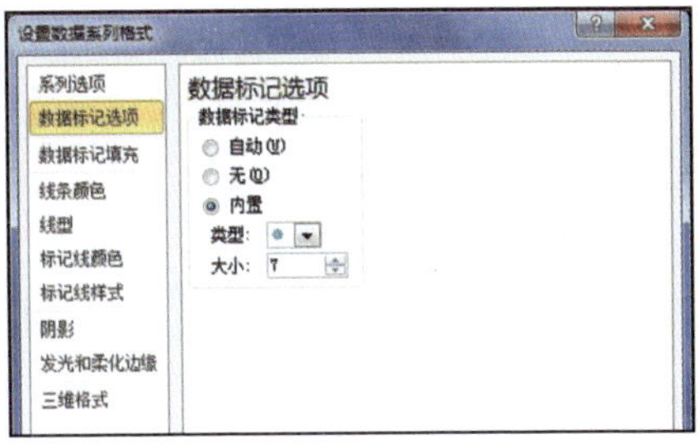

图6-5　设置数据标记选项

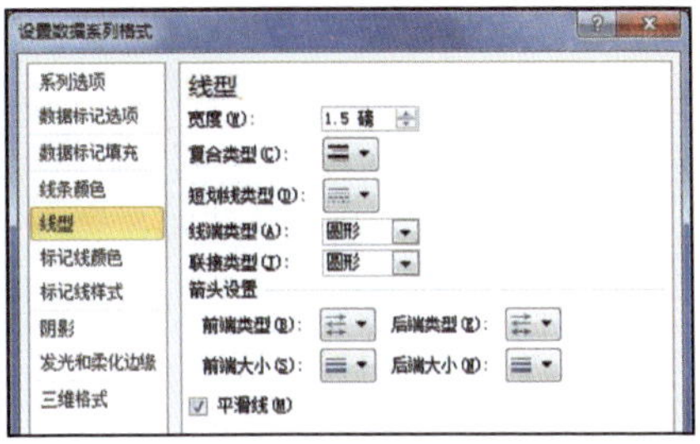

图6-6　设置线型宽度

Step07 选择“布局”选项卡，在“坐标轴”组中单击“网格线”下拉按钮，选择“主要纵网格线”|“主要网格线”选项，如图6-7所示。

Step08 在图表中选中主要横网格线，在“设置主要网格线格式”对话框中选中“实线”单选按钮，在“颜色”下拉列表框中选择需要的颜色，如图6-8所示。采用同样的方法，设置纵网格线线条颜色。

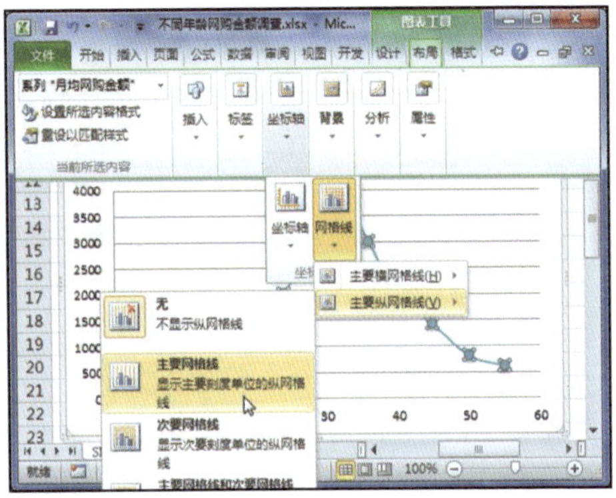

图6-7　添加主要纵网格线

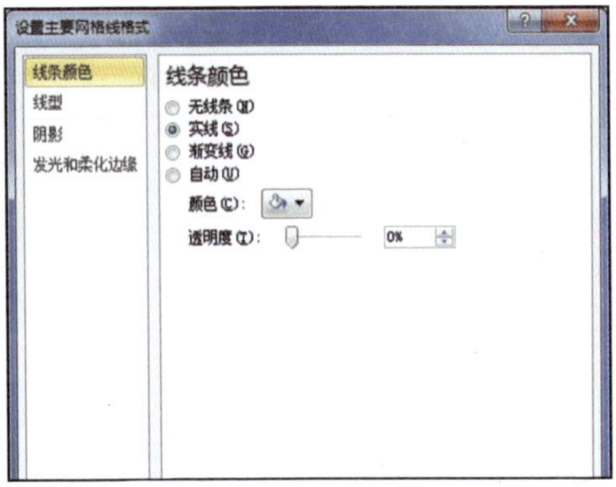

图6-8　设置网格线颜色

Step09 设置绘图区为无颜色填充。在图表中选中图表区，在“设置图表区格式”对话框中选中“渐变填充”单选按钮，设置渐变颜色，然后单击“关闭”按钮，如图6-9所示。

Step10 设置图表字体格式，即可完成图表制作，最终效果如图6-10所示。

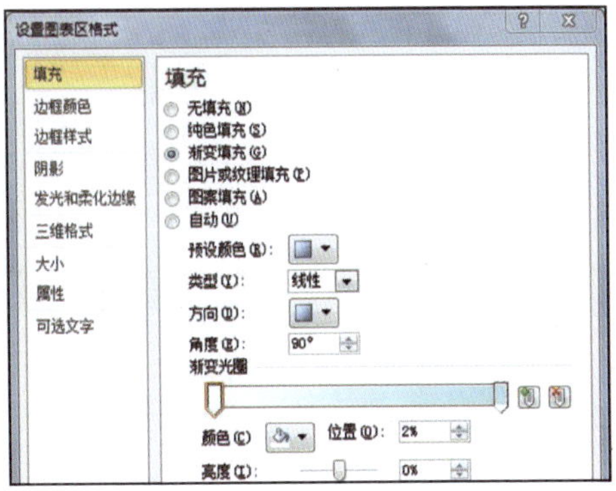

图6-9　设置图表区渐变填充

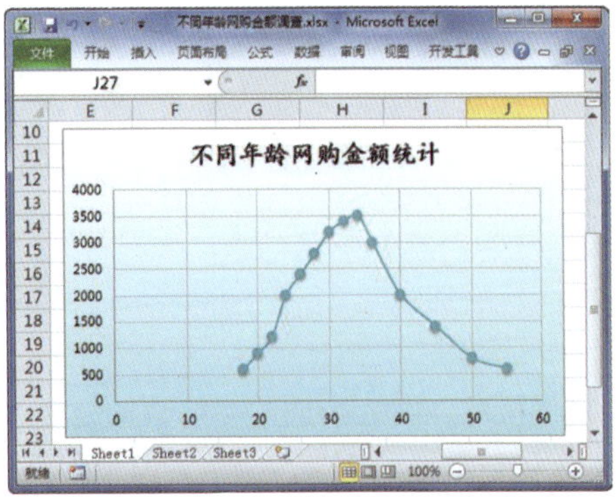

图6-10　图表最终效果

二、用趋势线标记数据分布

在散点图中添加趋势线，能够清楚地展示数据系列的走势。此时的趋势线不是为了预测未来的某个值，而是为了帮助分析数据分布。用趋势线标记数据分布的具体操作方法如下。

Step 01 打开“素材文件\项目六\店铺鞋类销量统计.xlsx”，在工作表中插入散点图，并设置图表格式，如图6-11所示。

Step 02 选择“布局”选项卡，在“分析”组中单击“趋势线”下拉按钮，选择“线性趋势线”选项，如图6-12所示。

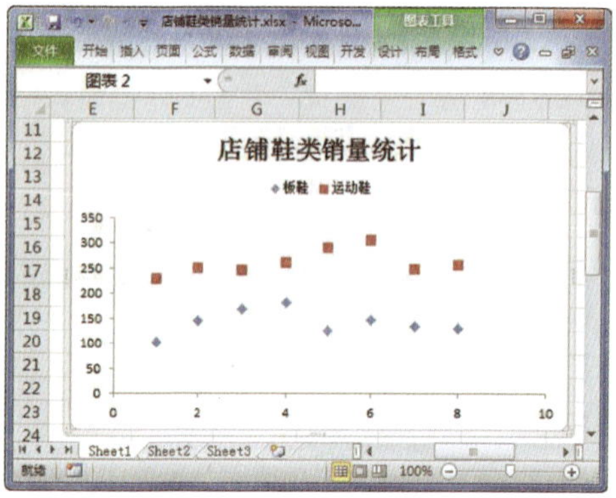

图6-11 插入散点图

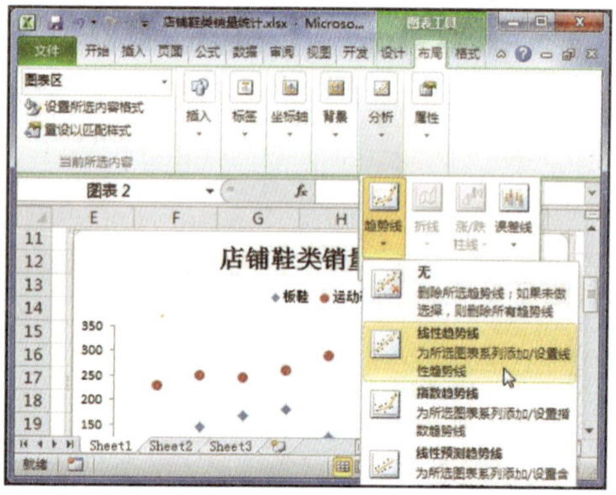

图6-12 添加线性趋势线

Step 03 弹出“添加趋势线”对话框，选择“板鞋”系列，然后单击“确定”按钮，如图6-13所示。采用同样的方法，为“运动鞋”数据系列添加趋势线。

Step 04 选择“设计”选项卡，单击“快速样式”下拉按钮，选择需要的样式，如图6-14所示。

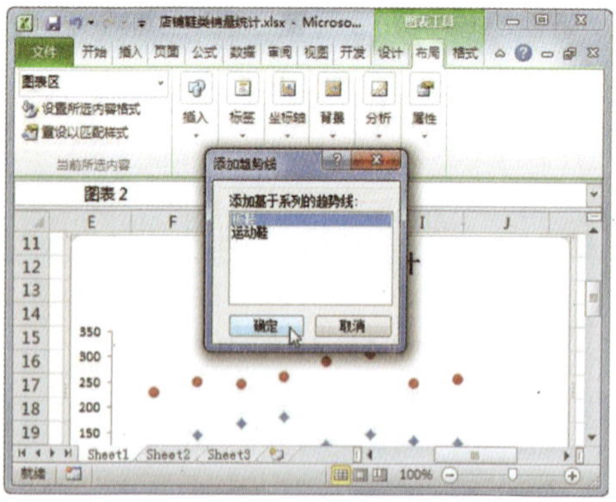

图6-13 “添加趋势线”对话框

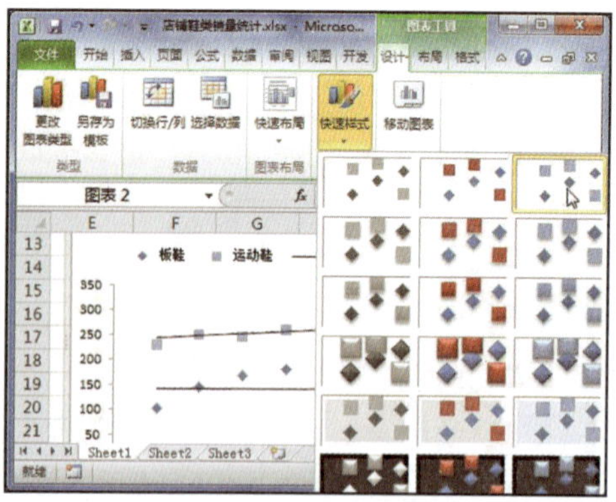

图6-14 选择图表样式

Step 05 在图表中选中“运动鞋”数据系列，在“设置数据系列格式”对话框中选择“数据标记选项”选项，选中“内置”单选按钮，在“类型”下拉列表框中选择需要的类型，设置“大小”为7，如图6-15所示。

Step 06 选择“数据标记填充”选项，选中“纯色填充”单选按钮，在“颜色”下拉列表框中选择需要的颜色，如图6-16所示。采用同样的方法，设置“板鞋”数据标记类型和填充颜色。

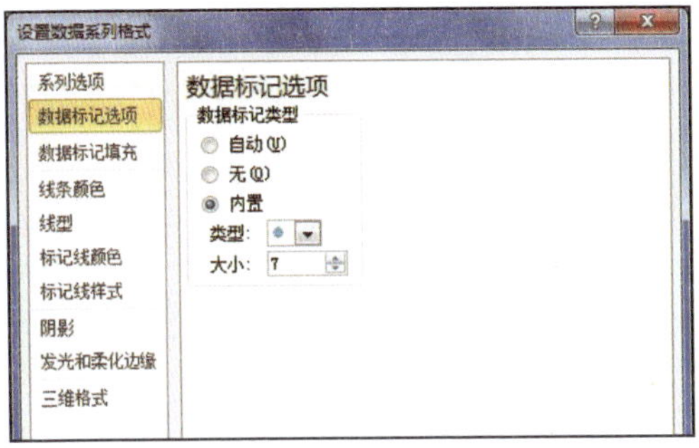

图6-15 设置数据标记选项

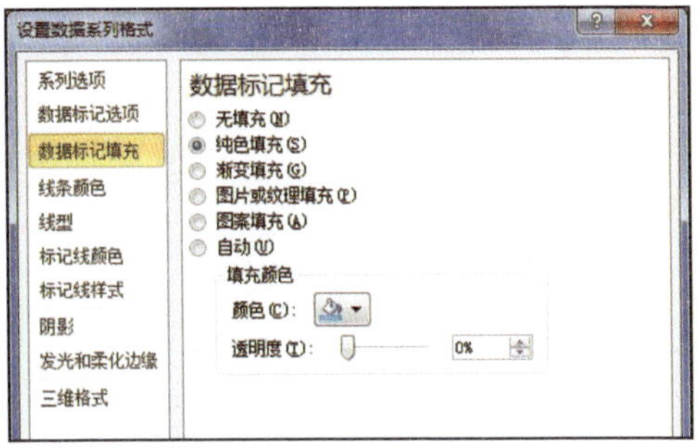

图6-16 设置数据标记填充

Step 07 在图表中选中横坐标轴，在“设置坐标轴格式”对话框中设置“最小值”为0，“最大值”为8，“主要刻度单位”为1，如图6-17所示。

Step 08 选择“数字”选项，在“类别”列表中选择“自定义”选项，在“格式代码”文本框中输入代码“#### "月"”文本，然后单击“添加”按钮，如图6-18所示。

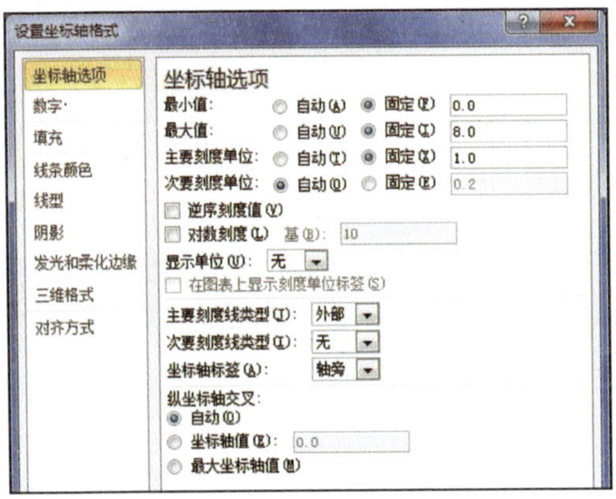

图6-17 设置坐标轴选项

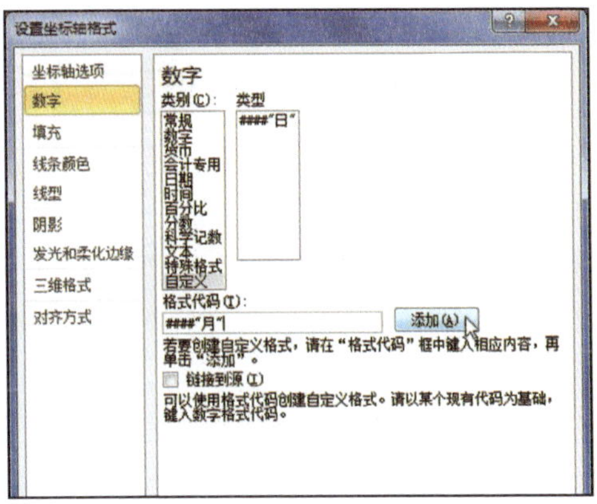

图6-18 设置数字格式

Step 09 在图表中选中“板鞋”数据系列趋势线，在“设置趋势线格式”对话框中选择“线条颜色”选项，选中“实线”单选按钮，在“颜色”下拉列表框中选择需要的颜色，如图6-19所示。

Step 10 选择“线型”选型，设置“宽度”为“1.5磅”，在“线端类型”下拉列表框中选择需要的类型，如图6-20所示。采用同样的方法，设置“运动鞋”数据系列趋势线的颜色和线型，并设置图表区和绘图区的颜色。

Step 11 选择“布局”选项卡，在“标签”组中单击“坐标轴标题”下拉按钮，选择“主要纵坐标轴标题”|“竖排标题”选项，如图6-21所示。

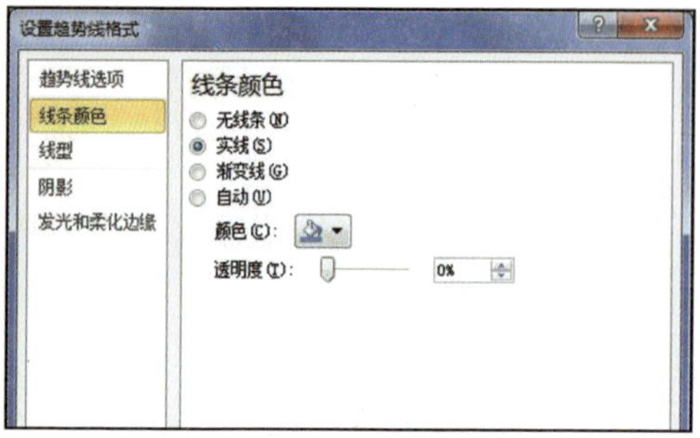

图6-19　设置趋势线颜色

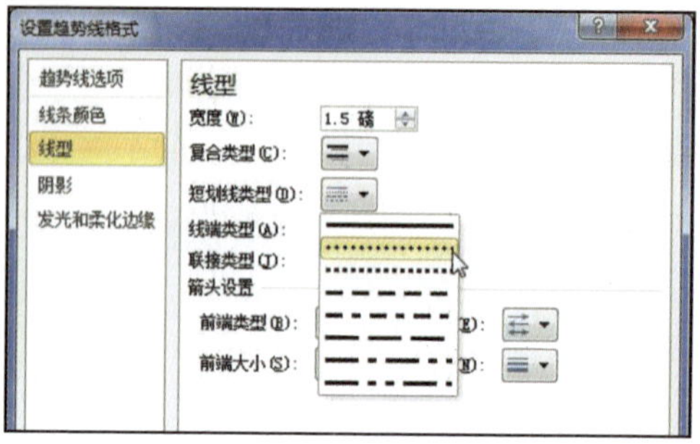

图6-20　设置趋势线线型

Step 12 设置纵坐标轴标题文本，并设置图表中文本的字体格式，即可完成图表制作，最终效果如图6-22所示。

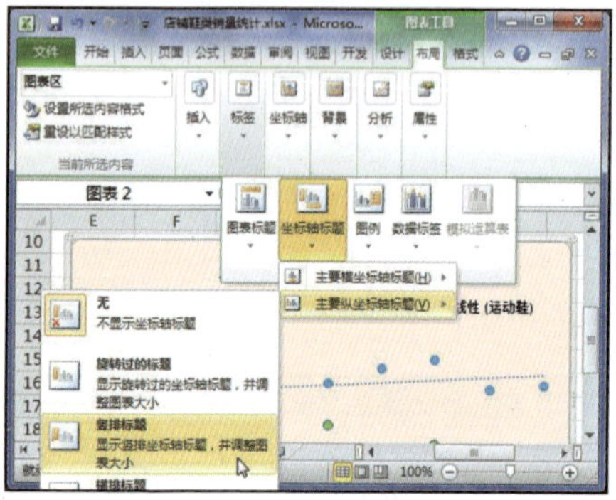

图6-21　插入竖排标题

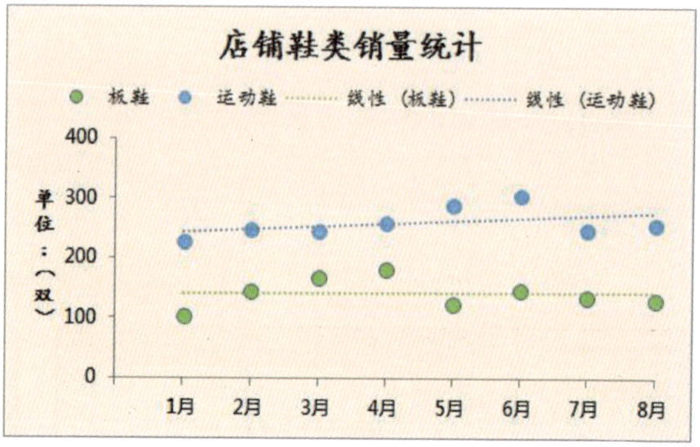

图6-22　图表最终效果

任务二　设置坐标轴格式增强图表可读性

任务概述

当系统默认的坐标轴格式不适合数据的显示时，用户可以对坐标轴格式进行设置，使图表数据更加清晰、一目了然。本任务将学习如何通过设置坐标轴格式增强图表可读性。

任务重点与实施

一、用不等距的时间坐标显示数据变化趋势

系统默认的散点图是将横坐标以相等的时间间隔表示，导致线条上的点远少于横坐标轴上的刻度，从而使图表看起来不够简洁。若能设置不等距的时间坐标模拟出坐标轴刻度对应线条上的点，就能在图表中展示出一一对应的数据关系，这样会让图表信息看起来更加明确，具体操作方法如下。

Step 01 打开“素材文件\项目六\店铺会员增长情况.xlsx”，在C列输入辅助数据，如图6-23所示。

Step 02 选择任一数据单元格，在“插入”选项卡下的“图表”组中单击“散点图”下拉按钮，选择“带平滑线和数据标记的散点图”选项，如图6-24所示。

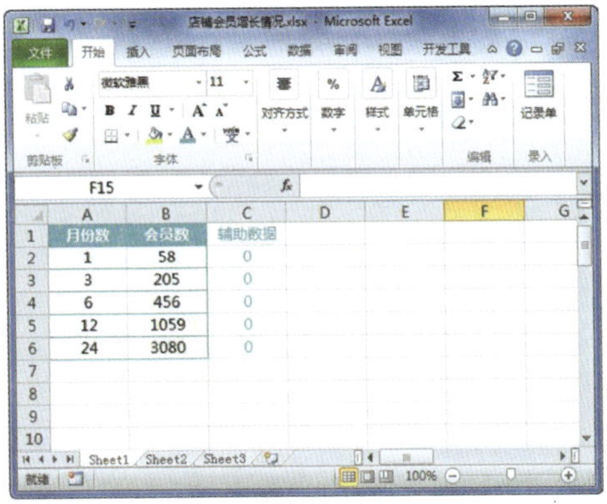

图6-23　添加辅助列数据

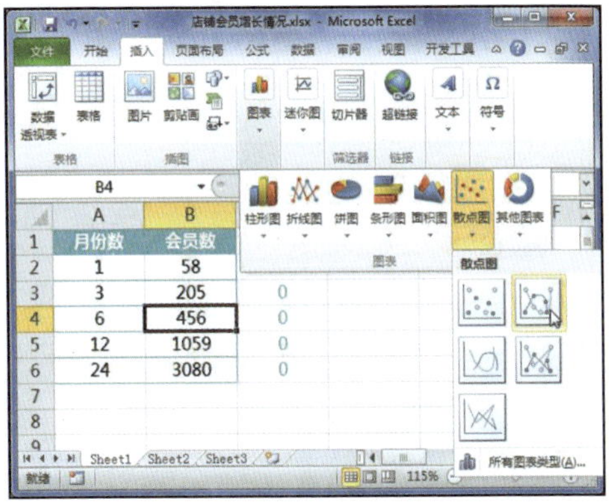

图6-24　选择图表类型

Step 03 此时即可插入散点图，删除图例和网格线，并添加图表标题，如图6-25所示。

Step 04 在图表中选中“会员数”数据系列，在“设置数据系列格式”对话框中选择“数据标记选项”选项，选中“内置”单选按钮，在“类型”下拉列表框中选择需要的标记类型，如图6-26所示。

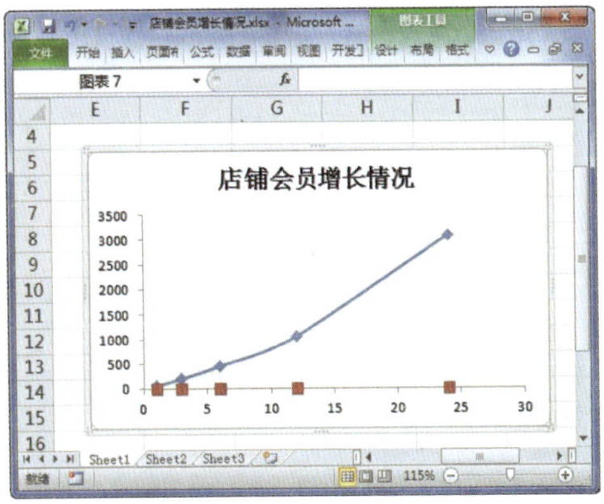

图6-25　插入散点图

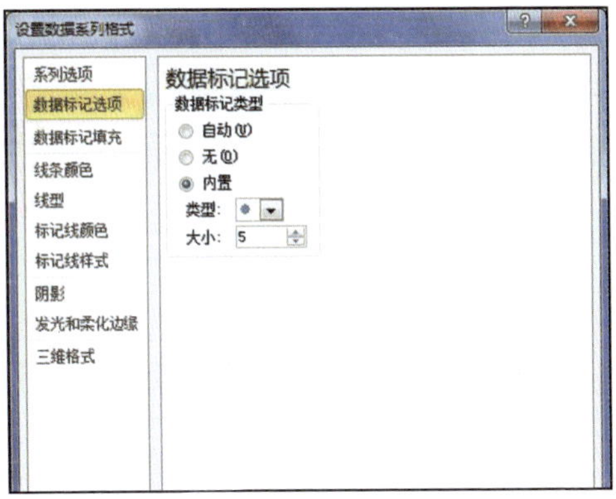

图6-26　设置数据标记选项

Step 05 选择“线条颜色”选项，选中“实线”单选按钮，在“颜色”下拉列表框中选择需要的颜色，然后在“线型”选项中设置“宽度”为“1.5磅”，如图6-27所示。

Step 06 在图表中选中“辅助数据”数据系列，在“设置数据系列格式”对话框中选择“数据标记选项”选项，选中“无”单选按钮，如图6-28所示。

Step 07 选择“线条颜色”选项，选中“无线条”单选按钮，然后单击“关闭”按钮，如图6-29所示。

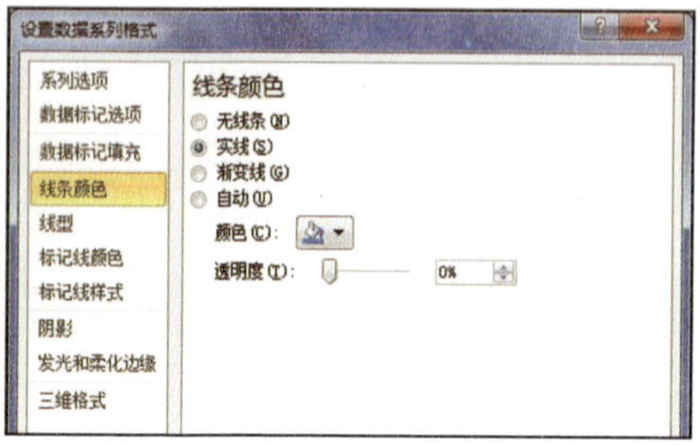

图6-27 设置线条颜色

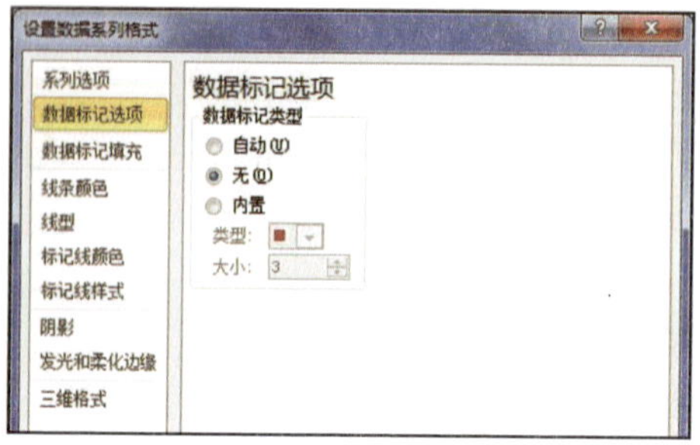

图6-28 设置数据标记选项

Step 08 设置横坐标轴无标签，横、纵坐标轴无刻度线。鼠标右键单击“辅助数据”数据系列，在弹出的快捷菜单中选择“添加数据标签”命令，如图6-30所示。

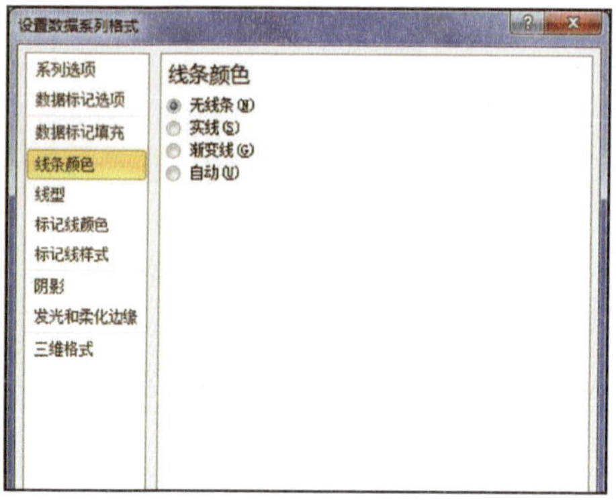

图6-29 设置数据系列线条颜色

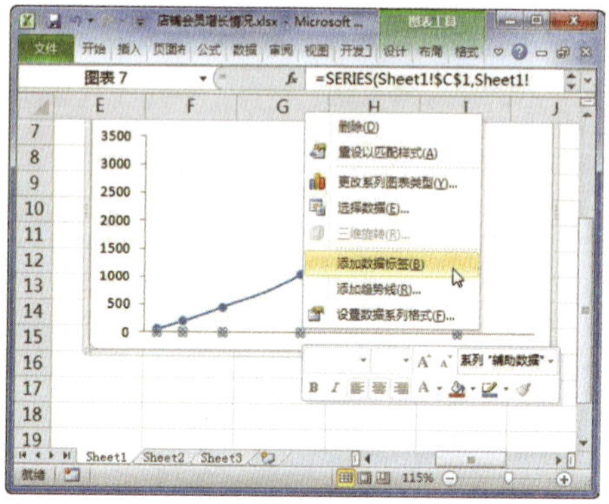

图6-30 添加数据标签

Step 09 在图表中选中添加的数据标签，在“设置数据标签格式”对话框中选中“X值”复选框，取消选中“Y值”复选框，选中“靠下”单选按钮，在“分隔符”下拉列表框中选择“，”选项，然后单击“关闭”按钮，如图6-31所示。

Step 10 选择“布局”选项卡，在“分析”组中单击“误差线”下拉按钮，选择“百分比误差线”选项，如图6-32所示。

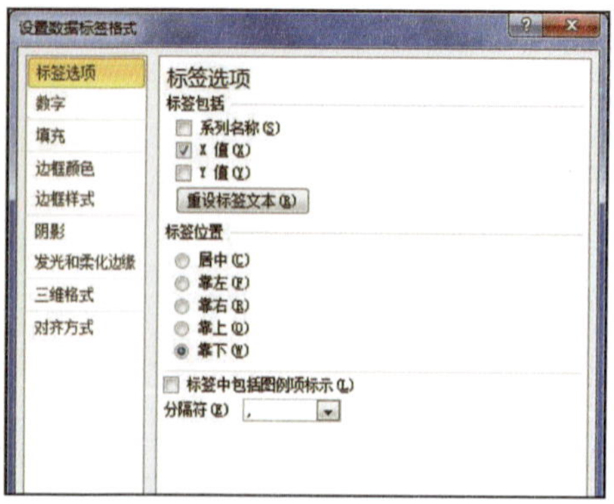

图6-31 设置数据标签选项

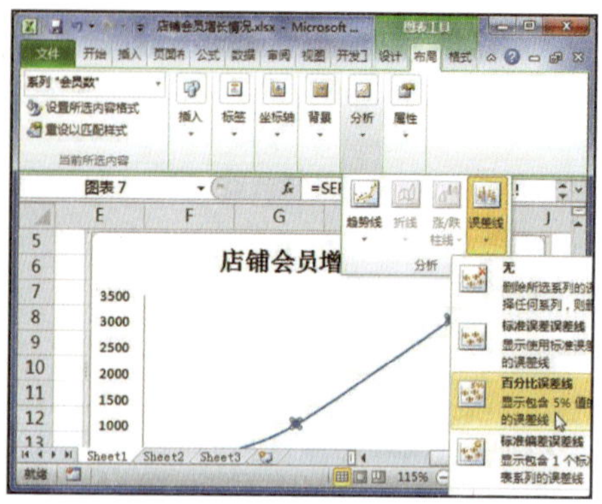

图6-32 添加百分比误差线

Step 11 选中图表中水平方向上的误差线，按【Delete】键将其删除，如图6-33所示。

Step 12 选中图表中垂直方向上的误差线，在“设置误差线格式”对话框中选中“负偏差”和“无线端”单选按钮，然后选中“百分比”单选按钮，设置数值为100%，如图6-34所示。

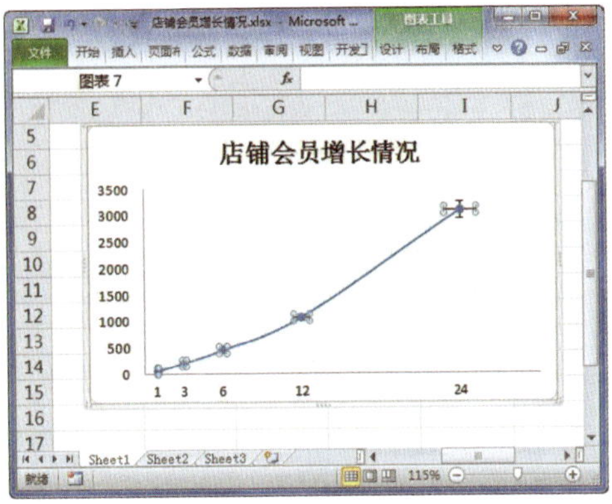

图6-33 删除水平误差线

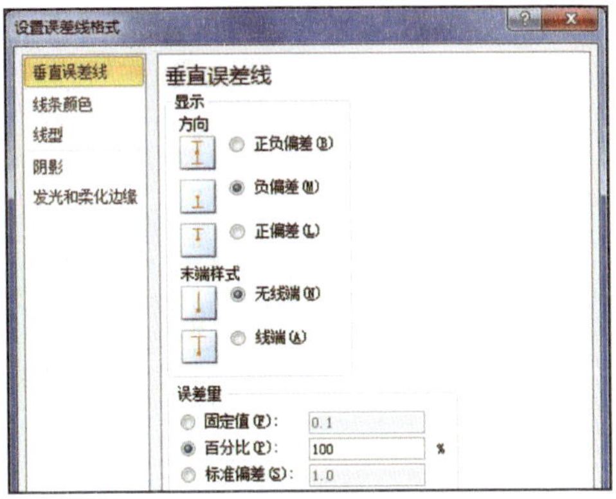

图6-34 设置垂直误差线

Step 13 选择“线条颜色”选项，选中“实线”单选按钮，在“颜色”下拉列表框中选择需要的颜色，如图6-35所示。

Step 14 选择“线型”选项，设置“宽度”为“0.75”磅，在“短划线类型”下拉列表框中选择需要的类型，如图6-36所示。

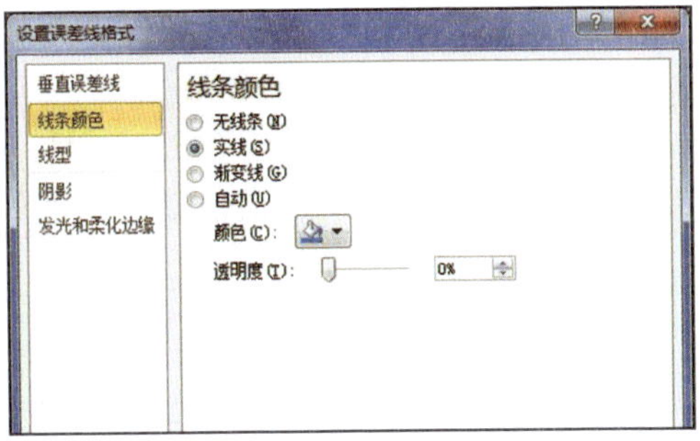

图6-35 设置垂直误差线线条颜色

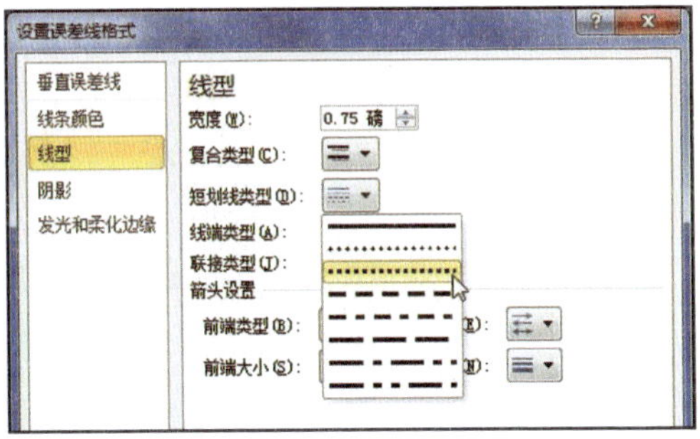

图6-36 设置垂直误差线线型

Step 15 在图表中选中绘图区，在“设置绘图区格式”对话框中选中“实线”单选按钮，在“颜色”下拉列表框中选择需要的颜色，如图6-37所示。

Step 16 在图表中选中图表区，在“设置图表区格式”对话框中选中“无线条”单选按钮，然后单击“关闭”按钮，如图6-38所示。

Step 17 将数据标签文本“24”更改为“24个月”，设置图表字体格式，即可完成图表制作，最终效果如图6-39所示。

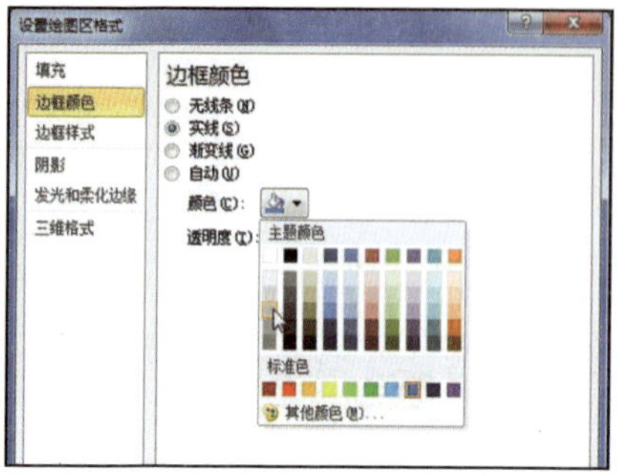

图6-37　设置绘图区边框颜色

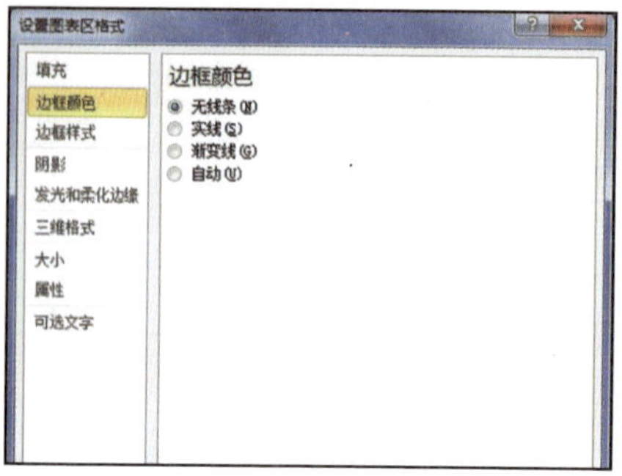

图6-38　设置图表区边框颜色

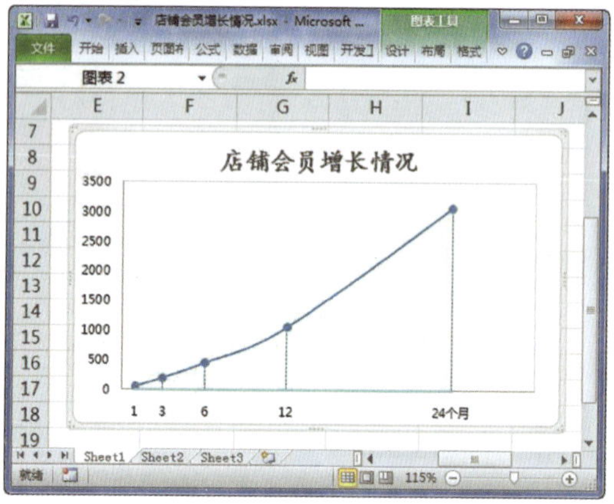

图6-39　图表最终效果

二、用图片代替数据点显示数据

若在散点图中使用图片代替数据点，可以使图表内容更加形象、具体，具体操作方法如下。

Step 01 打开“素材文件\项目六\行业卖家经营阶段数据.xlsx”，选择B8单元格，在“编辑”组中单击“求和”按钮Σ，计算总计数据，如图6-40所示。

Step 02 选择C3单元格，在编辑栏中输入公式“=B3/$B$8”，并按【Enter】键确认，计算“新手”阶段卖家所占的比例，如图6-41所示。

Step 03 利用填充柄将C3单元格中的公式填充到本列其他单元格中。选择C3:C8单元格区域，在“数字”组中单击“百分比样式”按钮%，如图6-42所示。

Step 04 选择A3:A7单元格区域，按【Ctrl+C】组合键复制数据，选择D2单元格，单击“粘贴”下拉按钮，选择“转置”选项，如图6-43所示

Step 05 选择D3单元格，选择“公式”选项卡，单击“逻辑”下拉按钮，选择IF函数，如图6-44所示。

Step 06 弹出“函数参数”对话框，设置Logical_test参数值为$A3=D$2，Value_if_true参数值为0.5，Value_if_false参数值为NA()，然后单击“确定”按钮，如图6-45所示。

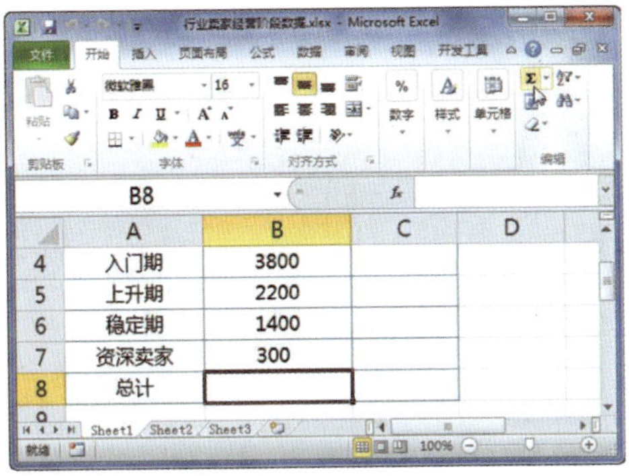

图6-40 计算总计数据

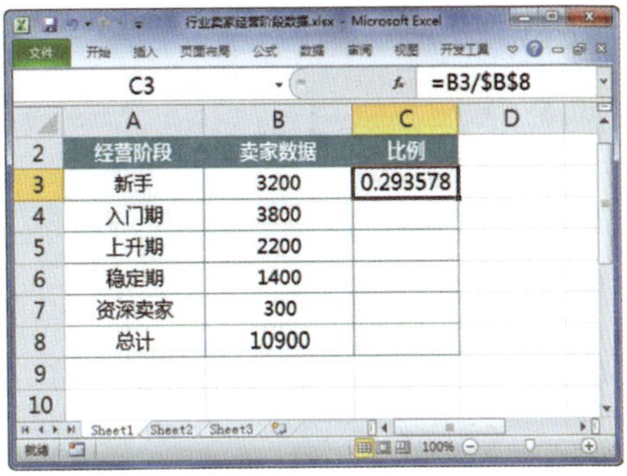

图6-41 计算所占比例

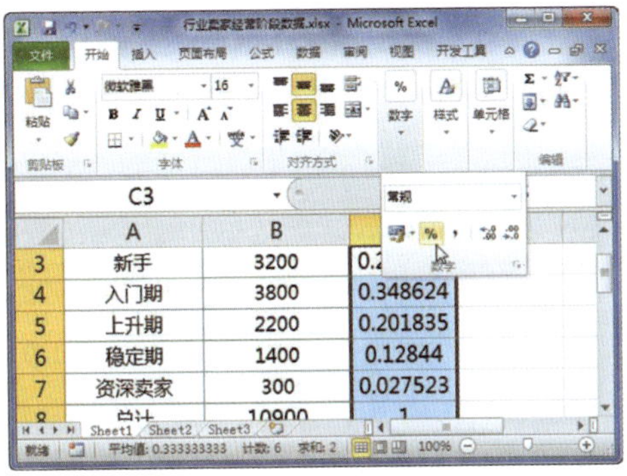

图6-42 设置数字格式

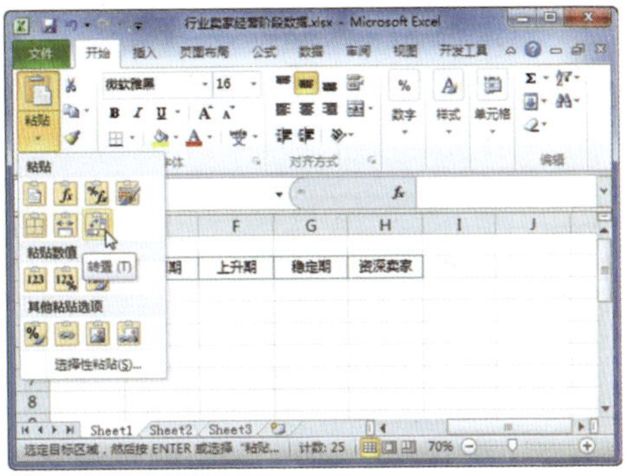

图6-43 转置粘贴数据

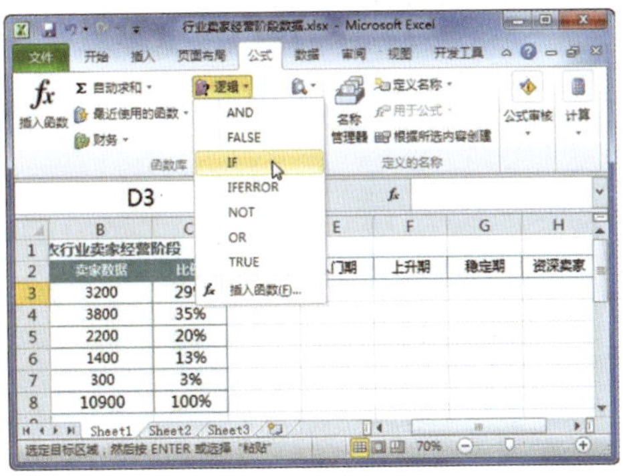

图6-44 插入IF函数

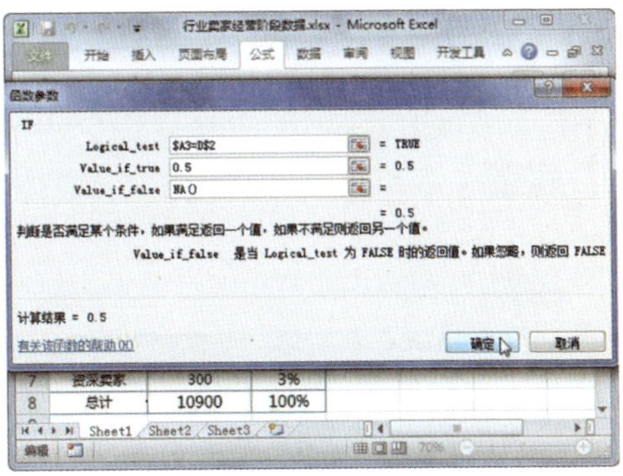

图6-45 设置函数参数

Step 07 向右拖动填充柄至H3单元格，然后向下拖动填充柄至H7单元格，填充数据，如图6-46所示。

Step 08 选择表格中的任一空白单元格，选择“插入”选项卡，在“图表”组中单击“散点图”下拉按钮，选择“仅带数据标记的散点图”选项，如图6-47所示。

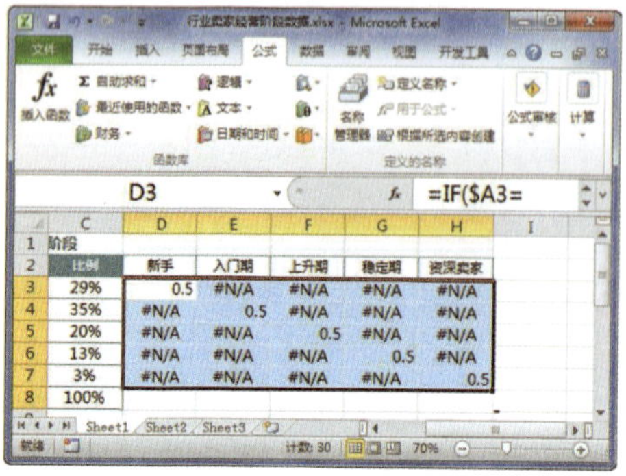

图6-46　填充数据

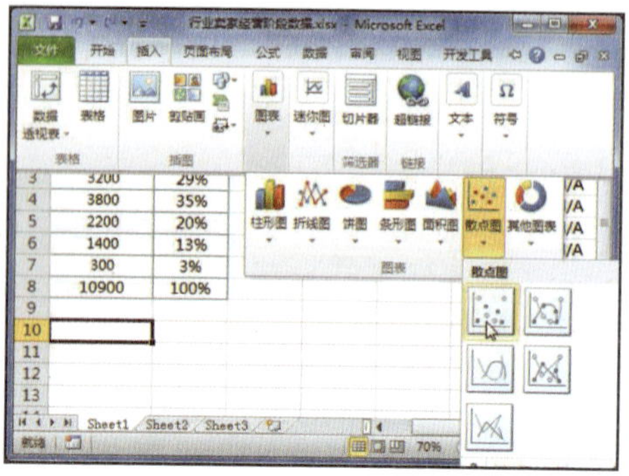

图6-47　插入散点图

Step 09 将插入的图表移到合适的位置并用鼠标右键单击，在弹出的快捷菜单中选择“选择数据”命令，如图6-48所示。

Step 10 弹出“选择数据源”对话框，在“图例项（系列）”选项区中单击“添加”按钮，如图6-49所示。

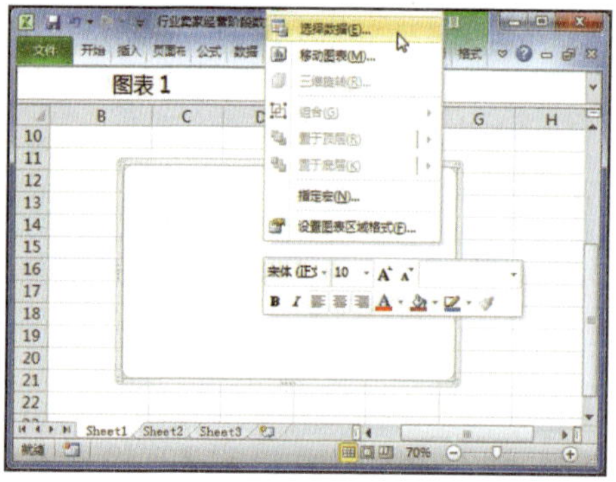

图6-48　选择“选择数据”命令

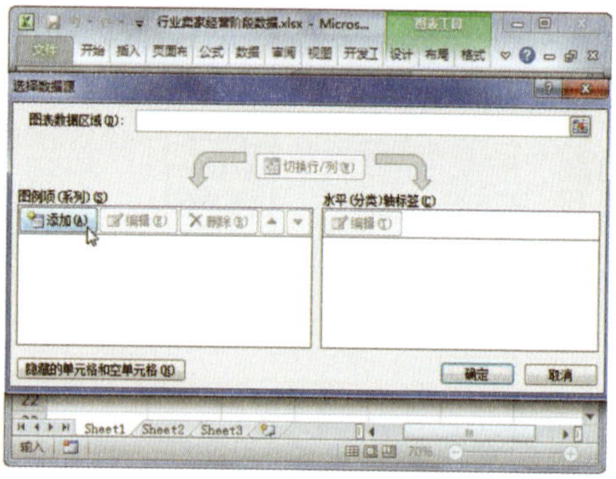

图6-49　选择数据源

Step 11 弹出“编辑数据系列”对话框，设置各项参数，然后依次单击“确定”按钮，如图6-50所示。

Step 12 此时，即可在图表中添加数据系列，如图6-51所示。

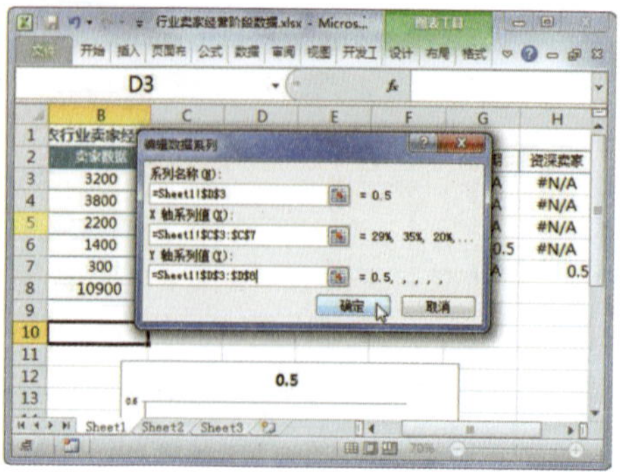

图6-50　编辑数据系列

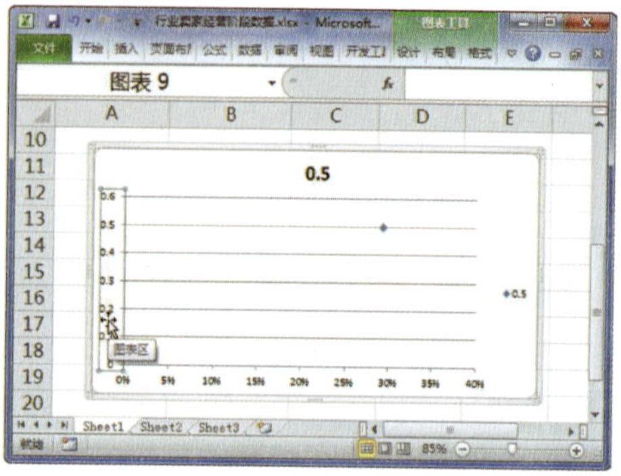

图6-51　添加数据系列

Step 13 在图表中选中纵坐标轴，在“设置坐标轴格式”对话框中设置“最大值”为2，“主要刻度单位”为0.5，如图6-52所示。

Step 14 在图表中选中横坐标轴，在“设置坐标轴格式”对话框中单击“主要刻度线类型”下拉按钮，选择“无”选项，如图6-53所示。

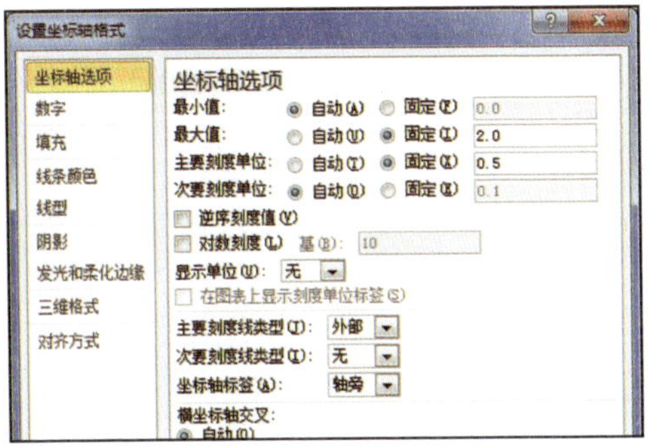

图6-52 设置坐标轴选项

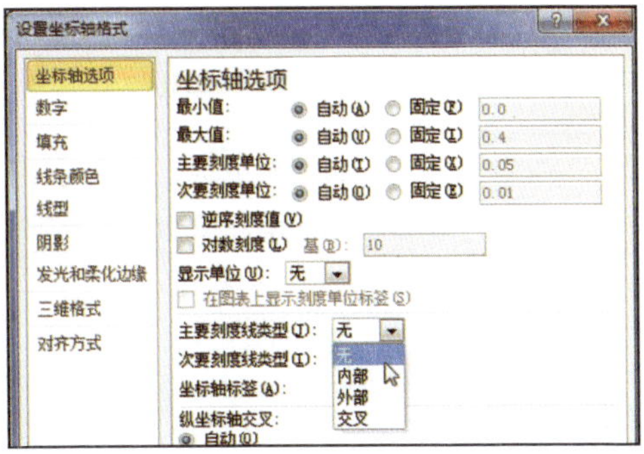

图6-53 设置坐标轴主要刻度线类型

Step 15 在图表中选中绘图区，在“设置绘图区格式”对话框中选中“纯色填充”单选按钮，并设置填充颜色，然后单击“关闭”按钮，如图6-54所示。

Step 16 调整图表大小，删除网格线、图例和纵坐标轴。选中图表标题，在编辑栏中输入“=”，然后在工作表中选择D2单元格，并按【Enter】键确认，为图表标题创建单元格链接。选择“插入”选项卡，在“插图”组中单击“图片”按钮，如图6-55所示。

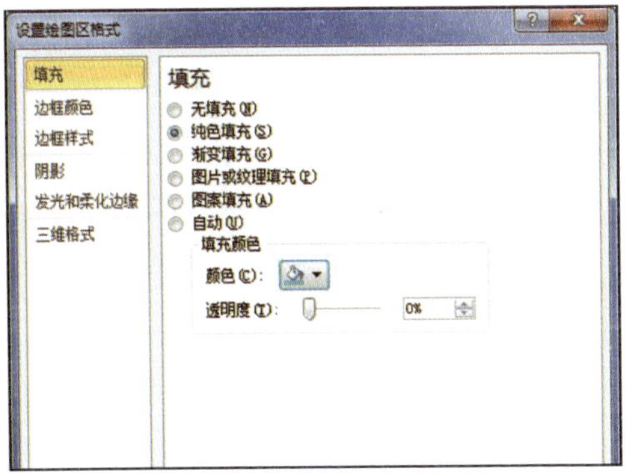

图6-54 设置绘图区格式

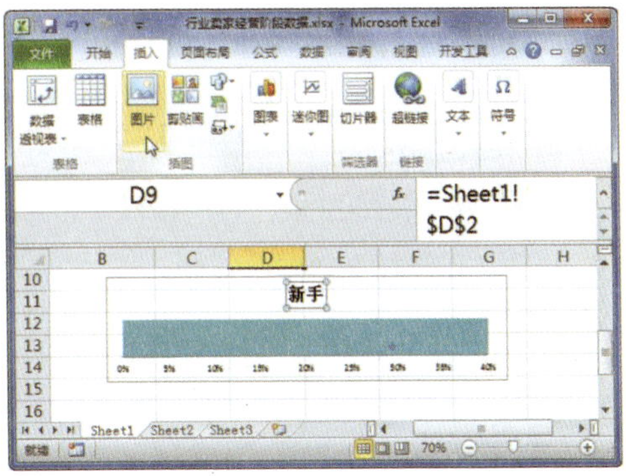

图6-55 创建单元格链接

Step 17 弹出“插入图片”对话框，选择图片，然后单击“插入”按钮，如图6-56所示。

Step 18 调整图片大小，选中图片，按【Ctrl+C】组合键复制图片。选中图表中的数据点，按【Ctrl+V】组合键粘贴图片，此时数据点将以图片形式显示，如图6-57所示。

Step 19 删除素材图片，并将图表复制一份。鼠标右键单击复制的图表，在弹出的快捷菜单中选择“选择数据”命令，如图6-58所示。

Step 20 弹出“选择数据源”对话框，选中数据系列，然后单击“编辑”按钮，如图6-59所示。

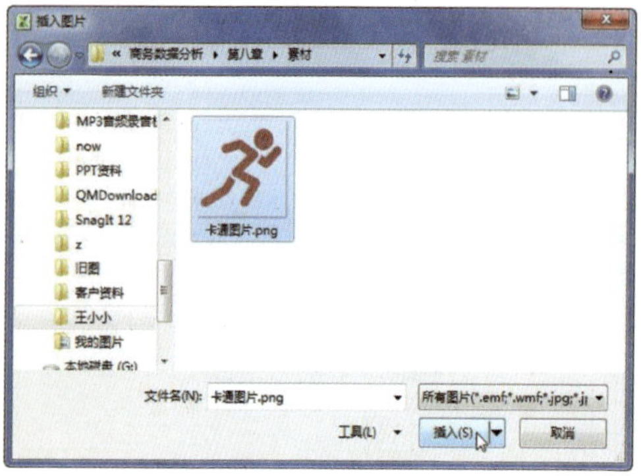

图6-56　插入图片

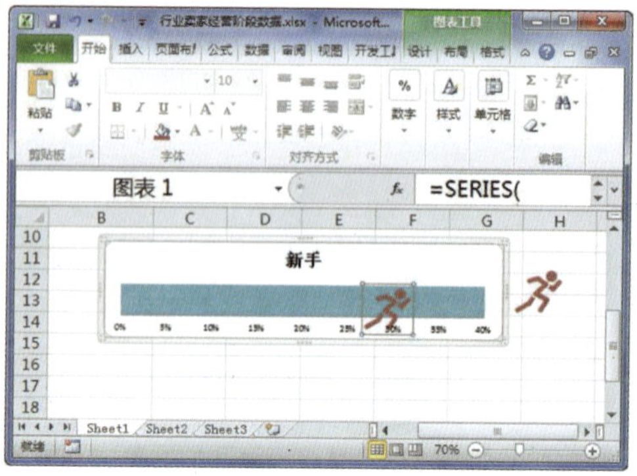

图6-57　复制图片

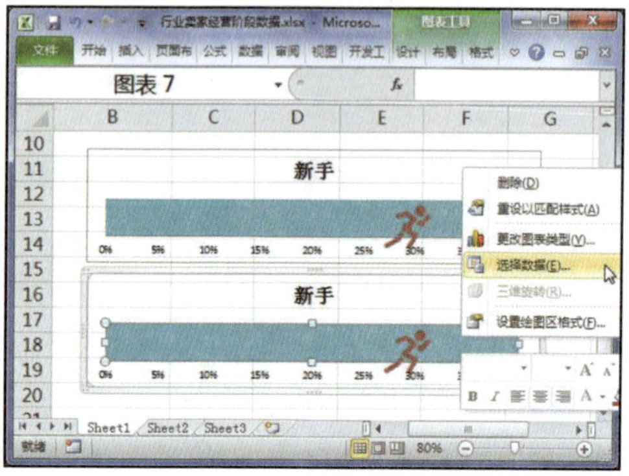

图6-58　选择“选择数据”命令

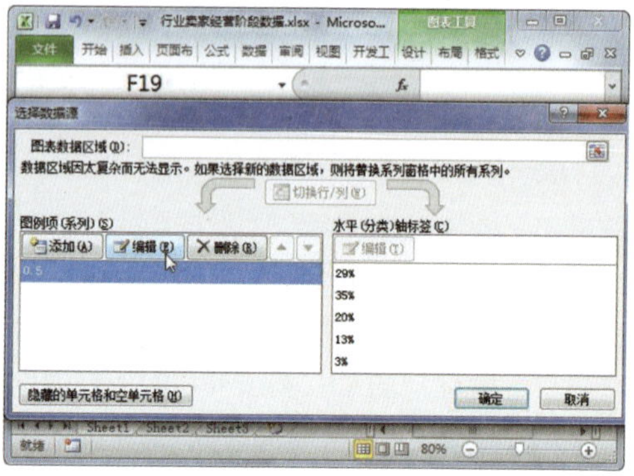

图6-59　选择数据源

Step 21 弹出“编辑数据系列”对话框，设置“系列名称”为D3单元格，“Y轴系列值”为E3:E7单元格区域，然后依次单击“确定”按钮，如图6-60所示。

Step 22 修改图表标题名称，然后采用同样的方法制作行业卖家其他阶段的图表，最终效果如图6-61所示。

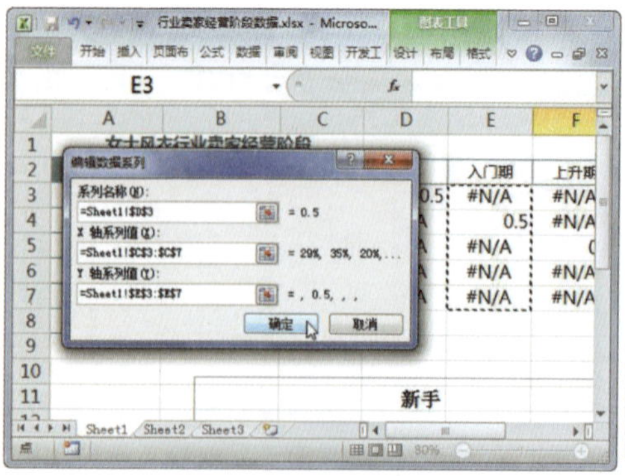

图6-60　编辑数据系列

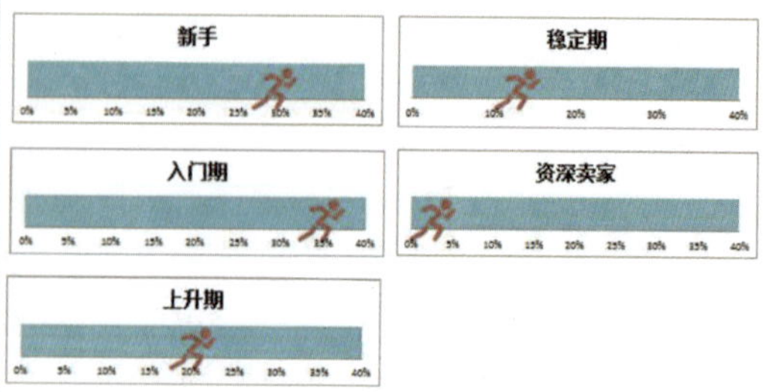

图6-61　制作其他阶段图表

三、去掉坐标轴上多余的零值

图表中默认横纵坐标轴的起始交叉点都为0，这样的坐标系列刻度有些多余，所以可以将其中一个坐标轴的0值去掉或隐藏，使图表看上去更加简洁，具体操作方法如下。

Step 01 打开“素材文件\项目六\新商品上架销量.xlsx”，选择“插入”选项卡，在“图表”组中单击“散点图”下拉按钮，选择“带平滑线和数据标记的散点图”选项，如图6-62所示。

Step 02 调整图表位置，选择“设计”选项卡，单击“快速样式”下拉按钮，选择需要的样式，如图6-63所示。

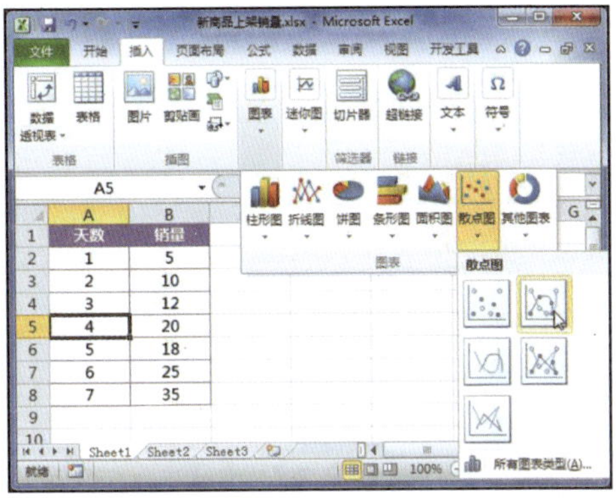

图6-62　插入散点图

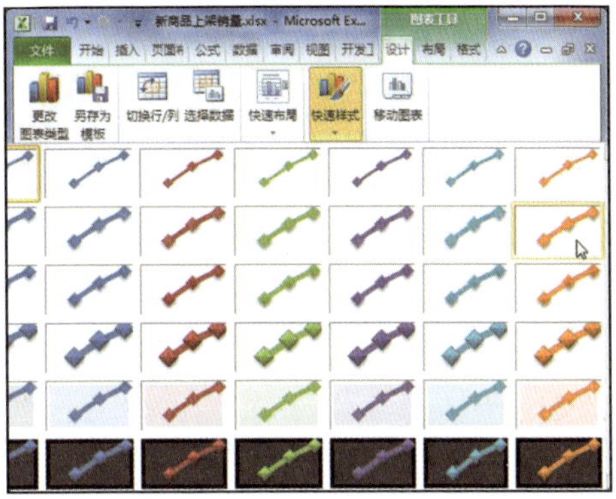

图6-63　选择图表样式

Step 03 设置图表标题，并删除图例。选择“布局”选项卡，在“坐标轴”组中单击“网格线”下拉按钮，选择“主要纵网格线”|“主要网格线”选项，如图6-64所示。

Step 04 在图表中选中纵坐标轴，在“设置坐标轴格式”对话框中选择“数字”选项，在“类别”列表中选择“自定义”选项，在“格式代码”文本框中输入“G/通用格式;;;”，然后单击“添加”按钮，如图6-65所示。设置横、纵坐标轴主要刻度线类型为“无”。

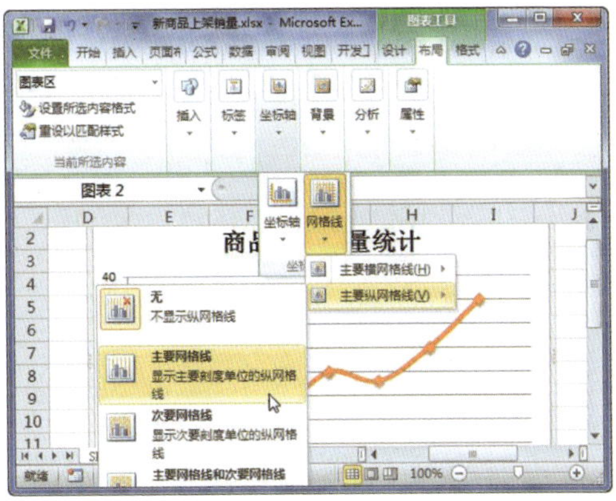

图6-64　添加网格线

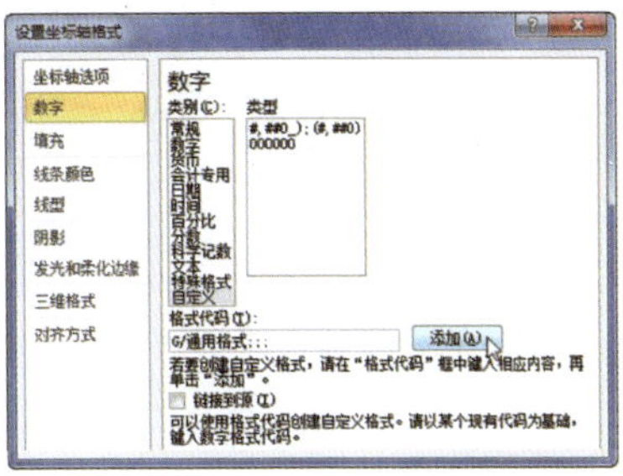

图6-65　设置数字格式

Step 05 在图表中选中横网格线，在“设置主要网格线格式”对话框中选中“实线”单选按钮，单击“颜色”下拉按钮，选择需要的颜色，如图6-66所示。采用同样的方法，设置纵网格线、横坐标轴和纵坐标轴为同样的颜色。

Step 06 在图表中选中数据系列，在“设置数据系列格式”对话框中选择“数据标记选项”选项，选中“内置”单选按钮，在“类型”下拉列表框中选择需要的选项，设置“大小”为7，如图6-67所示。

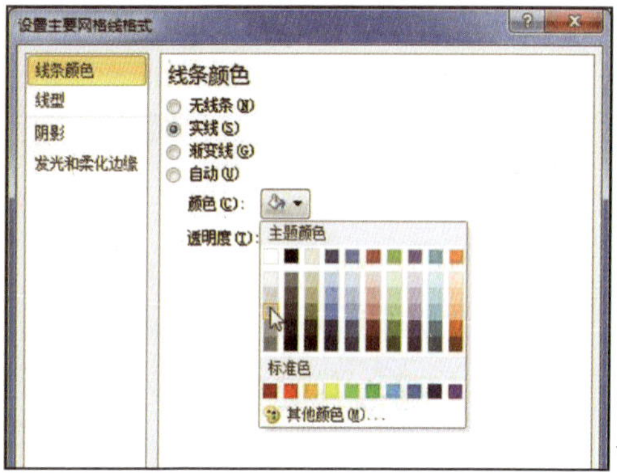

图6-66 设置网格线颜色

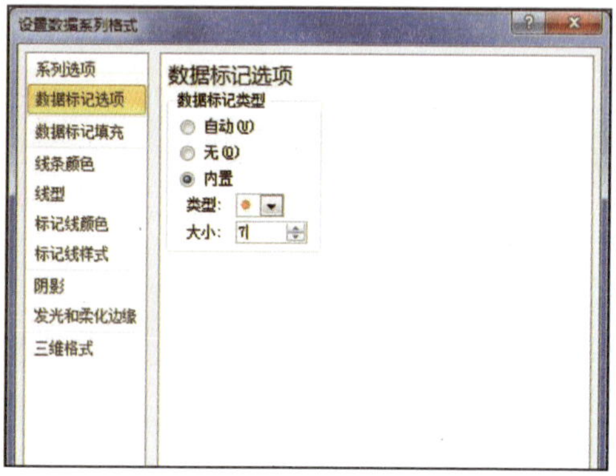

图6-67 设置数据标记选项

Step 07 设置数据系列线条颜色与数据标记相同，选择“线型”选项，设置“宽度”为“1.5磅”，如图6-68所示。

Step 08 在图表中选中图表区，在“设置图表区格式”对话框中选中“渐变填充”单选按钮，设置渐变颜色，然后单击“关闭”按钮，如图6-69所示。

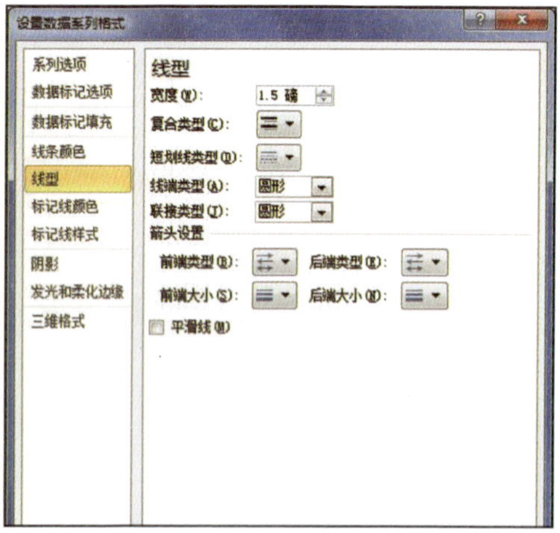

图6-68 设置线型宽度

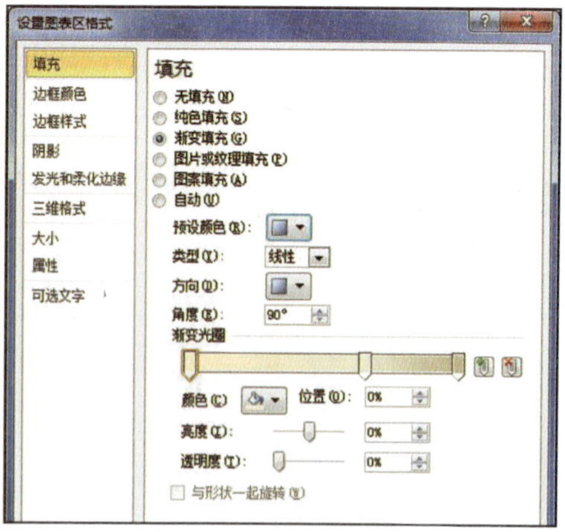

图6-69 设置渐变光圈

Step 09 添加纵坐标轴标题，并设置图表字体格式，即可完成图表制作，最终效果如图6-70所示。

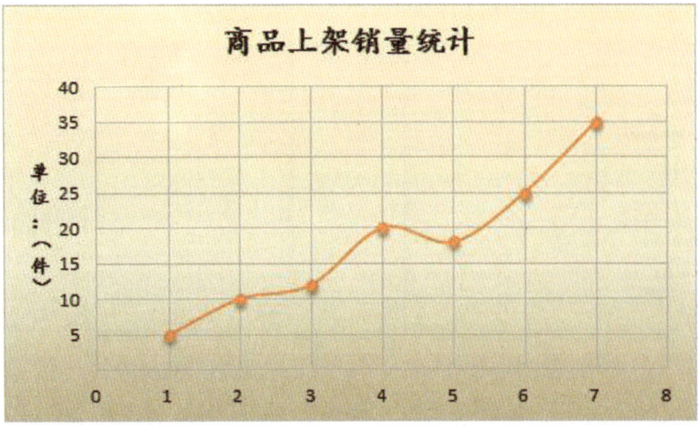

图6-70　图表最终效果

四、设置均匀的坐标刻度显示数据变化

若图表横坐标不是以均匀的时间间隔显示的，就可能对阅读造成困扰，设置均匀的坐标刻度能够更合理地显示数据，具体操作方法如下。

Step 01 打开“素材文件\项目六\某购物商城在线人数.xlsx”，选择任一数据单元格，选择“插入”选项卡，在“图表”组中单击“散点图”下拉按钮，选择“带平滑线和数据标记的散点图”选项，如图6-71所示。

Step 02 删除图例，并设置图表标题。选择“设计”选项卡，单击“快速样式”下拉按钮，选择需要的样式，如图6-72所示。

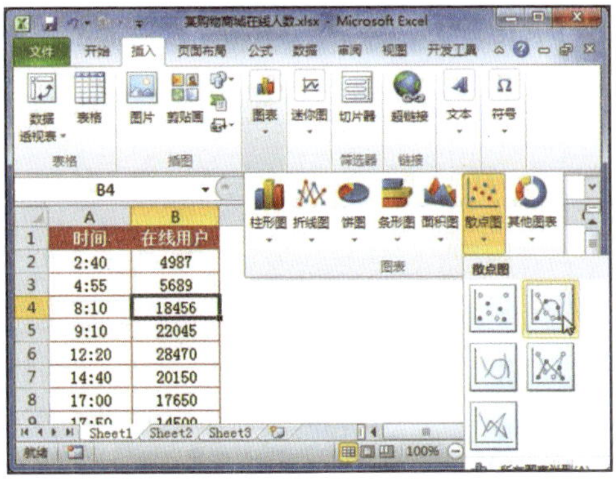

图6-71　插入散点图

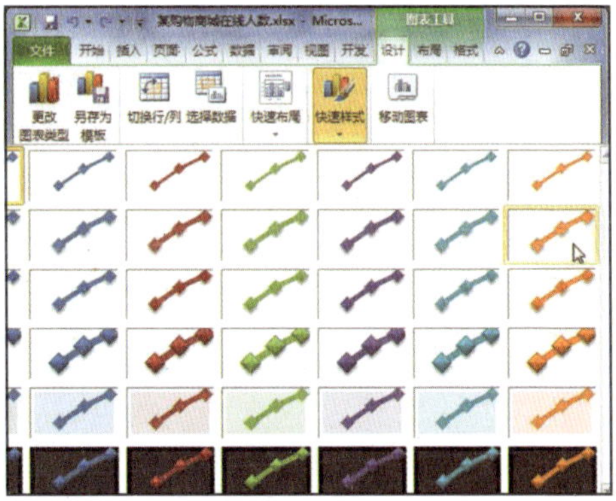

图6-72　选择图表样式

Step 03 在图表中选中横坐标轴，在“设置坐标轴格式”对话框中设置“最小值”为0，“最大值”为1，“主要刻度单位”为0.08333333，“次要刻度单位”为0.016666666，“主要刻度线类型”为无，如图6-73所示。采用同样的方法，设置纵坐标轴为无线条格式。

Step 04 在图表中选择网格线，在“设置主要网格线格式”对话框中选中“实线”单选按钮，单击“颜色”下拉按钮，选择需要的颜色，如图6-74所示。采用同样的方法，设置横坐标轴为同样的颜色。

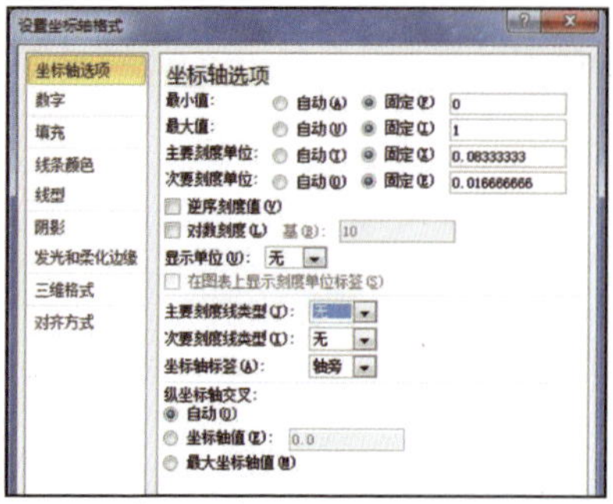

图6-73　设置坐标轴格式

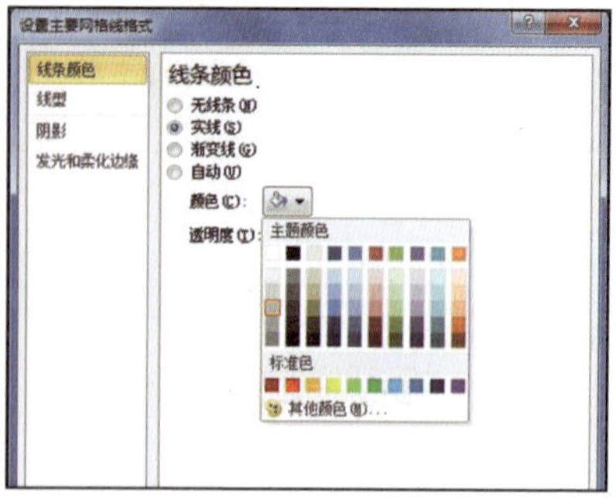

图6-74　设置网格线格式

Step 05 设置绘图区为无颜色填充。在图表中选中图表区，在“设置图表区格式”对话框中选中“渐变填充”单选按钮，设置渐变颜色，如图6-75所示。

Step 06 在图表中选中数据系列，在“设置数据系列格式”对话框中选择“数据标记选项”选项，选中“内置”单选按钮，在“类型”下拉列表框中选择需要的标记类型，设置“大小”为8，如图6-76所示。设置线条颜色为同样的颜色，线型的“宽度”为“2.5磅”，然后单击“关闭”按钮。

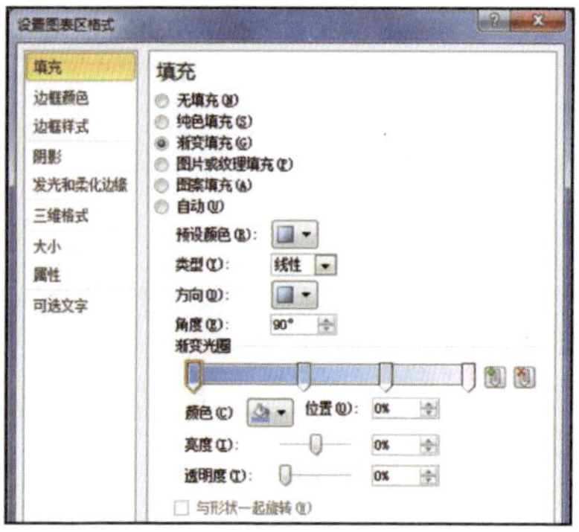

图6-75　设置图表区渐变填充

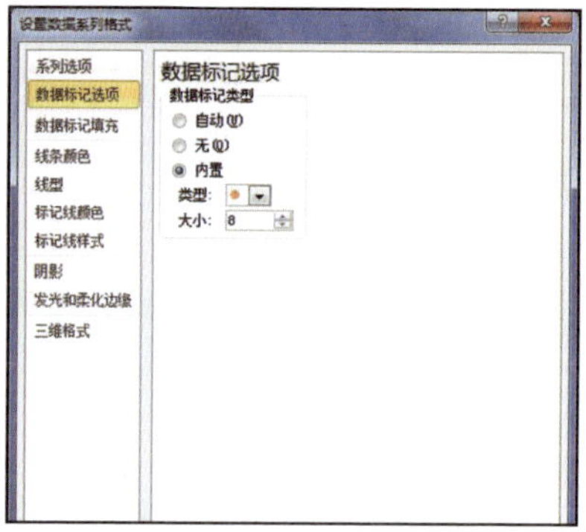

图6-76　设置数据系列格式

Step 07 此时图表横坐标刻度均匀显示，设置图表字体格式，最终效果如图6-77所示。

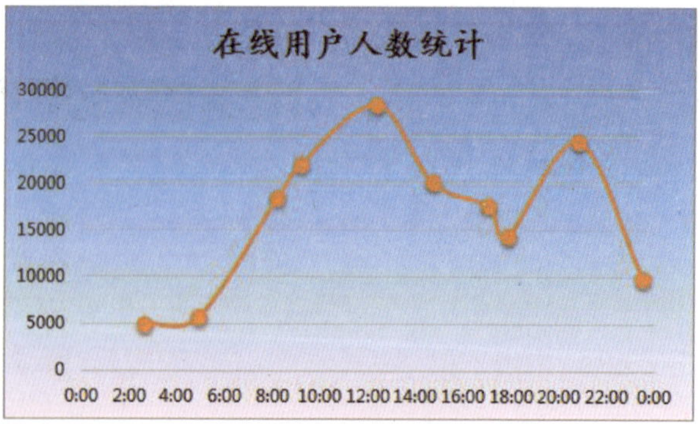

图6-77　图表制作完成

任务三 使用气泡图展示买家年龄段分布

任务概述

气泡图用于展示三个变量之间的关系。它与散点图类似，绘制时将一个变量放在横轴，另一个变量放在纵轴，第三个变量则用气泡的大小来表示。本任务将学习如何使用气泡图展示买家年龄段分布。

任务重点与实施

下面详细介绍使用气泡图展示买家年龄段分布，具体操作方法如下。

Step 01 打开“素材文件\项目六\顾客年龄统计.xlsx”，选择任一空白单元格，选择“插入”选项卡，在“图表”组中单击“其他图表”下拉按钮，选择“三维气泡图”选项，如图6-78所示。

Step 02 在插入的空白图表上用鼠标右键单击，在弹出的快捷菜单中选择“选择数据”命令，如图6-79所示。

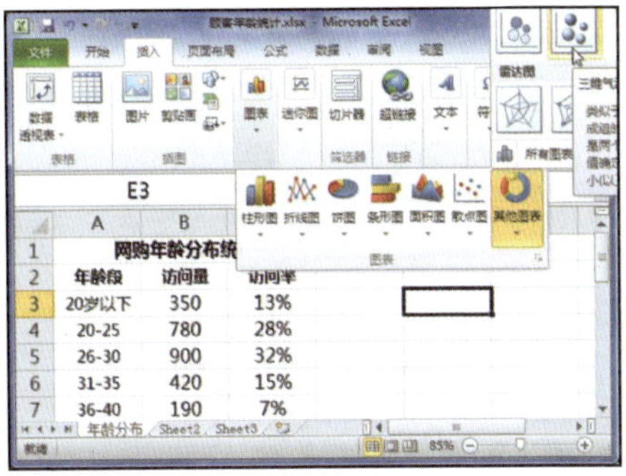

图6-78 插入三维气泡图

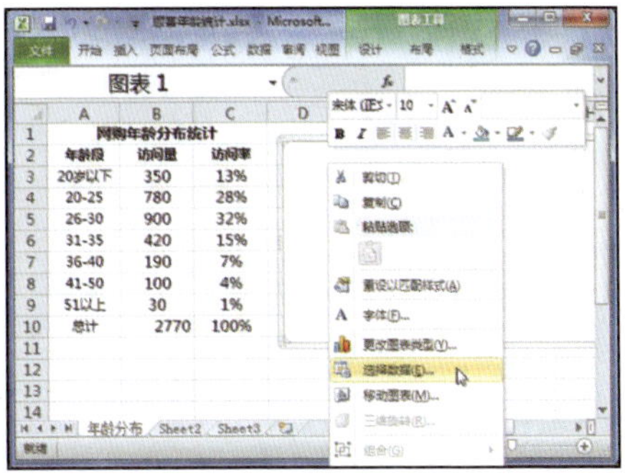

图6-79 选择“选择数据”命令

Step 03 弹出“选择数据源”对话框，单击“添加”按钮，如图6-80所示。

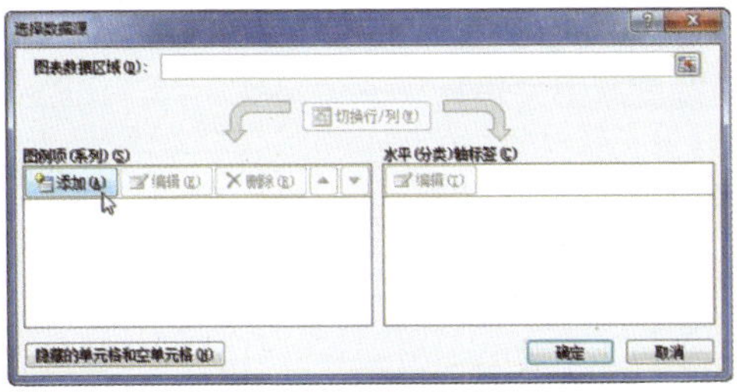

图6-80 “选择数据源”对话框

Step 04 弹出“编辑数据系列”对话框，设置“系列名称”为A1单元格，“X轴系列值”为A3:A9单元格区域，“Y轴系列值”为B3:B9单元格区域，“系列气泡大小”为C3:C9单元格区域，然后依次单击“确定”按钮，如图6-81所示。

Step 05 调整图表大小，并删除图例。在数据系列上用鼠标右键单击，在弹出的快捷菜单中选择“设置数据系列格式”命令，如图6-82所示。

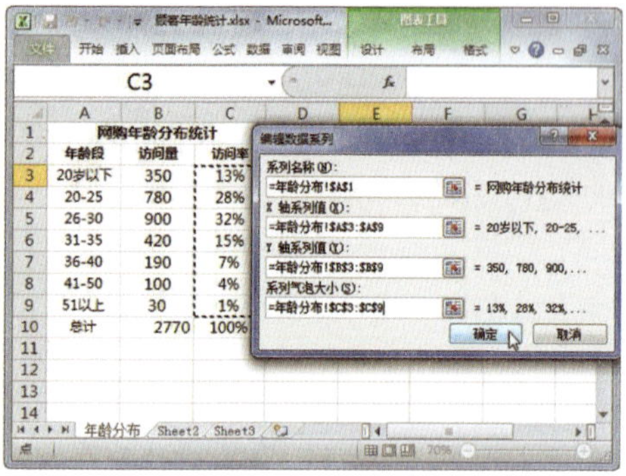

图6-81 编辑数据系列

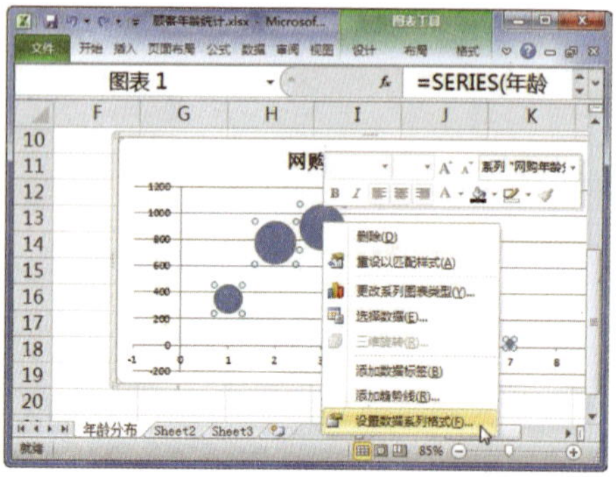

图6-82 设置数据系列格式

Step 06 弹出“设置数据系列格式”对话框，选择“填充”选项，选中“依数据点着色”复选框，如图6-83所示。

Step 07 选择“三维格式”选项，单击“顶端”下拉按钮，选择需要的棱台样式，如图6-84所示。

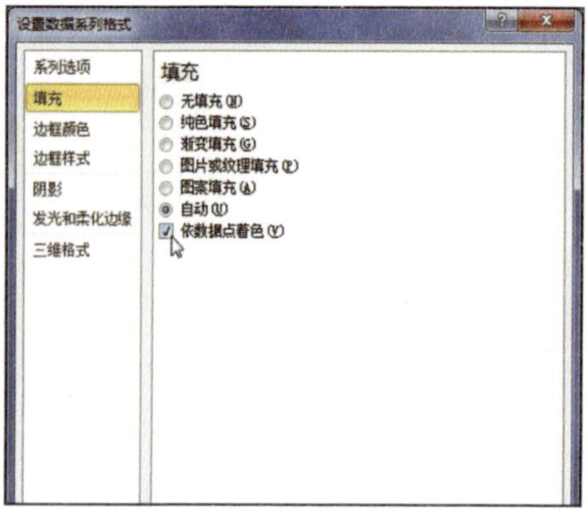

图6-83 设置依数据点着色

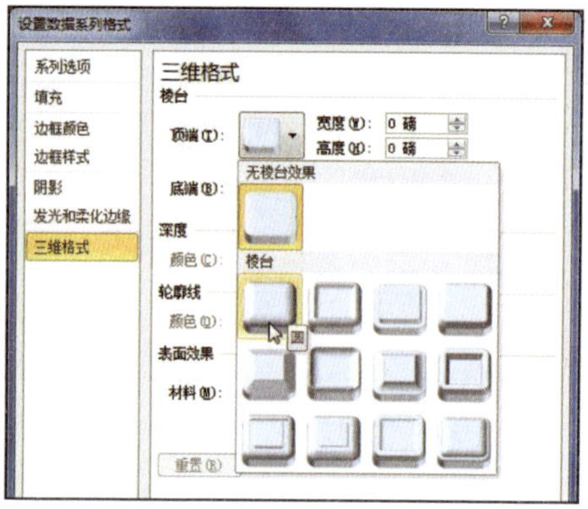

图6-84 选择棱台样式

Step 08 设置顶端“宽度”为“13磅”，“高度”为“10磅”，如图6-85所示，然后单击“关闭”按钮。

Step 09 在图表中选中数据系列，选择“布局”选项卡，在“标签”组中单击“数据标签”下拉按钮，选择“其他数据标签选项”选项，如图6-86所示。

Step 10 弹出“设置数据标签格式”对话框，在“标签包括”选项区中选中“X值”和“气泡大小”复选框，在“标签位置”选项区中选中“靠上”单选按钮，在“分隔符”下拉列表框中选择“|（分行符）”选项，如图6-87所示，然后单击“关闭”按钮。

Step 11 在图表中选中纵坐标轴，在“设置坐标轴格式”对话框中设置“最小值”为0，“最大值”为1200，如图6-88所示。

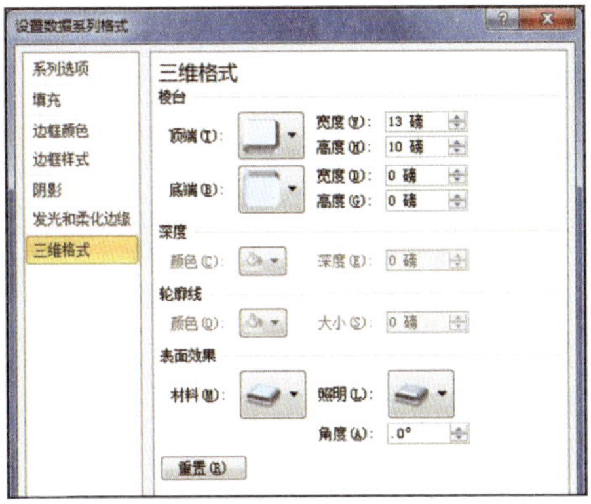

图6-85　设置棱台参数

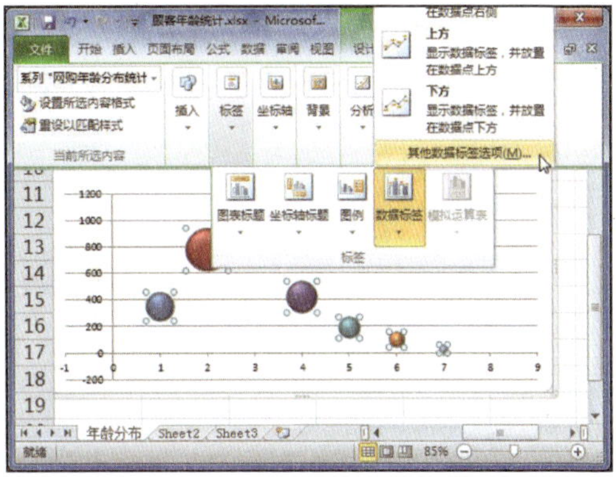

图6-86　设置数据标签

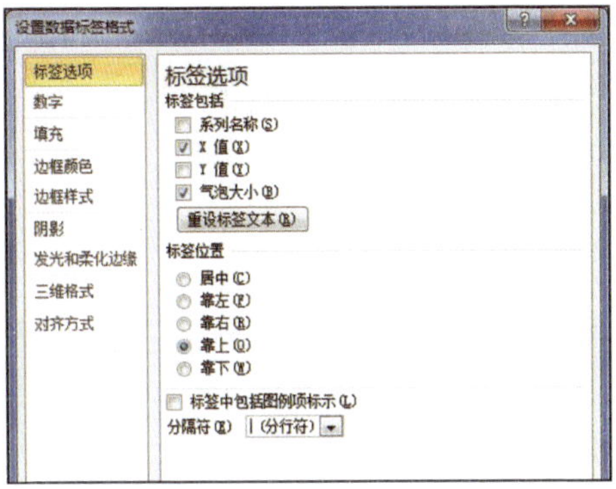

图6-87　设置数据标签格式

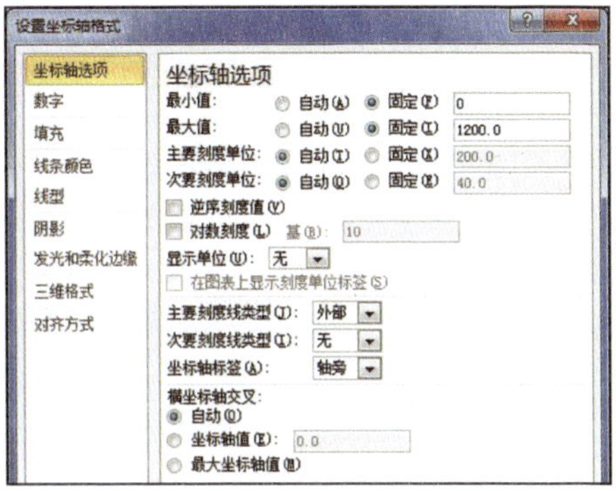

图6-88　设置纵坐标轴格式

Step 12 在图表中选中横坐标轴，在“设置坐标轴格式”对话框中设置“最小值”为0.0，“最大值”为8.0，如图6-89所示。

Step 13 设置绘图区域无颜色填充，在图表中选中图表区，在“设置图表区格式”对话框中选中“纯色填充”单选按钮，并设置填充颜色，如图6-90所示。

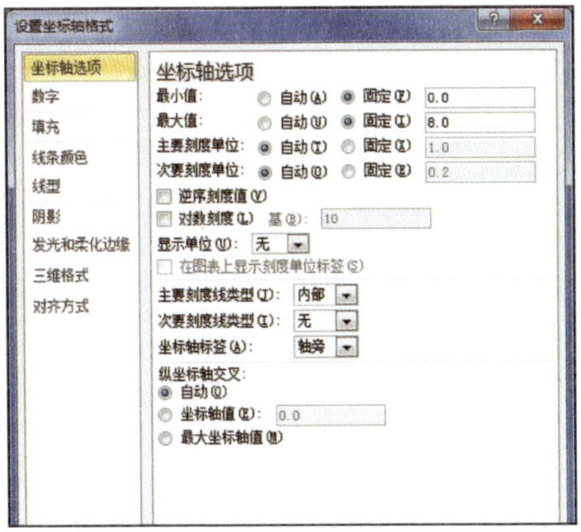

图6-89　设置横坐标轴格式

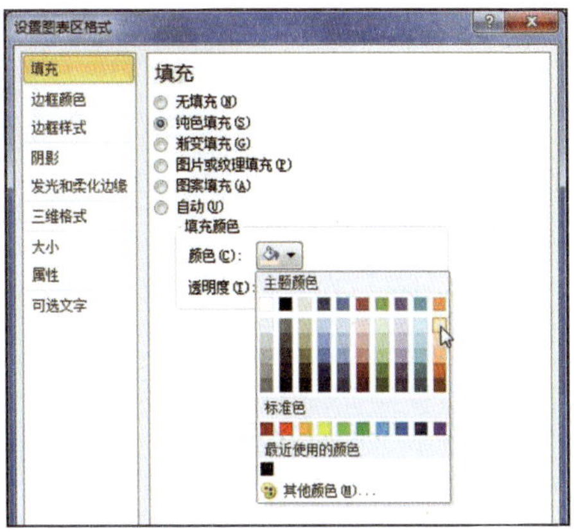

图6-90　设置颜色填充

Step 14 删除图表网格线，并设置图表字体格式，即可完成图表制作，最终效果如图6-91所示。

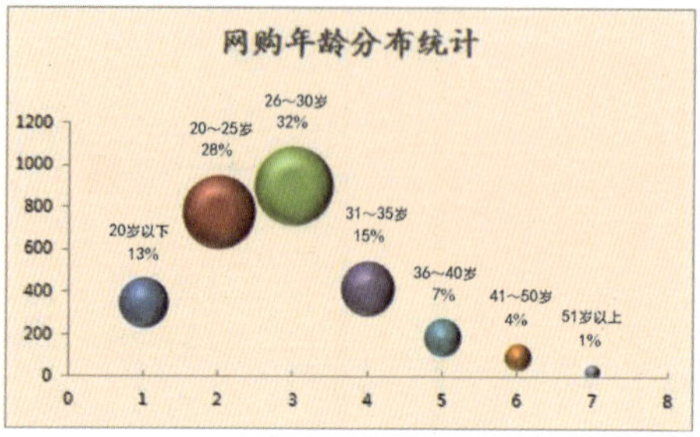

图6-91 图表最终效果

项目小结

通过本项目的学习，读者应重点掌握以下知识。

（1）在散点图中添加辅助线，可以将分散的数据点联系起来，也可以表示数据点分布情况。

（2）将横坐标刻度设置为均匀显示，能够更加合理地展现数据。

（3）散点图是对成组的两个数值进行比较，气泡图是对三个数值进行比较，第三个数值确定气泡数据点的大小。

项目习题

打开“素材文件\项目六\习题：广告投入与销量相关性分析.xlsx”，插入散点图，添加线性趋势线，效果如图6-92所示。

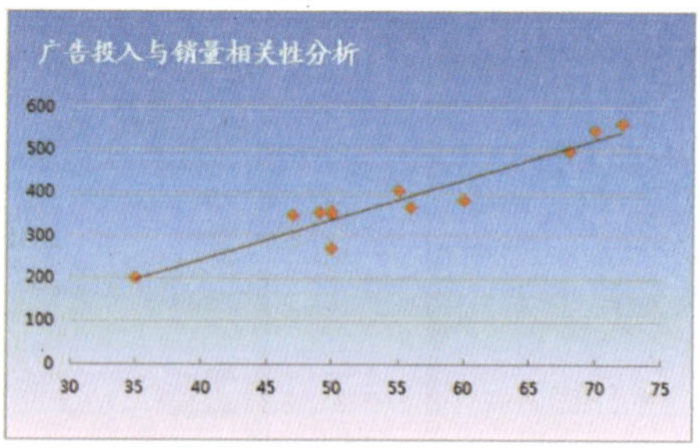

图6-92 广告投入与销量相关性分析

关键提示：

（1）插入仅带数据标记的散点图，添加线性趋势线。

（2）设置横坐标轴最小值和主要刻度单位。

项目七 使用特殊图表实现数据可视化

项目概述

特殊图表是在基本图表的基础上，通过添加辅助数据，结合基本形状制作的具有生活特征的图表，这类图表与基本图表相比，在表达某些数据时更直观、更清晰，在视觉效果上也更具美感。本项目将学习如何使用特殊图表实现数据可视化。

项目重点

- 掌握瀑布图和断层图的制作方法。
- 掌握子弹图和温度计图的制作方法。
- 掌握滑珠图和旋风图的制作方法。
- 掌握漏斗图和甘特图的制作方法。

项目目标

- 学会使用瀑布图和断层图展示数据差异。
- 学会使用子弹图和温度计图显示销量情况。
- 学会使用滑珠图和旋风图对比商务数据。
- 学会使用漏斗图和甘特图分析业务。

任务一 使用瀑布图和断层图展示数据差异

任务概述

瀑布图因为形似瀑布流水而被称为瀑布图，具有像瀑布一样自上而下的流畅的视觉效果。这类图表采用绝对值与相对值相结合的方式，可以很好地阐释单个系列数据从一个值到另一个值的变化过程，形象地说明数据的流动情况。

如果图表中个别数据点的数值同其他数据点相差较大，图表刻度就会自动适应最大数值的数据点，而其他数值较小的数据点就无法在图表中直观地体现出来。柱状断层图可以忽略中间的数据，使所有数据都能在同一个图表中表现出来。

本任务将学习如何使用瀑布图和断层图来展示数据差异。

任务重点与实施

一、使用瀑布图显示单个数据系列变动情况

使用瀑布图可以将每个月份之间的差异直观地表现出来，对下降的数据用负坐标表示，可以直观地显示不同月份销售额的变动情况，具体操作方法如下。

Step 01 打开“素材文件\项目七\某店铺上半年销售额统计.xlsx”，在A3单元格中输入“占位”，在B3单元格中输入0。选择C3单元格，在编辑栏中输入公式“=C2-B2”，并按【Enter】键确认，如图7-1所示。

Step 02 选择C3单元格，利用填充柄向右复制公式，如图7-2所示。

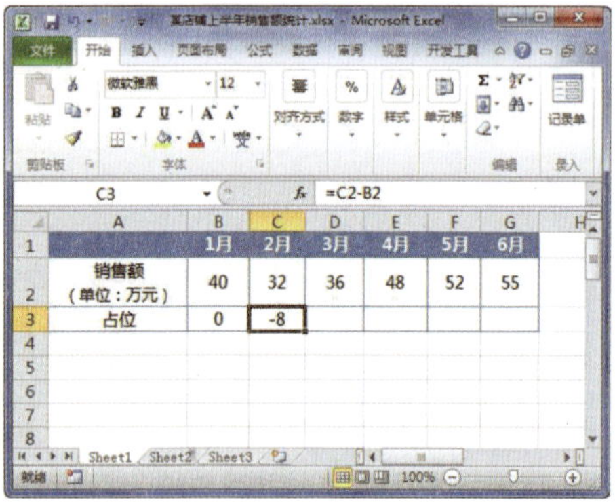

图7-1 计算公式

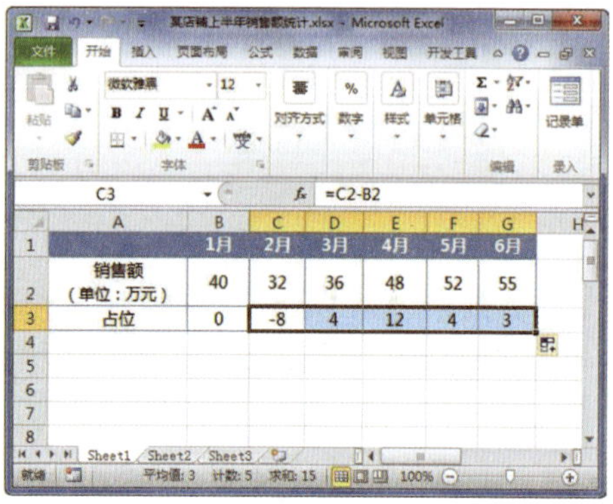

图7-2 填充公式

Step 03 选择任一数据单元格，选择“插入”选项卡，在“图表”组中单击“柱形图”下拉按钮，选择“堆积柱形图”选项，如图7-3所示。

Step 04 调整图表的位置和大小，删除图例，并添加图表标题，如图7-4所示。

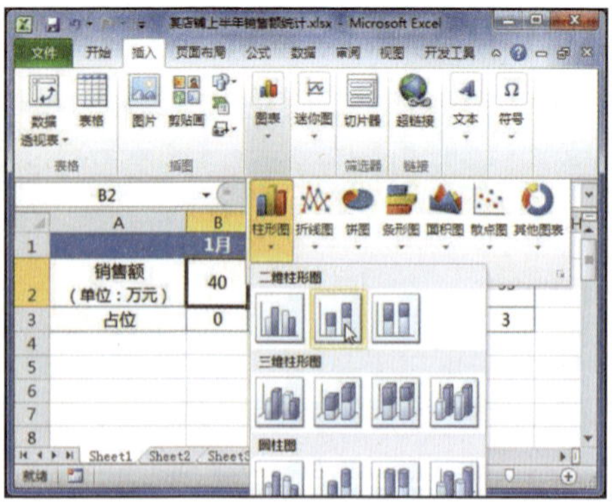

图7-3 插入堆积柱形图

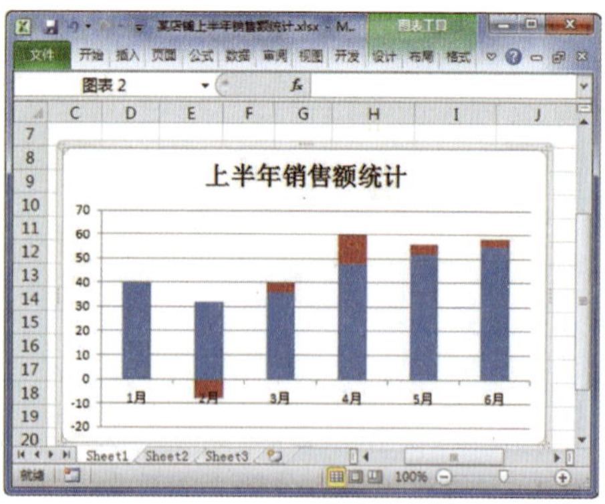

图7-4 添加图表标题

Step 05 在图表中选中纵坐标轴，在“设置坐标轴格式”对话框中设置“最小值”

为-10，“最大值”为70，“主要刻度单位”值为10，“次要刻度单位”为2，在“主要刻度线类型”下拉列表框中选择“无”选项，选中“坐标轴值”单选按钮，在右侧文本框中输入-10，如图7-5所示。

Step 06 此时横坐标轴在图表最底部显示，设置纵坐标轴线条颜色为无线条，效果如图7-6所示。

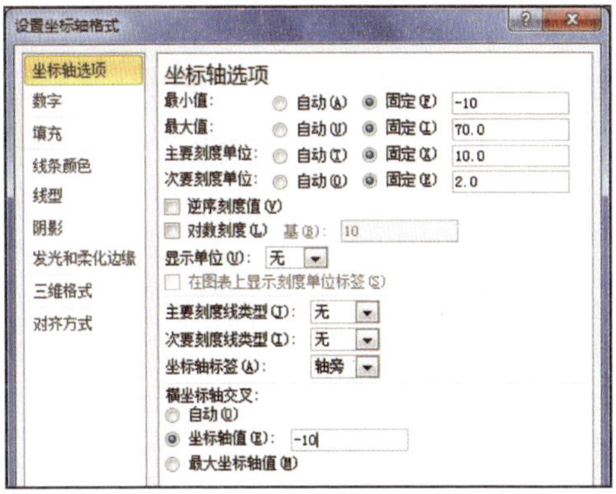

图7-5 设置坐标轴格式

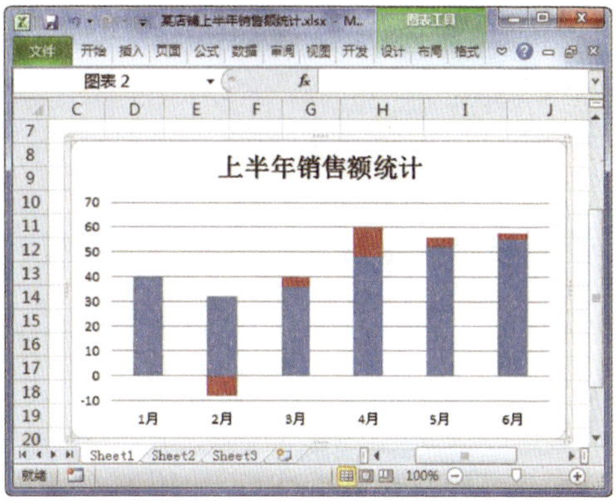

图7-6 设置坐标轴效果

Step 07 在图表中选中“销售额”数据系列，在“设置数据系列格式”对话框中选择“填充”选项，选中“无填充”单选按钮，如图7-7所示。

Step 08 在图表中选中“占位”数据系列，在“设置数据系列格式”对话框中选择“填充”选项，选中“纯色填充”单选按钮，并设置填充颜色，如图7-8所示。

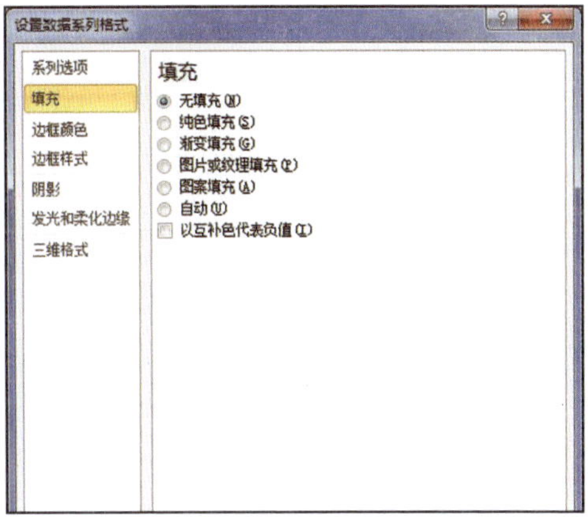

图7-7 设置“销售额”系列为无填充

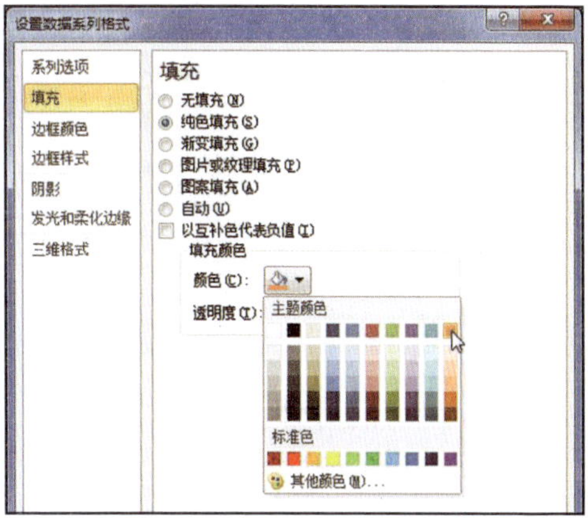

图7-8 设置“占位”系列填充颜色

Step 09 在图表中选中“1月”销售额数据系列，设置其填充颜色与“占位”数据系列相同，并设置网格线颜色，效果如图7-9所示。

Step 10 选中图表区，在“设置图表区格式”对话框中选中“纯色填充”单选按钮，并设置填充颜色，然后设置绘图区“填充”选项为无填充，如图7-10所示。

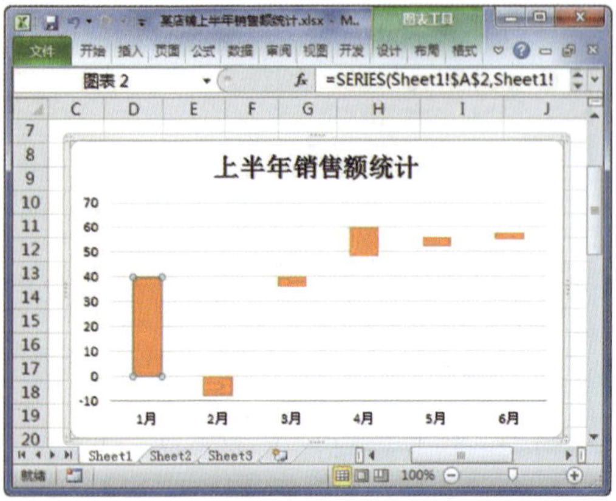

图7-9　设置“1月”数据系列颜色

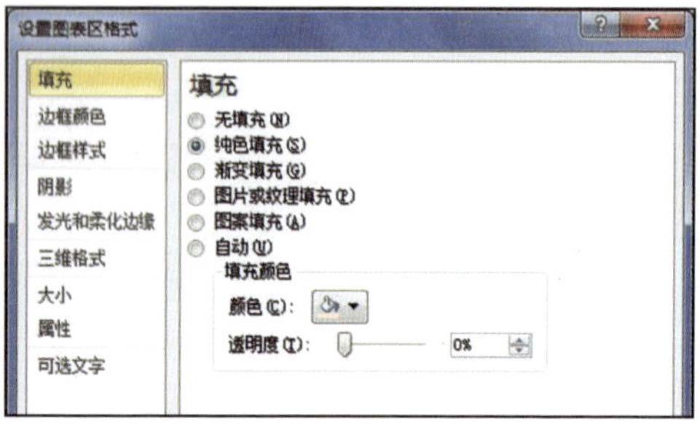

图7-10　设置图表区填充颜色

Step 11 添加数据标签，并设置图表字体格式，即可完成图表制作，最终效果如图7-11所示。

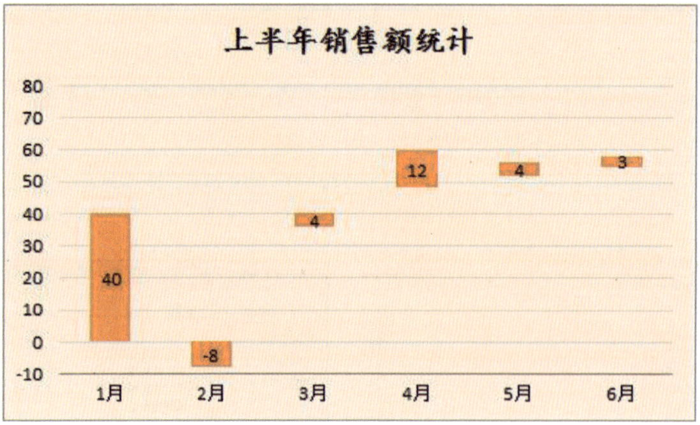

图7-11　图表最终效果

二、使用断层图显示相差较大的销售额

在本例中，将数据分为两类，7月、8月、9月的数据较大，其余月份的数据为正常数据。两类数据相差较大，不利于每个月份的直观比较，通过断层图可以清楚地将每个月的销售情况表示出来，以便于理解和分析，具体操作方法如下。

Step 01 打开“素材文件\项目七\某店铺全年营业额统计.xlsx”，在D1:F1单元格区域中输入标题文本，选择D2单元格，在编辑栏中输入公式“=IF(B2<=10,B2,10)”，并按【Enter】键确认，利用填充柄向下填充公式，如图7-12所示。

Step 02 选择E2单元格，在编辑栏中输入公式“=IF(B2>10,1,0)”，并按【Enter】键确认，利用填充柄向下填充公式，如图7-13所示。

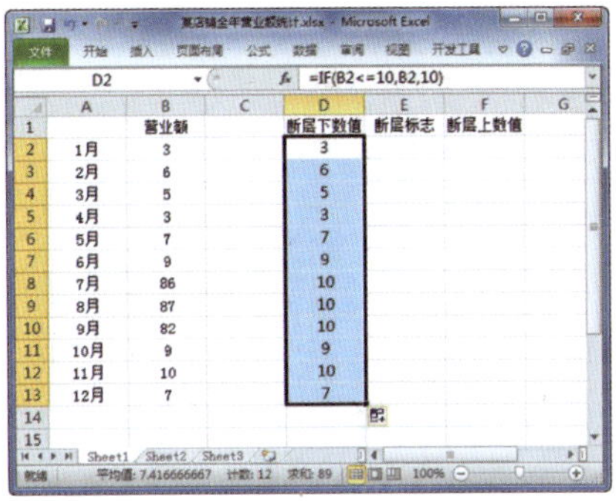

图7-12 计算“断层下数值”数据

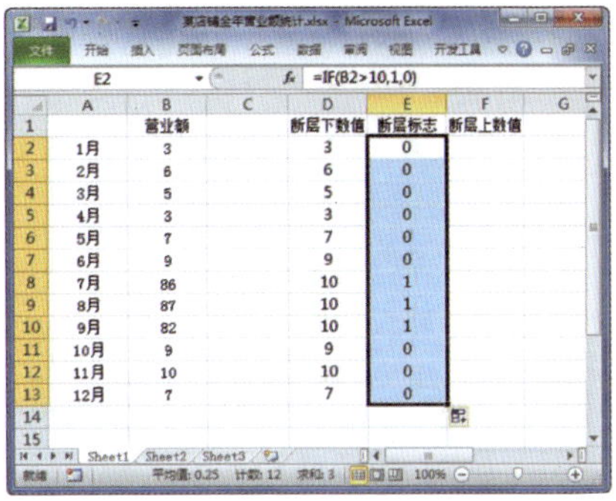

图7-13 计算“断层标志”数据

Step 03 选择F2单元格，在编辑栏中输入公式“=IF(B2>80,B2-80,0)”，并按【Enter】键确认，利用填充柄向下填充公式，如图7-14所示。

Step 04 在H1:J13单元格区域中编辑辅助数据，如图7-15所示。

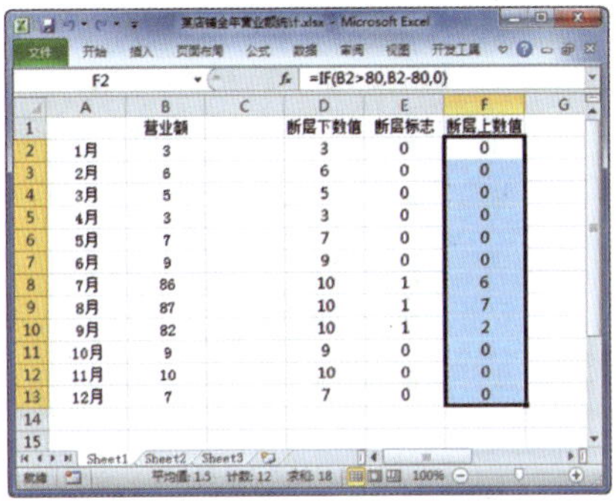

图7-14 计算“断层上数值”数据

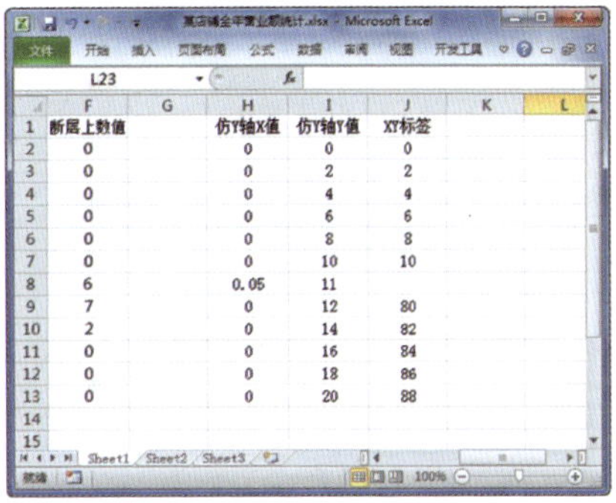

图7-15 编辑辅助数据

Step 05 按住【Ctrl】键分别选择A2:A13和D2:F13单元格区域，选择“插入”选项卡，在“图表”组中单击“柱形图”下拉按钮，选择“堆积柱形图”选项，如图7-16所示。

Step 06 选择I2:I13单元格区域，按【Ctrl+C】组合键复制数据。选中插入的图表，按【Ctrl+V】组合键粘贴数据，如图7-17所示。

Step 07 鼠标右键单击“系列4”数据系列，在弹出的快捷菜单中选择“更改系列图表类型”命令，如图7-18所示。

Step 08 弹出“更改图表类型”对话框，选择“带直线的散点图”选项，然后单击“确定”按钮，如图7-19所示。

Step 09 此时，“系列4”数据系列更改为“带直线的散点图”类型。鼠标右键单击图表，在弹出的快捷菜单中选择“选择数据”命令，如图7-20所示。

Step 10 弹出“选择数据源”对话框，选择“系列4”数据系列，然后单击“编辑”按钮，如图7-21所示。

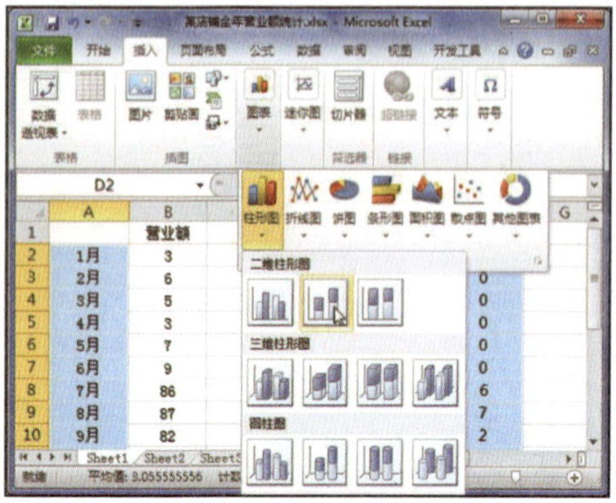

图7-16　插入堆积柱形图

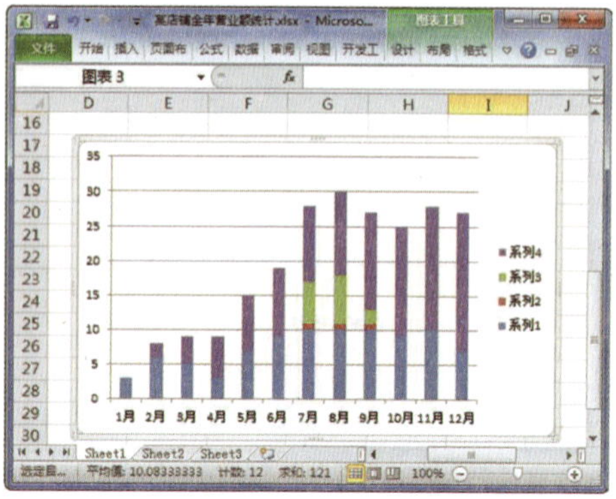

图7-17　插入图表系列

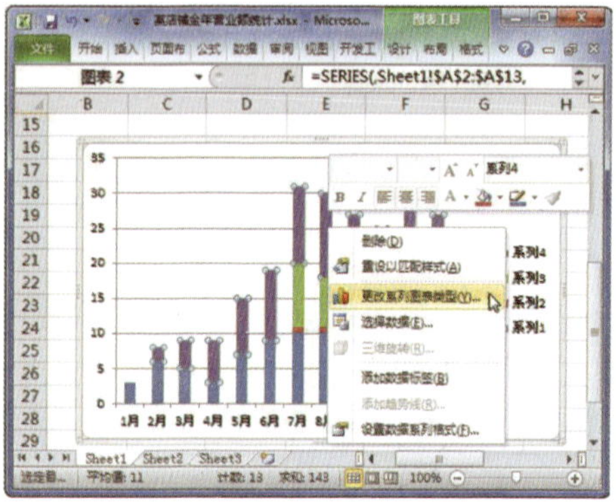

图7-18　选择“更改系列图表类型”命令

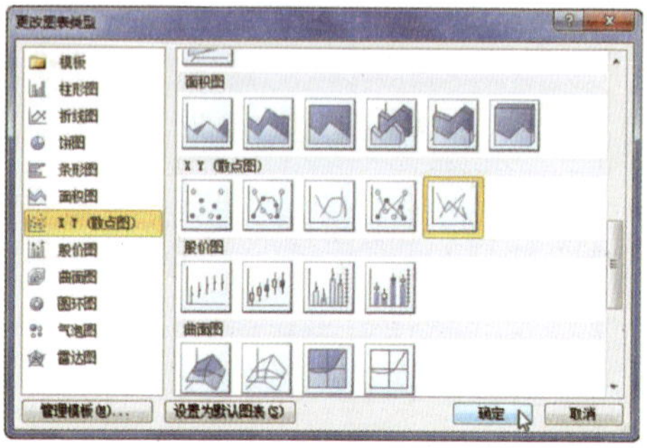

图7-19　设置“更改图表类型”对话框

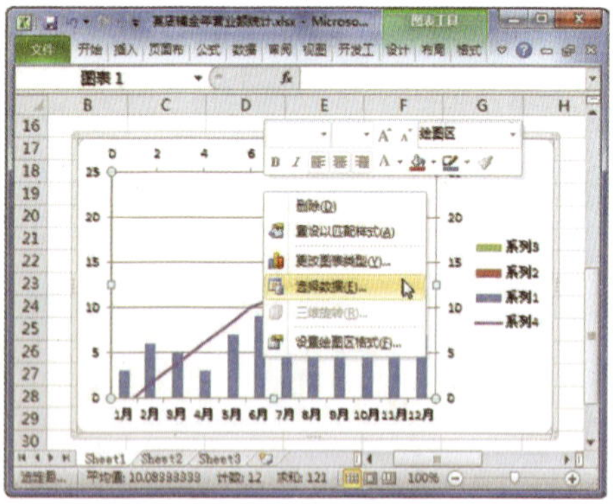

图7-20　选择“选择数据”命令

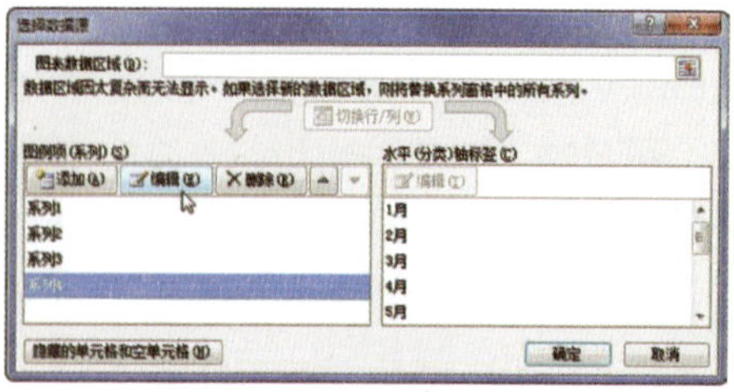

图7-21　设置“选择数据源”对话框

Step 11 弹出“编辑数据系列”对话框，设置“X轴系列值”为H2:H13单元格区域，“Y轴系列值”为I2:I13单元格区域，然后依次单击“确定”按钮，如图7-22所示。

Step 12 鼠标右键单击次要横坐标轴，在弹出的快捷菜单中选择“设置坐标轴格式”命令，如图7-23所示。

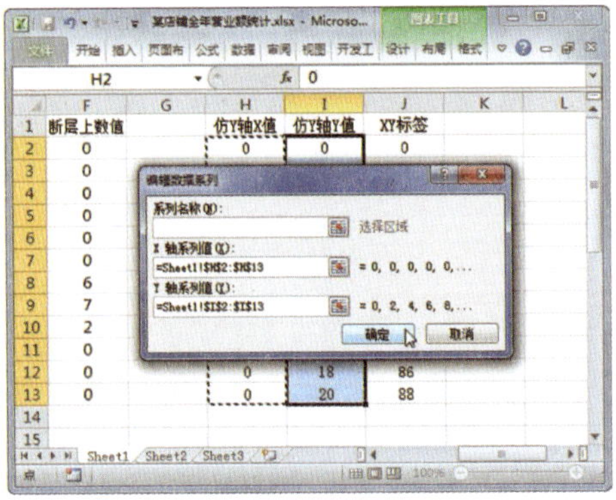

图7-22　编辑数据系列

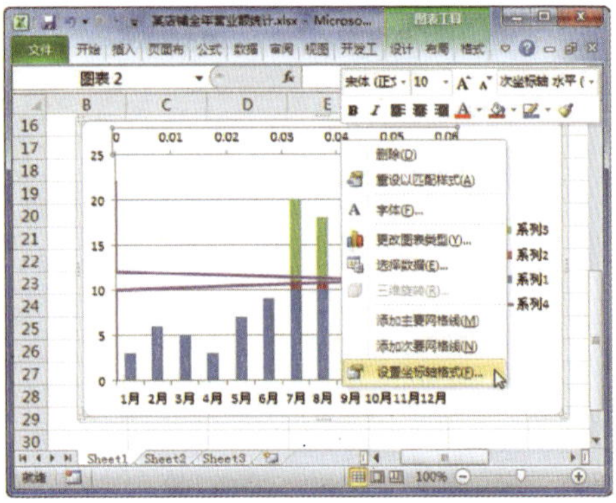

图7-23　设置次要横坐标轴格式

Step 13 弹出“设置坐标轴格式”对话框，设置“最小值”为0，“最大值”为3，“主要刻度单位”值为0.5，如图7-24所示。

Step 14 在图表中选中主要纵坐标轴，在“设置坐标轴格式”对话框中设置“最小值”为0，“最大值”为20，“主要刻度单位”值为5，如图7-25所示。设置次要纵坐标轴选项为相同值，然后单击“关闭”按钮。

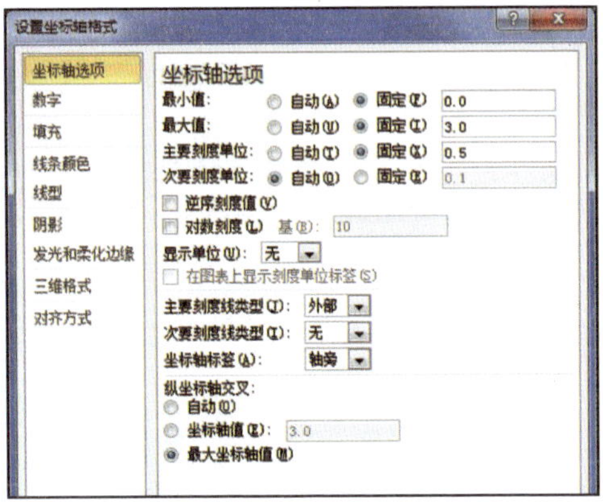

图7-24　设置次要横坐标选项

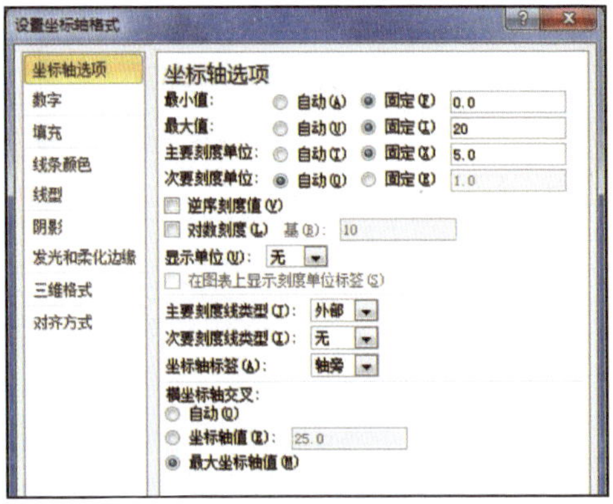

图7-25　设置主要纵坐标轴选项

Step 15 删除次要横坐标轴、次要纵坐标轴和主要纵坐标轴，删除网格线。鼠标右键单击“系列4”数据系列，在弹出的快捷菜单中选择“添加数据标签”命令，如图7-26所示。

Step 16 鼠标右键单击“系列4”数据系列，在弹出的快捷菜单中选择“设置数据标签格式”命令，如图7-27所示。

Step 17 弹出“设置数据标签格式”对话框，选中“靠左”单选按钮，如图7-28所示。

Step 18 删除图例，删除数据标签“11”。选中数据标签“12”，在编辑栏中删除原有数据，输入“=”，在单元格中选择J9单元格，并按【Enter】键确认，如图7-29所示。

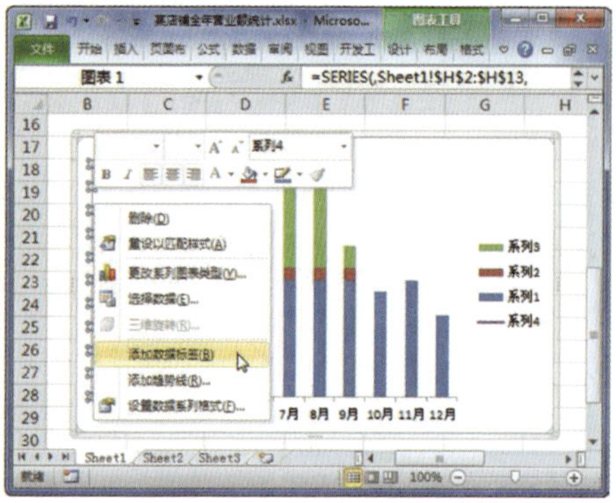

图7-26　添加数据标签

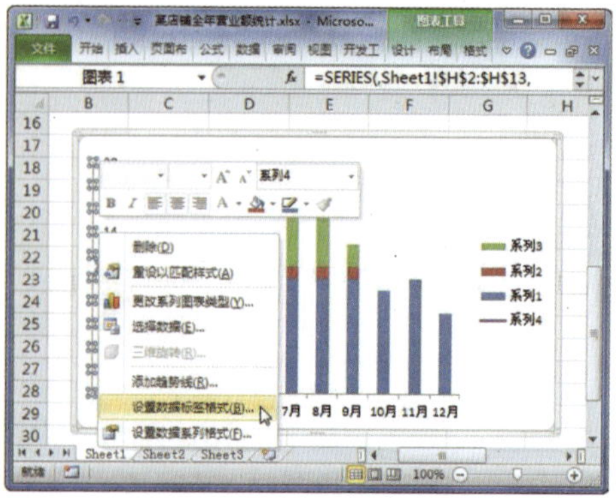

图7-27　设置数据标签格式

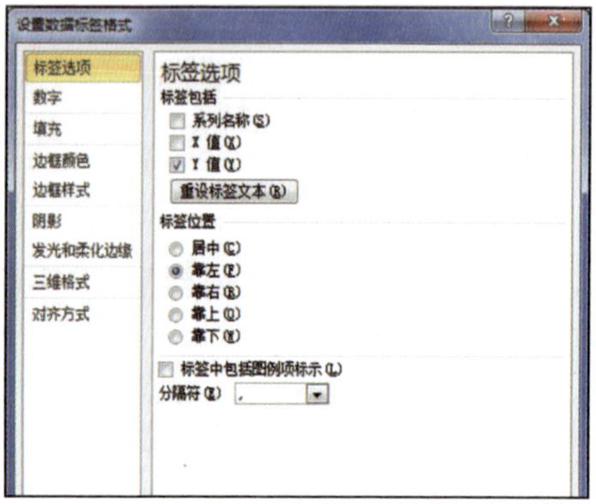

图7-28　设置标签位置

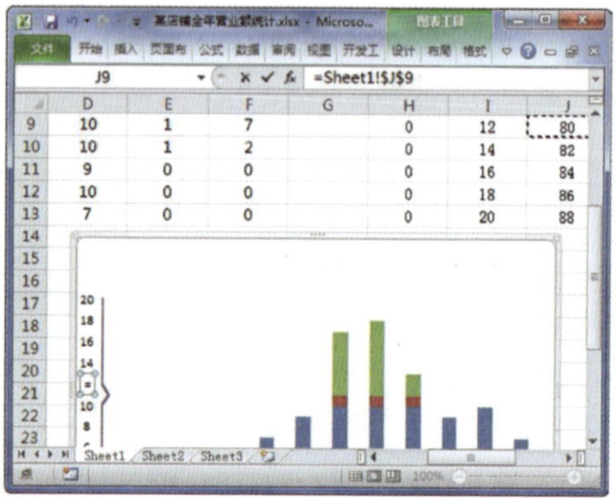

图7-29　编辑标签内容

Step 19 采用同样的方法，将其他标签内容更改为“XY标签”列的数据，如图7-30所示。

Step 20 鼠标右键单击“系列3”数据系列，在弹出的快捷菜单中选择“设置数据系列格式”命令，如图7-31所示。

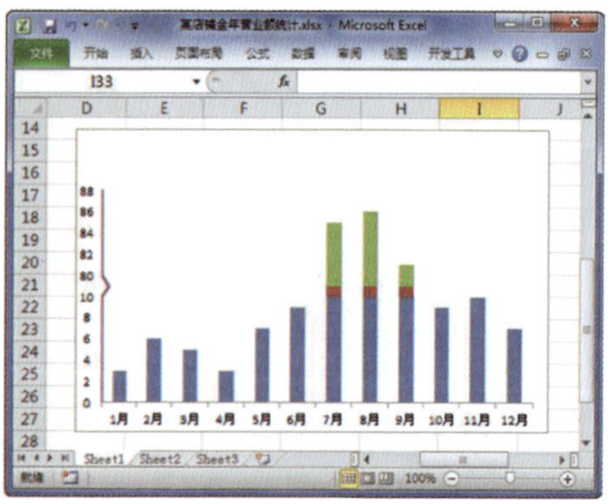

图7-30　设置其他数据标签内容

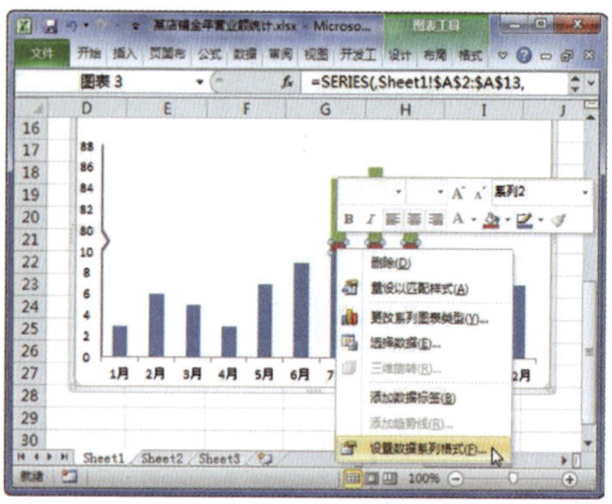

图7-31　设置数据系列格式

Step 21 弹出“设置数据系列格式”对话框，选择“填充”选项，选中“图案填充”单选按钮，在图案列表中选择需要的图案，如图7-32所示。

Step 22 设置系列填充颜色与图表区填充颜色，添加图表标题，并设置图表字体格式，最终效果如图7-33所示。

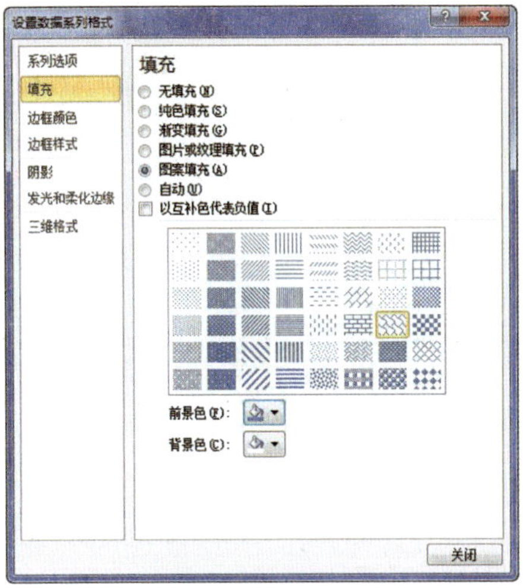

图7-32　设置图案填充

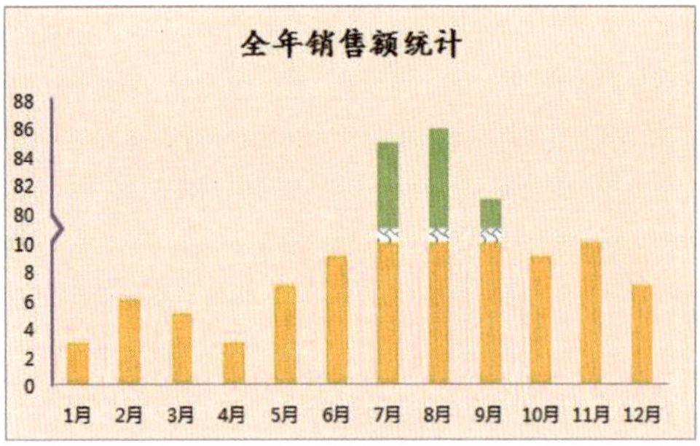

图7-33　图表最终效果

任务二　使用子弹图和温度计图显示销量情况

任务概述

子弹图的形式类似于子弹射出后带出的轨道，因此而得名。每个单元的子弹图只能显示单一的数据信息源，并且通过添加合理的度量标尺可以显示更为精确的阶段性数据信息，在信息传递上具有更大的效能优势。

温度计图能够形象地动态显示某项工作完成的百分比，会根据数据的改动随时产生直观的变化，不仅能对比目标与实际的差异，显示数据结果，还能满足直观的视觉效果。

本任务将学习如何使用子弹图和温度计图来显示销量情况。

任务重点与实施

一、使用子弹图显示销量的完成情况

使用子弹图能清晰地查看销售目标与实际完成的对比情况，具体操作方法如下。

Step 01 打开“素材文件\项目七\上半年销量完成统计.xlsx”，在A4:G6单元格区域中编辑辅助数据，如图7-34所示。

Step 02 选择任一数据单元格，选择“插入”选项卡，在“图表”组中单击“柱形图”下拉按钮，选择“堆积柱形图”选项，如图7-35所示。

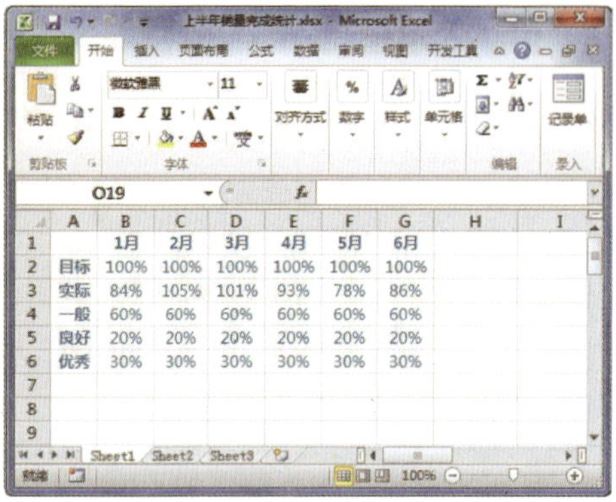

图7-34　编辑辅助数据

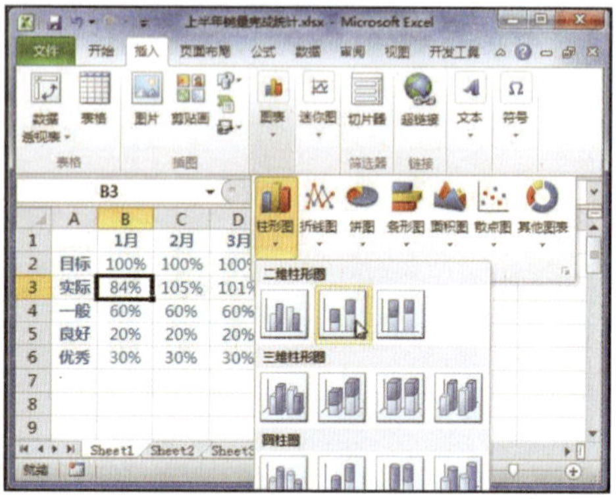

图7-35　插入堆积柱形图

Step 03 调整图表的位置和大小，鼠标右键单击“实际”数据系列，在弹出的快捷菜单中选择“设置数据系列格式”命令，如图7-36所示。

Step 04 弹出“设置数据系列格式”对话框，设置“分类间距”为300%，选中“次坐标轴”单选按钮，然后单击“关闭”按钮，如图7-37所示。

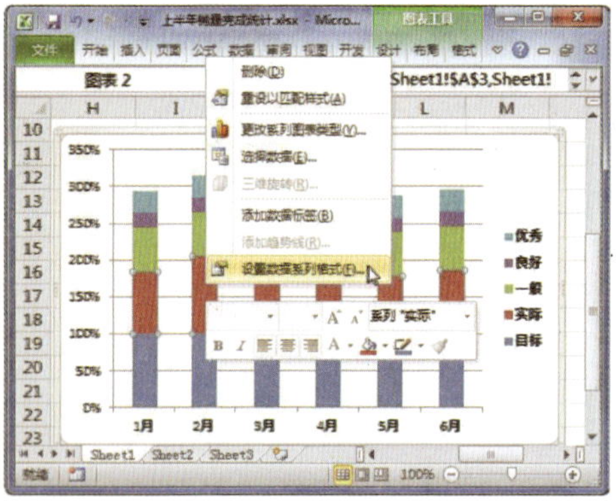

图7-36　设置数据系列格式

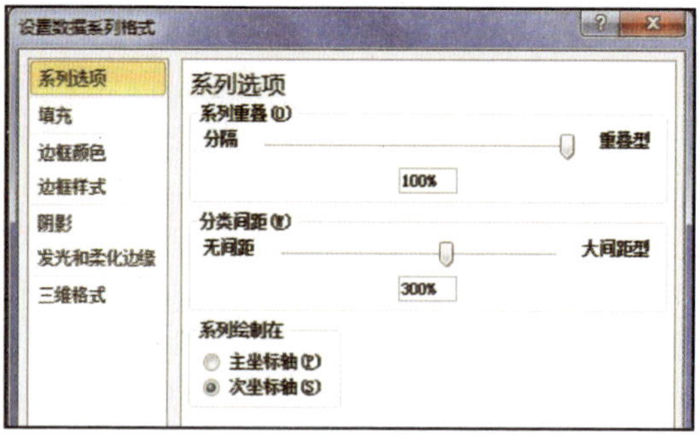

图7-37　设置系列选项

Step 05 鼠标右键单击“目标”数据系列，在弹出的快捷菜单中选择“更改系列图表类型”命令，如图7-38所示。

Step 06 弹出“更改图表类型”对话框，选择“带直线和数据标记的散点图”选项，然后单击“确定”按钮，如图7-39所示。

Step 07 此时，“目标”数据系列类型已被修改。鼠标右键单击更改后的数据系列，在弹出的快捷菜单中选择“设置数据系列格式”命令，如图7-40所示。

Step 08 在“设置数据系列格式”对话框中选择“数据标记选项”选项，选中“内置”单选按钮，在“类型”下拉列表框中选择需要的标记类型，设置“大小”为15，如图7-41所示。

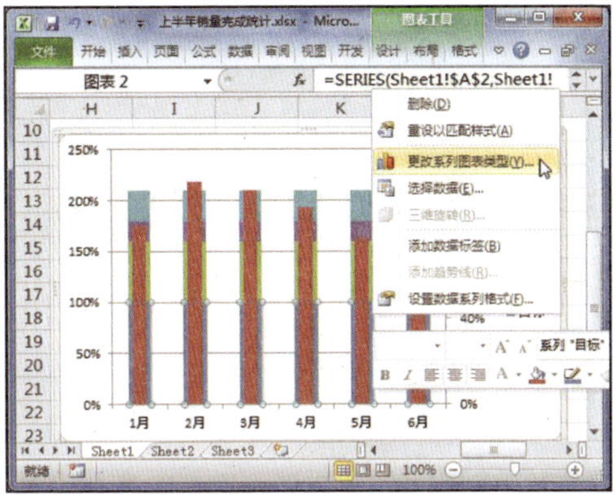

图7-38　更改系列图表类型

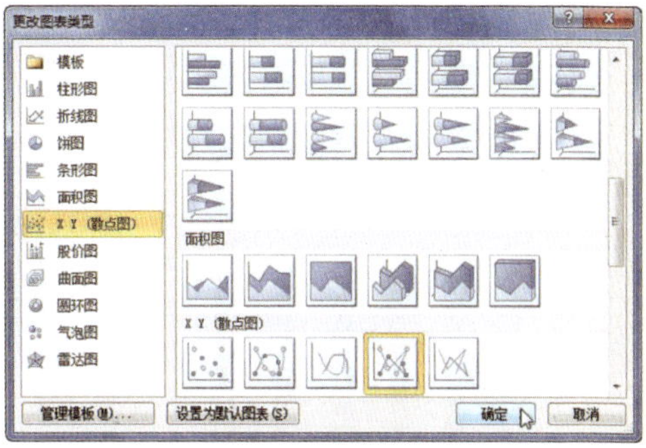

图7-39　选择图表类型

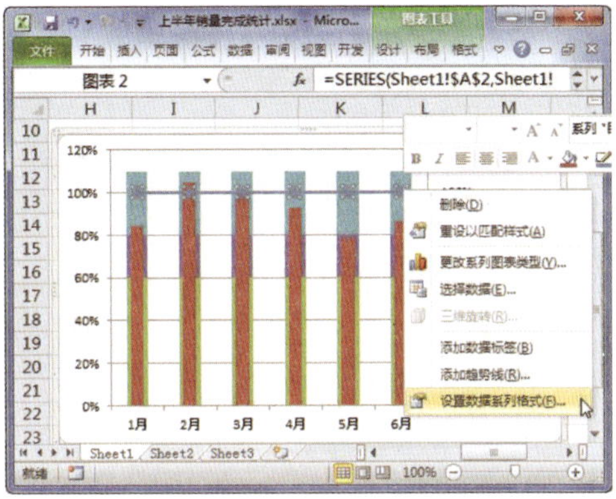

图7-40　设置数据系列格式

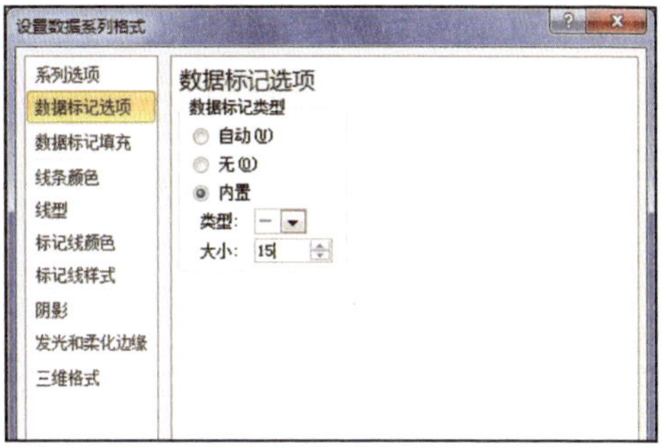

图7-41　设置数据标记选项

Step 09 选择“数据标记填充”选项，选中“纯色填充”单选按钮，在“颜色”下拉列表框中选择需要的颜色，如图7-42所示。

Step 10 选择“线条颜色”选项，选中“无线条”单选按钮，如图7-43所示。

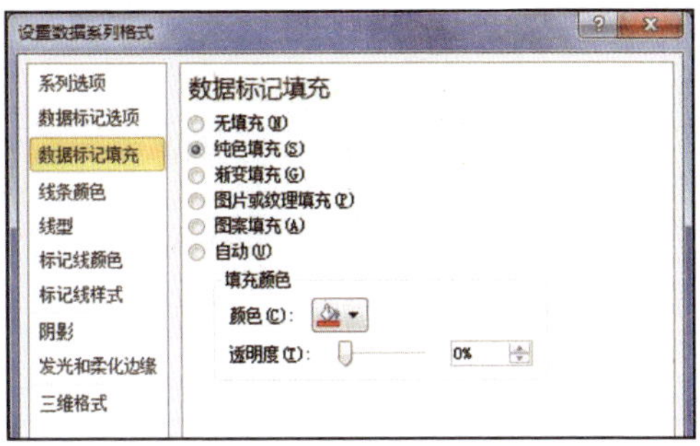

图7-42　设置数据标记填充颜色

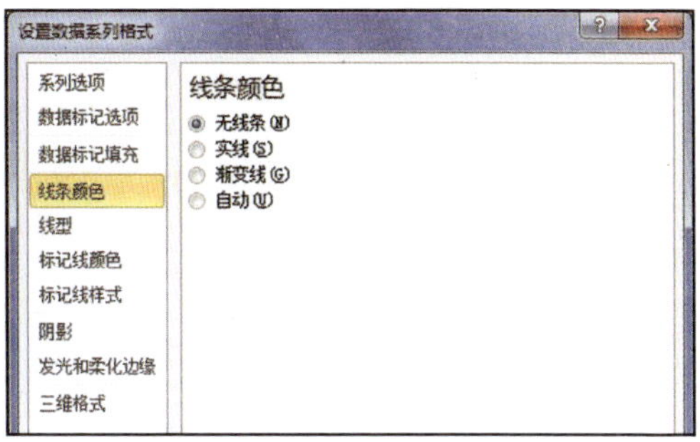

图7-43　设置线条颜色为无线条

Step 11 设置主要纵坐标轴和次要纵坐标轴的线条颜色为无线条、主要刻度线类型为无，设置横坐标轴的主要刻度线类型为无，效果如图7-44所示。

Step 12 在图表中选中“一般”数据系列，在“设置数据系列格式”对话框中选择“填充”选项，选中“纯色填充”单选按钮，并设置填充颜色，如图7-45所示。采用同样的方法，设置“良好”和“优秀”数据系列的填充颜色。

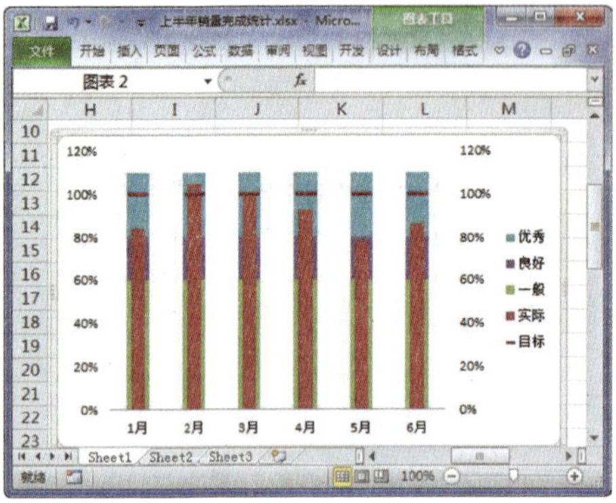

图7-44　设置坐标轴格式

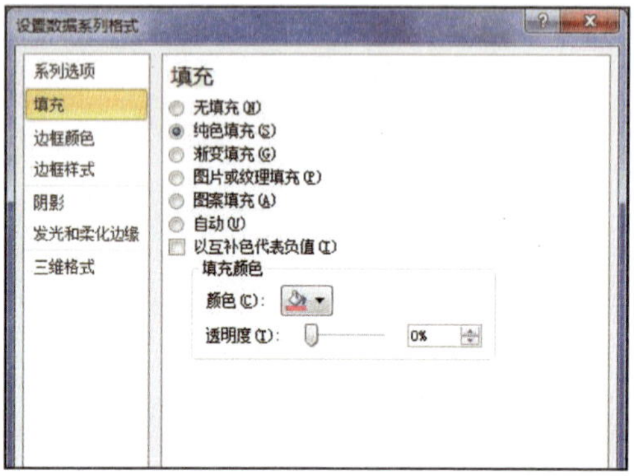

图7-45　设置数据系列填充颜色

Step 13 在图表中选中“实际”数据系列，在“设置数据系列格式”对话框中选择“填充”选项，选中“纯色填充”单选按钮，并设置填充颜色，设置“透明度”为20%，如图7-46所示。

Step 14 设置绘图区“填充”选项为无填充。在图表中选中图表区，在“设置图表区格式”对话框中选中“纯色填充”单选按钮，并设置填充颜色，然后单击“关闭”按钮，如图7-47所示。

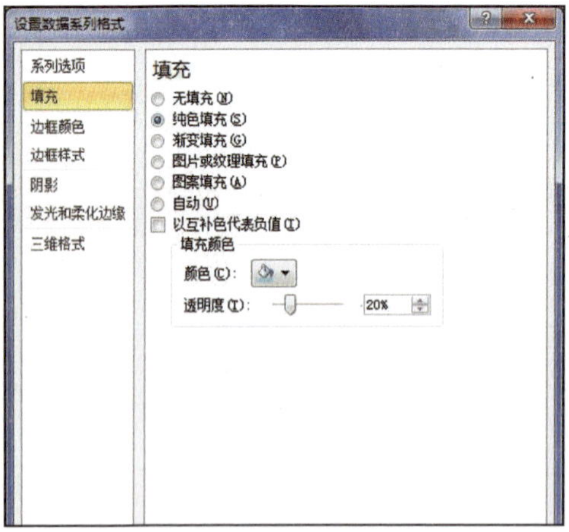

图7-46　设置“实际”系列填充颜色

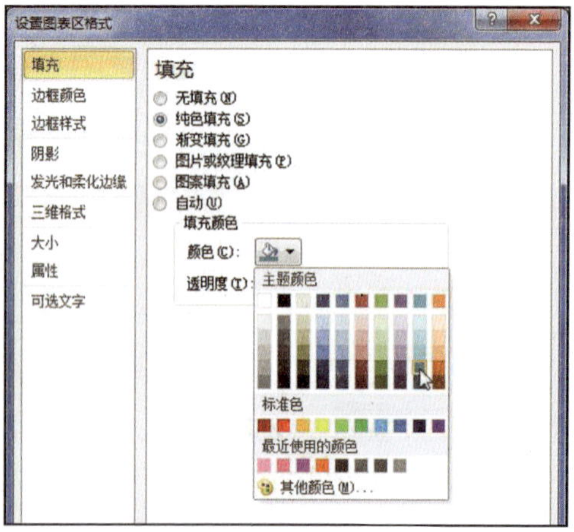

图7-47　设置图表区填充颜色

Step 15 添加图表标题，调整标题和图例位置，并设置图表字体格式，最终效果如图7-48所示。

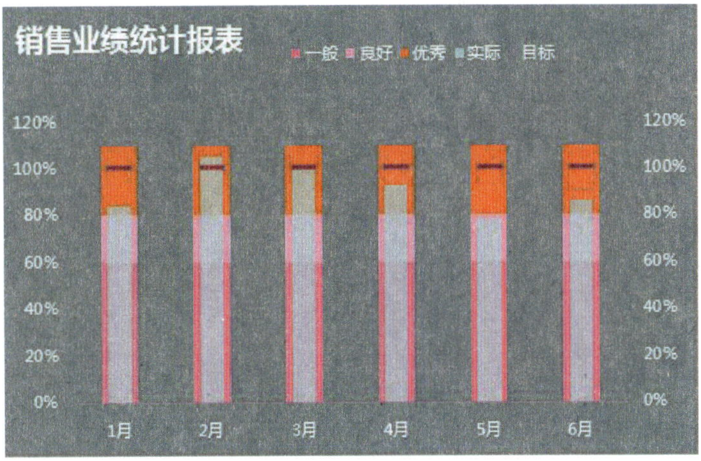

图7-48　图表最终效果

二、使用温度计图动态展示销售进度

下面将通过制作温度计图来动态展示销售进度。在制作时，设置绘图区为黑色显示，“达成率”为红色显示，“达成率”越高，红色区域掩盖黑色区域的范围就越多，可以直观地展示动态数据，具体操作方法如下。

Step 01 打开“素材文件\项目七\销量完成对比.xlsx”，选择A16:B16单元格区域，选择“插入”选项卡，在“图表”组中单击“柱形图”下拉按钮，选择“簇状柱形图”选项，如图7-49所示。

Step 02 删除图例和横坐标轴，并调整图表的宽度，如图7-50所示。

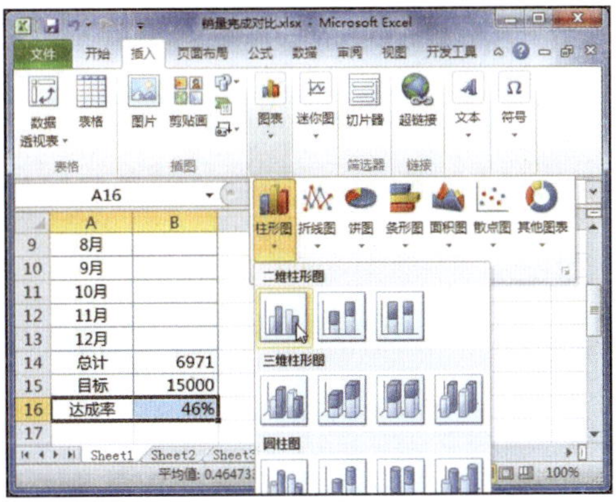

图7-49　插入簇状柱形图

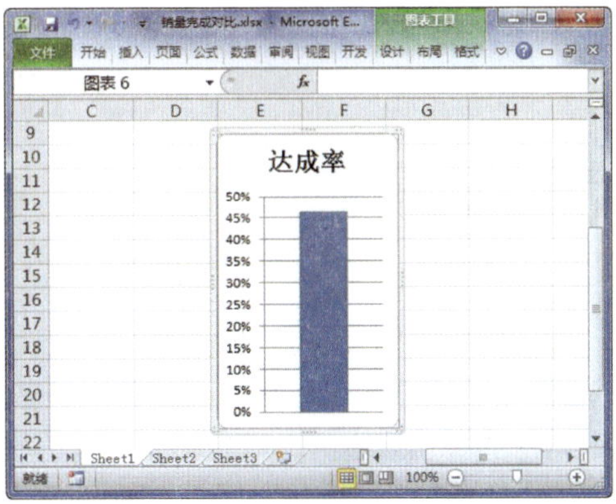

图7-50　调整图表宽度

Step 03 在图表中选中纵坐标轴，在“设置坐标轴格式”对话框中设置“最小值”为0，“最大值”为1，“主要刻度单位”为0.1，在“主要刻度线类型”下拉列表框中选择“内部”选项，如图7-51所示。

Step 04 选择“线条颜色”选项，选中“无线条”单选按钮，如图7-52所示。

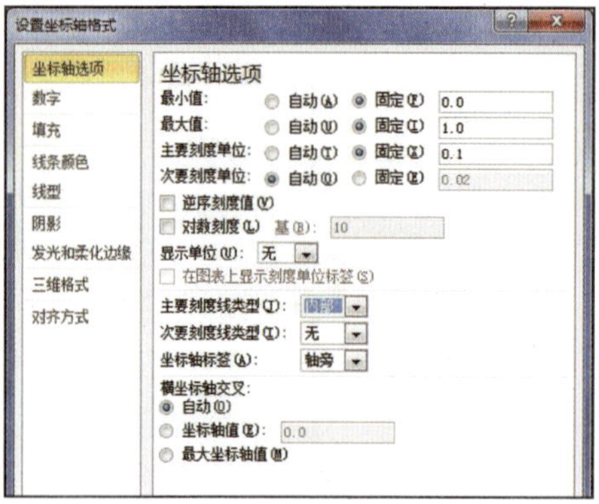

图7-51　设置坐标轴选项

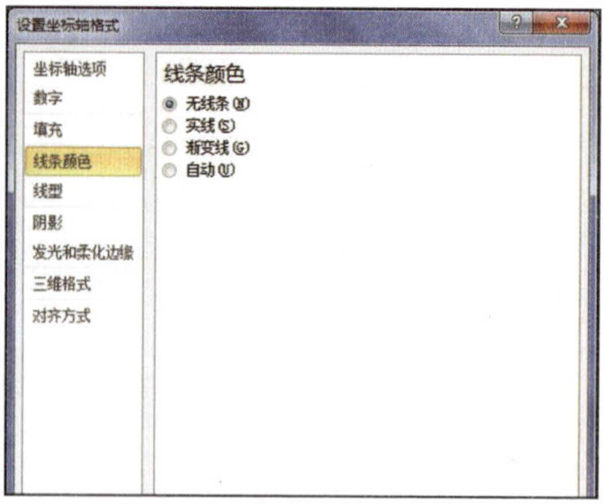

图7-52　设置纵坐标轴线条颜色

Step 05 在图表中选中数据系列，在“设置数据系列格式”对话框中的“系列选项”下设置“分类间距”为0，如图7-53所示。

Step 06 选择“填充”选项，选中“纯色填充”单选按钮，并设置填充颜色，如图7-54所示。

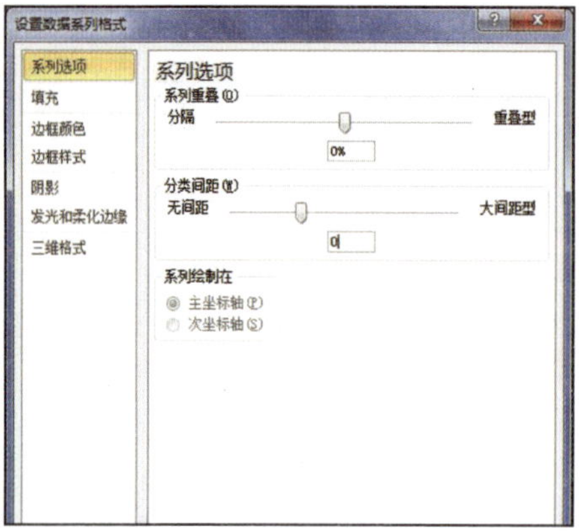

图7-53　设置数据系列分类间距

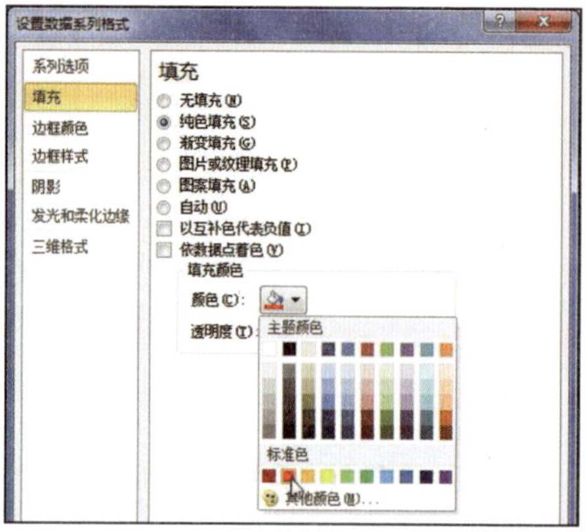

图7-54　设置数据系列填充颜色

Step 07 在图表中选中绘图区，在“设置绘图区格式”对话框中选中“纯色填充”单选按钮，并设置填充颜色为黑色，如图7-55所示。

Step 08 在图表中选中图表区，在“设置图表区格式”对话框中选择“边框颜色”选项，选中“无线条”单选按钮，然后单击“关闭”按钮，如图7-56所示。

Step 09 选择“插入”选项卡，在“插图”组中单击“形状”下拉按钮，选择“椭圆”形状，如图7-57所示。

Step 10 按住【Shift】键拖动鼠标，绘制正圆。选中圆形，选择“格式”选项卡，单击“形状填充”下拉按钮，选择需要的颜色，如图7-58所示。

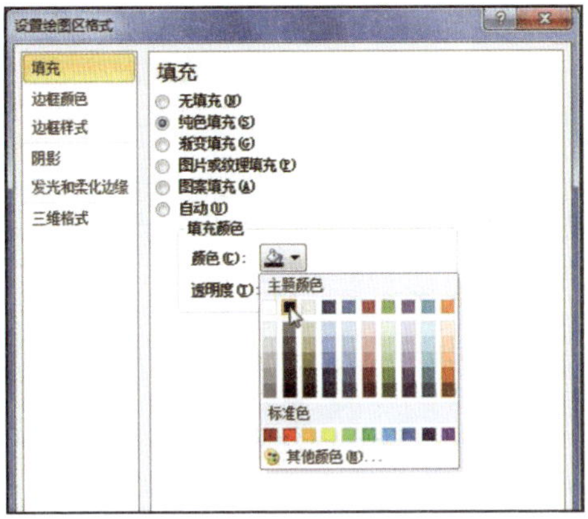

图7-55　设置绘图区填充颜色

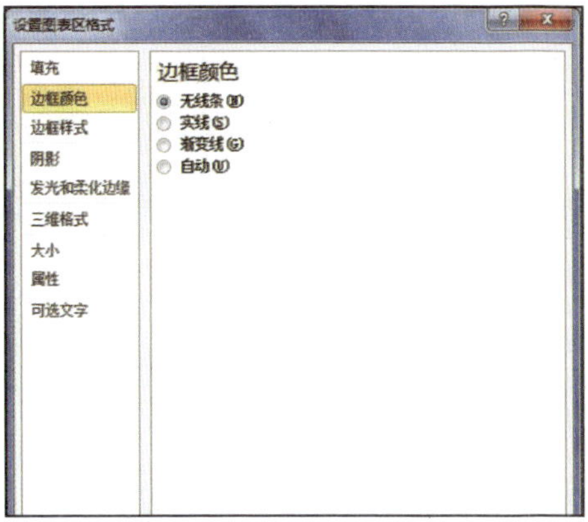

图7-56　设置图表区边框颜色

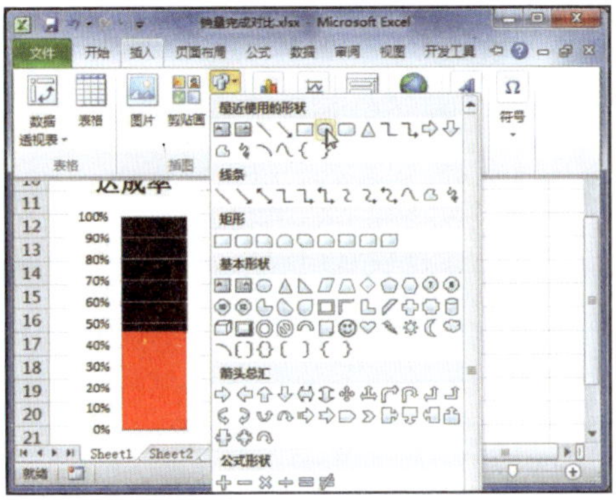

图7-57　插入椭圆形状

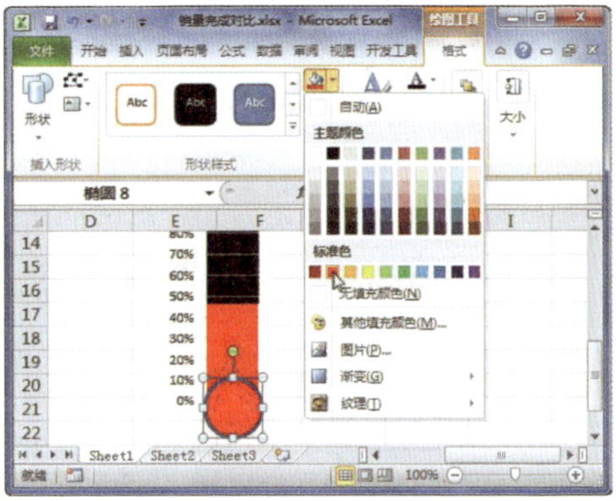

图7-58　设置形状颜色

Step 11 单击“形状轮廓”下拉按钮，选择“无轮廓”选项，如图7-59所示。

Step 12 按住【Shift】键选中图表和形状，在“排列”组中单击“组合”下拉按钮，选择“组合”选项，如图7-60所示。

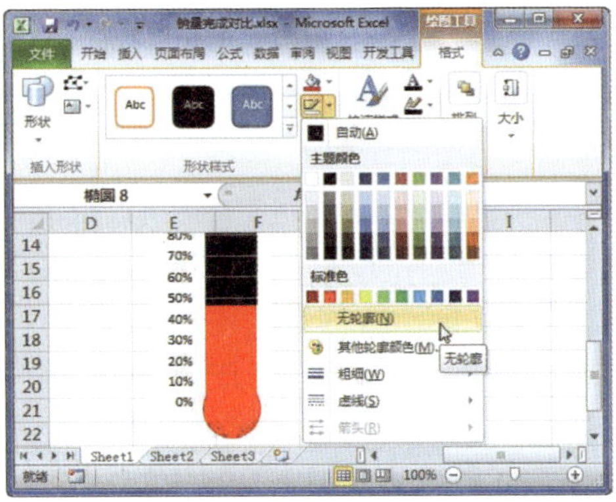

图7-59　设置形状为无轮廓

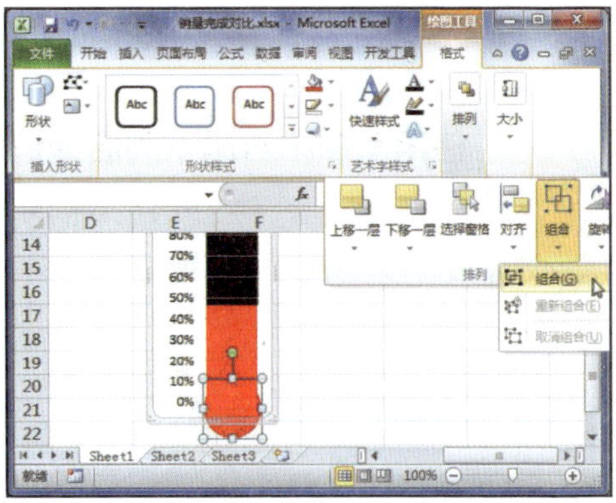

图7-60　组合形状和图表

Step 13 选择“视图”选项卡，在“显示”组中取消选中“网格线”复选框，如图7-61所示。

Step 14 设置图表标题字号为16，即可完成温度计图表制作，最终效果如图7-62所示。

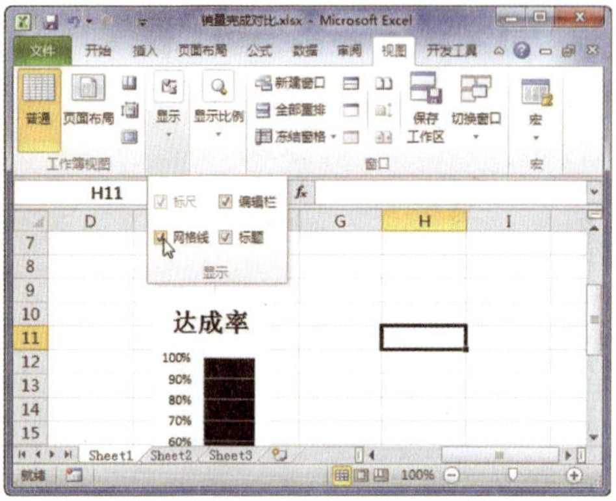

图7-61　隐藏网格线

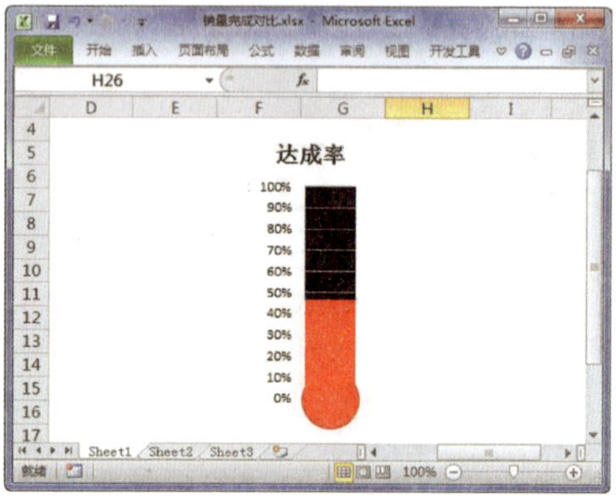

图7-62　图表最终效果

任务三　使用滑珠图和旋风图对比商务数据

任务概述

滑珠图是在同一个条形中有两个或两个以上的点位置，样式就像几颗珠子在横杆上滑动，一般是从左向右滑动。滑珠图能够形象地刻画出数据变动时珠子的滑动情况。

旋风图的特点是两组条形图的数据条沿中间的纵轴分别朝左右两个方向伸展，通过把两个数据系列分别置于主坐标轴和次坐标轴，然后对其中一个坐标轴逆序显示，即可形成对比效果。

本任务将学习如何使用滑珠图和旋风图来对比商务数据。

任务重点与实施

一、使用滑珠图对比不同店铺销售数据

默认的条形图不适合比较数据系列之间的相对大小，此时通过使用滑珠图可以在表达清楚数据的同时，在视觉效果上更加清晰，不仅能减少阅读时间，将所要传达的信息表达得更加透彻，还能降低图表的理解难度，具体操作方法如下。

Step 01 打开“素材文件\项目七\近两年各地区销售额统计2.xlsx”，在D1:E11单元格区域中编辑数据，如图7-63所示。

Step 02 选择A1:D11单元格区域，选择“插入”选项卡，在“图表”组中单击“条形图”下拉按钮，选择“簇状条形图”选项，如图7-64所示。

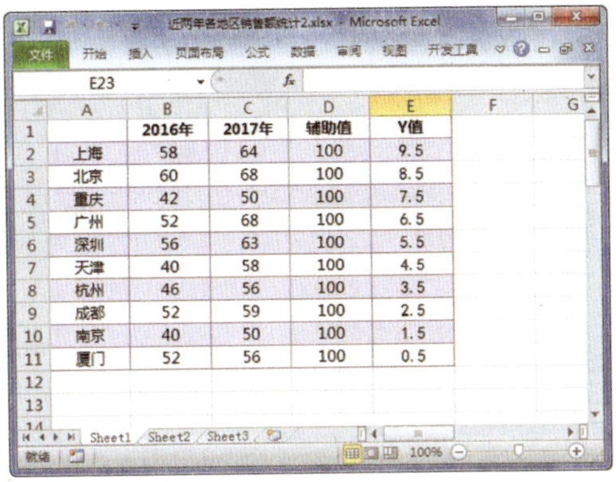

图7-63 编辑数据

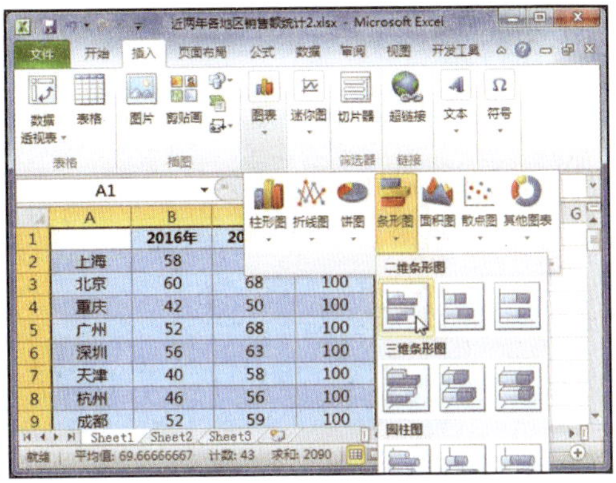

图7-64 选择图表类型

Step 03 此时，即可插入簇状条形图。选择“设计”选项卡，单击“快速样式”下拉按钮，选择需要的样式，如图7-65所示。

Step 04 在图表中选中纵坐标轴，在“设置坐标轴格式”对话框中选中“逆序类别”复选框，然后设置线条颜色为“无线条”，如图7-66所示。

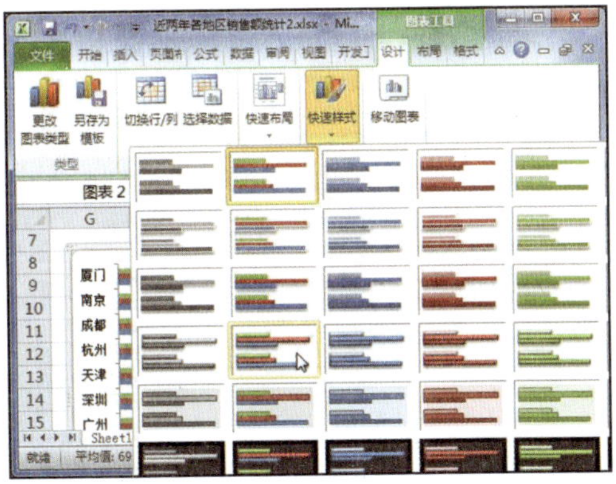

图7-65 选择图表样式

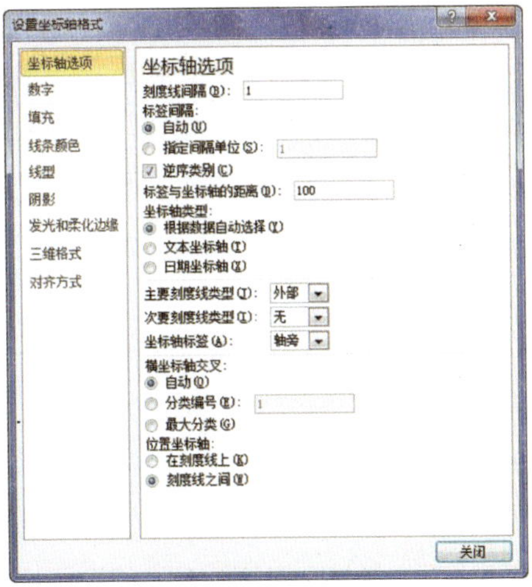

图7-66 设置纵坐标轴格式

Step 05 在图表中选中横坐标轴，在“设置坐标轴格式”对话框中设置“最大值”为100，然后设置线条颜色为“无线条”，如图7-67所示，单击“关闭”按钮。

Step 06 鼠标右键单击“2017年”数据系列，在弹出的快捷菜单中选择“更改系列图表类型”命令，如图7-68所示。

Step 07 选择“XY（散点图）”选项，选择“仅带数据标记的散点图”选项，然后单击“确定”按钮，如图7-69所示。

Step 08 采用同样的方法，将“2016年”数据系列更改为“仅带数据标记的散点图”类型，如图7-70所示。

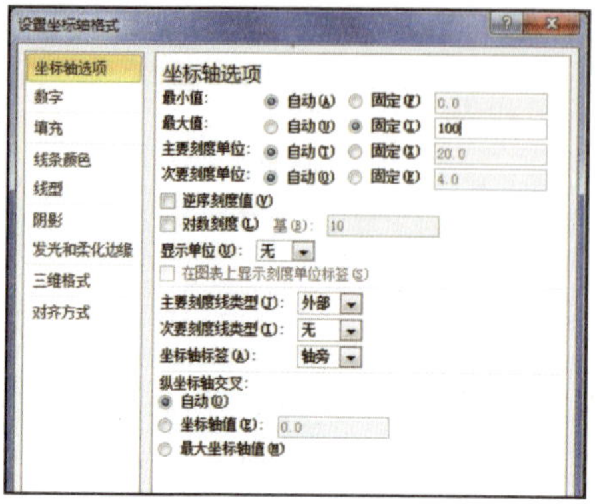

图7-67　设置横坐标轴格式

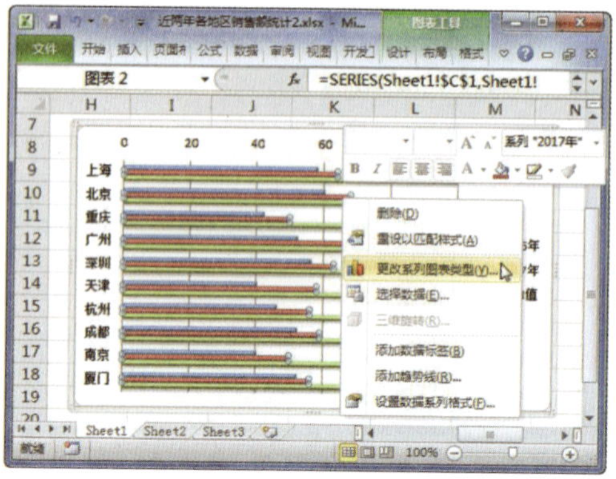

图7-68　更改图表类型

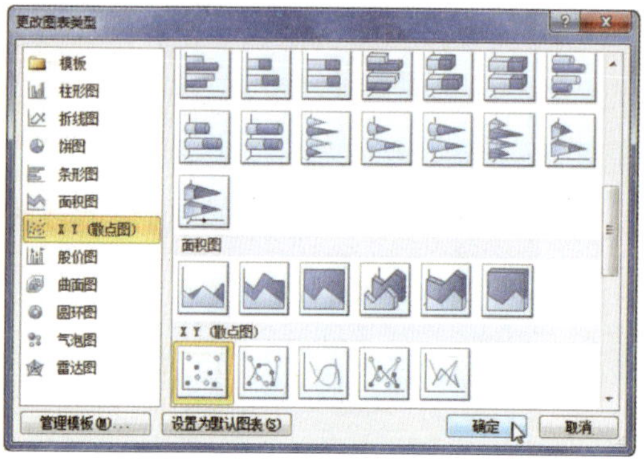

图7-69　选择图表类型

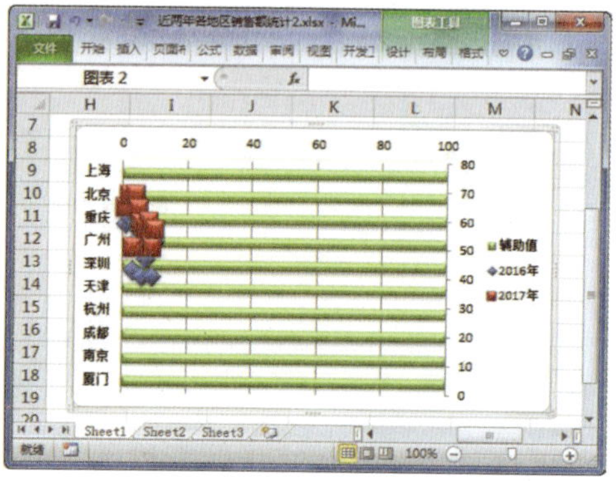

图7-70　更改“2016年”数据系列图表类型

Step 09 鼠标右键单击图表，在弹出的快捷菜单中选择“选择数据”命令，如图7-71所示。

Step 10 弹出“选择数据源”对话框，在“图例项（系列）”列表中选择“2016年”数据系列，然后单击“编辑”按钮，如图7-72所示。

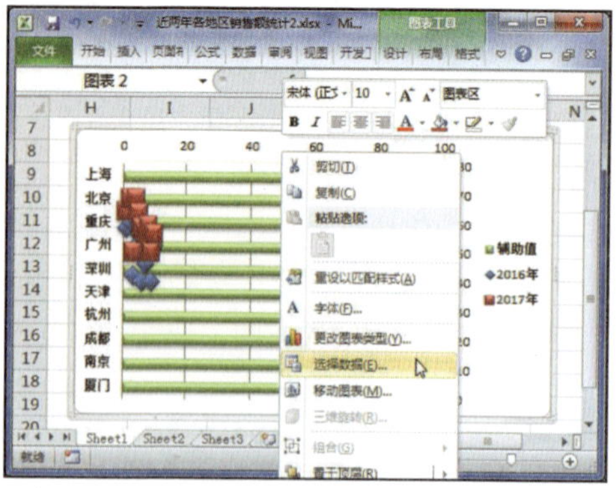

图7-71　选择数据

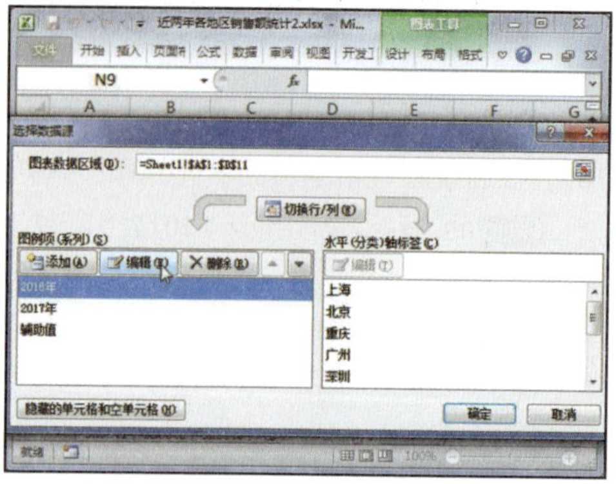

图7-72　选择数据源

Step 11 弹出“编辑数据系列”对话框，设置数据系列参数，然后单击“确定”按钮，如图7-73所示。

Step 12 采用同样的方法，编辑“2017年”数据系列，设置各项参数，然后依次单击“确定”按钮，如图7-74所示。

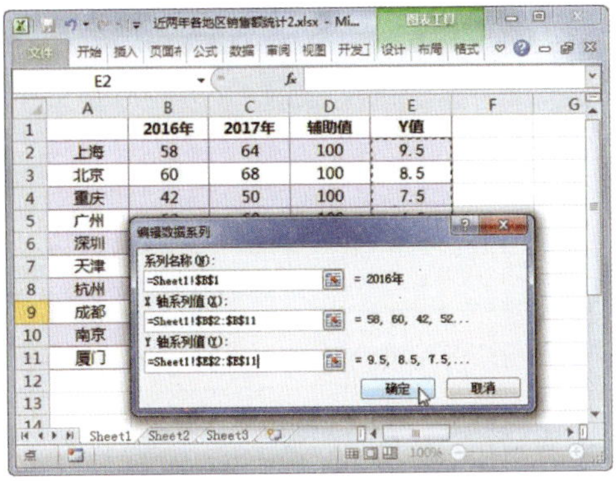

图7-73　编辑“2016年”数据系列

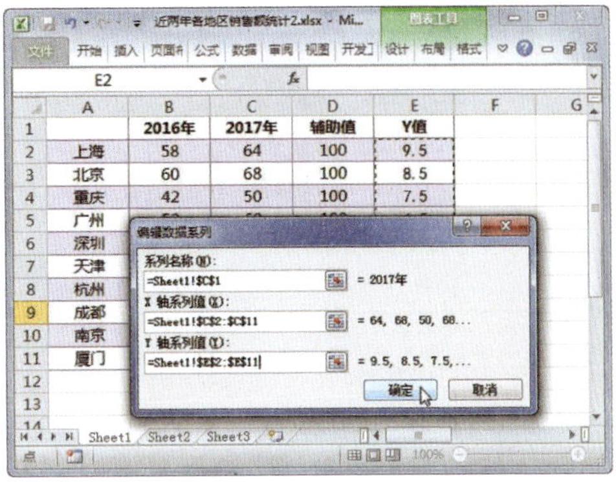

图7-74　编辑“2017年”数据系列

Step 13 鼠标右键单击“辅助值”数据系列，在弹出的快捷菜单中选择“设置数据系列格式”命令，如图7-75所示。

Step 14 弹出“设置数据系列格式”对话框，设置“分类间距”为80%，如图7-76所示。

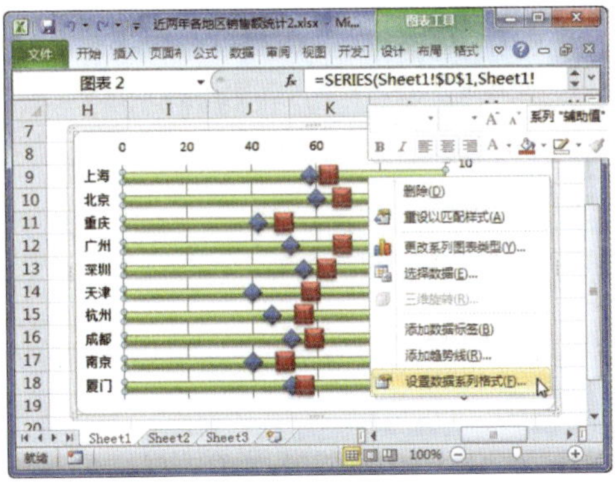

图7-75　设置数据系列格式

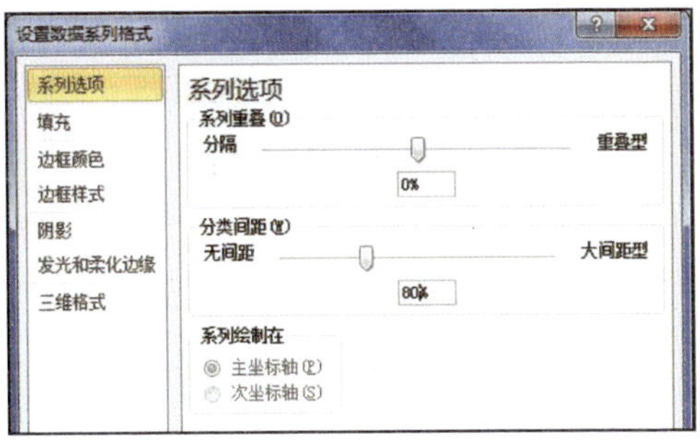

图7-76　设置系列分类间距

Step 15 选择“填充”选项，选中“纯色填充”单选按钮，并设置填充颜色，如图7-77所示。

Step 16 在图表中选中“2017年”数据系列，在“设置数据系列格式”对话框中选择“数据标记选项”选项，选中“内置”单选按钮，在“类型”下拉列表框中选择需要的标记类型，设置“大小”为9，如图7-78所示。

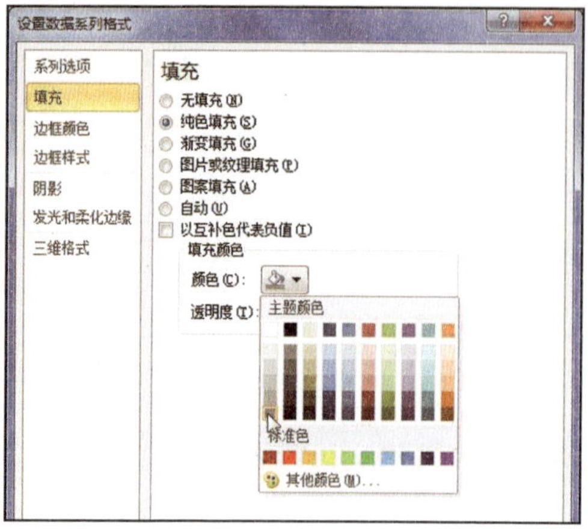

图7-77　设置数据系列填充颜色

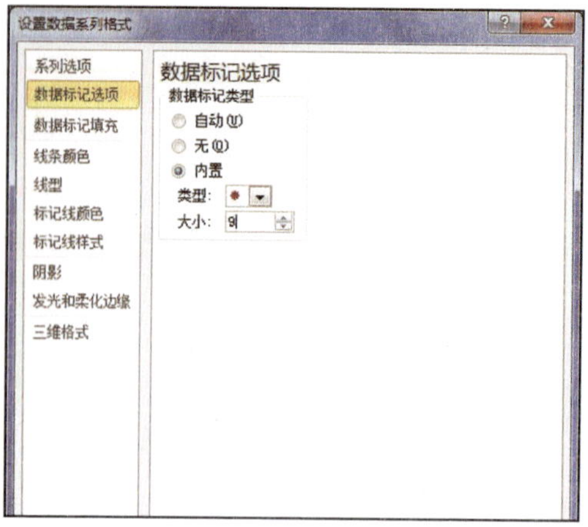

图7-78　设置数据标记选项

Step 17 选择“数据标记填充”选项，选中“纯色填充”单选按钮，并设置填充颜色，如图7-79所示，然后单击“关闭”按钮。

Step 18 在图表中选中“2017年”数据系列，选择“格式”选项卡，单击“形状轮廓”下拉按钮，选择“无轮廓”选项，如图7-80所示。

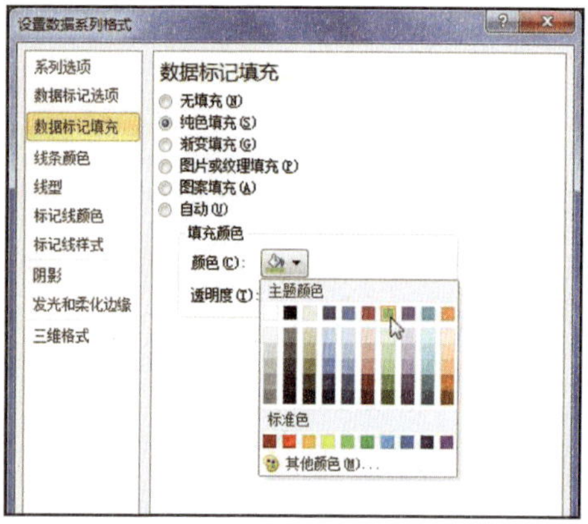

图7-79　设置数据标记填充

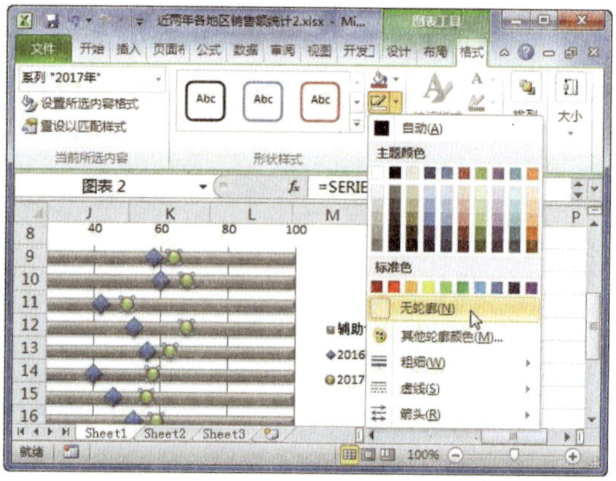

图7-80　设置数据标记形状轮廓为无轮廓

Step 19 在图表中选中“2016年”数据系列，在“设置数据系列格式”对话框中选择“数据标记选项”选项，选中“内置”单选按钮，设置“大小”为9，然后设置数据标记填充颜色，如图7-81所示。

Step 20 在图表中选中网格线，在“设置主要网格线格式”对话框中选择“线条颜色”选项，选中“实线”单选按钮，并设置网格线颜色，如图7-82所示。

Step 21 删除次要纵坐标轴，设置图表区颜色，添加图表标题，将图例移至图表上方，设置图表字体格式，即可完成图表制作，最终效果如图7-83所示。

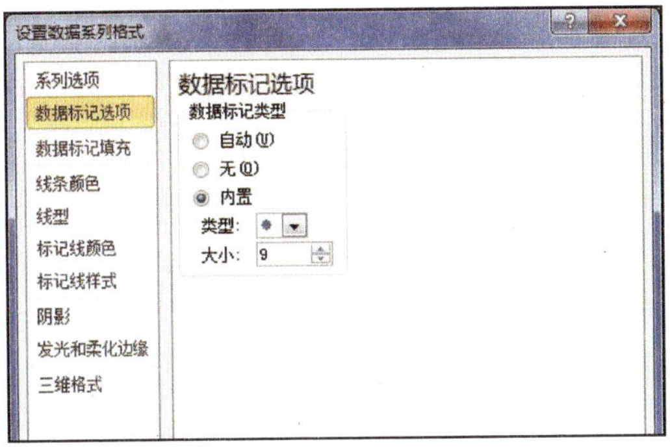

图7-81 设置数据标记选项

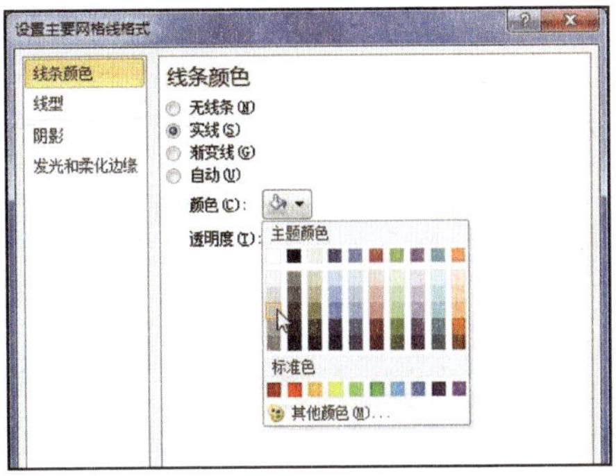

图7-82 设置网格线颜色

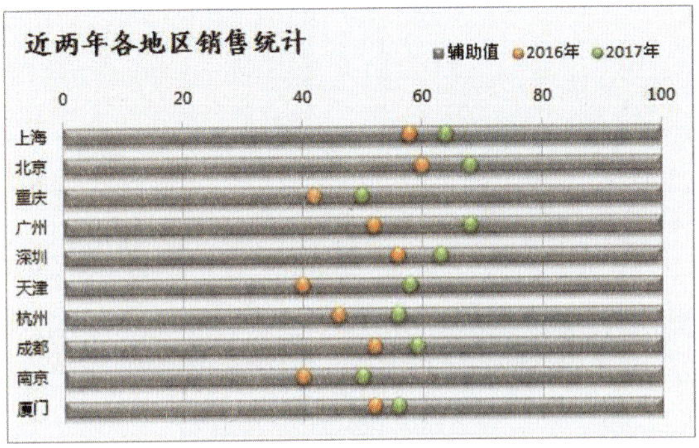

图7-83 图表最终效果

二、使用旋风图展示买家购买行为

旋风图能够直观地展示两组数据的对比情况。本例利用旋风图清楚地展示不同性别买家在消费时看中的因素，具体操作方法如下。

Step 01 打开“素材文件\项目七\买家购买行为分析.xlsx”，选择“视图”选项卡，单击“显示”下拉按钮，取消选中“网格线”复选框，如图7-84所示。

Step 02 选择B1:B6单元格区域，选择“插入”选项卡，在“图表”组中单击“条形图”下拉按钮，选择“簇状条形图”选项，如图7-85所示。

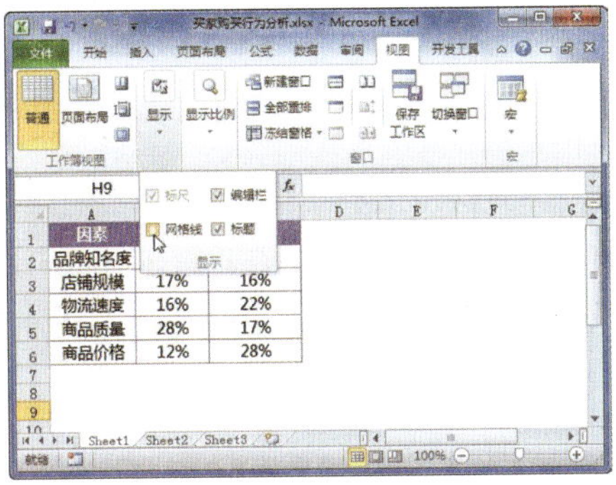

图7-84 隐藏网格线

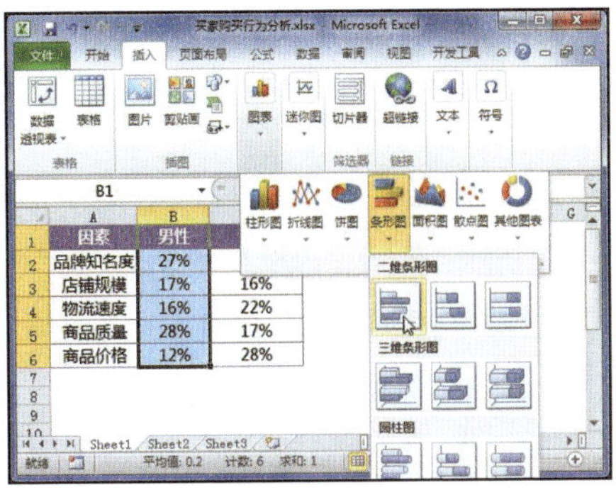

图7-85 选择图表类型

Step 03 调整图表的大小和位置，将图例置于图表上方，如图7-86所示。

Step 04 在工作表中选择C1:C6单元格区域，采用同样的方法插入“女性”条形图，该图表的大小和位置与“男性”条形图相同，然后对齐两个图表，如图7-87所示。

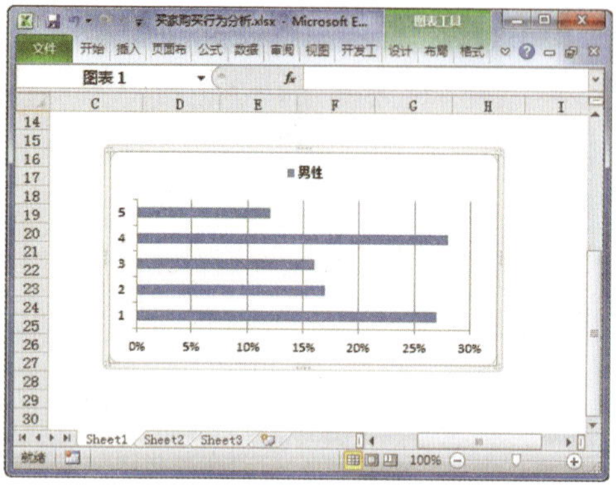

图7-86 插入“男性”条形图

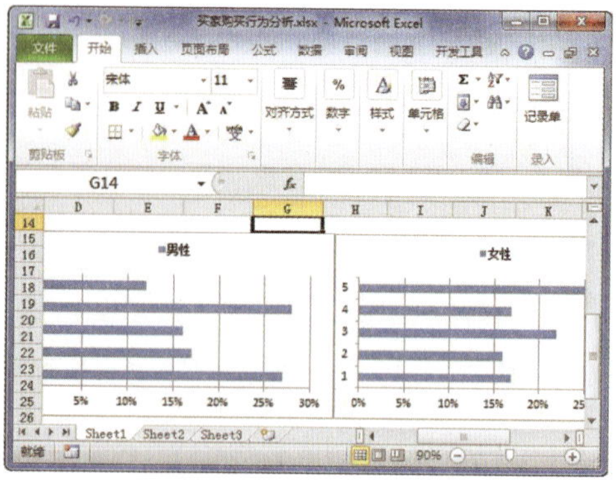

图7-87 插入“女性”条形图

Step 05 在“男性”条形图中选中横坐标轴，在“设置坐标轴格式”对话框中选中“逆序刻度值”复选框，如图7-88所示。

Step 06 在“男性”条形图中选中图表区，在“设置图表区格式”对话框中选中“无填充”单选按钮，如图7-89所示。采用同样的方法，设置“女性”条形图中图表区的“填充”选项为“无填充”。

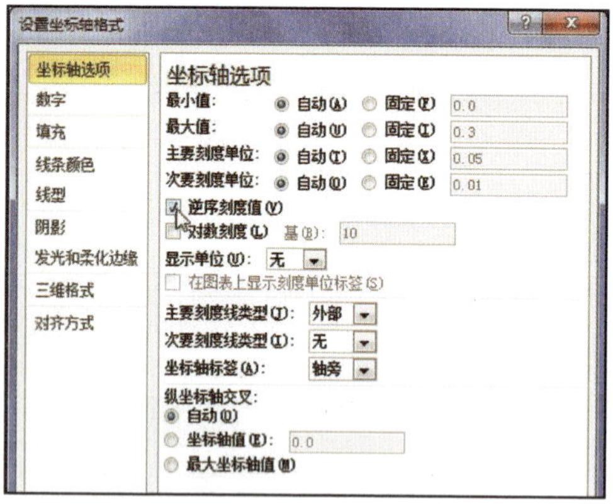

图7-88 设置横坐标格式

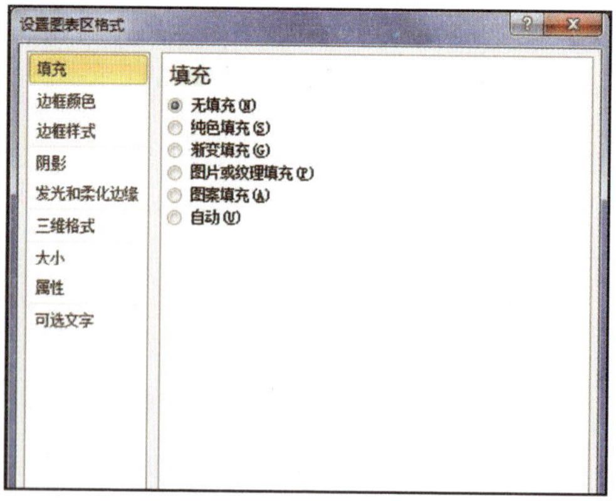

图7-89 设置图表区填充为无填充

Step 07 选择“边框颜色”选项，选中“无线条”单选按钮，如图7-90所示。采用同样的方法，设置“女性”条形图中图表区的边框颜色为“无线条”，然后单击“关闭”按钮。

Step 08 鼠标右键单击“女性”条形图中的纵坐标轴，在弹出的快捷菜单中选择“选择数据”命令，如图7-91所示。

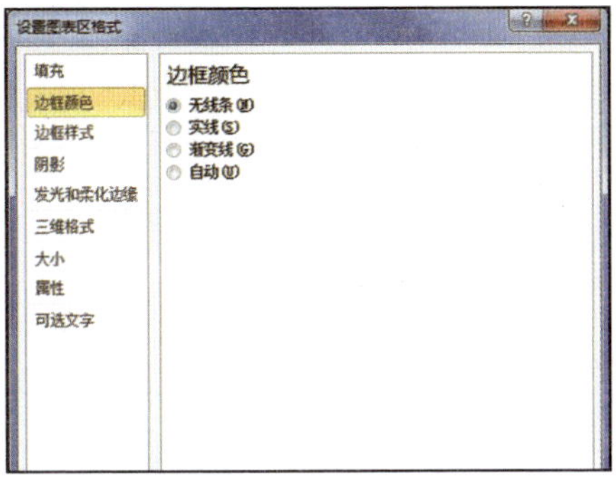

图7-90　设置图表边框颜色为无线条

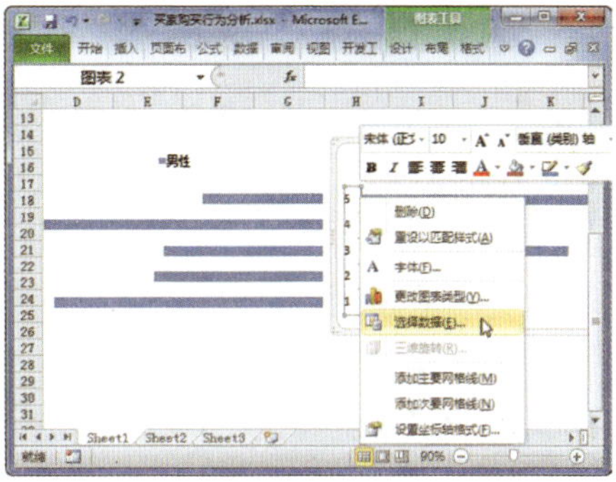

图7-91　选择数据

Step 09 弹出“选择数据源”对话框，在“水平（分类）轴标签”区域中单击“编辑”按钮，如图7-92所示。

Step 10 弹出“轴标签”对话框，将光标定位到“轴标签区域”文本框中，在工作表中选择A2:A6单元格区域，然后单击“确定”按钮，如图7-93所示。

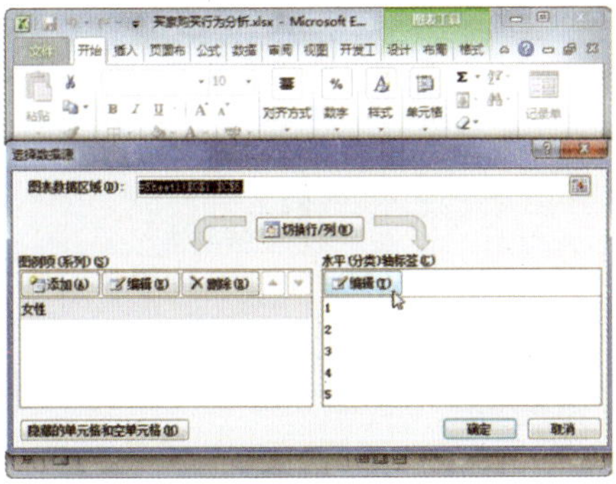

图7-92　选择数据源

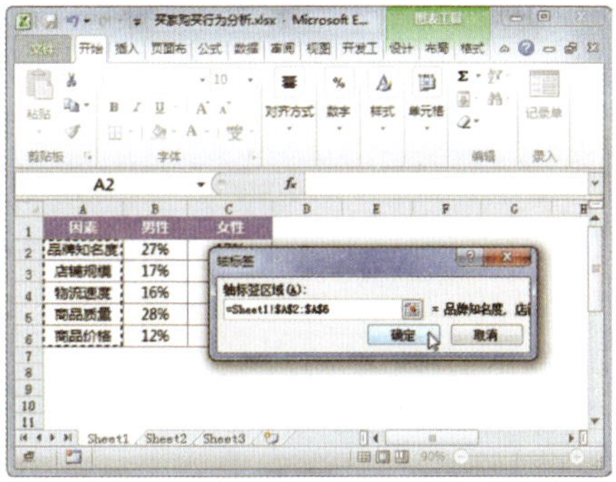

图7-93　编辑轴标签

Step 11 在图表中选中“男性”数据系列，在“设置数据系列格式”对话框中选择“填充”选项，选中“纯色填充”单选按钮，并设置填充颜色，如图7-94所示。

Step 12 在图表中选中“女性”数据系列，在“设置数据系列格式”对话框中选择“填充”选项，选中“纯色填充”单选按钮，并设置填充颜色，然后单击“关闭”按钮，如图7-95所示。

Step 13 设置图例和纵坐标轴标题字体格式为“楷体”，添加数据标签。选择“插入”选项卡，在“文本”组中单击“文本框”下拉按钮，选择“横排文本框”选项，如图7-96所示。

Step 14 此时即可插入文本框，调整其大小和位置，并插入文本。选中文本框，选择“格式”选项卡，单击“形状轮廓”下拉按钮，选择“无轮廓”选项，如图7-97所示。

Step 15 选择标题文本框、“男性”条形图和“女性”条形图，选择“格式”选项卡，在“排列”组中单击“组合”下拉按钮，选择“组合”选项，如图7-98所示。

Step 16 此时所选元素将组合在一起，图表制作完成，最终效果如图7-99所示。

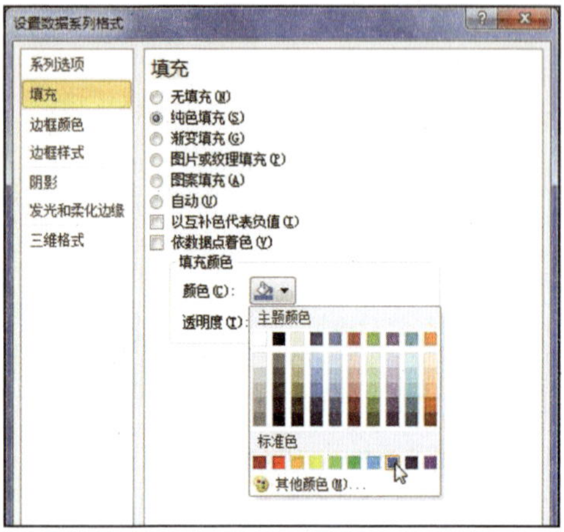

图7-94 设置“男性”数据系列填充颜色

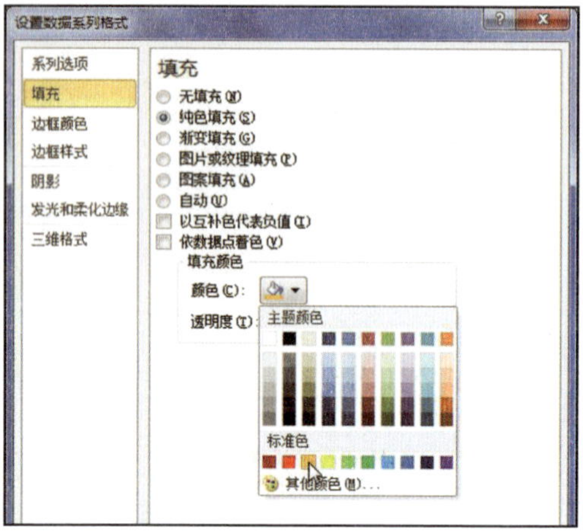

图7-95 设置“女性”数据系列填充颜色

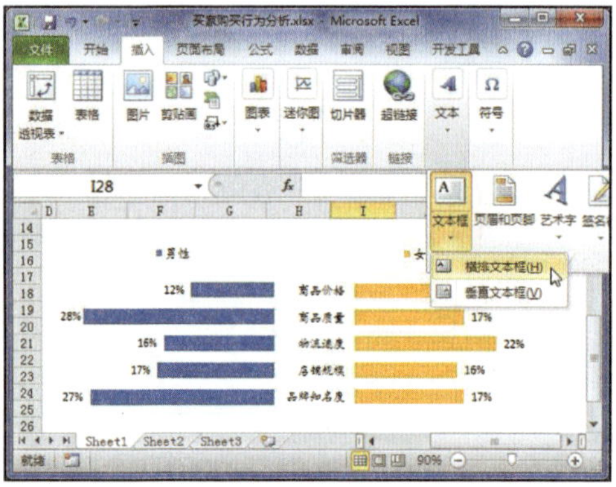

图7-96 插入文本框

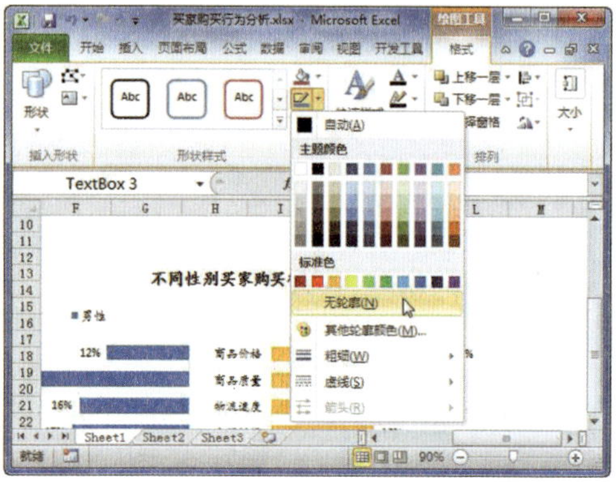

图7-97 设置文本框格式为无轮廓

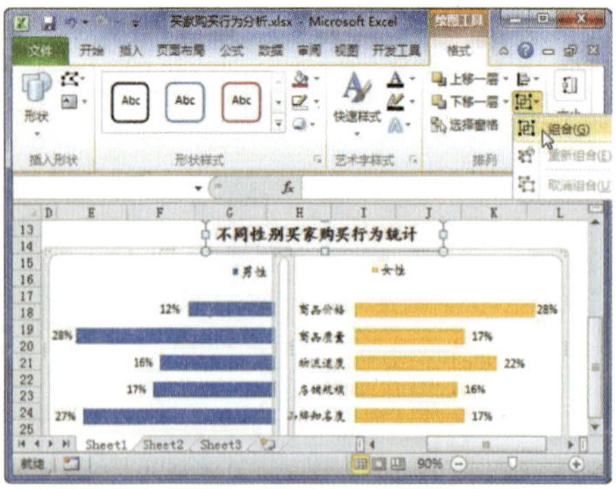

图7-98 组合元素

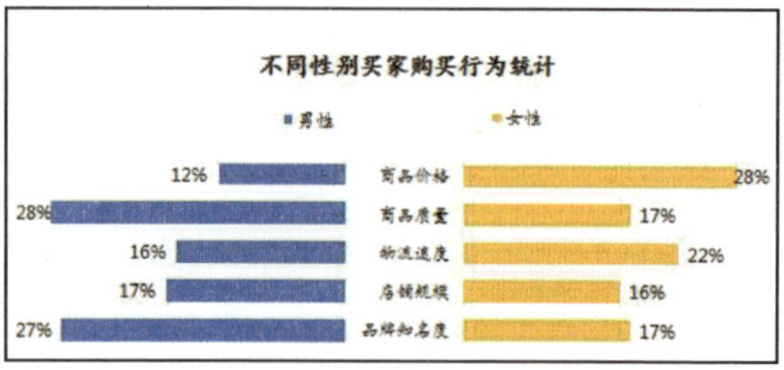

图7-99 图表最终效果

任务四　使用漏斗图和甘特图分析业务

任务概述

漏斗图适用于业务流程比较规范、周期长、环节多的单流程单向分析，通过漏斗各环节业务数据的比较能够直观地发现和表明问题所在的环节，进而做出决策。漏斗图用梯形面积表示某个环节业务量与上一个环节之间的差异，适用于流程流量分析。

甘特图是以图示的方式通过活动列表和时间刻度形象地表示出特定项目的活动顺序与持续时间。横轴表示时间，纵轴表示项目，线条表示期间计划和实际完成情况，能够直观地表明计划何时进行，以及进展与要求的对比情况等。

本任务将学习如何使用漏斗图和甘特图来分析业务。

任务重点与实施

一、使用漏斗图分析订单转化率

漏斗图展示的是数量逐渐减少的过程，下面将详细介绍如何使用漏斗图展示订单转化率中每个环节的人数变化，具体操作方法如下。

Step 01 打开“素材文件\项目七\某店铺订单转化率统计表.xlsx”，选择C2单元格，在编辑栏中输入公式“=$B$2-B2”，并按【Enter】键确认，如图7-100所示。

Step 02 选择C3单元格，在编辑栏中输入公式“=($B$2-B3)/2”，并按【Enter】键确认。拖动C3单元格填充柄至C6单元格，填充公式，如图7-101所示。

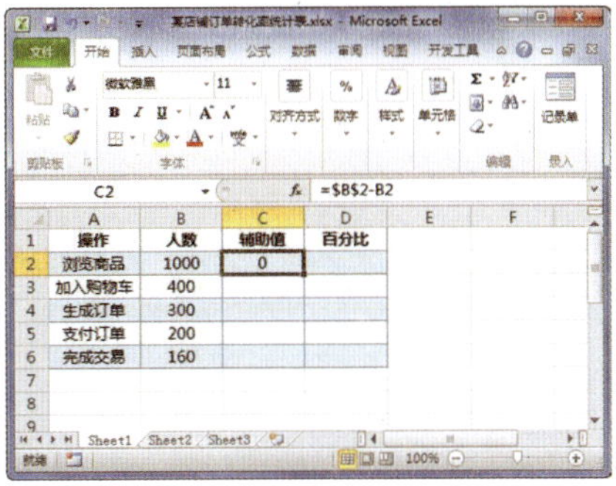

图7-100　计算辅助值

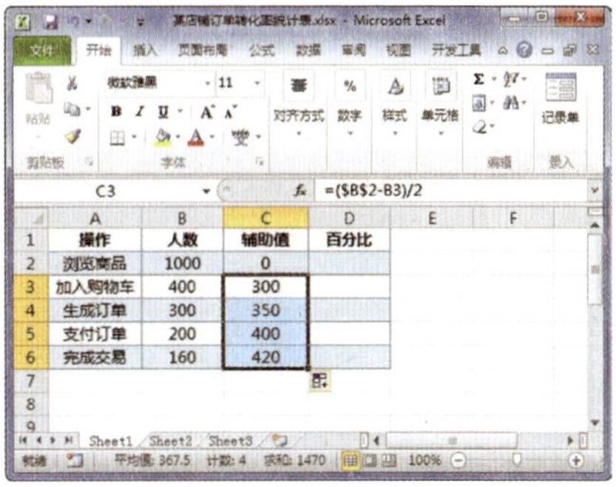

图7-101　填充公式

Step 03 单击“自动填充选项”下拉按钮，选择“不带格式填充”选项，如图7-102所示。

Step 04 选择D2单元格，在编辑栏中输入公式“=B2/$B$2”。拖动D2单元格填充柄至D6单元格，填充公式。单击“自动填充选项”下拉按钮，选择“不带格式填充”选项，如图7-103所示。

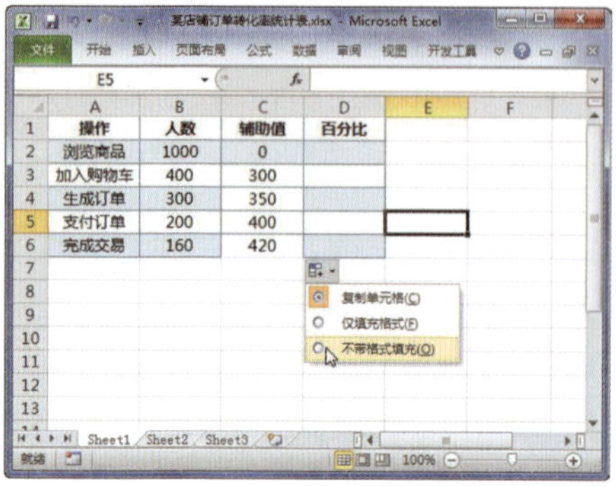

图7-102　设置自动填充选项

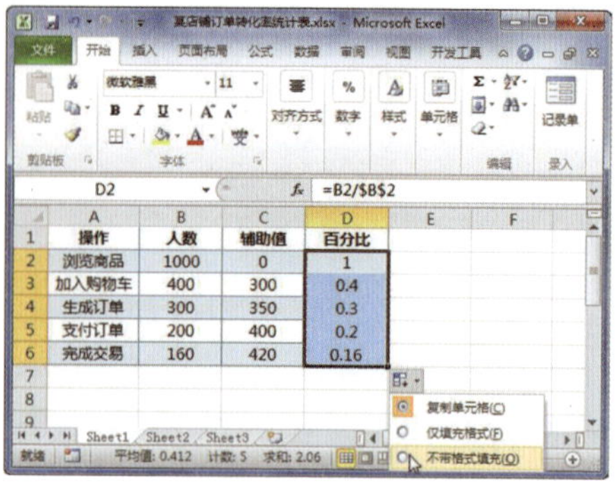

图7-103　计算“百分比”数据

Step 05 选择D2:D6单元格区域，在“开始”选项卡下“数字”组中单击“百分比样式”按钮%，如图7-104所示。

Step 06 选择任一数据单元格，选择“插入”选项卡，单击“图表”组中的“条形图”下拉按钮，选择“堆积条形图”选项，如图7-105所示。

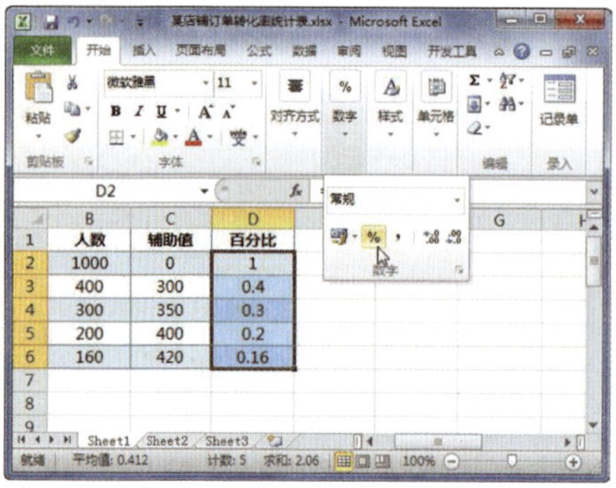

图7-104　设置百分比样式

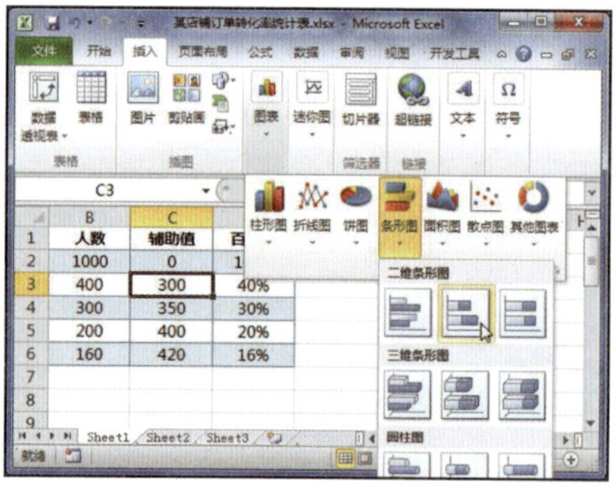

图7-105　插入堆积条形图

Step 07 在图表中选中纵坐标轴，在“设置坐标轴格式”对话框中选中“逆序类别”复选框，如图7-106所示。

Step 08 在图表中选中横坐标轴，在“设置坐标轴格式”对话框中设置“最小值”为0，“最大值”为1000，如图7-107所示。

Step 09 设置横、纵坐标轴线条颜色均为“无线条”，并设置网格线颜色。鼠标右键单击图表，在弹出的快捷菜单中选择“选择数据”命令，如图7-108所示。

Step 10 弹出“选择数据源”对话框，在“图例项（系列）”列表中选择“辅助值”选项，然后单击“上移”按钮▲，如图7-109所示。

Step 11 此时“辅助值”数据系列处于最上方位置，单击“添加”按钮，如图7-110所示。

Step 12 弹出“编辑数据系列”对话框，设置“系列名称”为C1单元格，“系列值”为C2:C6单元格区域，然后单击“确定”按钮，如图7-111所示。

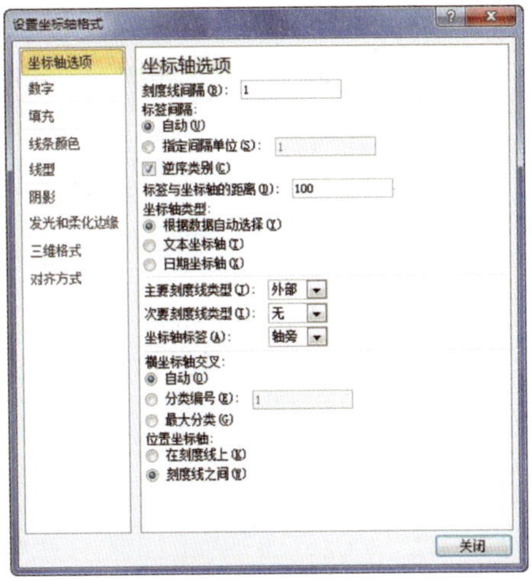

图7-106　设置纵坐标轴选项

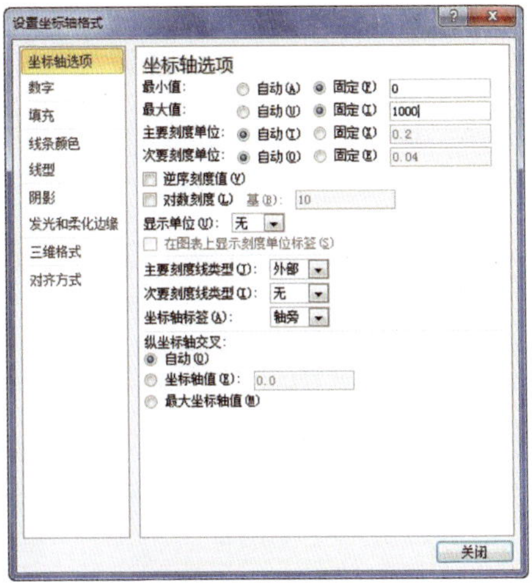

图7-107　设置横坐标轴选项

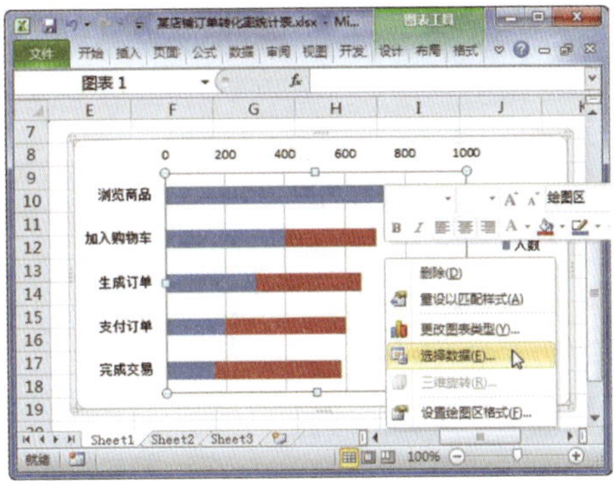

图7-108　选择数据

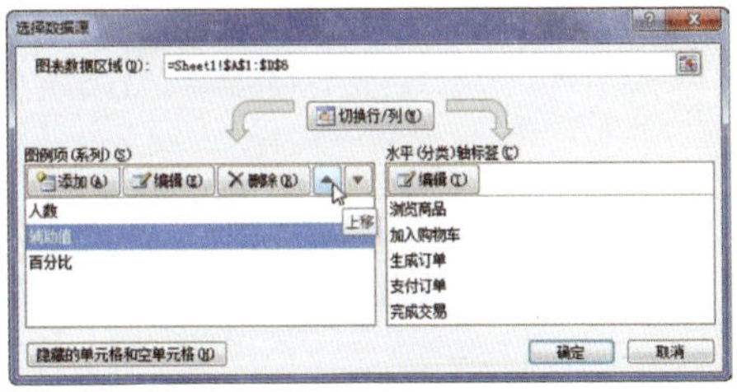

图7-109　调整系列顺序

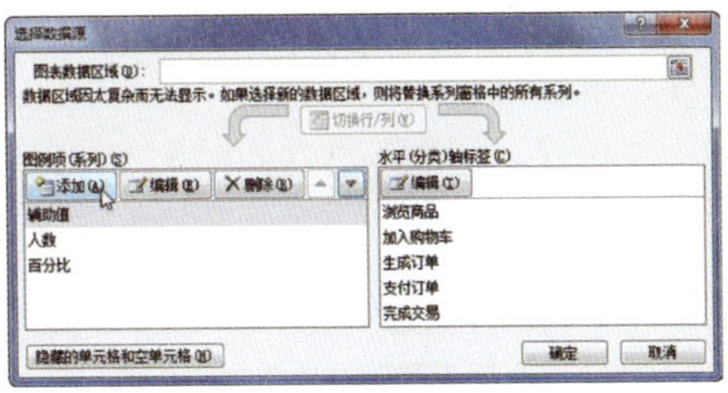

图7-110　添加系列

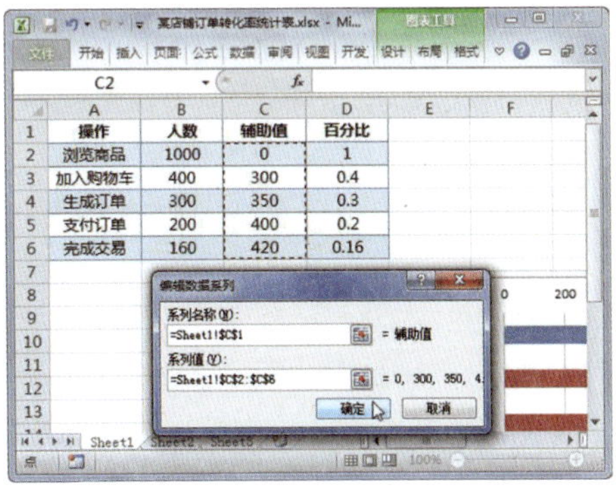

图7-111　编辑数据系列

Step 13 选择插入的“辅助值”数据系列，单击“上移”按钮，然后单击“确定”按钮，如图7-112所示。

Step 14 设置两个“辅助值”系列的填充颜色为“无填充”，效果如图7-113所示。

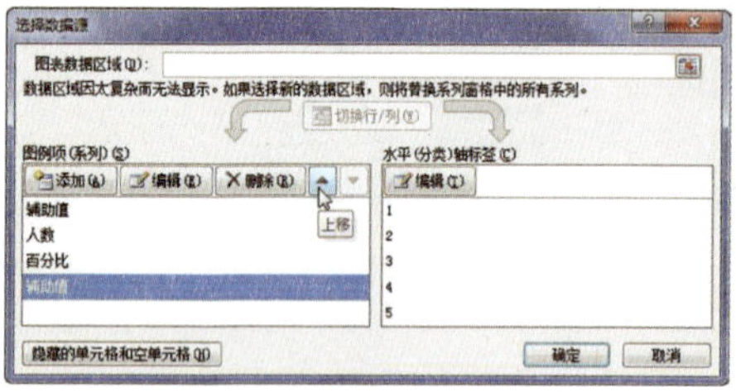

图7-112　调整系列顺序

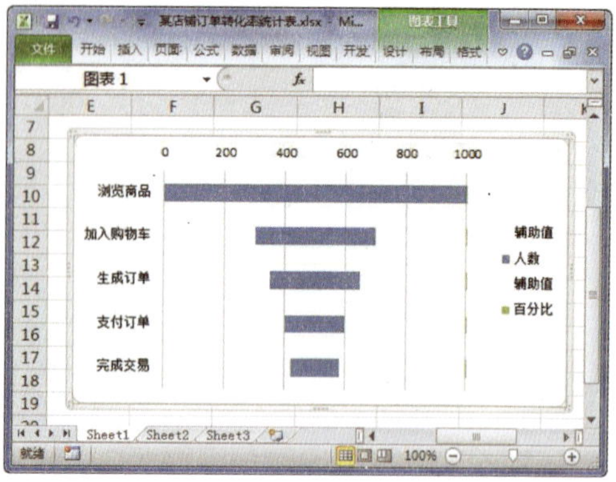

图7-113　设置“辅助值”系列的填充颜色为无填充

Step 15 鼠标右键单击“百分比”数据系列，在弹出的快捷菜单中选择“添加数据标签”命令，如图7-114所示。

Step 16 鼠标右键单击“百分比”数据系列，在弹出的快捷菜单中选择“设置数据标签格式”命令，如图7-115所示。

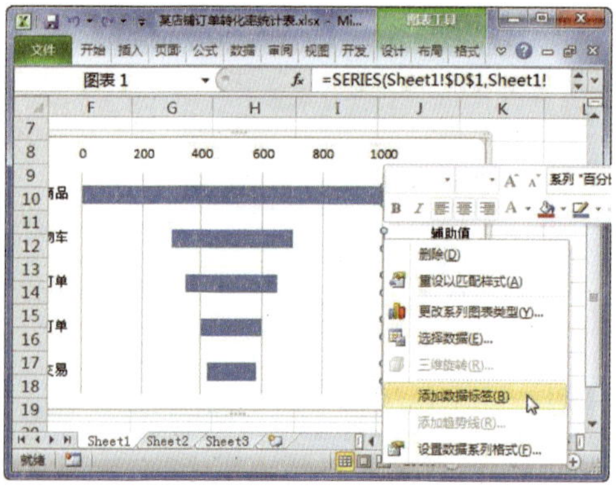

图7-114　添加数据标签

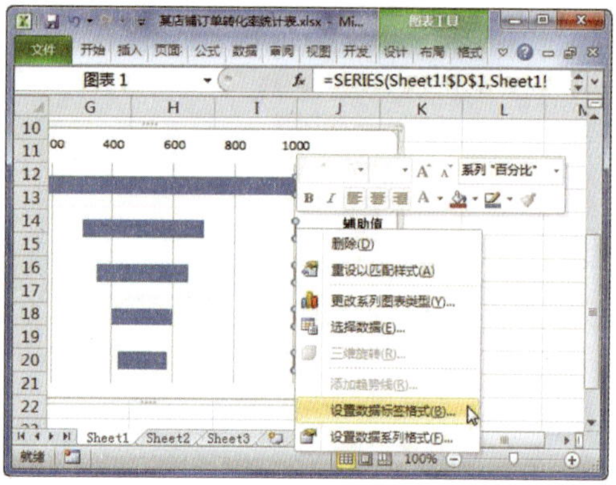

图7-115　设置数据标签格式

Step 17 弹出“设置数据标签格式”对话框，选中“轴内侧”单选按钮，如图7-116所示。

Step 18 设置绘图区填充颜色为“无填充”格式。在图表中选中图表区，在“设置图表区格式”对话框中选中“纯色填充”单选按钮，并设置填充颜色，如图7-117所示。

Step 19 在图表中选中“浏览商品”数据系列，在“设置数据系列格式”对话框中选择“填充”选项，选中“纯色填充”单选按钮，并设置填充颜色，如图7-118所示。采用同样的方法，设置其他数据系列的填充颜色。

Step 20 删除图例，添加图表标题，并设置图表字体格式，即可完成图表制作，最终效果如图7-119所示。

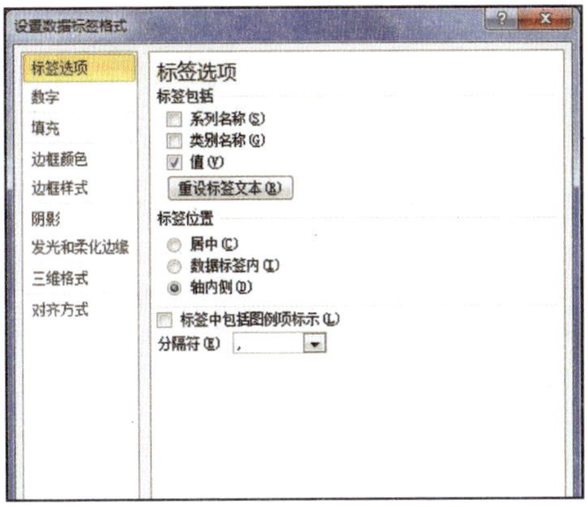

图7-116　设置标签位置

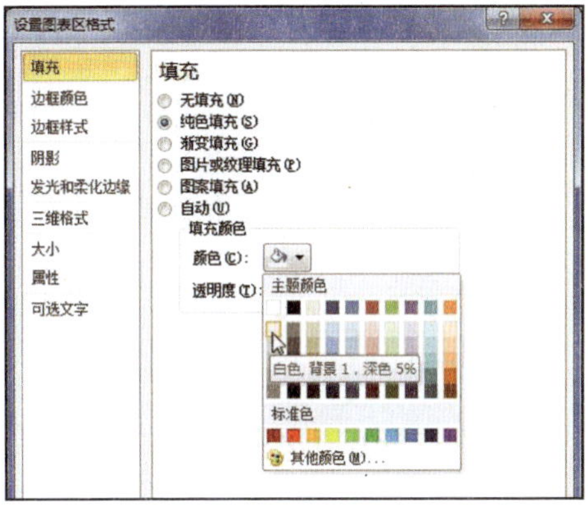

图7-117　设置图表区填充颜色

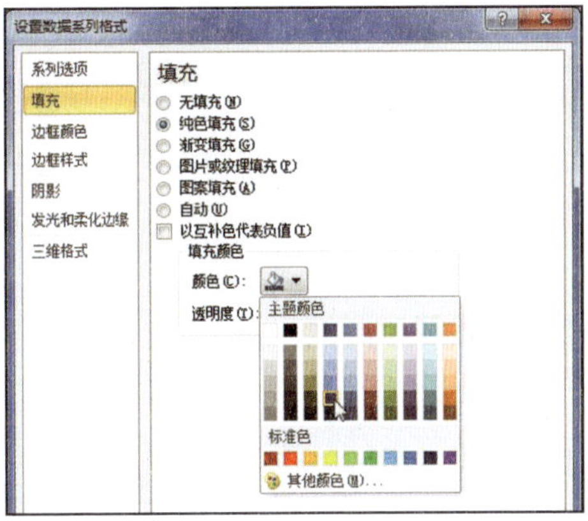

图7-118　设置数据系列颜色

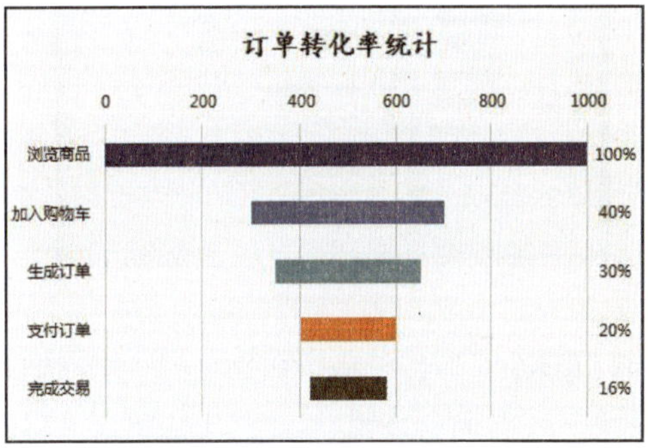

图7-119　图表最终效果

二、使用甘特图策划商品营销流程

下面将依据产品营销策划流程表创建甘特图。具体操作方法如下。

Step 01 打开“素材文件\项目七\商品营销策划流程.xlsx”，选择C4单元格，在编辑栏中输入公式“=D4-B4+1”，并按【Enter】键确认。拖动C4单元格填充柄至C10单元格，填充公式，计算所需天数，如图7-120所示。

Step 02 选择A3:B10单元格区域，选择“插入”选项卡，在“图表”组中单击“条形图”下拉按钮，选择“堆积条形图”选项，如图7-121所示。

Step 03 删除图例，鼠标右键单击图表，在弹出的快捷菜单中选择“选择数据”命令，如图7-122所示。

Step 04 弹出“选择数据源”对话框，选择“开始时间”数据系列，然后单击“编辑”按钮，如图7-123所示。

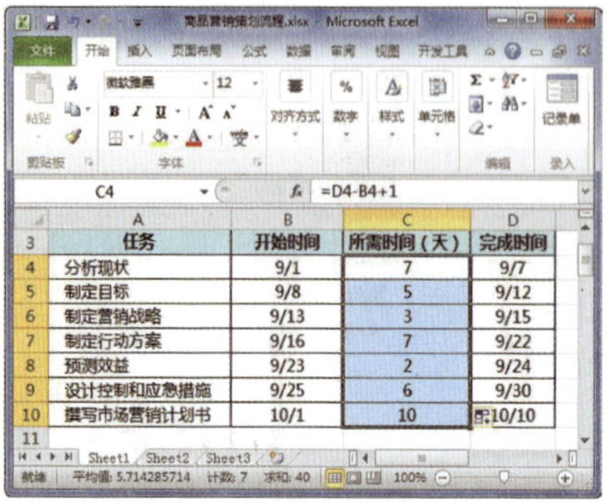

图7-120　计算所需天数

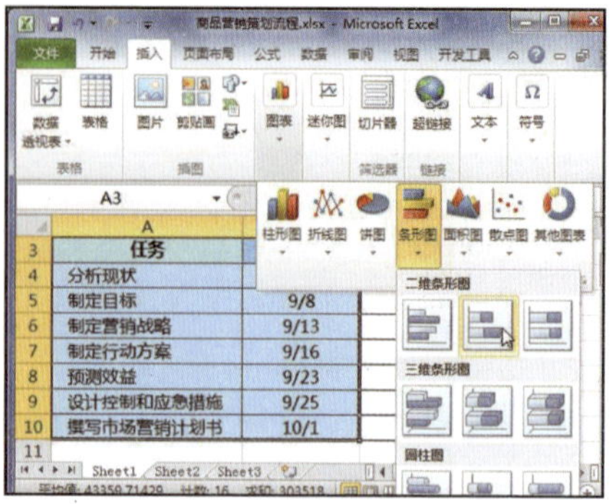

图7-121　插入堆积条形图

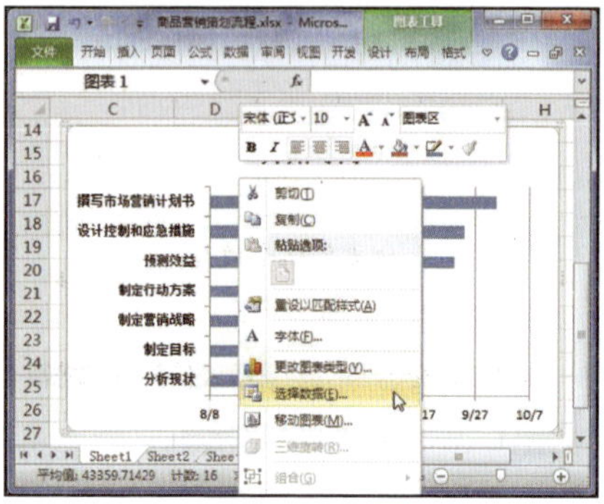

图7-122　选择数据

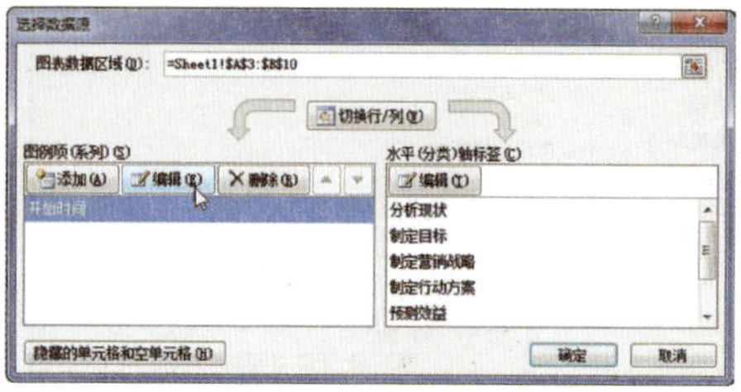

图7-123　“选择数据源”对话框

Step 05 弹出“编辑数据系列”对话框，在“系列名称”文本框中输入“系列1”，然后单击“确定”按钮，如图7-124所示。

Step 06 返回“选择数据源”对话框，单击“添加”按钮，如图7-125所示。

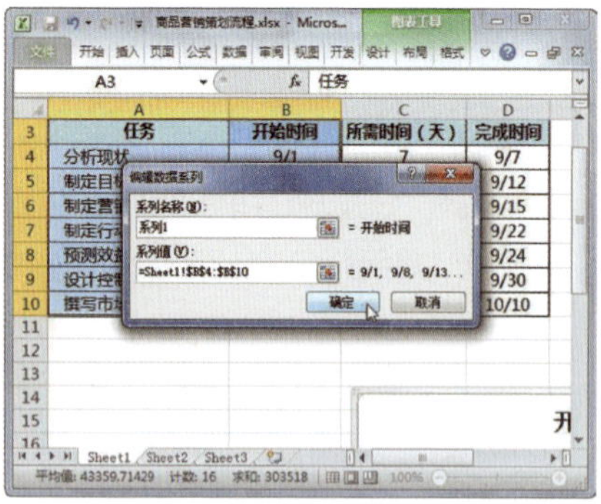

图7-124　修改系列名称

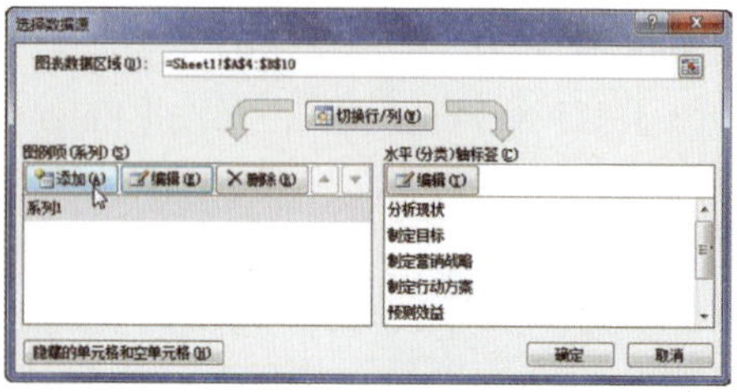

图7-125　添加系列

Step 07 弹出“编辑数据系列”对话框，在“系列名称”对话框中输入“系列2”，设置“系列值”为C4:C10单元格区域，然后依次单击“确定”按钮，如图7-126所示。

Step 08 删除图表标题，鼠标右键单击纵坐标轴，在弹出的快捷菜单中选择“设置坐标轴格式”命令，如图7-127所示。

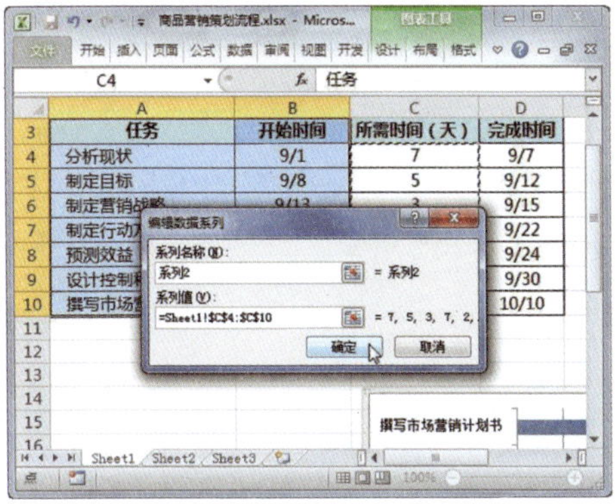

图7-126 编辑数据系列

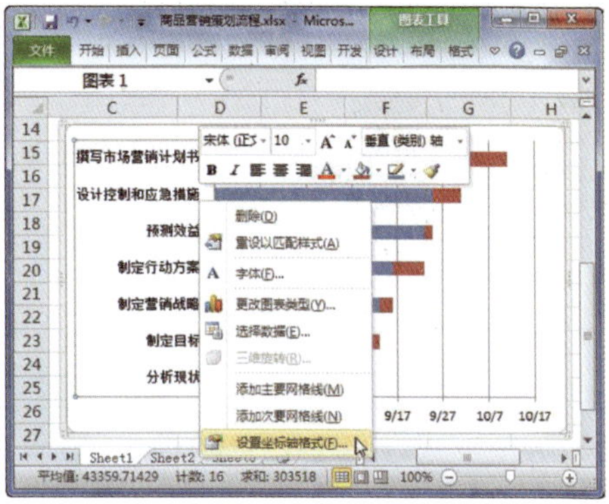

图7-127 设置坐标轴格式

Step 09 弹出“设置坐标轴格式”对话框，选中“逆序类别”复选框，如图7-128所示。

Step 10 在图表中选中横坐标轴，在“设置坐标轴格式”对话框中设置“最小值”为“2018/9/1”，“最大值”为“2018/10/11”，“主要刻度单位”为5，在“坐标轴标签”下拉列表框中选择“高”选项，如图7-129所示。

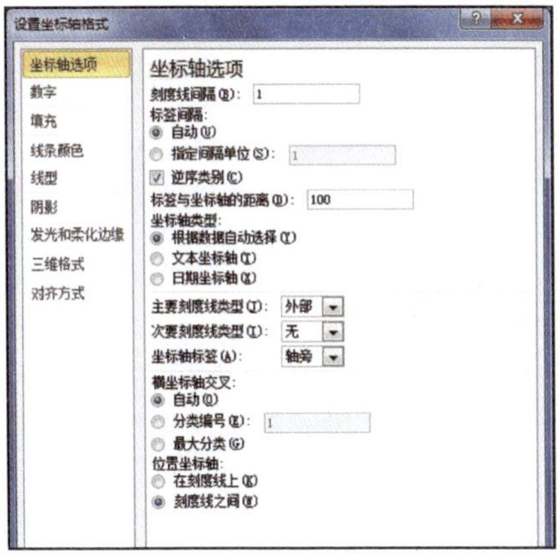

图7-128 设置纵坐标轴选项

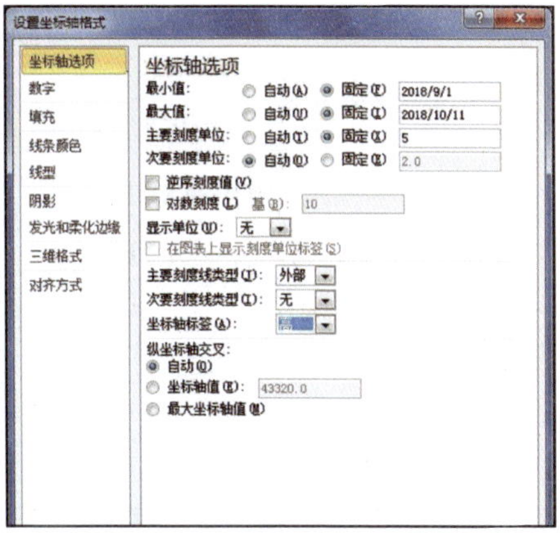

图7-129 设置横坐标轴选项

Step 11 在图表中选中“系列1”数据系列，在“设置数据系列格式”对话框中选择“填充”选项，选中“无填充”单选按钮，如图7-130所示。

Step 12 在图表中选中“系列2”数据系列，在“设置数据系列格式”对话框中设置“分类间距”为60%，如图7-131所示。

Step 13 选择“填充”选项，选中“纯色填充”单选按钮，并设置填充颜色，如图7-132所示。

Step 14 选择“阴影”选项，单击“预设”下拉按钮，选择“右下斜偏移”选项，如图7-133所示。

Step 15 设置坐标轴“填充”选项为无线条，并设置网格线颜色。鼠标右键单击“系列2”数据系列，在弹出的快捷菜单中选择“添加数据标签”命令，如图7-134所示。

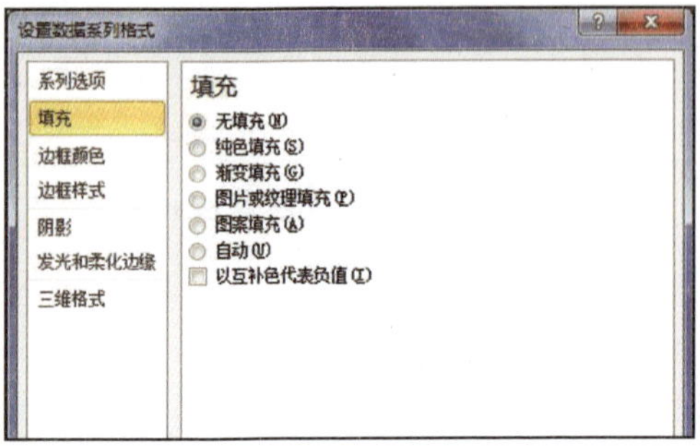

图7-130　设置“系列1”数据系列填充颜色

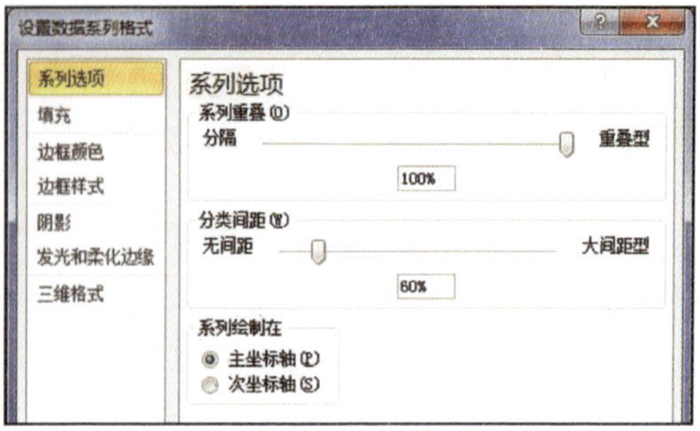

图7-131　设置“系列2”数据系列分类间距

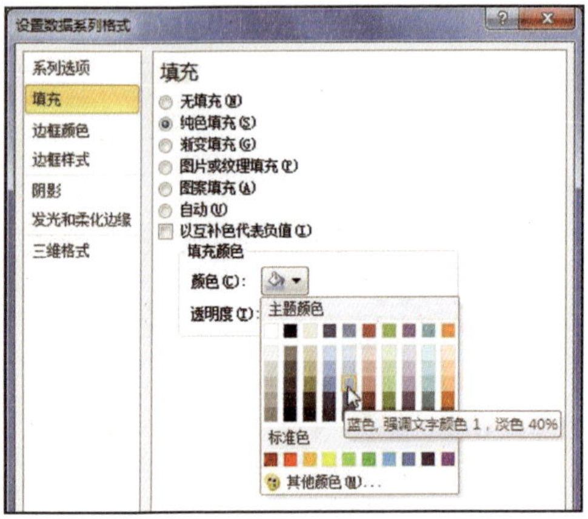

图7-132　设置“系列2”数据系列填充颜色

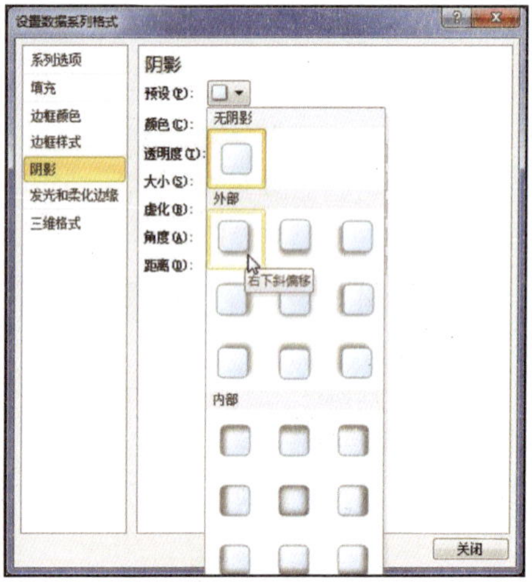

图7-133　选择阴影样式

Step 16　添加图表标题，设置图表内的字体格式和颜色，并设置图表区填充颜色，最终效果如图7-135所示。

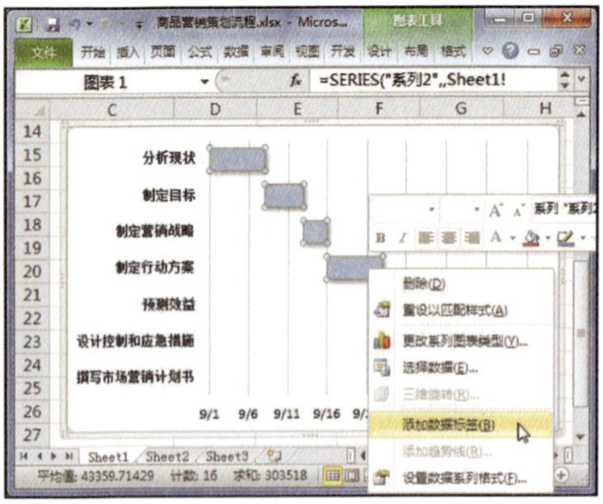

图7-134　添加数据标签

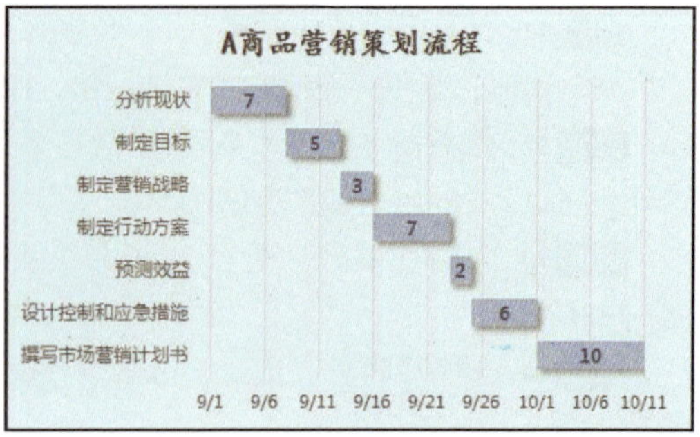

图7-135　图表最终效果

项目小结

（1）特殊图表都是在基本图表的基础上添加辅助数据，或在图表中加入辅助元素。使用特殊图表表达数据，图表效果会更直观、更清晰。

（2）瀑布图采用绝对值与相对值结合的方式，形象地阐述了数据的流动情况；子弹图显示单一的数据信息源，并且通过添加合理的度量标尺可以显示更精确的阶段性数据信息；温度计图能够形象地动态显示某项工作完成的百分比，会根据数据的改动随时产生直观的变化。

（3）滑珠图是在同一个条形中有两个或两个以上的点位置，样式就像几颗珠子在横杆上滑动；旋风图既能用于两个数据系列不同指标或不同项目之间的对比，也能表示两个数据之间的相关关系；利用漏斗图能够直观地发现和表明问题所在的环节，进而做出决策；甘特图则是以图示的方式通过活动列表和时间刻度表示出特定项目的顺序与持续时间。

项目习题

打开“素材文件\项目七\习题：新产品客户满意率.xlsx”，插入条形图，设置纵坐标轴的坐标轴标签位置为“低”，然后美化图表，效果如图7-136所示。

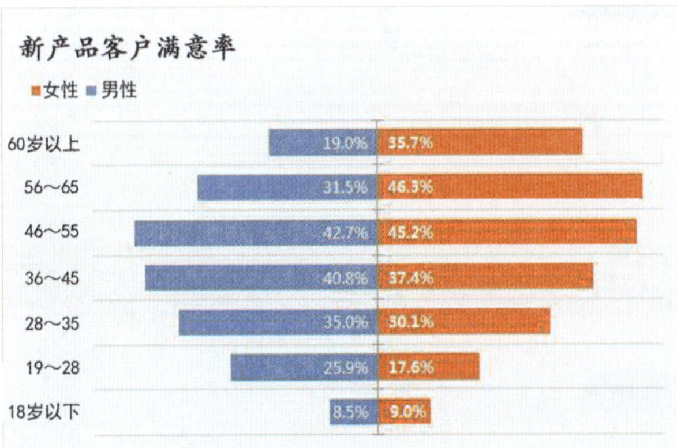

图7-136 新产品客户满意率

关键提示：

（1）设置数据系列重叠为100%。

（2）设置纵坐标轴坐标轴标签位置为“低”，主要刻度线类型为“交叉”。

项目八 使用动态图表实现可视化交互

项目概述

动态图表是图表分析的较高级形式，当用户执行某个操作后，图表中的数据会随之发生变化，这种图表也称为交互式图表。静态图表一旦跨入动态图表，数据分析的效率和效果都会得到更进一步的提升。本项目将学习如何使用动态图表实现可视化交互。

项目重点

- 掌握数据透视表和数据透视图的制作方法。
- 掌握使用切片器快速筛选数据的方法。
- 掌握使用控件制作动态图表的方法。

项目目标

- 学会制作数据透视表和数据透视图。
- 学会使用切片器快速筛选数据。
- 学会使用控件制作动态图表。

任务一　使用灵活多变的交互式图表

任务概述

数据透视表是一种交互式的表格，可以进行计算，如求和、计数等。切片器是数据透视表进行数据筛选的得力助手，利用它可以实现交互式的筛选操作。数据透视图是数据透视表的图形展示，能够更形象地呈现数据透视表中的汇总数据，方便用户查看、对比和分析数据趋势。本任务将学习如何使用数据透视表、切片器和数据透视图。

任务重点与实施

一、使用交互式透视表显示数据

下面将使用数据透视表分析月度销售明细，这样可以更快地处理表格数据，使表格数据透明化，还可以根据需要进行调整，从而得到最直接的数据，具体操作方法如下。

Step 01 打开“素材文件\项目八\本月度销售分析.xlsx”，选择表格中的任一数据单元格，选择“插入”选项卡，在“表格”组中单击“数据透视表”下拉按钮，选择“数据透视表”选项，如图8-1所示。

Step 02 弹出“创建数据透视表”对话框，系统会自动选择数据表区域，选中“新工作表”单选按钮，然后单击“确定”按钮，如图8-2所示。

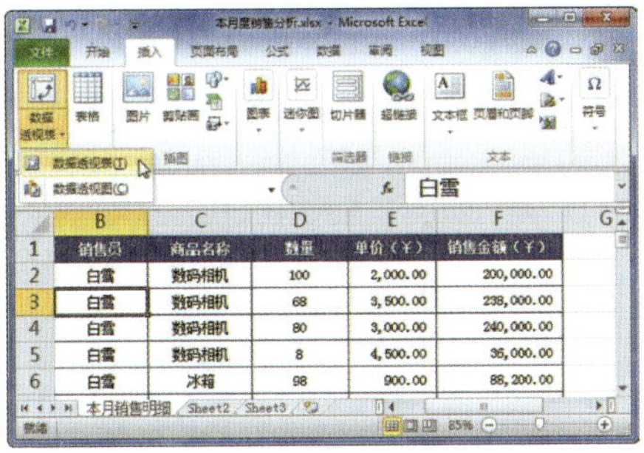

图8-1　选择“数据透视表”选项

图8-2　创建数据透视表

Step 03 此时，即可创建一个空白数据透视表。打开“数据透视表字段列表”窗格，将“销售地区”字段拖至“报表筛选”区域，如图8-3所示。

Step 04 将“销售员”和“商品名称”字段分别拖至“行标签”区域，如图8-4所示。

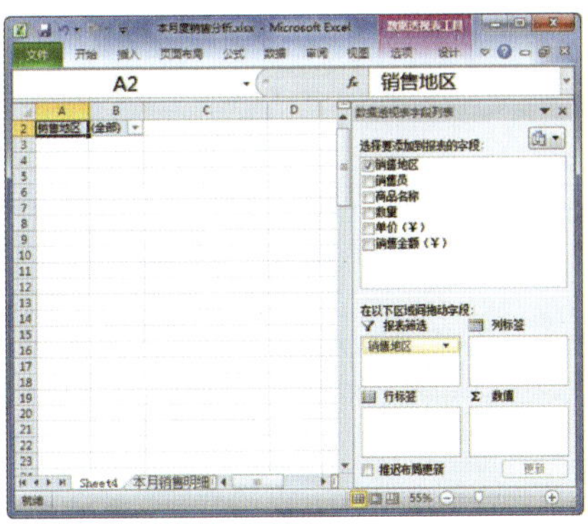

图8-3　添加“报表筛选”字段

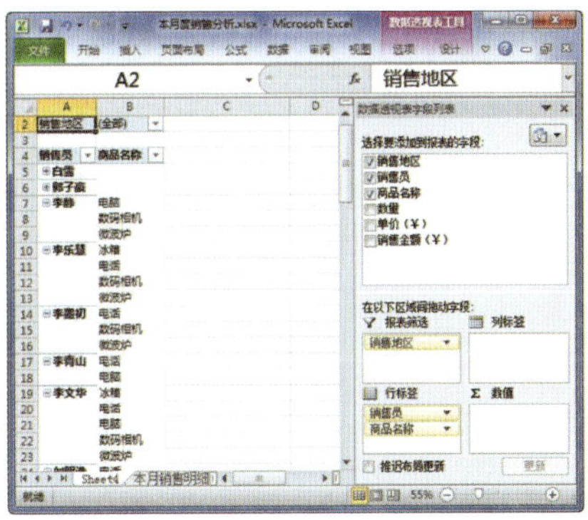

图8-4　添加“行标签”字段

Step 05 将“销售金额”字段拖至“数值”区域，如图8-5所示。

Step 06 选择“设计”选项卡，在“布局”组中单击“分类汇总”下拉按钮，选择“不显示分类汇总”选项，如图8-6所示。

Step 07 单击“报表布局”下拉按钮，选择“以表格形式显示”选项，如图8-7所示。

Step 08 在“数据透视表样式选项”组中选中“镶边行”复选框，如图8-8所示。

Step 09 单击“数据透视表样式”列表右侧的“其他”按钮，在弹出的样式列表中选择需要的样式，如图8-9所示。

Step 10 选择“选项”选项卡，在“显示”组中单击“字段列表”按钮，关闭“字段列表”窗格，如图8-10所示。

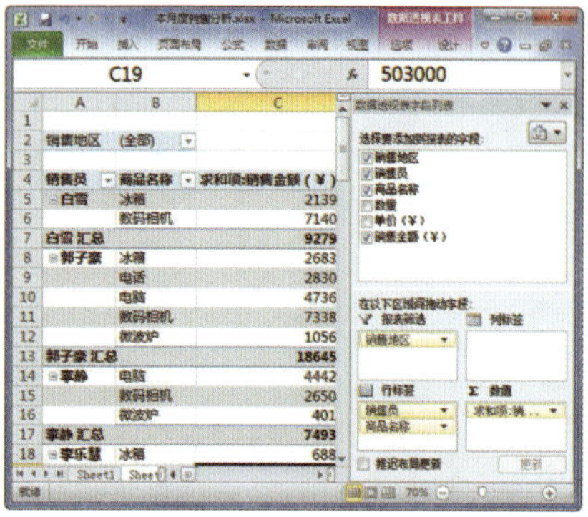

图8-5 添加“数值”字段

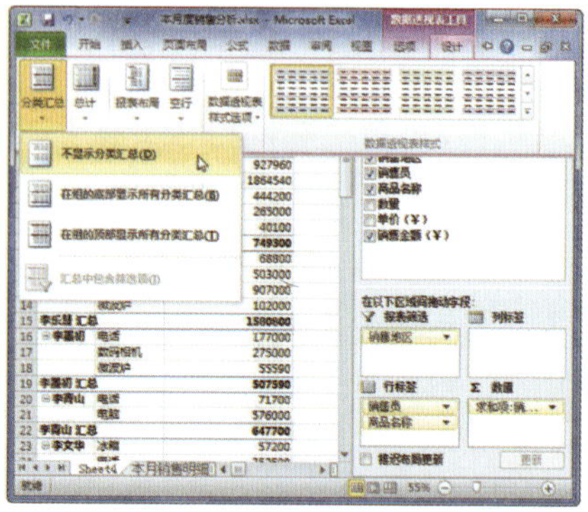

图8-6 设置分类汇总

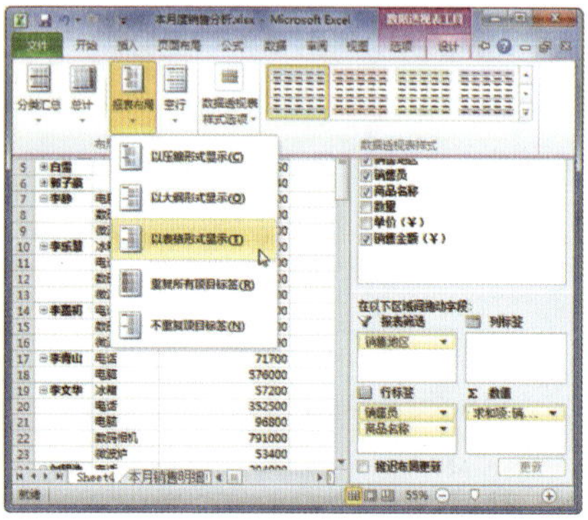

图8-7 设置报表布局

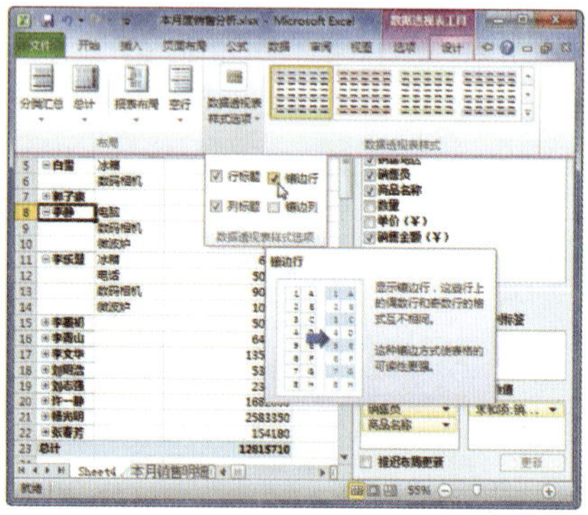

图8-8 设置数据透视表样式选项

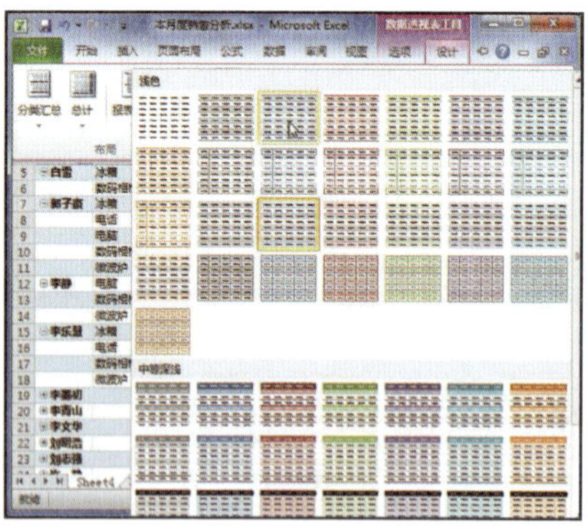

图8-9 选择数据透视表样式

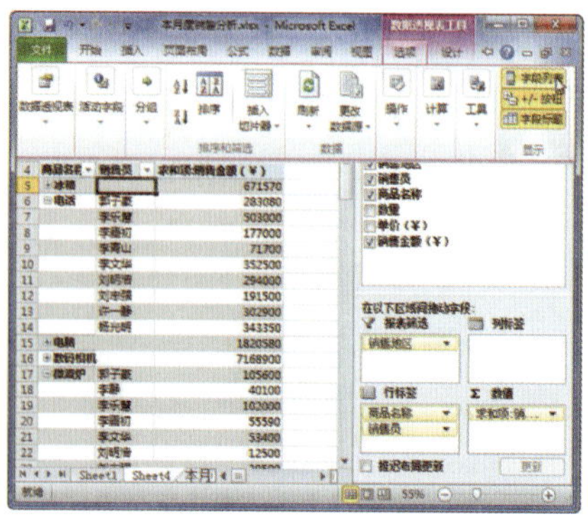

图8-10 关闭“字段列表”窗格

Step 11 单击“销售地区”下拉按钮，选择“北京”选项，然后单击“确定”按钮，如图8-11所示。

Step 12 此时，数据透视表中只保留“北京”地区的销售信息，效果如图8-12所示。

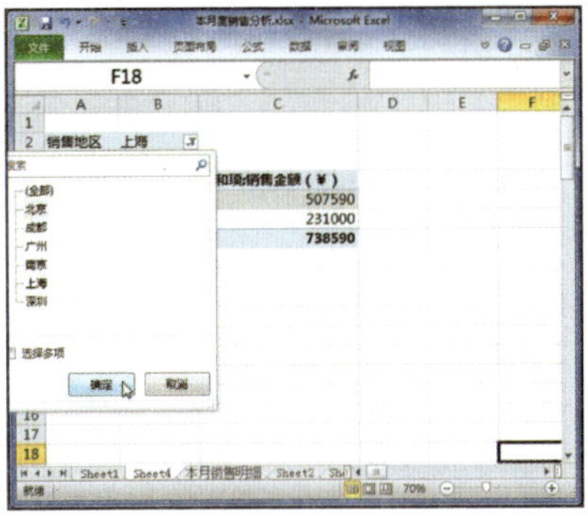

图8-11　筛选销售地区

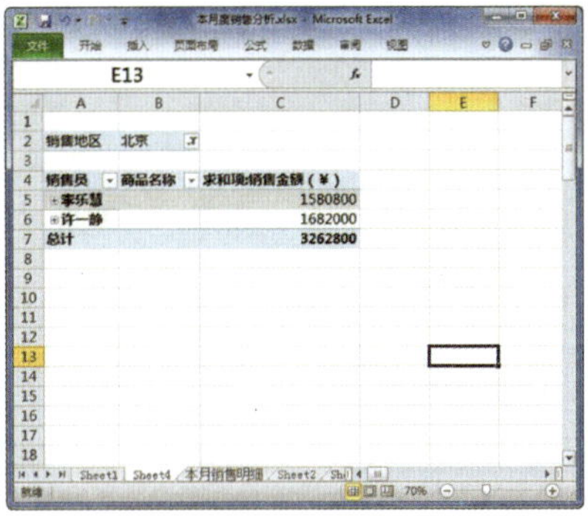

图8-12　查看“北京”地区的销售信息

二、使用切片器快速筛选数据

切片器包含一组按钮，单击不同的按钮可以快速筛选需要的数据，将切片器设置在水平方向上排列，在操作时会更加方便，具体操作方法如下。

Step 01 打开“素材文件\项目八\本月度销售分析2.xlsx”，选择表格中的任一数据单元格，选择“插入”选项卡，在“表格”组中单击“数据透视表”按钮，如图8-13所示。

Step 02 弹出“创建数据透视表”对话框，单击“确定”按钮，如图8-14所示。

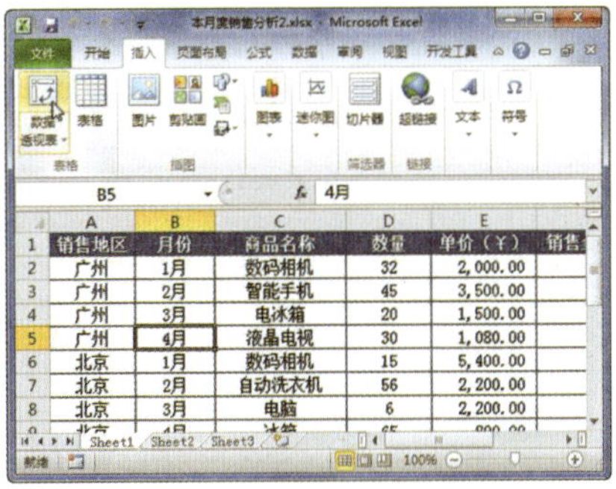

图8-13　插入数据透视表

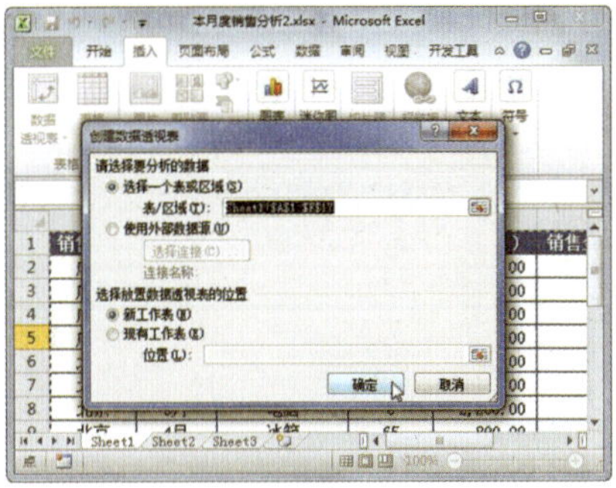

图8-14　创建数据透视表

Step 03 双击工作表标签，将其重命名为“数据透视表”，并按【Enter】键确认，如图8-15所示。

Step 04 将“销售地区”字段拖至“行标签”区域中，将“销售金额”字段拖至“数值”区域中，如图8-16所示。

Step 05 选择“插入”选项卡，单击“切片器”按钮，如图8-17所示。

Step 06 弹出“插入切片器”对话框，选中“月份”复选框，然后单击“确定”按钮，如图8-18所示。

Step 07 选中插入的切片器，选择“选项”选项卡，单击“按钮”下拉按钮，在“列”文本框中输入4，如图8-19所示。

Step 08 调整切片器的大小和位置，单击“快速样式”下拉按钮，选择需要的样式，如图8-20所示。

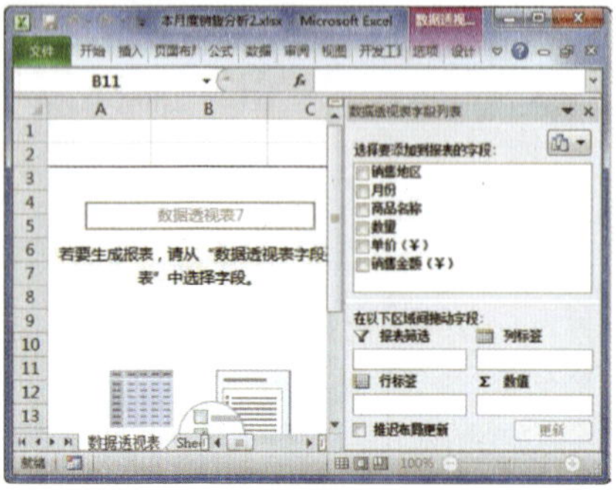

图8-15　修改工作表名称

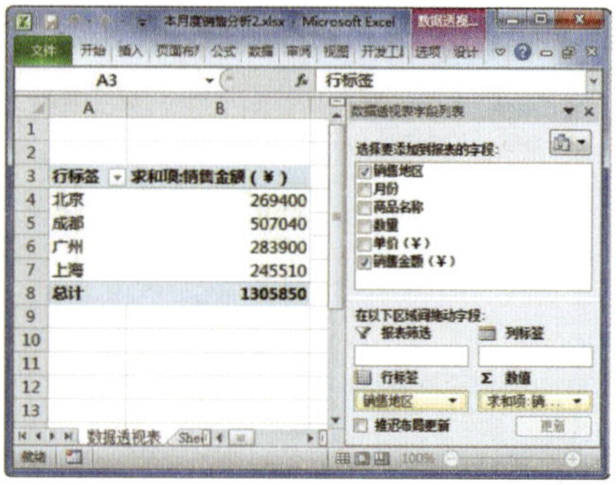

图8-16　添加数据透视表字段

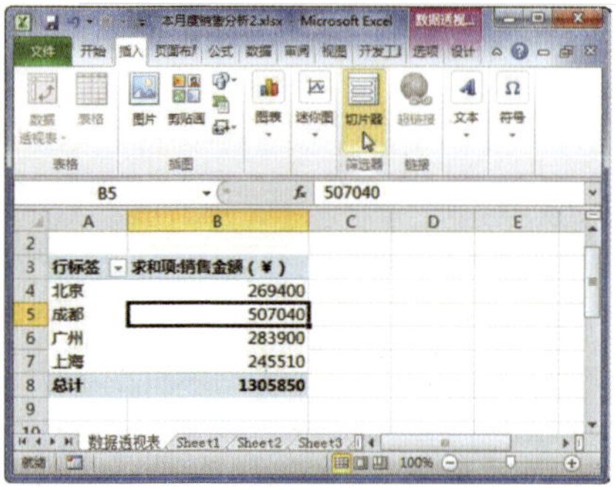

图8-17　插入切片器

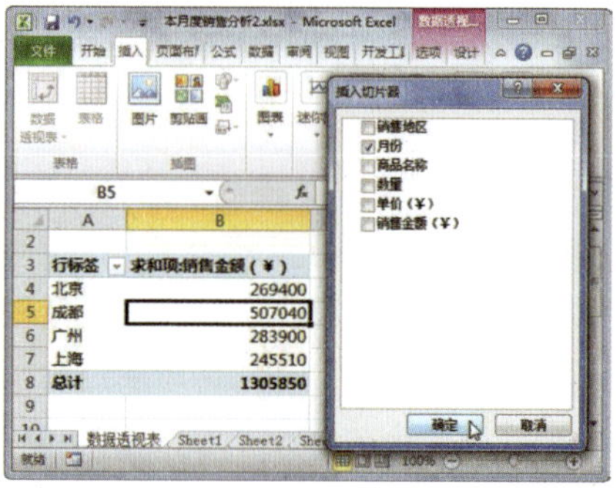

图8-18　选择切片器字段

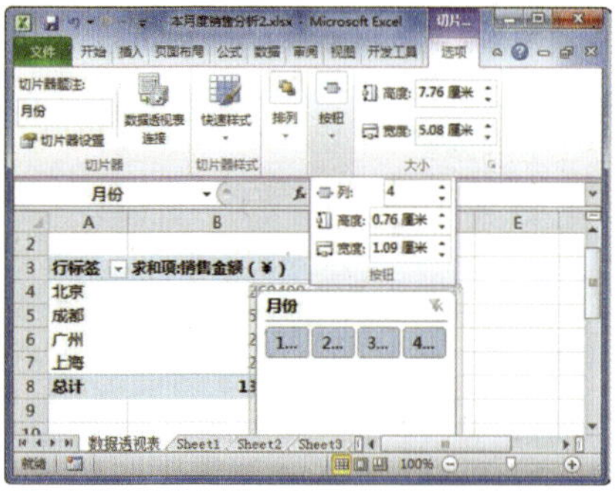

图8-19　设置切片器列数

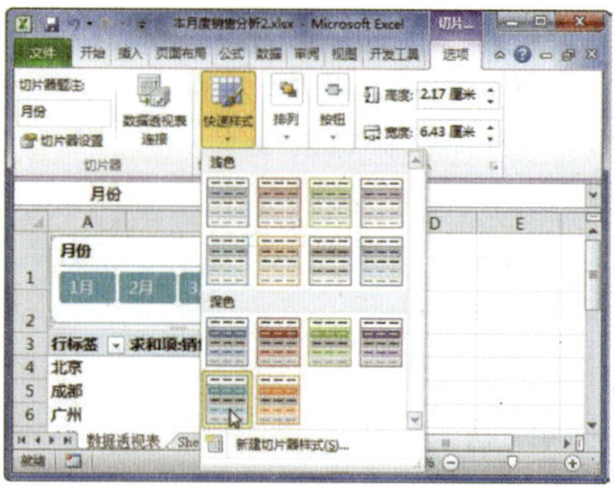

图8-20　选择切片器样式

Step 09 单击切片器中的某个月份，就会显示该月各地区的销售金额，按住【Shift】键还可以进行多选，如图8-21所示。

三、使用数据透视图直观地显示数据

数据透视图是数据透视表更深层次的应用，它可以将数据以图形的形式表示出来，在视觉上更加直观，同时数据透视图中还会提供交互式筛选控件，以便进行多维度筛选数据。使用数据透视图的具体操作方法如下。

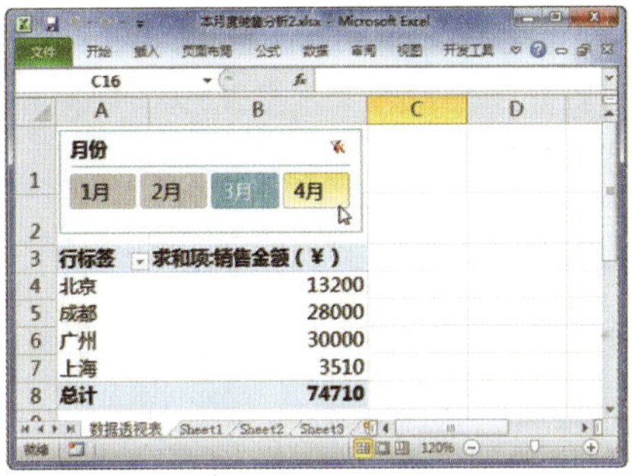

图8-21　使用切片器筛选数据

Step01 打开“素材文件\项目八\本月度销售分析3.xlsx”，选择“插入”选项卡，单击“数据透视表”下拉按钮，选择“数据透视图”选项，如图8-22所示。

Step02 弹出“创建数据透视表及数据透视图”对话框，单击“确定”按钮，如图8-23所示。

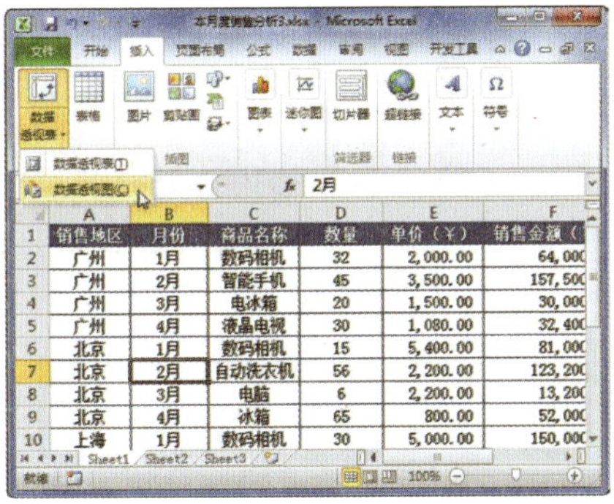

图8-22　插入数据透视图

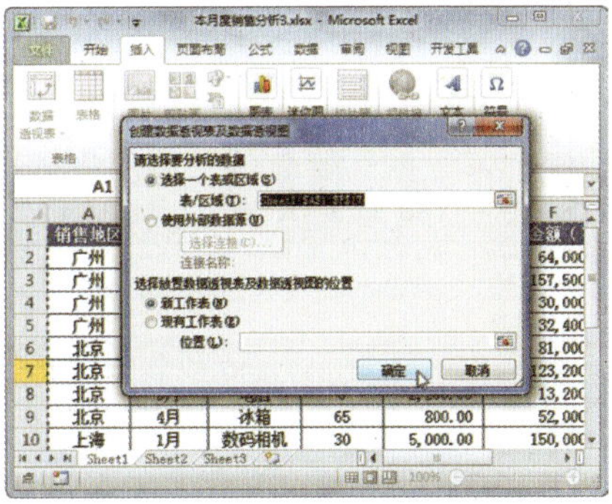

图8-23　创建数据透视图

Step03 修改新工作表标签名称为“数据透视图”，将“月份”字段拖至“图例字段（系列）”区域中，将“销售地区”字段拖至“轴字段（分类）”区域中，将“销售金额”字段拖至“数值”区域中，如图8-24所示。

Step04 删除图表网格线，设置横坐标轴的“主要刻度线类型”为无，并设置纵坐标轴的线条颜色为无线条，如图8-25所示。

Step05 选择“分析”选项卡，单击“插入切片器”按钮，如图8-26所示。

Step06 弹出“插入切片器”对话框，选中“月份”复选框，然后单击“确定”按钮，如图8-27所示。

Step07 选中插入的切片器，在“按钮”组中设置“列”数为4，然后单击“快速样式”下拉按钮，选择需要的样式，如图8-28所示。

Step08 按住【Shift】键选择切片器和数据透视图，选择“选项”选项卡，在“排列”组中单击“组合”下拉按钮，选择“组合”选项，如图8-29所示。

Step09 单击切片器中的不同月份，图表中的数据系列将随之改变，如图8-30所示。

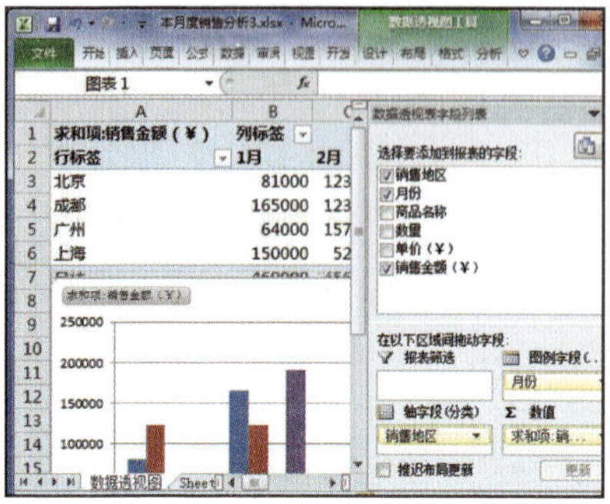

图8-24　添加数据透视图字段

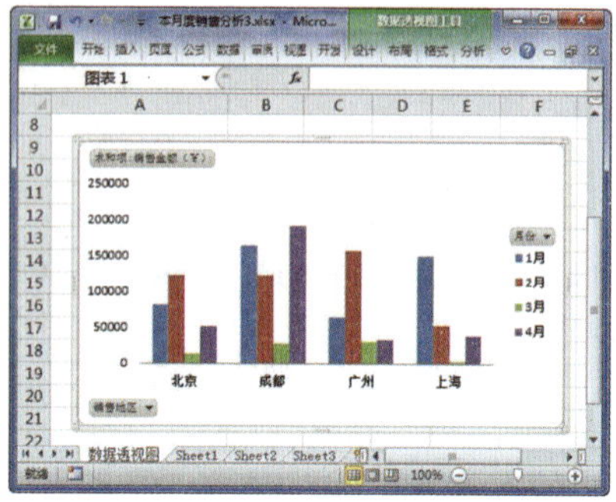

图8-25　设置图表格式

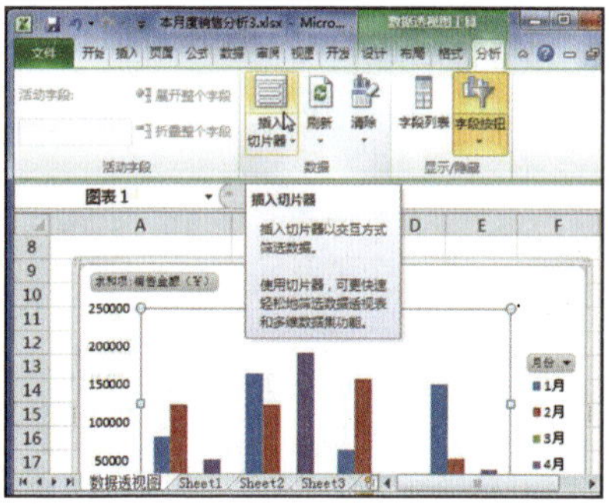

图8-26　插入切片器

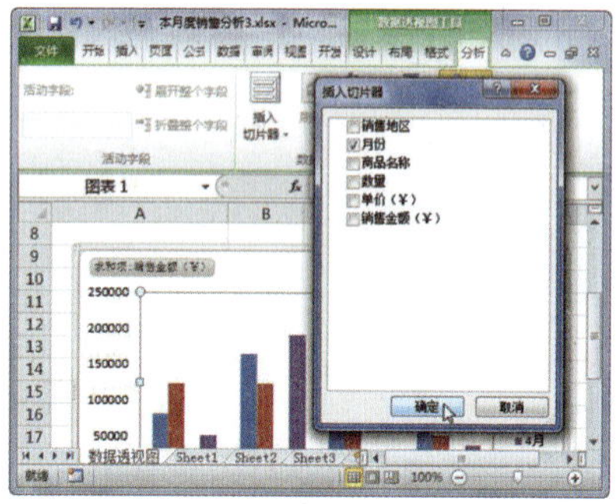

图8-27　设置切片器字段

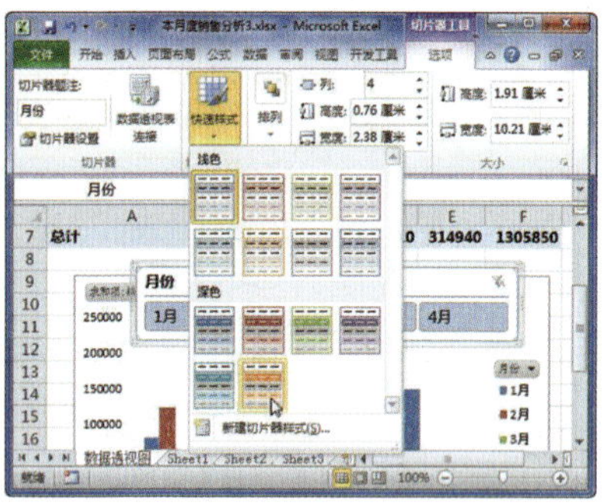

图8-28　选择切片器样式

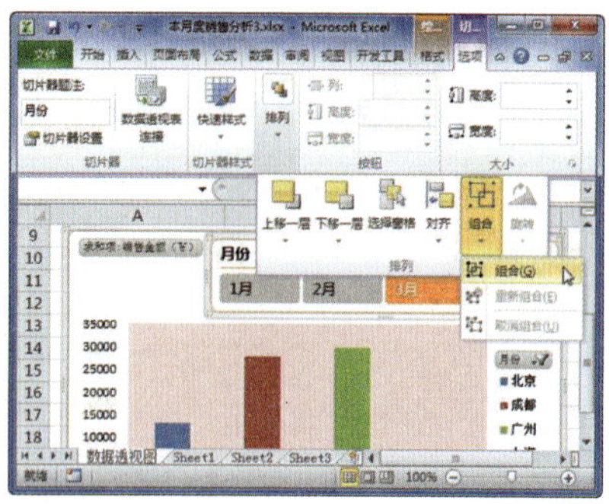

图8-29　组合切片器和数据透视图

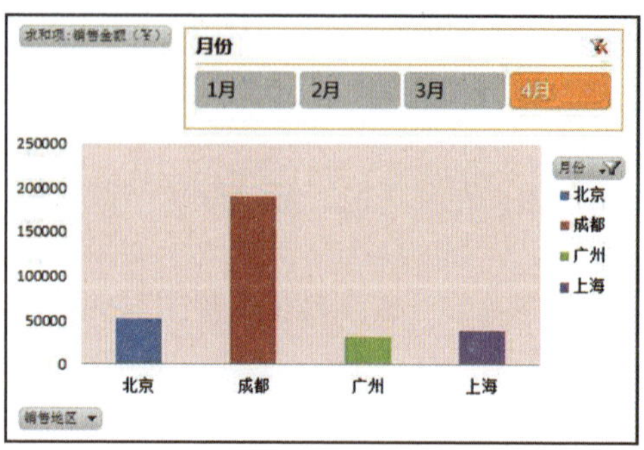

图8-30　筛选数据

任务二 使用控件制作动态图表

任务概述

系统中提供了两类控件，即表单控件和Active控件，其中表单控件是窗体控件，在操作上比较简单，不需要代码就能实现交互式操作。本任务将学习如何使用选项按钮、复选框、按钮和滚动条等控件制作动态图表。

任务重点与实施

一、使用选项按钮控件切换图表数据

Excel中的选项按钮即表单中的单选按钮，下面利用选项按钮对图表数据进行切换，具体操作方法如下。

Step 01 打开“素材文件\项目八\商品库存数量.xlsx”，在A8单元格中输入1，在A10:A13单元格区域中输入四个月份，在B9单元格中输入公式“=OFFSET(A1,0,$A$8)”，并按【Enter】键确认，如图8-31所示。

Step 02 向下拖动B9单元格填充柄至B13单元格，填充公式，如图8-32所示。

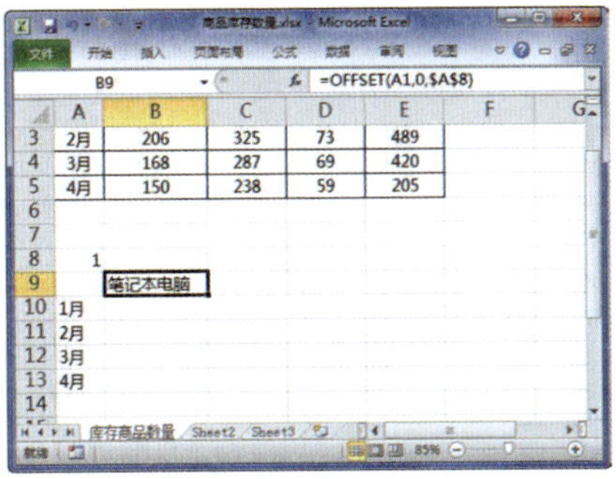

图8-31 编辑公式

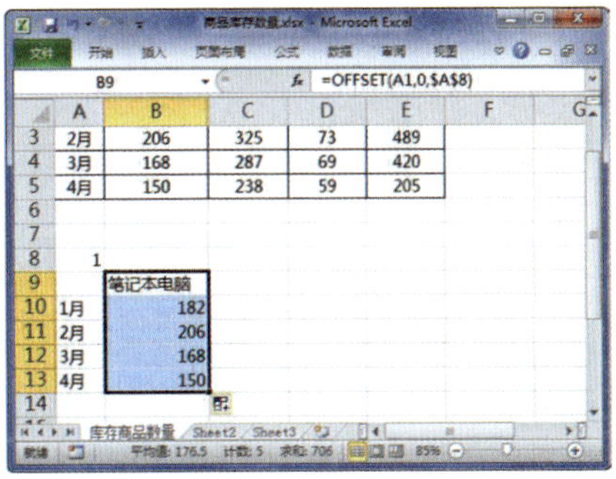

图8-32 填充公式

Step 03 选择A8:B13单元格区域，选择“插入”选项卡，在“图表”组中单击“饼图”下拉按钮，选择“三维饼图”选项，如图8-33所示。

Step 04 此时，即可插入三维饼图。根据需要美化图表格式，效果如图8-34所示。

Step 05 选择“文件”选项卡，单击“选项”按钮，如图8-35所示。

Step 06 弹出“Excel选项”对话框，选择“自定义功能区”选项，选中“开发工具”复选框，然后单击“确定”按钮，如图8-36所示。

Step 07 选择“开发工具”选项卡，在“控制”组中单击“插入”下拉按钮，选择“选项按钮（窗体控件）”控件◉，如图8-37所示。

Step 08 拖动鼠标绘制选项按钮，然后鼠标右键单击选项按钮，在弹出的快捷菜单中选择“编辑文字”命令，如图8-38所示。

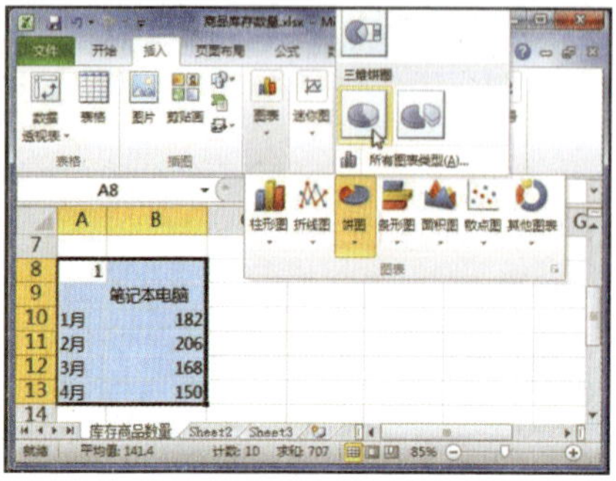

图8-33 插入三维饼图

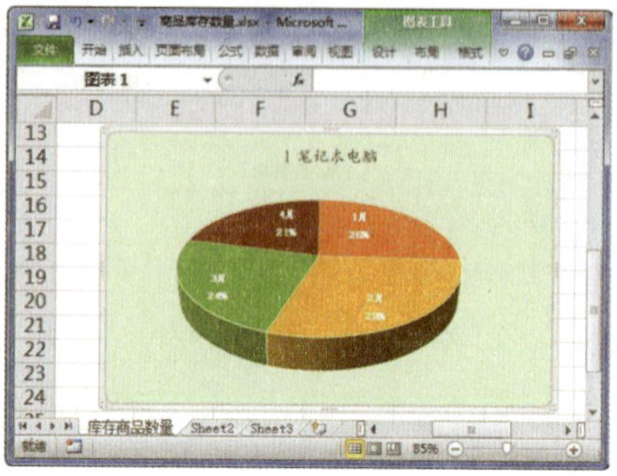

图8-34 美化图表格式

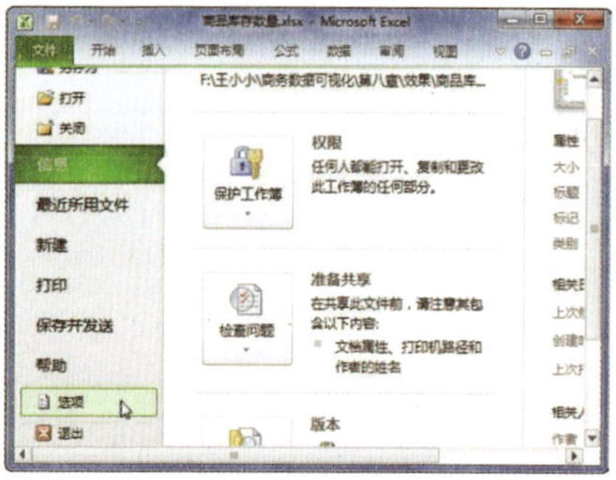

图8-35 单击“选项”按钮

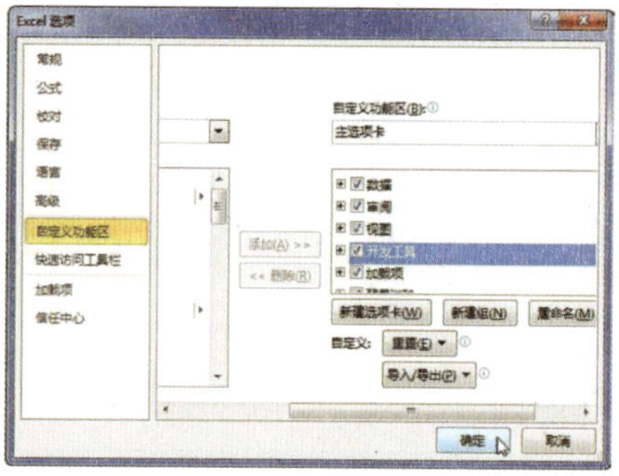

图8-36 添加“开发工具”选项卡

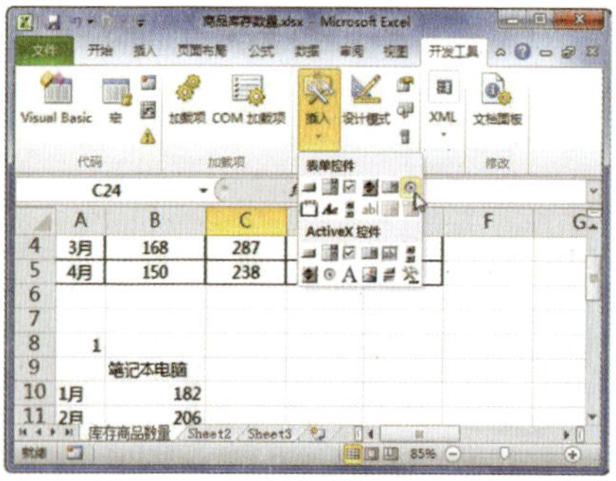

图8-37 插入选项按钮

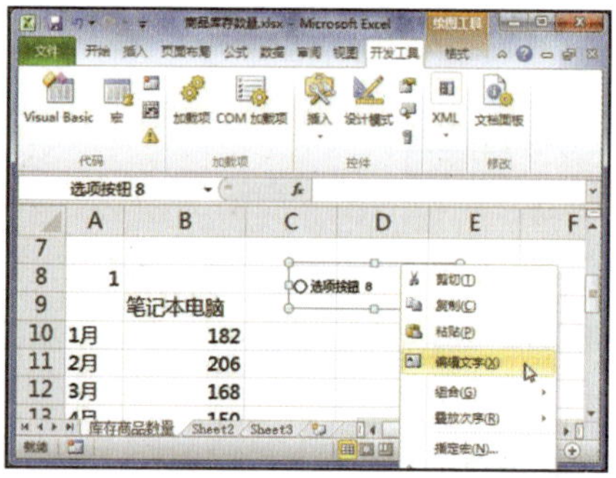

图8-38 编辑文字

Step 09 编辑文字为“笔记本电脑”，将选项按钮复制三份并分别编辑文字。鼠标右键单击“笔记本电脑”选项按钮，在弹出的快捷菜单中选择“设置控件格式”命令，如图8-39所示。

Step 10 弹出“设置控件格式”对话框，选中“已选择”单选按钮，设置“单元格链接”为A8单元格，单击“确定”按钮，如图8-40所示。

Step 11 按住【Shift】键并用鼠标右键单击选项按钮将其选中，选择“格式”选项卡，在“排列”组中单击“对齐”下拉按钮，选择“左对齐”选项，如图8-41所示。

Step 12 单击“对齐”下拉按钮，选择“纵向分布”选项，如图8-42所示。

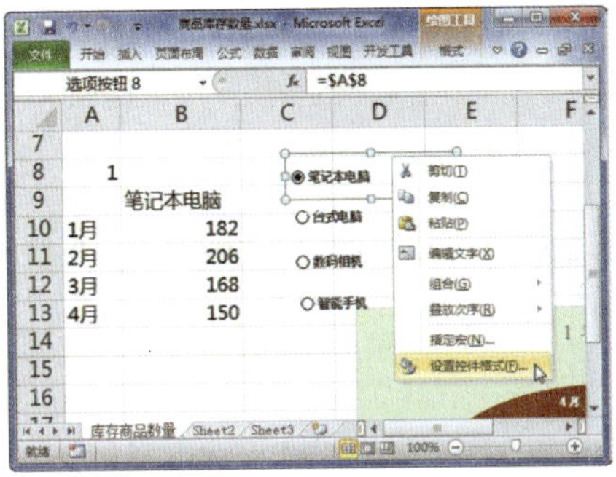

图8-39　设置控件格式

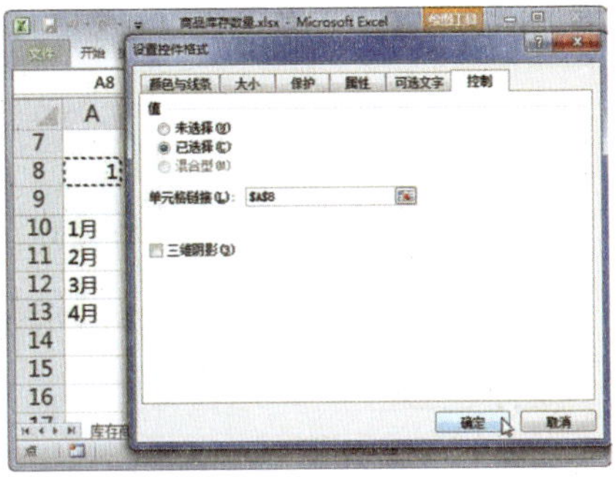

图8-40　设置单元格链接

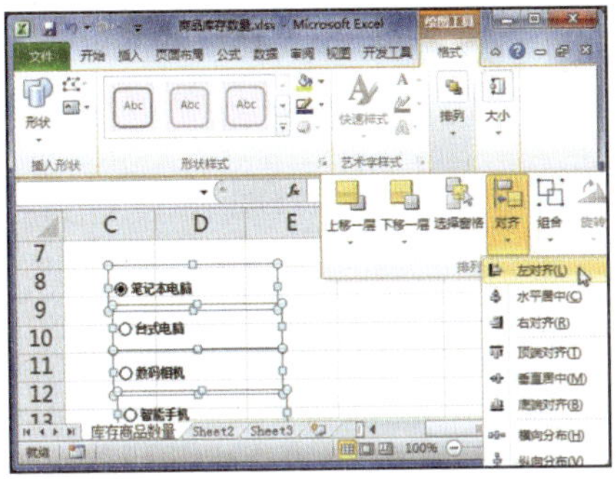

图8-41　设置左对齐

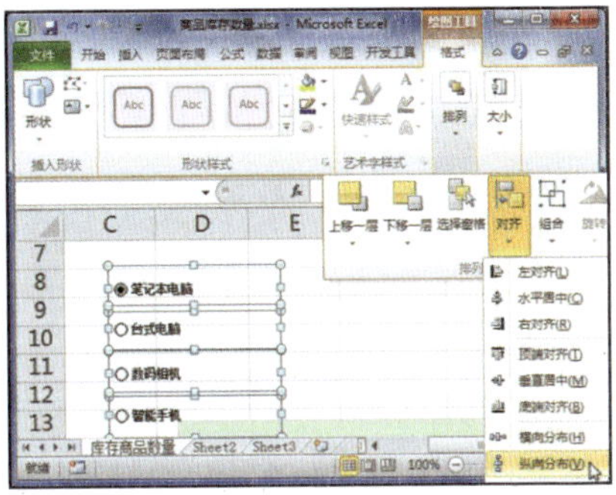

图8-42　设置纵向分布

Step 13 在“排列”组中单击“组合”下拉按钮，选择“组合”选项，如图8-43所示。

Step 14 选中图表标题，在编辑栏中删除标题文本，输入“=”，选择B9单元格，按【Enter】键创建标题链接，如图8-44所示。

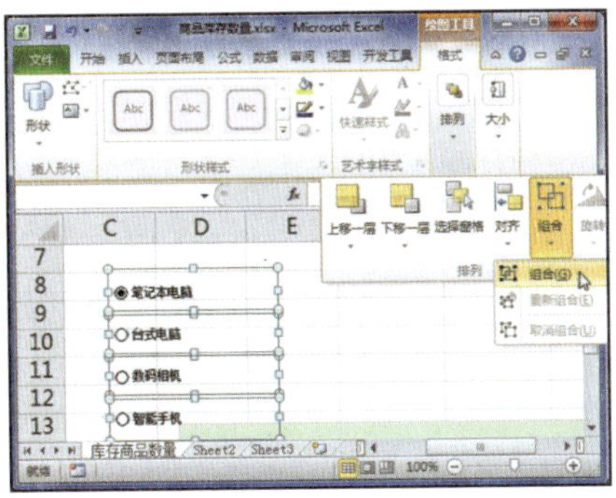

图8-43　组合选项按钮

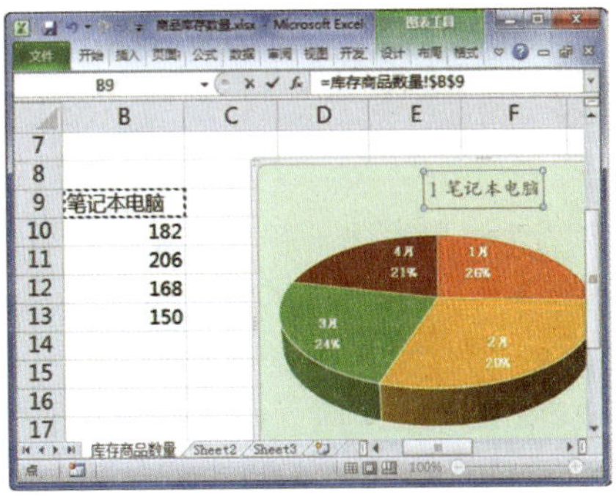

图8-44　创建图表标题链接

Step 15 将选项按钮移至图表中，选择不同的选项按钮，此时图表中的数据就会随之变化，如图8-45所示。

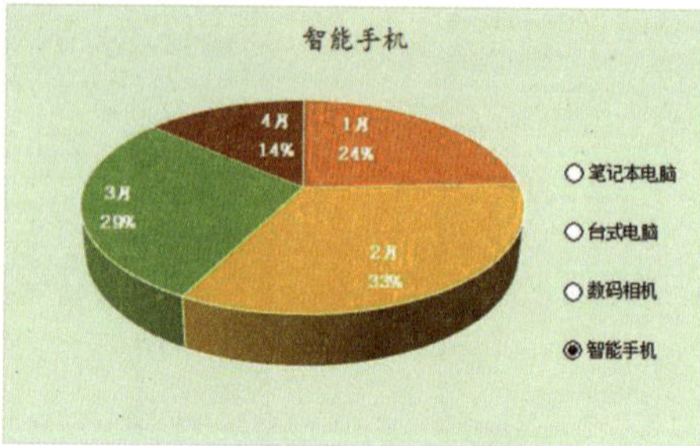

图8-45　查看选项按钮效果

二、使用复选框控件显示或隐藏图表系列

复选框控件包含两种状态，即选中和未选中，下面利用复选框控件设置显示或隐藏图表中指定的数据系列，具体操作方法如下。

Step 01 打开“素材文件\项目八\某商品销量统计.xlsx”，选择A1:C13单元格区域，按【Ctrl+C】组合键复制数据。选择E1单元格，单击“粘贴”下拉按钮，选择“粘贴链接”选项，如图8-46所示。

Step 02 单击“粘贴”下拉按钮，选择“格式”选项，按【Esc】键取消复制状态，如图8-47所示。

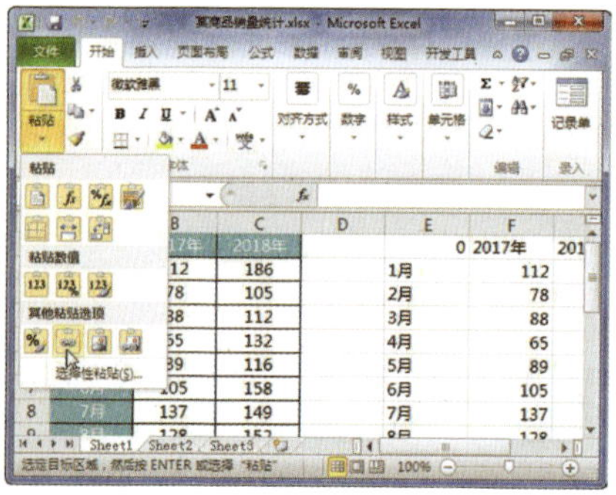

图8-46　复制格式

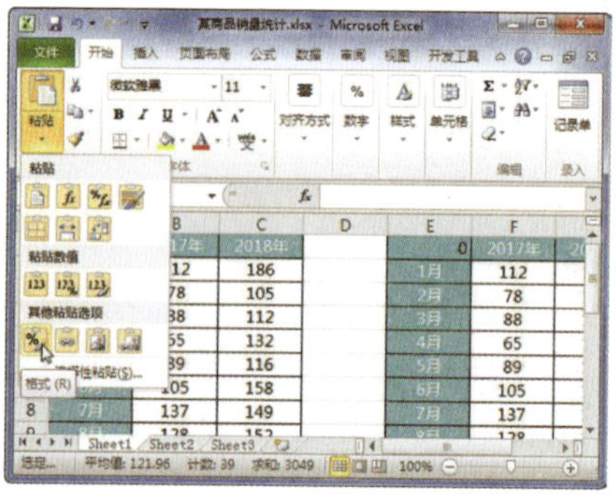

图8-47　粘贴格式

Step 03 在I1单元格中输入文本，在I2单元格中输入逻辑值TRUE。选择F2单元格，在编辑栏中输入公式“=IF(I$2=TRUE,B2,NA())”。向下拖动F2单元格填充柄至F13单元格，填充公式，如图8-48所示。

Step 04 选择E1:G13单元格区域，选择“插入”选项卡，在“图表”组中单击“柱形图”下拉按钮，选择“簇状柱形图”选项，如图8-49所示。

Step 05 删除图例和网格线，设置图表标题和系列格式，如图8-50所示。

Step 06 选中“2017年”系列并用鼠标右键单击，在弹出的快捷菜单中选择“更改系列图表类型”命令，如图8-51所示。

Step 07 弹出“更改图表类型”对话框，选择“带数据标记的折线图”选项，然后单击“确定”按钮，如图8-52 所示。

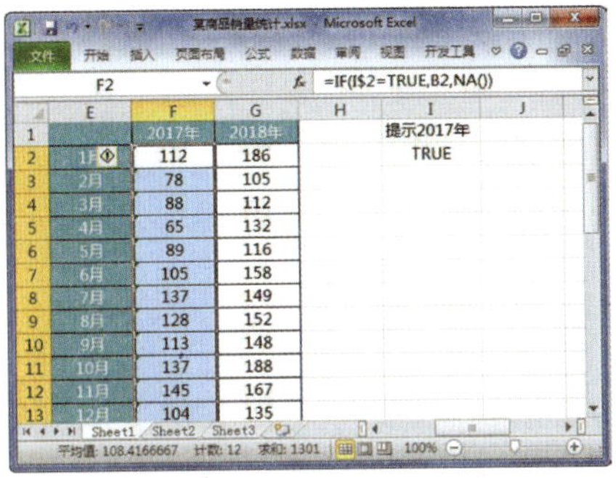

图8-48　编辑并填充公式

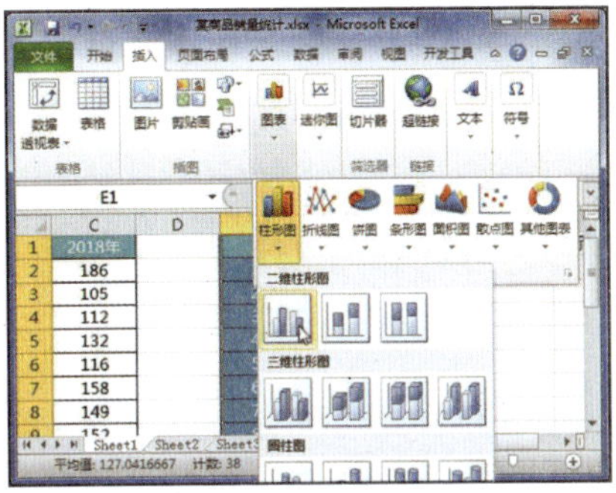

图8-49　选择图表类型

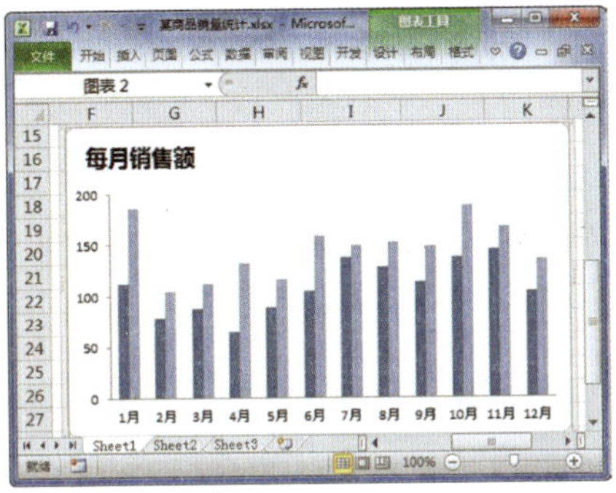

图8-50　设置图表标题和系列格式

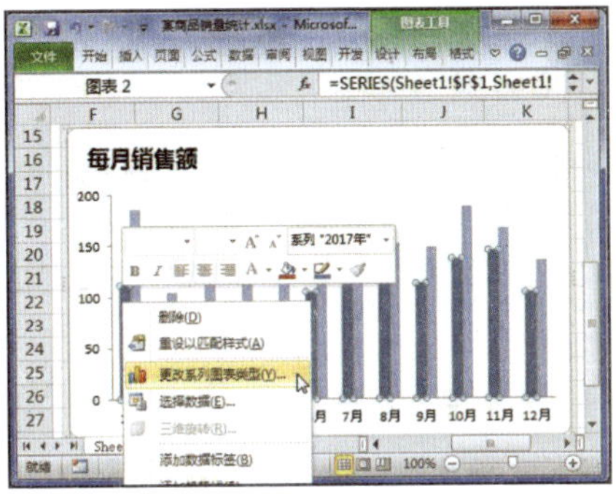

图8-51　更改系列图表类型

Step 08 此时，即可将“2017年”数据系列更改为折线图，设置折线图数据系列格式，如图8-53所示。

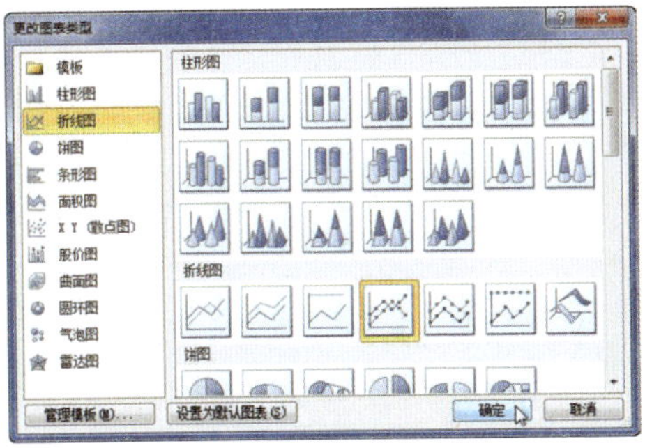

图8-52　选择更改图表类型

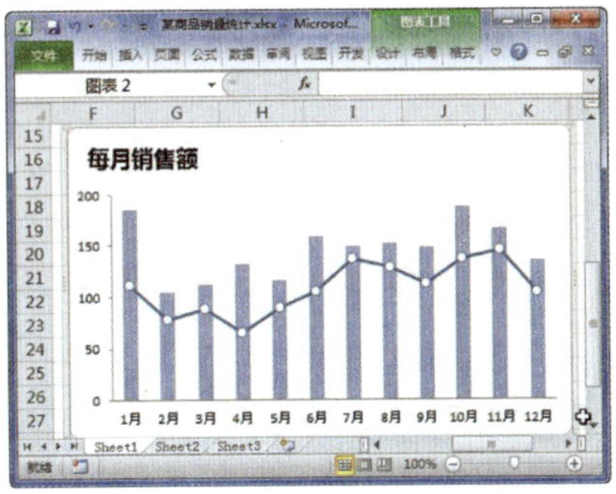

图8-53　设置折线图数据系列格式

Step 09 选择“开发工具”选项卡，在“控件”组中单击“插入”下拉按钮，选择“复选框（窗体控件）”控件☑，如图8-54所示。

Step 10 拖动鼠标绘制复选框控件，修改控件名称。鼠标右键单击复选框控件，在弹出的快捷菜单中选择“设置控件格式”命令，如图8-55所示。

Step 11 弹出“设置控件格式”对话框，选中“已选择”单选按钮，设置“单元格链接”为I2单元格，然后单击“确定”按钮，如图8-56所示。

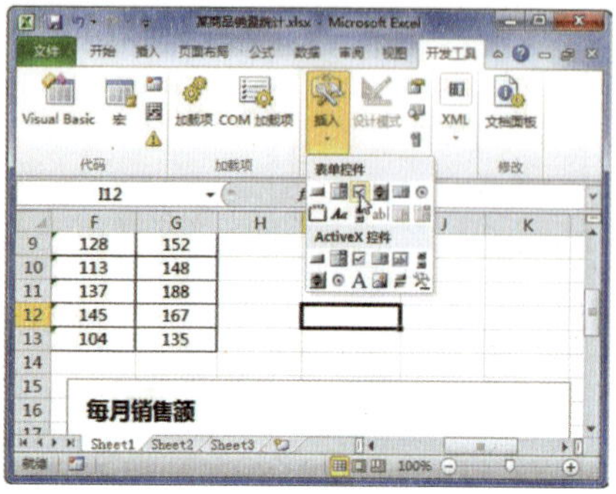

图8-54　插入复选框控件

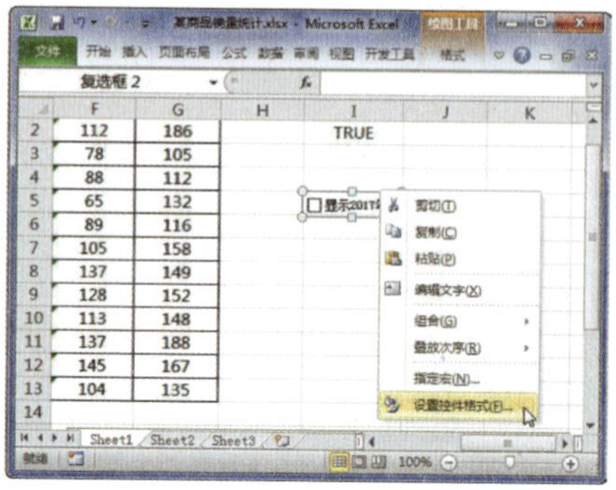

图8-55　设置控件格式

Step 12 设置图表格式，将复选框控件移至图表区，选中“显示2017年”复选框就会显示折线图，取消选中该复选框就会隐藏折线图，如图8-57所示。

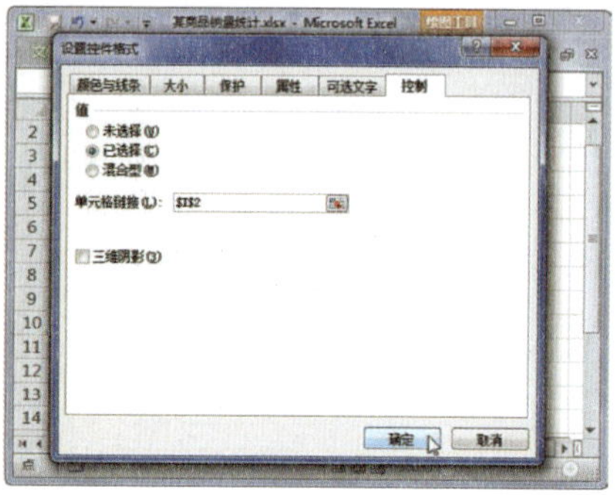

图8-56　设置单元格链接

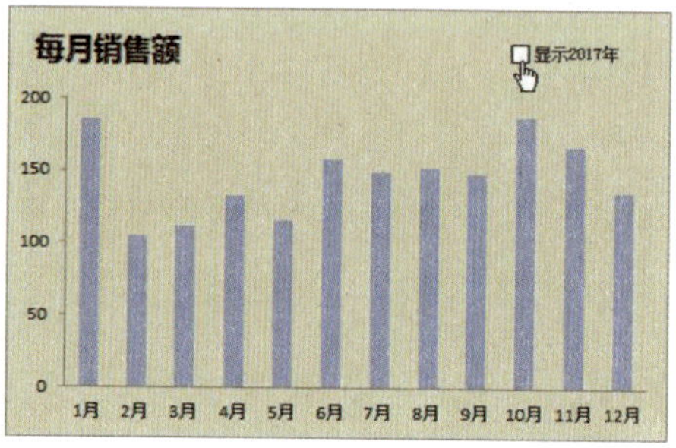

图8-57　查看控件效果

三、使用按钮控件快速更改图表类型

下面利用宏和按钮控件实现一键更改图表类型，以不同的展现形式展示图表数据，具体操作方法如下。

Step 01 打开“素材文件\项目八\某商品销量统计1.xlsx”，选择A1:B13单元格区域，选择“插入”选项卡，在“图表”组中单击“柱形图”下拉按钮，选择“簇状柱形图”选项，如图8-58所示。

Step 02 删除图例，设置图表标题，为“1月”和“12月”数据添加数据标签，如图8-59所示。

Step 03 选中图表，选择“开发工具”选项卡，在“代码”组中单击“录制宏”按钮，如图8-60所示。

Step 04 弹出“录制新宏”对话框，在“宏名”文本框中输入“折线图”，然后单击“确定”按钮，如图8-61所示。

Step 05 开始录制宏，Excel程序开始记录用户的操作。鼠标右键单击图表，在弹出的快捷菜单中选择“更改图表类型”命令，如图8-62所示。

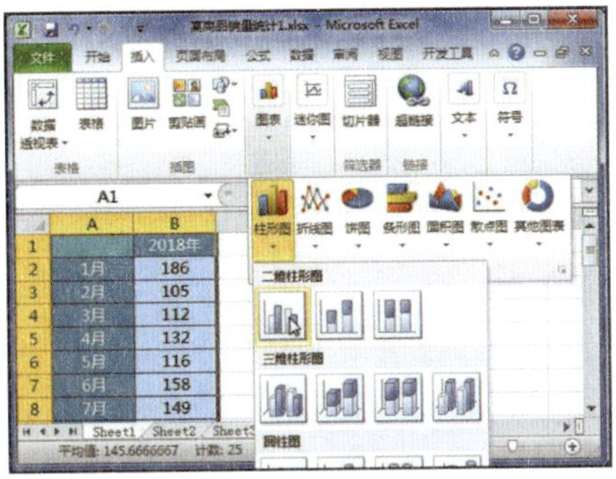

图8-58　插入簇状柱形图

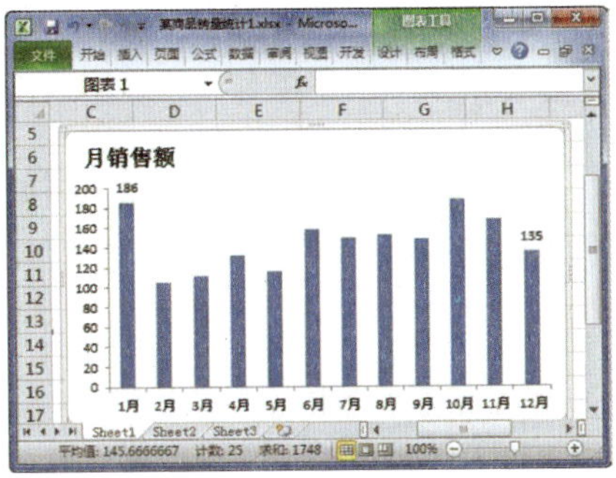

图8-59　设置图表格式

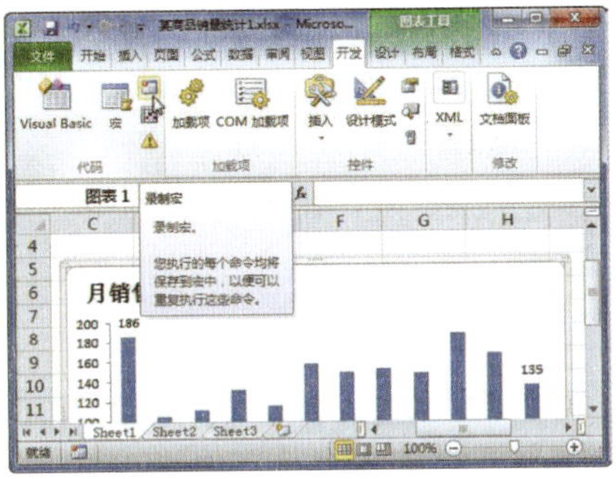

图8-60　录制宏

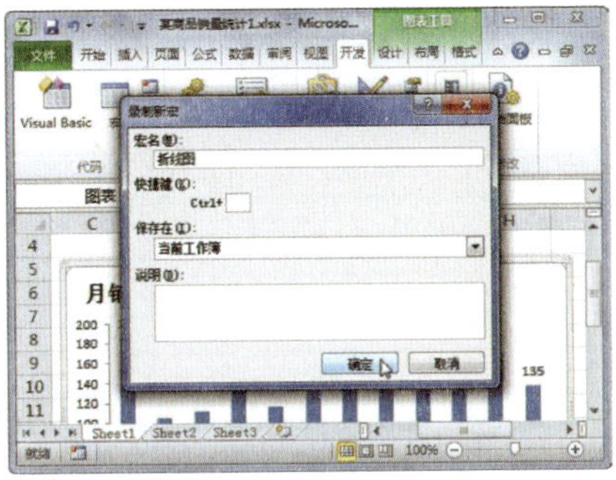

图8-61　设置宏名

Step 06 弹出“更改图表类型”对话框，选择“带数据标记的折线图”类型，然后单击“确定”按钮，如图8-63所示。

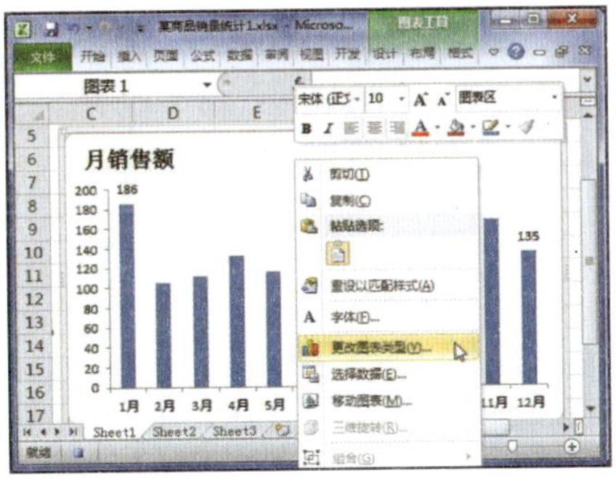

图8-62　更改图表类型

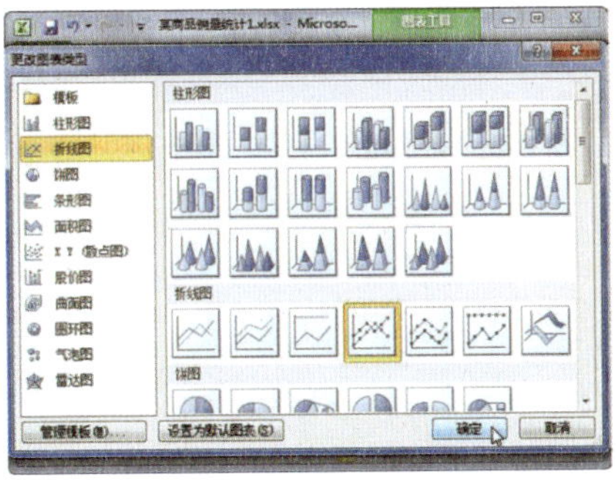

图8-63　选择图表类型

Step 07 此时图表变为折线图，单击“停止录制”按钮，如图8-64所示。

Step 08 按【Ctrl+Z】组合键撤销上一步操作，将图表恢复为柱形图。在“控件”组中单击“插入”下拉按钮，选择“按钮（窗体控件）”控件，如图8-65所示。

Step 09 在工作表中拖动鼠标插入按钮，弹出“指定宏”对话框，选择“折线图”宏名，然后单击“确定”按钮，如图8-66所示。

Step 10 修改按钮文本，单击“折线图”按钮，柱形图就会变为折线图，如图8-67所示。

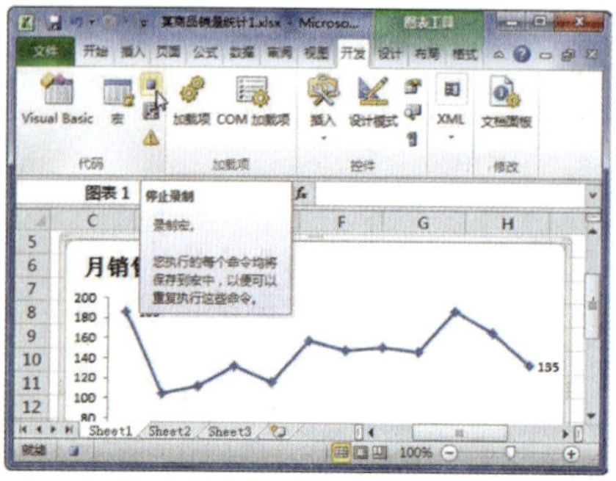

图8-64　停止录制宏

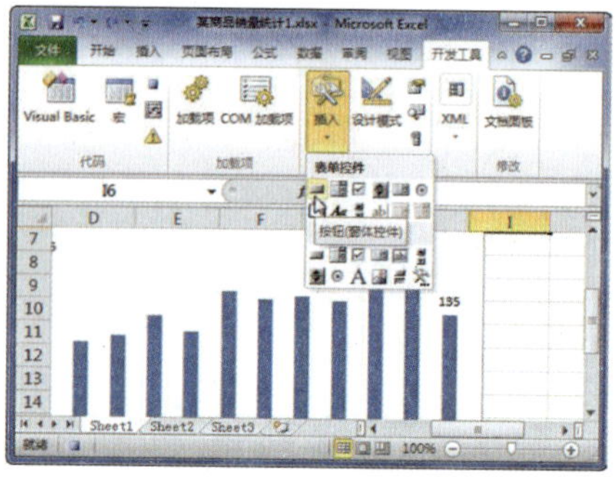

图8-65　插入按钮控件

图8-66　指定宏

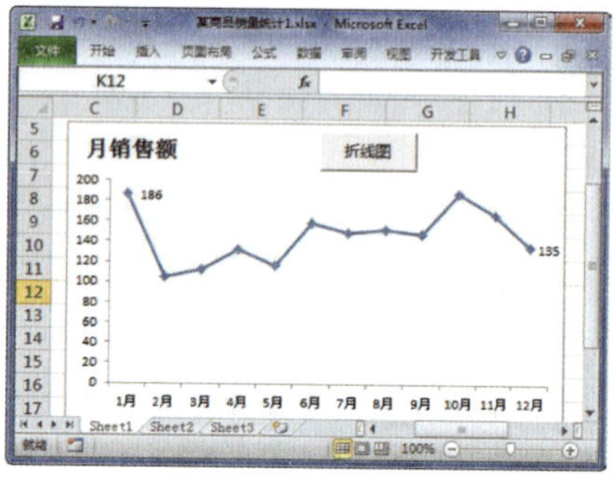

图8-67　单击“折线图”按钮

Step 11 选中图表，在“代码”组中单击“录制宏”按钮，如图8-68所示。

Step 12 弹出“录制新宏”对话框，在“宏名”文本框中输入“柱形图”，然后单击“确定”按钮，如图8-69所示。

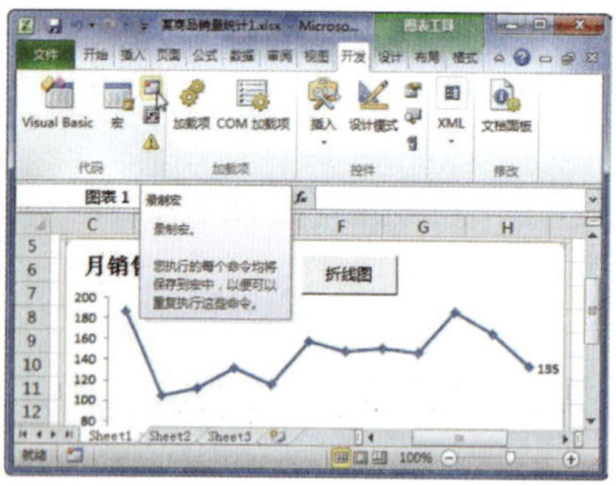

图8-68　单击“录制宏”按钮

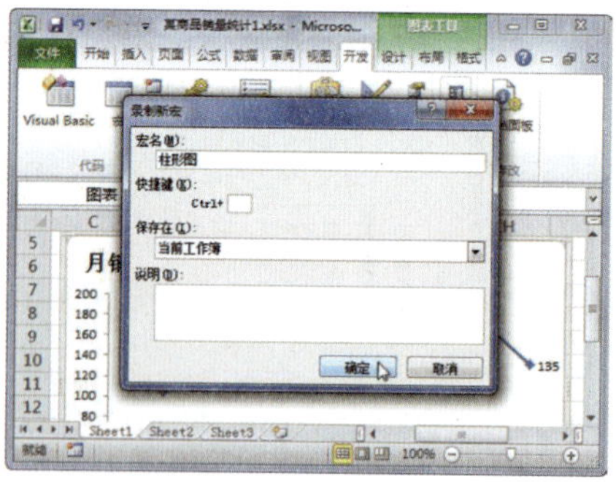

图8-69　录制新宏

Step 13 鼠标右键单击图表，在弹出的快捷菜单中选择“更改图表类型”命令，如图8-70所示。

Step 14 弹出“更改图表类型”对话框，选择“簇状柱形图”类型，然后单击“确定”按钮，如图8-71所示。

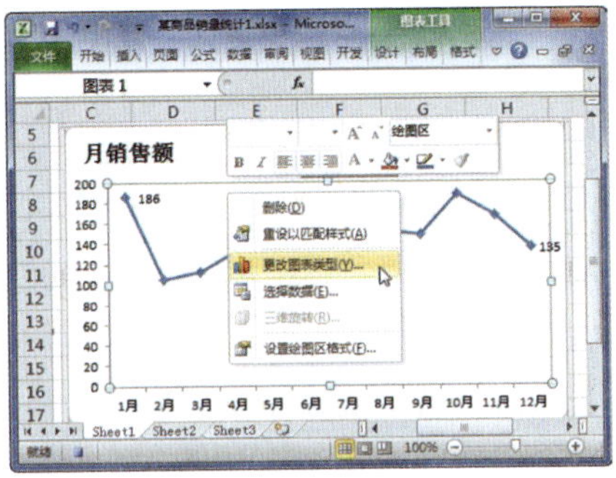

图8-70　更改图表类型

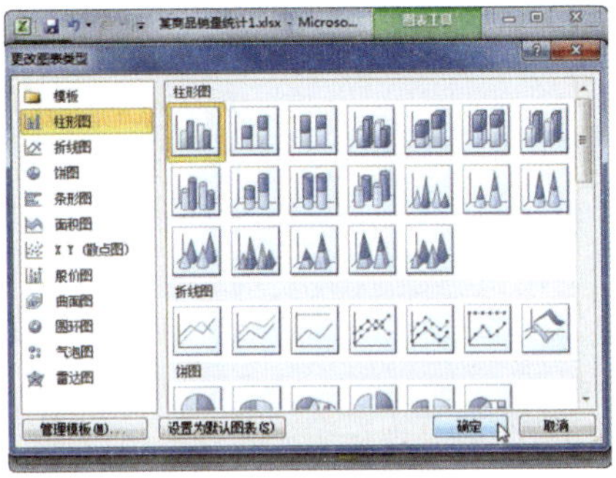

图8-71　选择图表类型

Step 15 此时图表变为柱形图，单击“停止录制”按钮，如图8-72所示。

Step 16 在“开发工具”选项卡下单击“控件”组中的“插入”下拉按钮，选择“按钮”（窗体控件）控件，如图8-73所示。

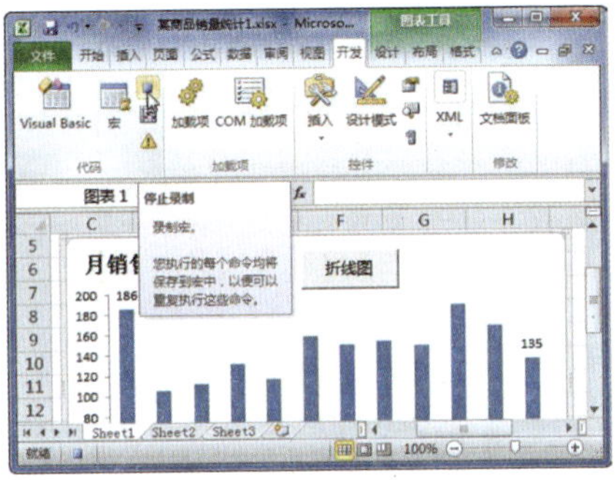

图8-72　停止录制

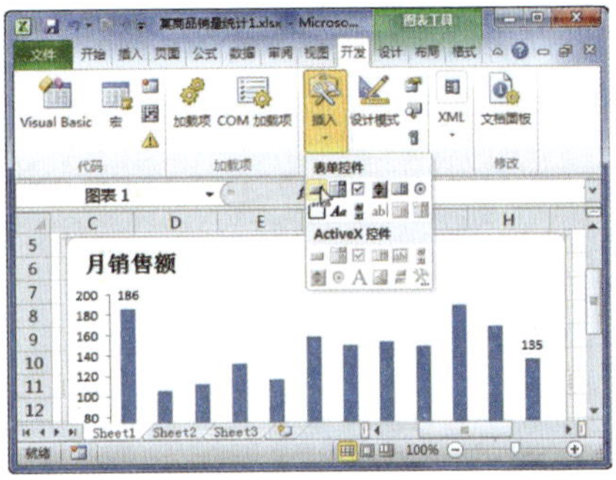

图8-73　插入按钮控件

Step 17 在工作表中拖动鼠标绘制按钮，弹出“指定宏”对话框，选择“柱形图”宏名，然后单击“确定”按钮，如图8-74所示。

Step 18 修改按钮文本，设置图表格式，此时单击按钮控件即可快速更改图表类型，如图8-75所示。

图8-74　指定宏

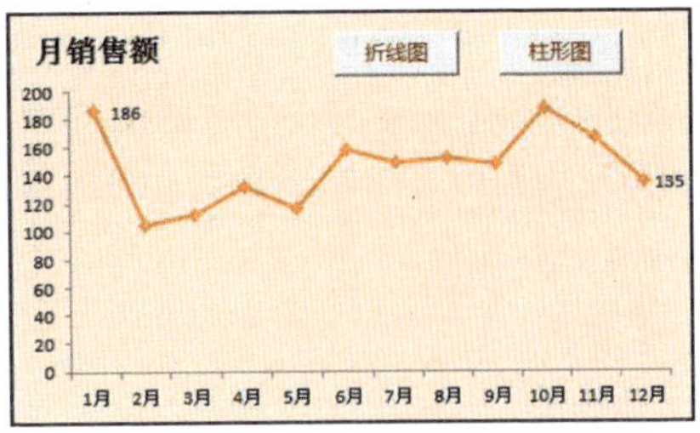

图8-75　更改图表类型

四、使用滚动条控件动态展示图表

滚动条控件可以用于查看或显示较大范围内的值，多用于图表精度要求不高的情况。通过滚动条或两侧的调节按钮可以更改一系列的数据值，具体操作方法如下。

Step 01 打开“素材文件\项目八\商品搜索走势分析.xlsx”，选择B1:C1单元格区域，按【Ctrl+C】组合键复制标题文本。选择E1单元格，单击“粘贴”按钮粘贴标题，如图8-76所示。

Step 02 选择E2:F8单元格区域，选择“公式”选项卡，在“函数库”组中单击“查找与引用”下拉按钮，选择OFFSET函数，如图8-77所示。

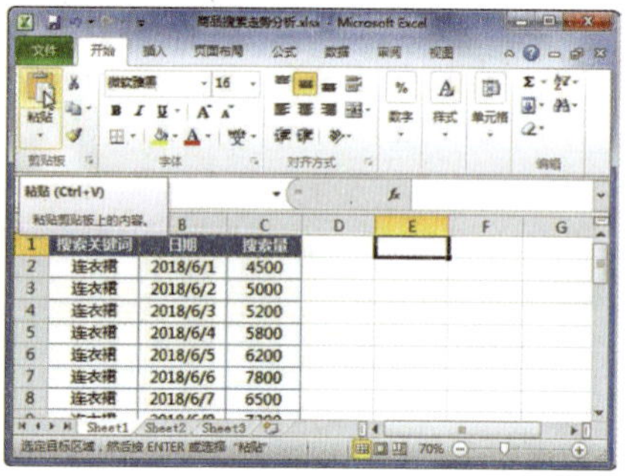

图8-76　粘贴标题

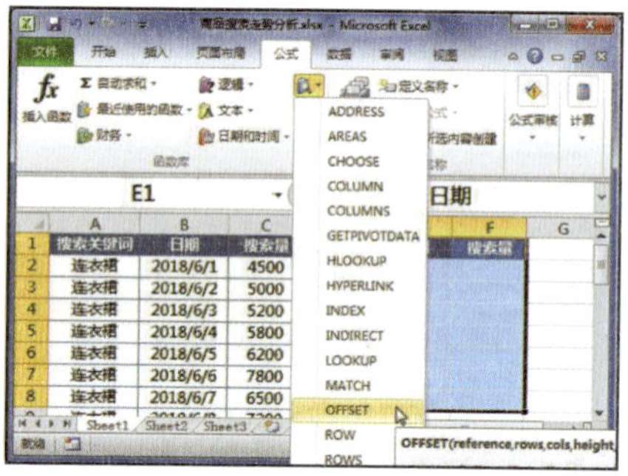

图8-77　插入OFFSET函数

Step 03 弹出“函数参数”对话框，设置各项参数，并将Reference和Rows参数中的单元格引用转换为绝对引用，然后单击“确定”按钮，如图8-78所示。

Step 04 将光标定位到编辑栏中，按【Ctrl+Shift+Enter】组合键生成数组公式。选择E2:E8单元格区域，选择“开始”选项卡，在“数字”组中单击“数字格式”下拉按钮，选择“短日期”选项，如图8-79所示。

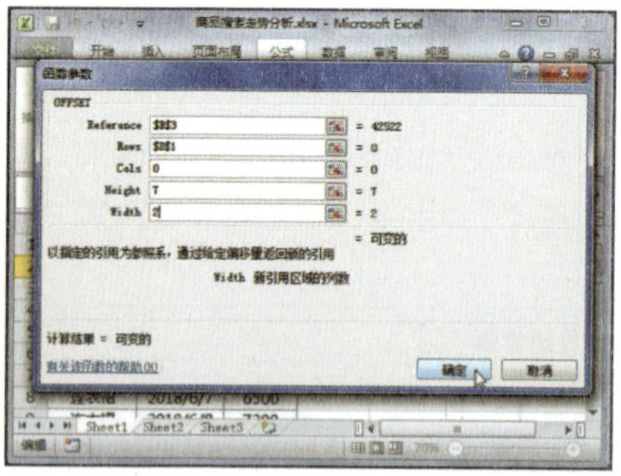

图8-78　设置OFFSET函数参数

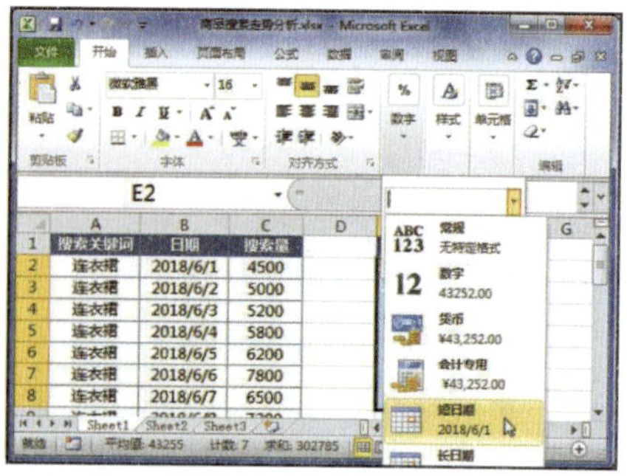

图8-79　设置数字格式

Step 05 选择E1:F8单元格区域，选择“插入”选项卡，在“图表”组中单击“折线图”下拉按钮，选择“带数据标记的折线图”选项，如图8-80所示。

Step 06 在图表中选中纵坐标轴并用鼠标右键单击，在弹出的快捷菜单中选择“设置坐标轴格式”命令，如图8-81所示。

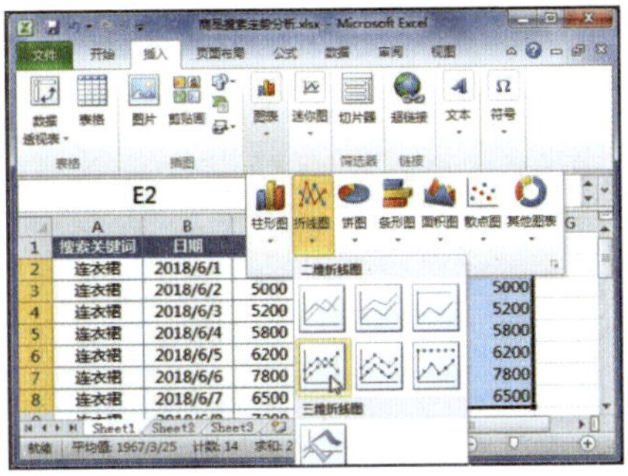

图8-80　插入折线图

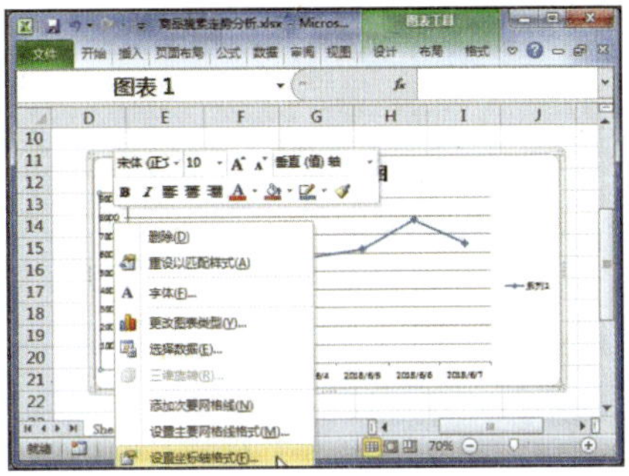

图8-81　设置坐标轴格式

Step07 弹出"设置坐标轴格式"对话框，设置"最小值"为4000，如图8-82所示，然后单击"关闭"按钮。

Step08 选择"开发工具"选项卡，在"控件"组中单击"插入"下拉按钮，在"表单控件"区域中选择"滚动条（窗体控件）"选项，如图8-83所示。

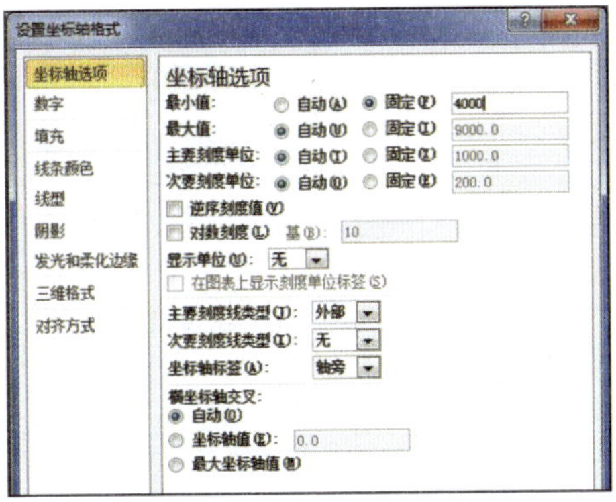

图8-82　设置坐标轴选项

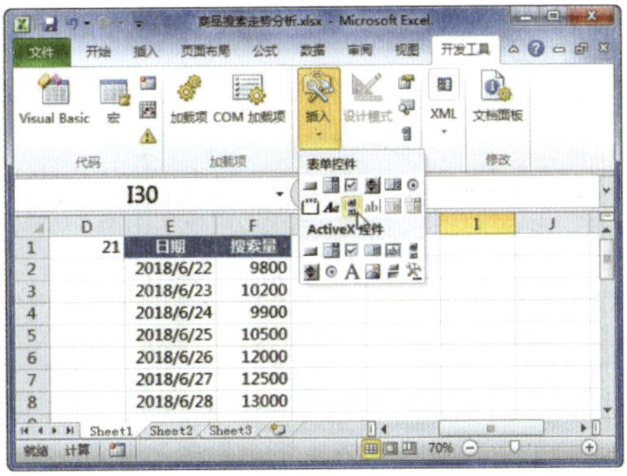

图8-83　插入滚动条控件

Step09 拖动鼠标绘制滚动条，调整控件的位置和大小。鼠标右键单击控件，在弹出的快捷菜单中选择"设置控件格式"命令，如图8-84所示。

Step10 弹出"设置控件格式"对话框，选择"控制"选项卡，设置各项参数，然后单击"确定"按钮，如图8-85所示。

Step11 选中图表，选择"设计"选项卡，单击"快速样式"下拉按钮，选择需要的样式，如图8-86所示。

Step12 双击图表区，在"设置图表区格式"对话框中选中"纯色填充"单选按钮，并设置填充颜色，如图8-87所示。设置绘图区为无颜色填充，单击"关闭"按钮。

Step13 删除网格线，添加数据标签，并设置图表字体格式，如图8-88所示。

Step14 按住【Shift】键选择图表和滚动条，选择"格式"选项卡，在"排列"组中单击"组合"下拉按钮，选择"组合"选项，如图8-89所示。

Step15 当用鼠标指针拖动滚动条时，图表中的数据也会随之变化，效果如图8-90所示。

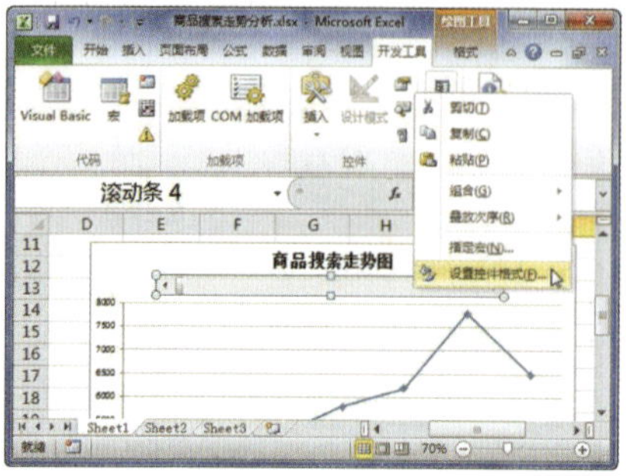

图8-84　绘制滚动条

图8-85　设置控件格式

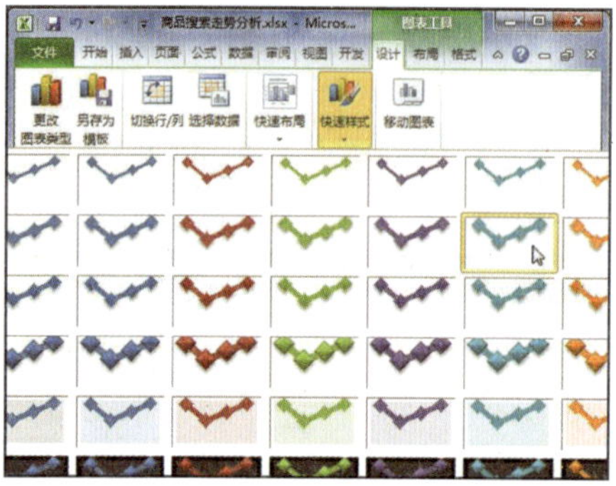

图8-86　选择图表样式

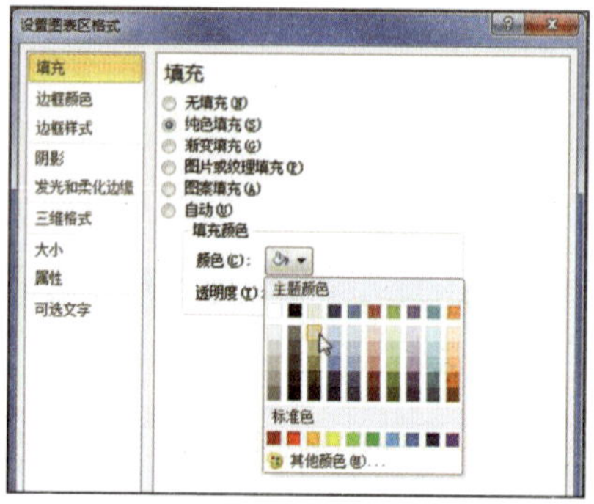

图8-87　设置图表区填充颜色

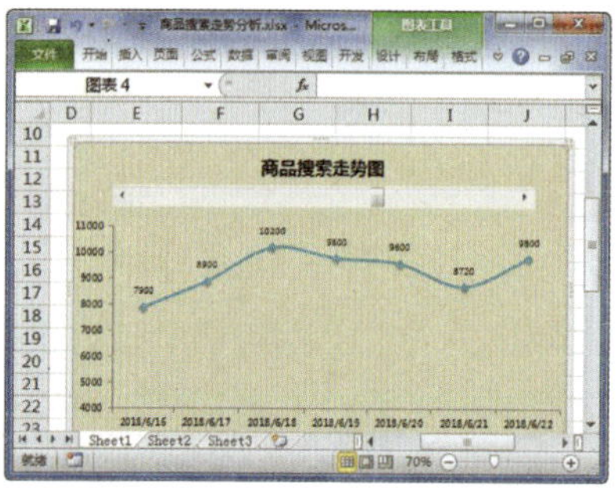

图8-88　设置图表格式

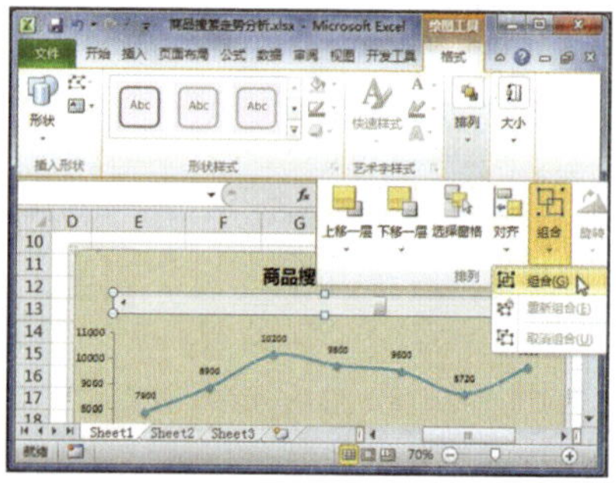

图8-89　组合图表和滚动条

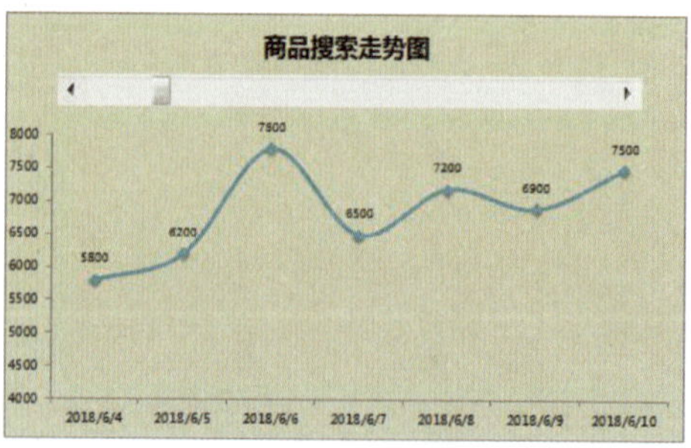

图8-90　查看图表效果

项目小结

（1）利用数据透视表能够更快速地处理表格数据，根据需要灵活地更改报表布局，以得到最直接的数据。

（2）利用切片器能够从不同纬度更快速、更轻松地筛选数据，使用最少的时间完成更多的数据分析工作。

（3）利用窗体控件不需要代码就能实现交互式操作，创建动态图表，在图表上完成数据切换。

项目习题

打开“素材文件\项目八\习题：销售额动态图表.xlsx”，使用“选项按钮（窗体控件）”控制图表，切换“柱形图”和“折线图”图表格式，如图8-91所示。

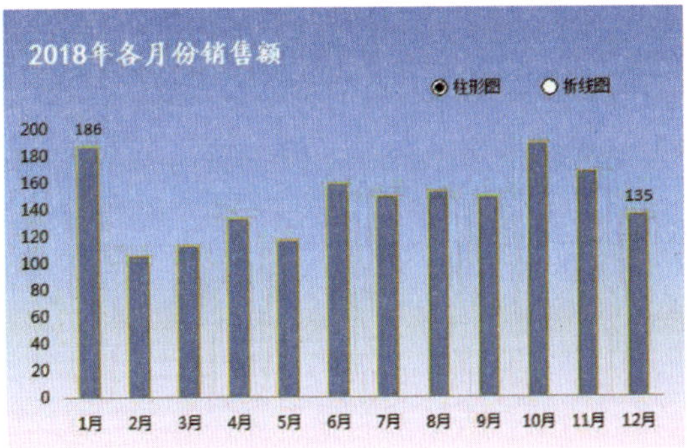

图8-91 销售额动态图表

关键提示：

（1）录制两个宏，记录更改图表类型的操作。

（2）插入选项按钮，将其指定到录制的宏。

项目九

商务数据图表的设计与美化

项目概述

商务数据图表在制作过程中需要具备一些特性，如表达的准确性、信息的可读性、图表设计的艺术性等。通过设计与美化图表，用户能够直观地显示数据、对比数据、分析数据，达到比文字和表格更为清晰的传达效果。本项目将学习如何设计与美化商务数据图表。

项目重点

- 了解商务数据图表色彩搭配的注意事项。
- 掌握商务数据图表的设计原则。
- 掌握商务数据图表的美化方法。

项目目标

- 学会商务数据图表的设计方法。
- 学会商务数据图表的美化方法。

任务一　商务数据图表的设计

任务概述

图表的设计主要分为版式设计和配色设计等，其中图表版式设计主要包括图表的布局、图表系列的间距、网格线是否存在及网格线的样式等。本任务将简单学习商务数据图表色彩搭配与设计原则方面的知识。

任务重点与实施

一、商务数据图表色彩搭配注意事项

对于图表来说，恰当的颜色能够增强图表的信息传达，提升图表的专业性；失当的颜色则不能清晰地表达数据信息。会成为阅读上的障碍，在商务数据图表的色彩搭配上，要注意以下几点。

1. 少用系统默认颜色，让图表耳目一新

要想制作出让人耳目一新的图表效果，那么在制作图表的过程中就尽量少用系统默认的颜色，因为很多人会因为对系统默认颜色过于熟悉而产生视觉疲劳，因此可以更改为其他颜色，增强图表的新鲜感和视觉冲击力，如图9-1所示。

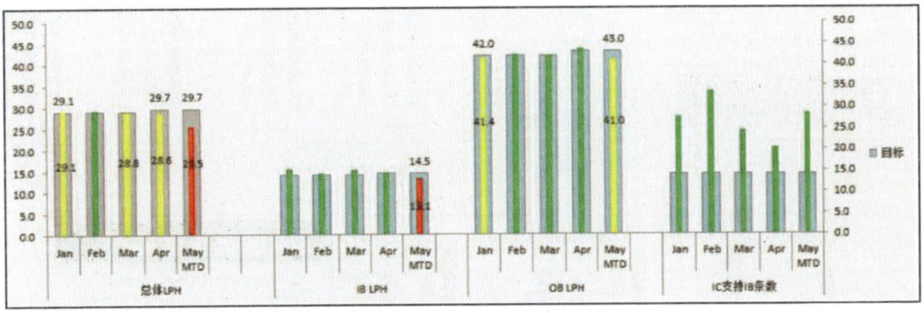

图9-1 避免系统默认色的使用

2. 配色方案保持一致性，避免出现过多的颜色

在同一系列图表或演示文档中，一旦选定了图表的配色方案，就应该始终保持一致，给人以统一的感觉，避免出现过多的颜色，过于繁杂的颜色搭配会影响图表数据信息的表达，如图9-2所示。

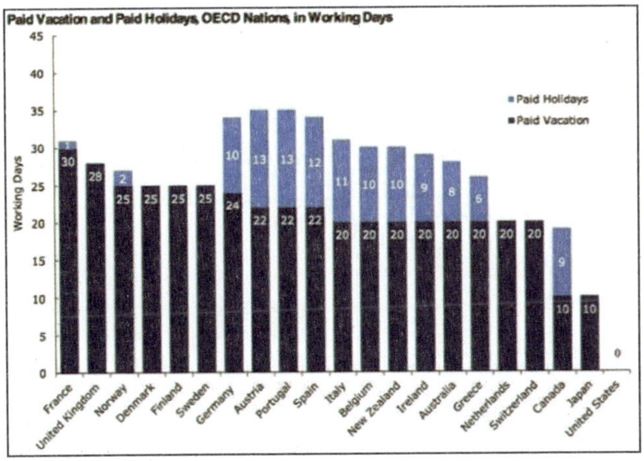

图9-2 统一的配色方案

3. 非数据元素可以使用淡灰色，以重点突出数据元素

对于坐标轴、网格线等非数据元素，使用淡灰色即可，过度突出它们会干扰人们对数据元素的阅读和理解，如图9-3所示。

4. 避免同时使用大红大绿的色彩，色彩格调要高雅

大红大绿的颜色会显得比较刺眼、俗套，不利于数据表达，对于色盲或色弱的阅读者更是不易区分，因此应当避免同时使用大红大绿的色彩，在色彩搭配上要追求比较高雅的色彩格调，如图9-4所示。

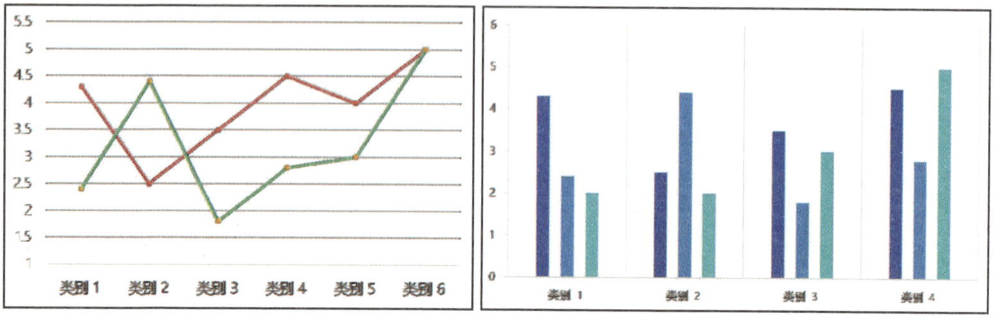

图9-3　突出重点数据元素

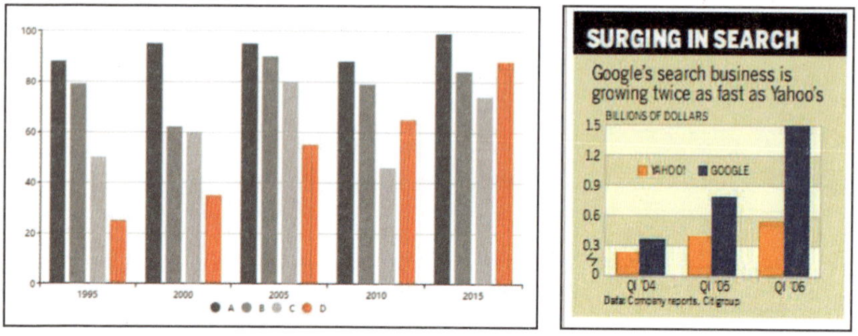

图9-4　色彩格调要高雅

5. 学习色彩理论与配色方法，提升美学素养

学习简单的色彩理论知识，如色彩的情绪、象征意义、冷暖色调、色相环、互补色等配色方法，也可以找一张配色协调、自然的图片，从中取样并应用到图表中，还可以从商业杂志图表中寻找灵感，如图9-5所示。

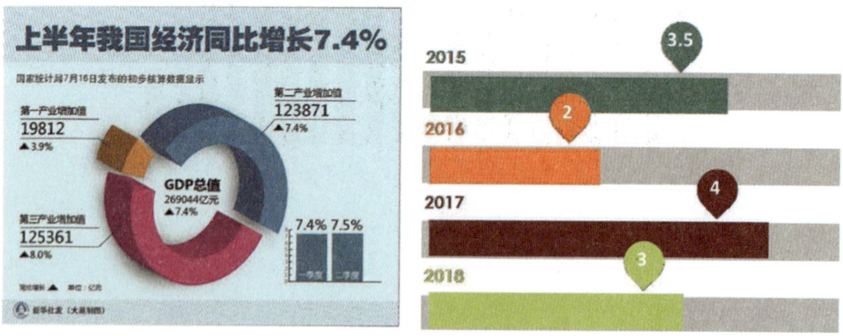

图9-5　合理配色

二、商务数据图表的设计原则

世界著名设计师Robin Williams（罗宾·威廉姆斯）的经典著作《写给大家的设计书》中阐述了设计的四条基本原则，即对比、重复、对齐和亲密性，这四个原则可以帮助我们从专业设计的角度来考虑图表的设计。

1. 对比

对比原则就是避免图表颜色过于相似，要突出不同元素之间的差异。对比强烈的图表更容易吸引人们的注意力，图表的重要信息正是通过对比而得到强调，如图9-6所示。

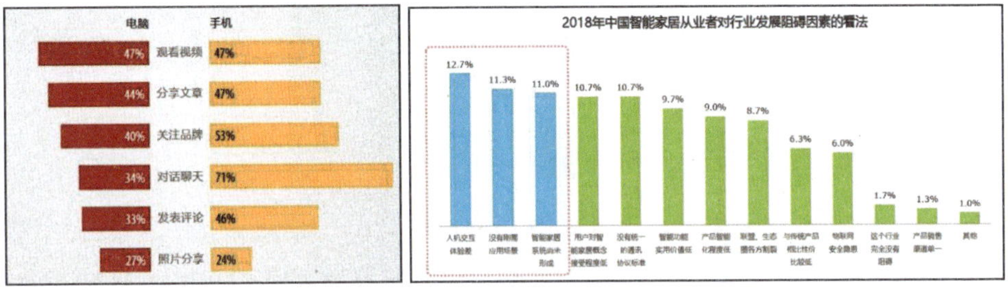

图9-6 对比原则

2. 重复

重复原则就是让相同或相似的元素多次出现，如图9-7所示。这样的设计可以增加图表的条理性和整体性，重复可以让图表显示出专业和权威。

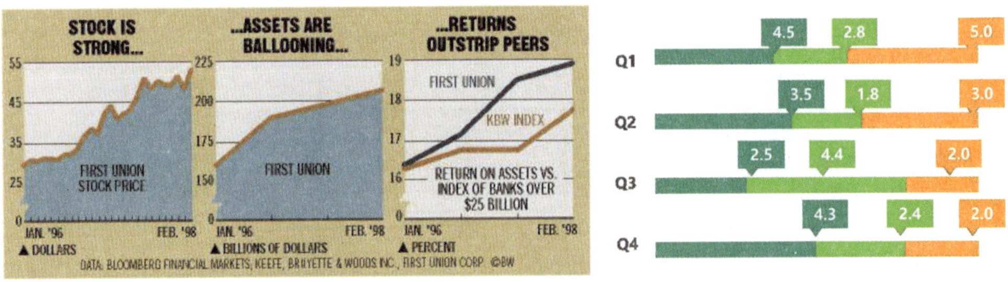

图9-7 重复原则

3. 对齐

在图表设计中，每个元素应该与另一个元素存在某种视觉联系，常见的对齐方式有左对齐、右对齐、居中对齐等，居中对齐过于平庸，因此不建议使用。对齐可以体现在图表之内和图表之间，图表之内包括图表的标题、副标题、分类标签、条形图、注释、边框线等，均采用左对齐，小而多的组图中每个图表都要使用恰当的对齐方式，如图9-8所示。

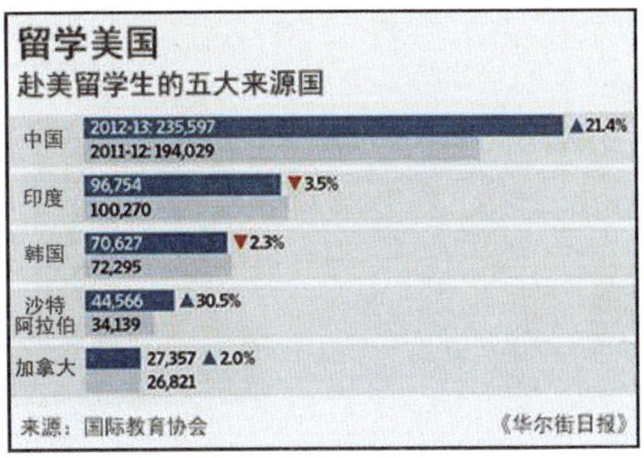

图9-8 对齐原则

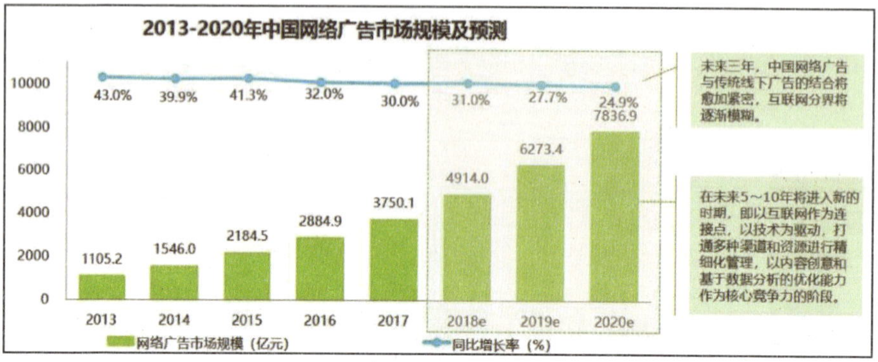

图9-8　对齐原则（续）

4. 亲密性

亲密性就是把图表中的元素进行分类，将在内容或逻辑上相互关联的元素组合在一起，形成视觉单元，而不是众多的孤立的元素，从而实现图表的组织性和条理性，如图9-9所示。

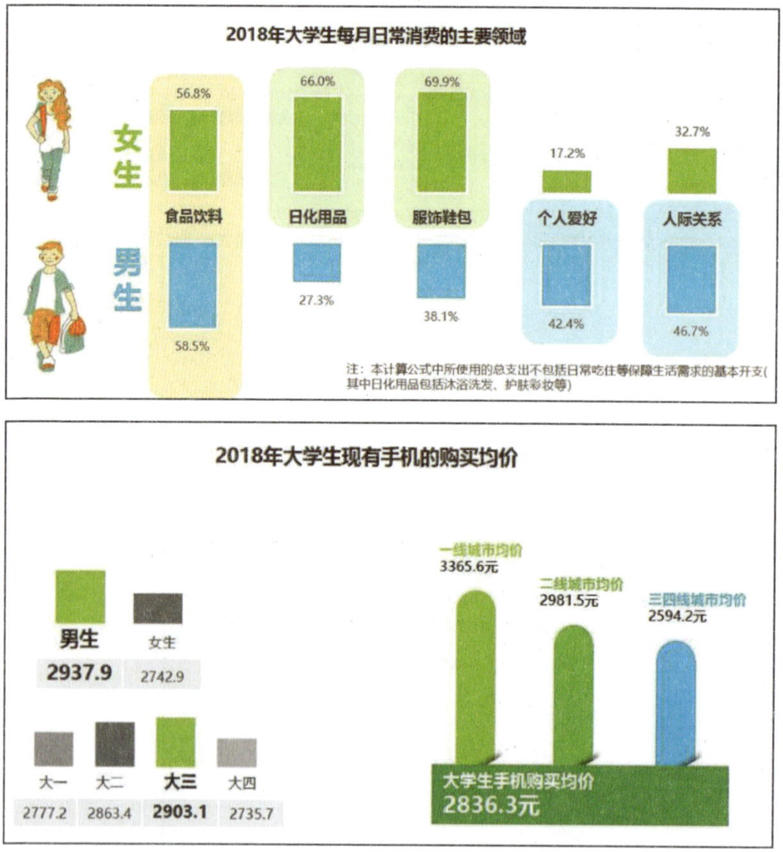

图9-9　亲密性原则

任务二　商务数据图表的美化

任务概述

美化后的图表不仅可以让内容更加清晰，还可以增强数据的说服力。本任务将学习如何通过设置数据系列颜色、添加背景图片、使用象形图填充数据系列、使用自绘图形显示数据等方法来美化图表。

任务重点与实施

一、使用透明色制作透视效果

面积图的颜色区域可以显示数据值的大小，当面积图表达的数据不完整时，则显示不出面积图的优势，此时改变颜色的透明度就可以显示完整的数据，具体操作方法如下。

Step 01 打开“素材文件\项目九\商品库存数量.xlsx”，选择“插入”选项卡，在“图表”组中单击“面积图”下拉按钮，选择“面积图”选项，如图9-10所示。

Step 02 此时即可插入面积图，删除网格线，并将图例置于图表上方，如图9-11所示。

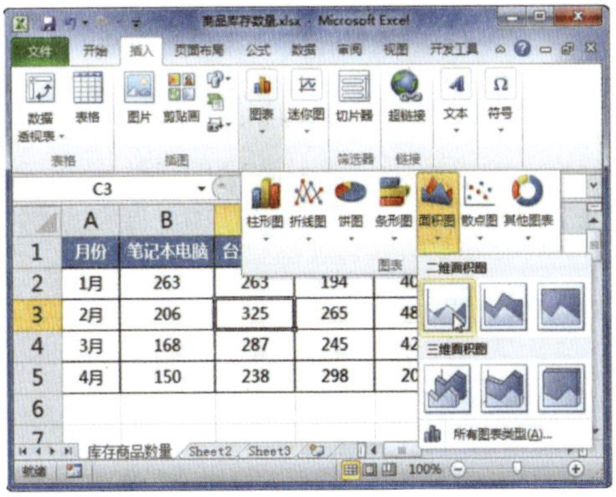

图9-10　插入面积图

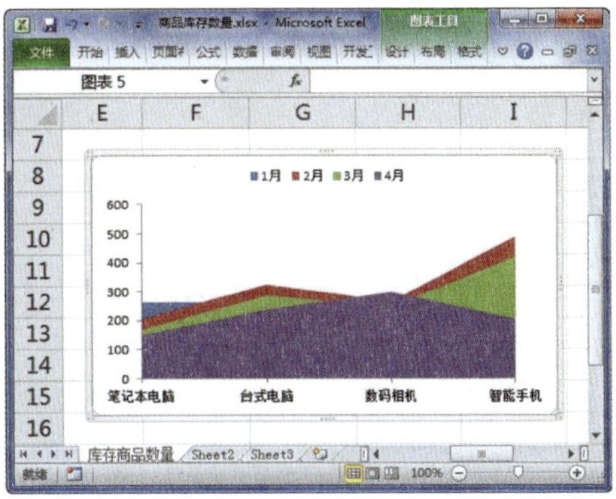

图9-11　设置图表格式

Step 03 鼠标右键单击数据系列，在弹出的快捷菜单中选择“设置数据系列格式”命令，如图9-12所示。

Step 04 在弹出的“设置数据系列格式”对话框中选择“填充”选项，选中“纯色填充”单选按钮，设置填充颜色，并设置“透明度”为30%，如图9-13所示。

Step 05 在图表中选中纵坐标轴，在“设置坐标轴格式”对话框中选择“线条颜色”选项，选中“无线条”单选按钮，如图9-14所示。

Step 06 在图表中选中图表区，在“设置图表区格式”对话框中选中“纯色填充”单选按钮，并设置填充颜色，如图9-15所示。设置绘图区的“填充”选项为无填充，然后单击“关闭”按钮。

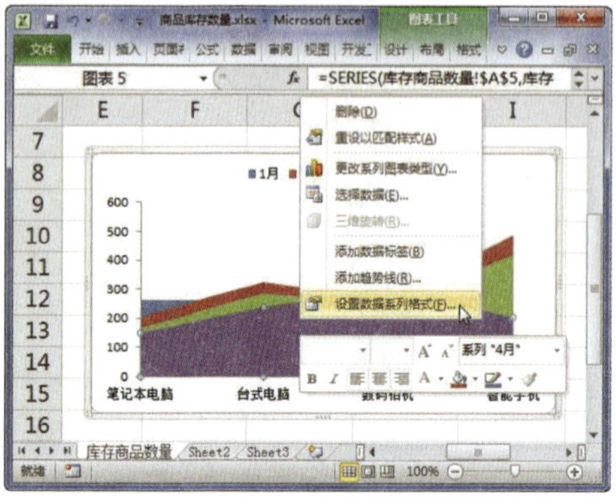

图9-12　设置数据系列格式

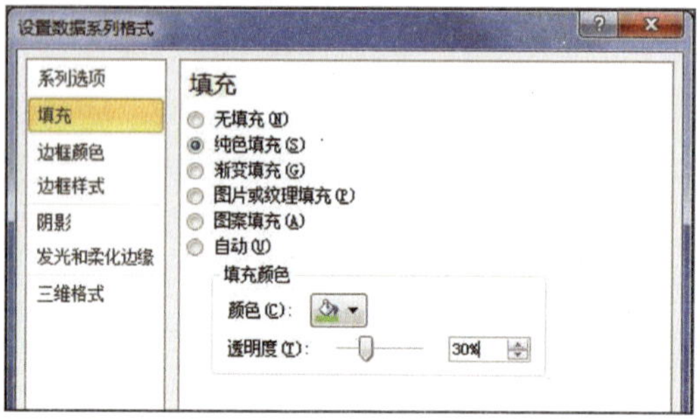

图9-13　设置数据系列颜色

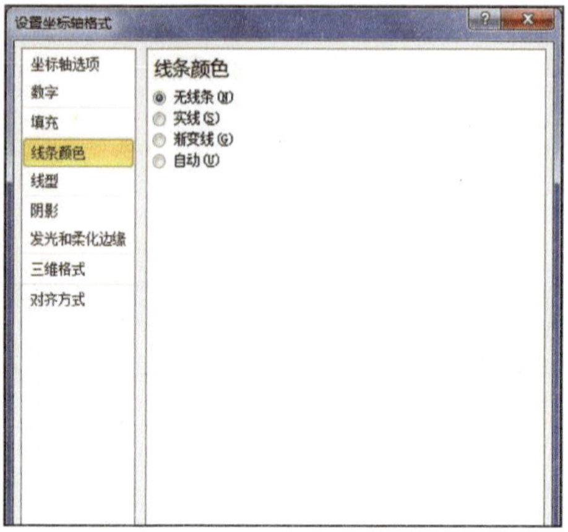

图9-14　设置纵坐标轴格式

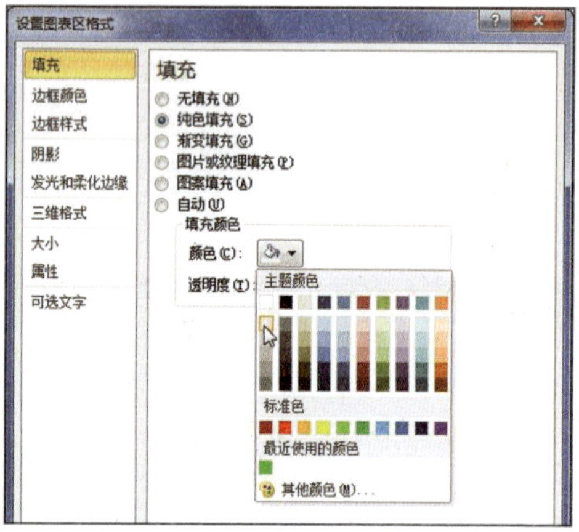

图9-15　设置图表区填充颜色

Step 07 添加图表标题，设置图表字体格式，即可完成图表制作，最终效果如图9-16所示。

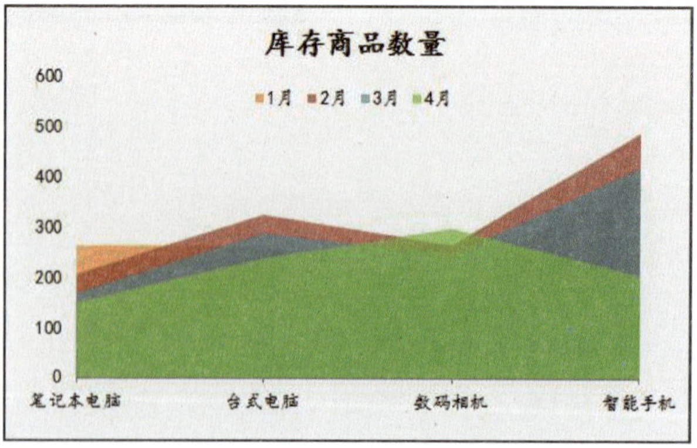

图9-16　图表最终效果

二、在图表绘图区中填充相关图片

在图表中添加与图表内容相符的图片，会让要表达的信息更加具体，可以形象地展示要传递的信息。下面将通过插入智能手机图片作为图表背景图来展示智能手机的销量，具体操作方法如下。

Step 01 打开“素材文件\项目九\智能手机销量明细.xlsx”，选择“插入”选项卡，在“图表”组中单击“条形图”下拉按钮，选择“簇状条形图”选项，如图9-17所示。

Step 02 删除图例和网格线，设置图表标题文本，如图9-18所示。

图9-17 插入条形图

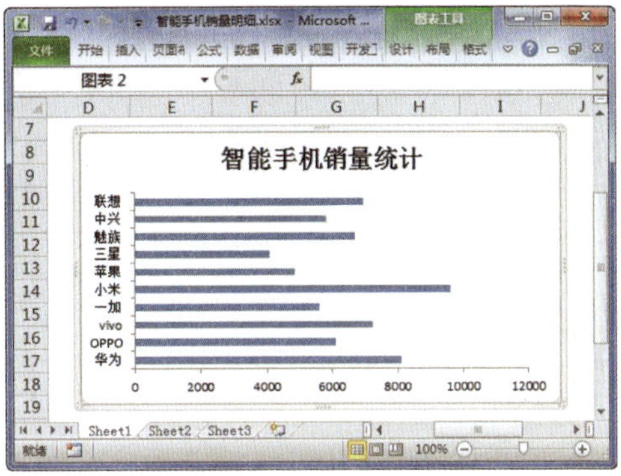

图9-18 设置图表标题

Step 03 选择“设计”选项卡，单击“快速样式”下拉按钮，在列表中选择需要的样式，如图9-19所示。

Step 04 在图表中选中横坐标轴，在“设置坐标轴格式”对话框的“坐标轴标签”下拉列表框中选择“高”选项，如图9-20所示。设置横、纵坐标轴的边框颜色为“无线条”格式。

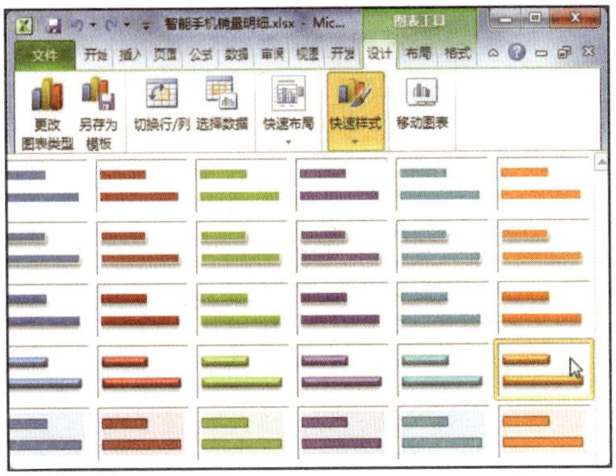

图9-19 选择图表样式

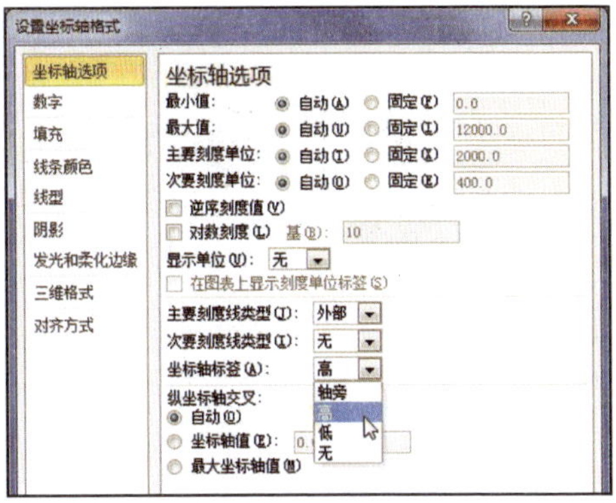

图9-20 设置坐标轴标签

Step 05 在图表中选中数据系列，在“设置数据系列格式”对话框中设置“分类间距”为80%，如图9-21所示。

Step 06 在图表中选中绘图区，在“设置绘图区格式”对话框中选中“图片或纹理填充”单选按钮，然后单击“文件”按钮，如图9-22所示。

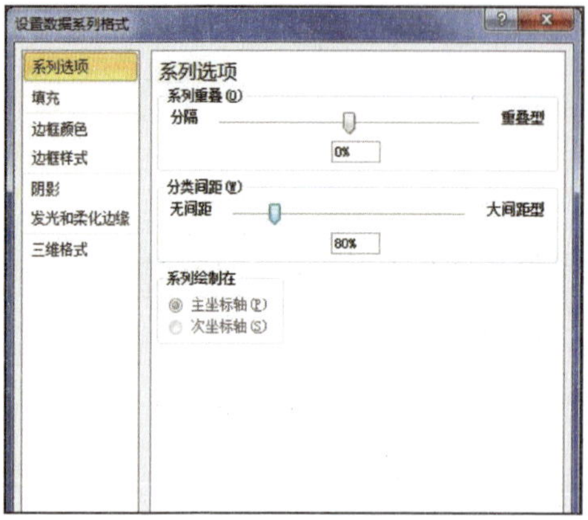

图9-21　设置数据系列格式

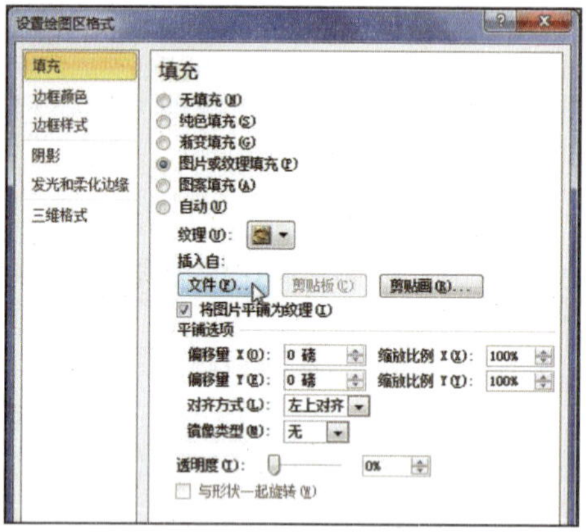

图9-22　设置绘图区格式

Step 07 弹出“插入图片”对话框，选择素材图片，然后单击“插入”按钮，如图9-23所示。返回“设置绘图区格式”对话框，设置图片透明度为20%。

Step 08 在图表中选中数据系列，在“设置数据系列格式”对话框中选择“填充”选项，选中“纯色填充”单选按钮，并设置填充颜色，如图9-24所示。采用同样方法设置图表区填充颜色。

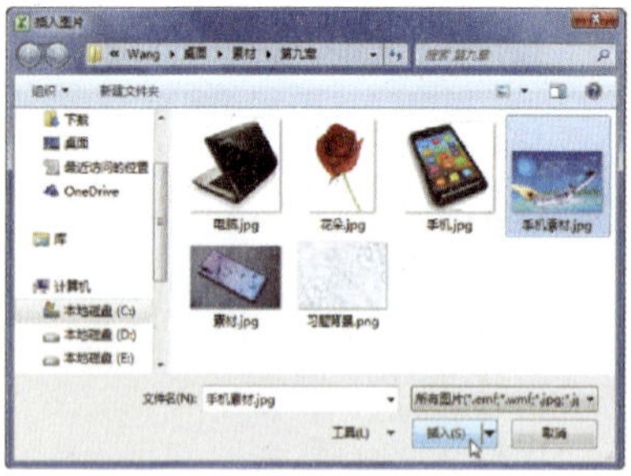
图9-23　“插入图片”对话框

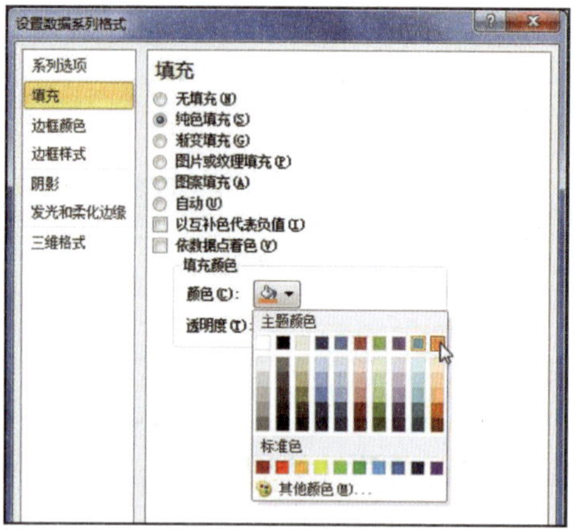

图9-24　设置填充方式

Step 09 设置图表字体格式，最终效果如图9-25所示。

三、使用象形图填充数据系列

图片不仅可以填充在绘图区中，还可以填充在数据系列中，使数据系列形象化，具体操作方法如下。

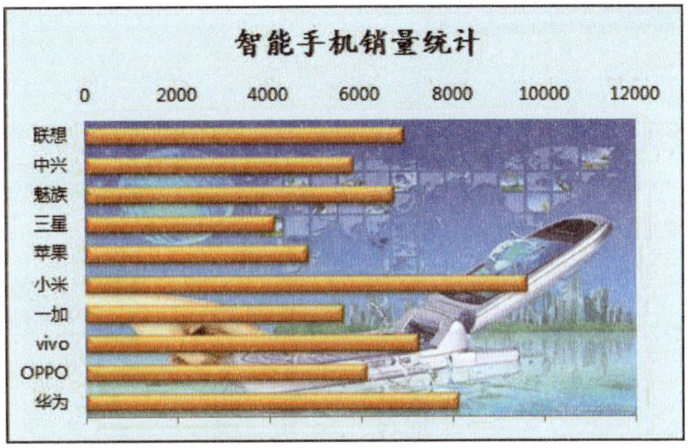

图9-25　图表最终效果

Step 01 打开“素材文件\项目九\某网上花店销量统计.xlsx”，选择“插入”选项卡，在“图表”组中单击“柱形图”下拉按钮，选择“簇状柱形图”选项，如图9-26所示。

Step 02 删除图例和网格线，修改标题名称。鼠标右键单击数据系列，在弹出的快捷菜单中选择“设置数据系列格式”命令，如图9-27所示。

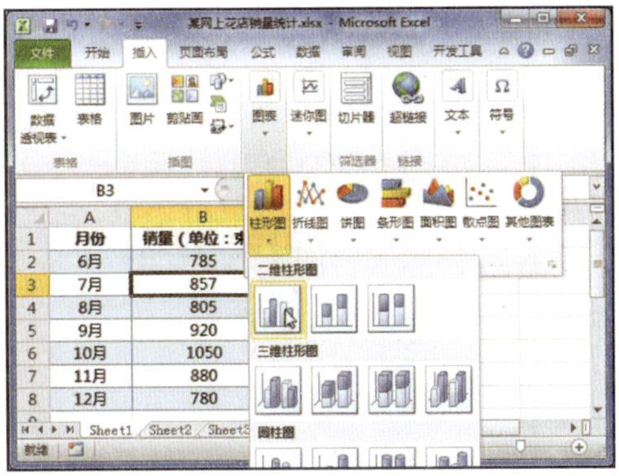

图9-26　插入柱形图

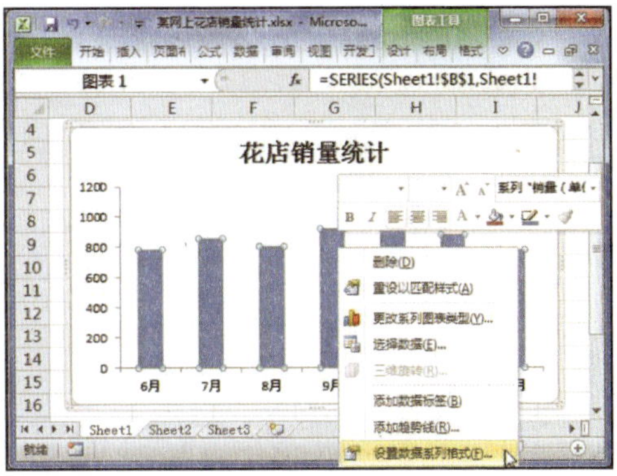

图9-27　设置数据系列格式

Step 03 弹出“设置数据系列格式”对话框，选择“填充”选项，选中“图片或纹理填充”单选按钮，然后单击“文件”按钮，如图9-28所示。

Step 04 弹出“插入图片”对话框，选择花朵图片，然后单击“插入”按钮，如图9-29所示。

Step 05 返回“设置数据系列格式”对话框，选中“层叠”单选按钮，如图9-30所示。

Step 06 在图表中选中图表区，在“设置图表区格式”对话框中选中“纯色填充”单选按钮，并设置填充颜色，如图9-31所示。设置绘图区的“填充”选项为无填充，然后单击“关闭”按钮。

Step 07 设置图表字体格式，即可完成图表制作，最终效果如图9-32所示。

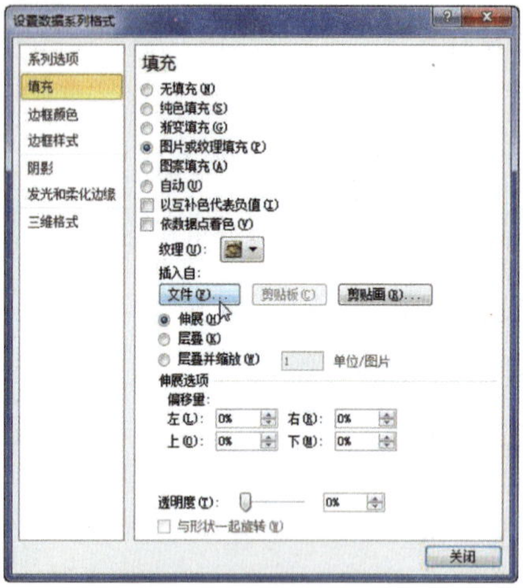

图9-28　设置图片填充

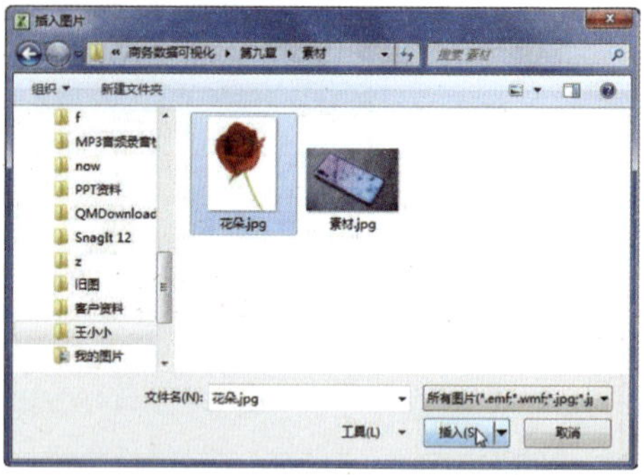

图9-29　“插入图片”对话框

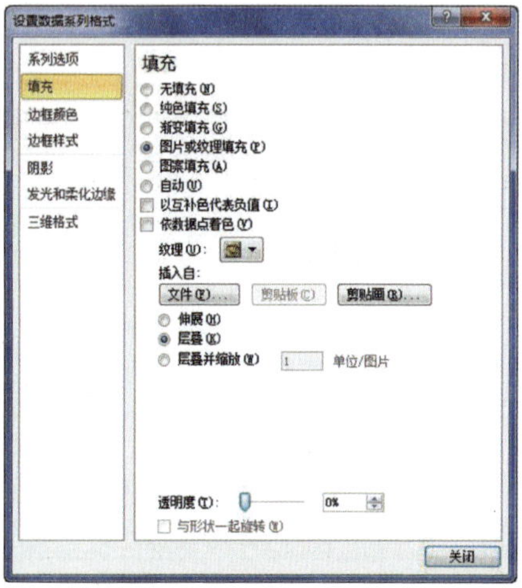

图9-30　设置数据系列填充

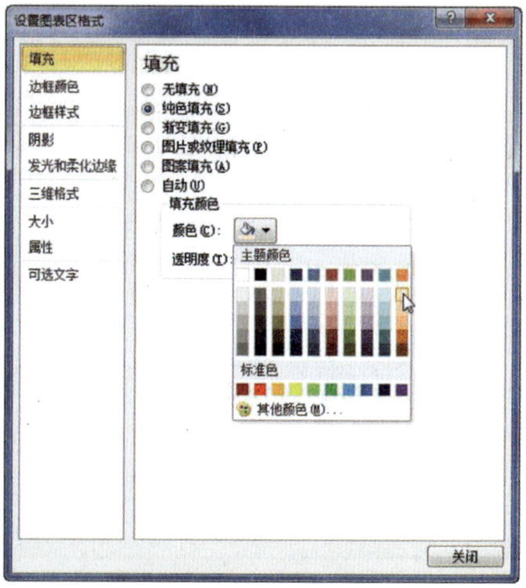

图9-31　填充图表区颜色

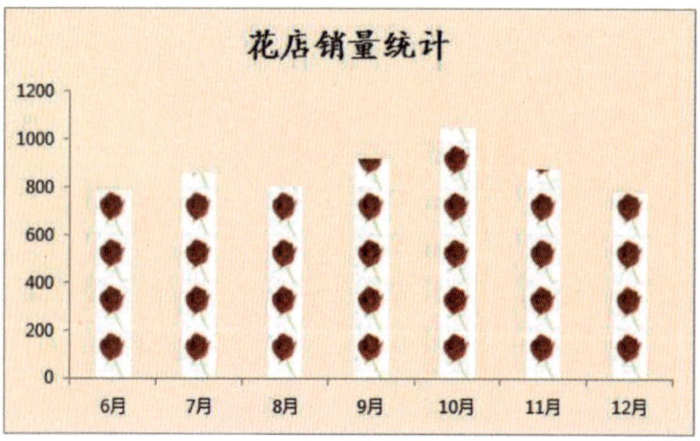

图9-32　图表最终效果

四、使用自绘图形让数据更加生动

对于比较简单的数据而言，如果使用自绘图形来展示数据，可以使图表数据效果更加生动、形象，具体操作方法如下。

Step 01 打开“素材文件\项目九\智能手机和笔记本电脑销量对比.xlsx”，选择“插入”选项卡，在“插图”组中单击“形状”下拉按钮，选择“等腰三角形”形状，如图9-33所示。

Step 02 拖动鼠标绘制等腰三角形形状。鼠标右键单击该形状，在弹出的快捷菜单中选择“设置形状格式”命令，如图9-34所示。

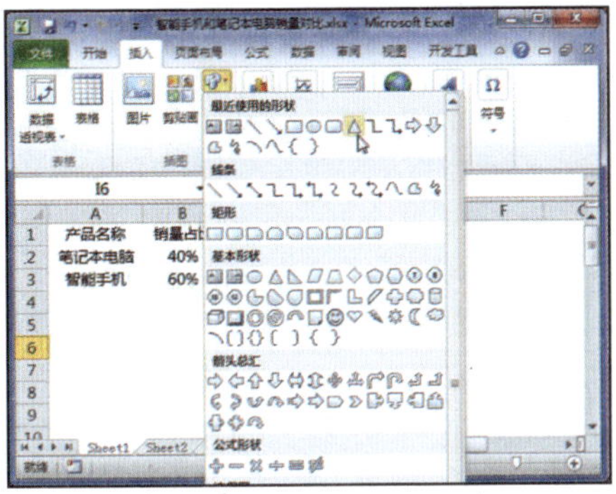

图9-33　选择形状

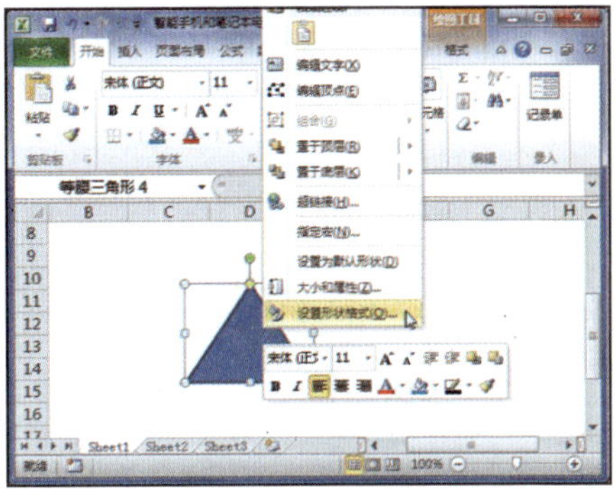

图9-34　设置形状格式

Step 03 在弹出的“设置图片格式”对话框中选中“图片或纹理填充”单选按钮，单击“纹理”下拉按钮，选择“花束”选项，如图9-35所示。

Step 04 选择“线条颜色”选项，选中“实线”单选按钮，并设置线条颜色，如图9-36所示。

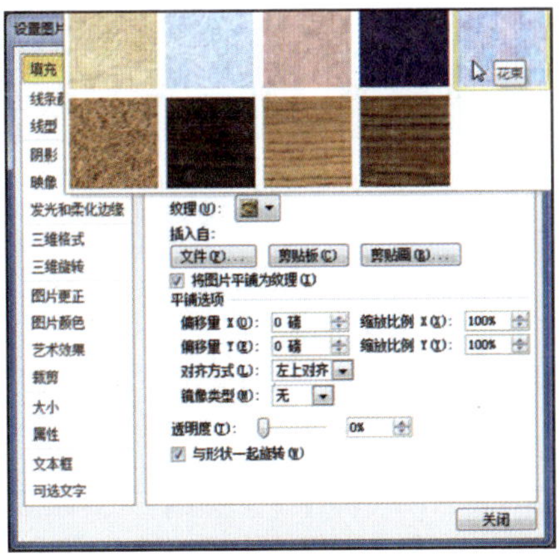

图9-35　设置纹理填充

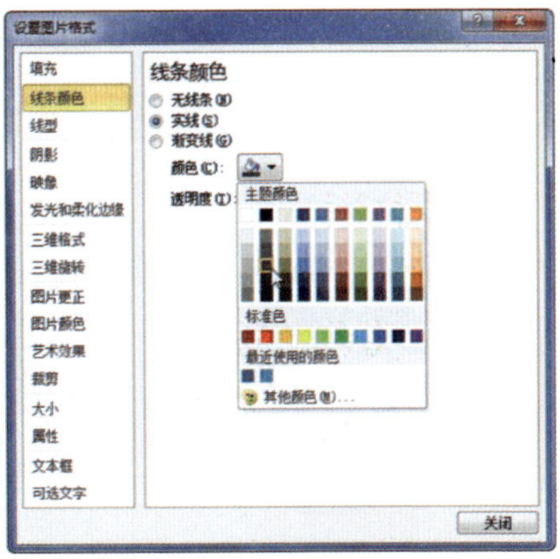

图9-36　设置线条颜色

Step 05 选择“线型”选项，设置“宽度”为0.25磅，然后单击“关闭”按钮，如图9-37所示。

Step06 插入矩形形状，选择“格式”选项卡，单击“旋转”下拉按钮，选择“其他旋转选项”选项，如图9-38所示。

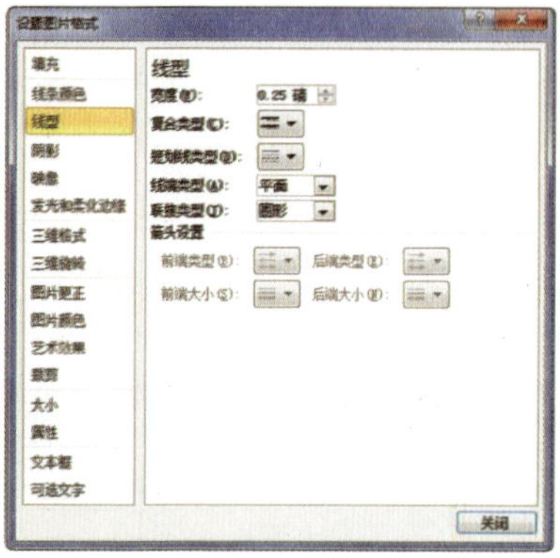

图9-37　设置线条宽度

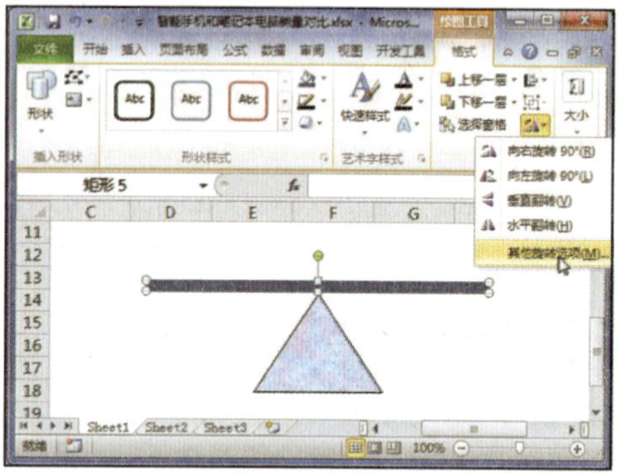

图9-38　插入矩形形状

Step07 弹出“设置形状格式”对话框，选择“大小”选项，设置“旋转”角度为-14°，然后单击“关闭”按钮，如图9-39所示。

Step08 选择“插入”选项卡，在“插图”组中单击“图片”按钮，如图9-40所示。

图9-39　设置旋转角度

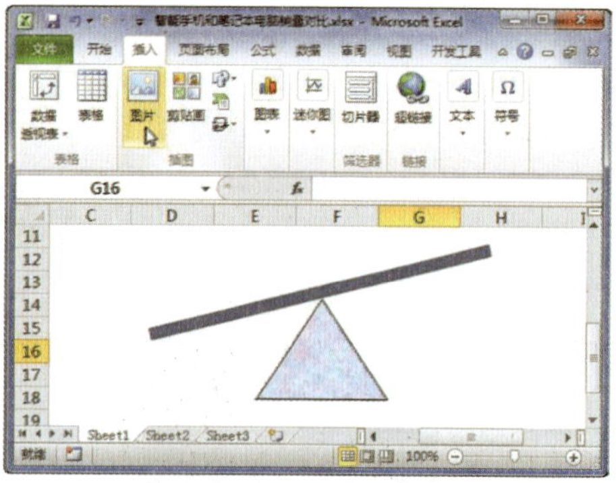

图9-40　插入图片

Step09 弹出“插入图片”对话框，选择图片，然后单击“插入”按钮，如图9-41所示。

Step10 按住【Shift】键等比例调整图片大小，选择“格式”选项卡，在“排列”组中单击“下移一层”下拉按钮，选择“置于底层”选项，如图9-42所示。

Step11 采用同样的方法，插入手机图片，将其置于矩形左侧。选择“插入”选项卡，在“文本”组中单击“文本框”下拉按钮，选择“横排文本框”选项，如图9-43所示。

Step12 在文本框中输入标题文本，并设置字体格式，如图9-44所示。

Step13 采用同样的方法，插入数据标签，再插入矩形作为图表边框，即可完成自绘图表的制作，最终效果如图9-45所示。

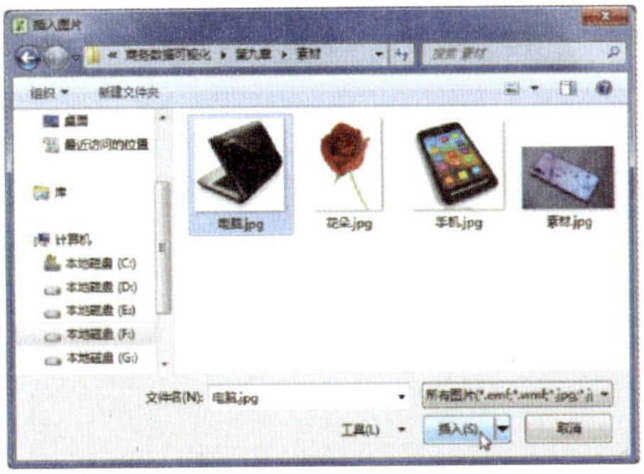

图9-41 “插入图片”对话框

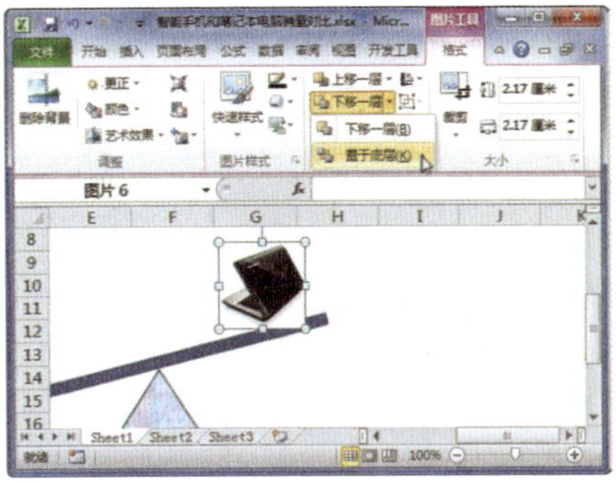

图9-42 设置图片位置

图9-43 插入文本框

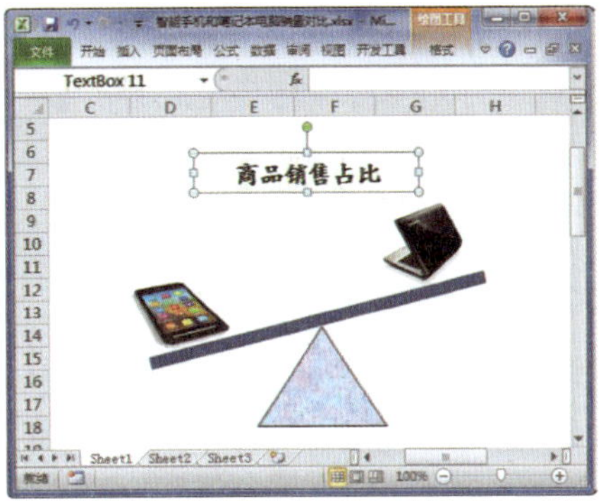

图9-44 设置标题文本

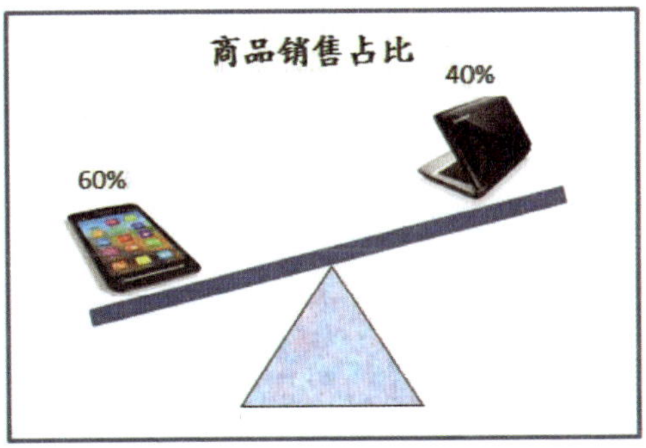

图9-45 完成自绘图表制作

项目小结

（1）对于商务数据图表来说，恰当的颜色能够增强图表的信息传达，提升图表的专业性；失当的颜色则不能清晰地表达数据信息会成为阅读上的障碍，所以要注重图表的色彩搭配。

（2）在设计商务数据图表时，要遵循四条基本原则，即对比、重复、对齐和亲密性。

（3）通过设置数据系列颜色、填充图片、使用自绘图形显示数据等方法来美化图表，可以使图表更加形象、美观。

项目习题

打开“素材文件\项目九\习题：花店销量图表.xlsx”，将图表背景设置为图片，效果如图9-46所示。

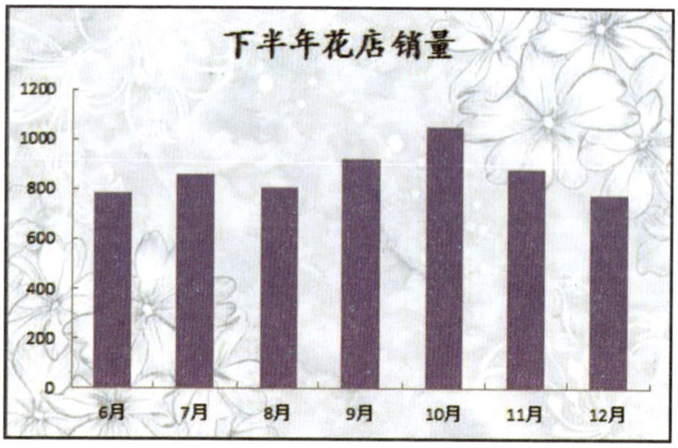

图9-46　花店销量图表

关键提示：

（1）设置绘图区的“填充”选项为无填充。

（2）图表区使用图片填充。